中国社会科学院
经济研究所

经济所人文库

刘国光集

中国社会科学院经济研究所学术委员会

组编

中国社会科学出版社

图书在版编目（CIP）数据

刘国光集/中国社会科学院经济研究所学术委员会组编.
—北京：中国社会科学出版社，2019.1
（经济所人文库）
ISBN 978 – 7 – 5203 – 4304 – 6

Ⅰ.①刘…　Ⅱ.①中…　Ⅲ.①经济学—文集

Ⅳ.①F0 – 53

中国版本图书馆 CIP 数据核字（2019）第 074281 号

出 版 人	赵剑英	
责任编辑	王　曦	
责任校对	赵雪姣	
责任印制	戴　宽	

出　　版	中国社会科学出版社	
社　　址	北京鼓楼西大街甲 158 号	
邮　　编	100720	
网　　址	http://www.csspw.cn	
发 行 部	010 – 84083685	
门 市 部	010 – 84029450	
经　　销	新华书店及其他书店	

印刷装订	北京君升印刷有限公司	
版　　次	2019 年 1 月第 1 版	
印　　次	2019 年 1 月第 1 次印刷	

开　　本	710 × 1000　1/16	
印　　张	27.5	
字　　数	367 千字	
定　　价	118.00 元	

凡购买中国社会科学出版社图书，如有质量问题请与本社营销中心联系调换
电话：010 – 84083683

总　序

　　作为中国近代以来最早成立的国家级经济研究机构，中国社会科学院经济研究所的历史，至少可上溯至 1929 年于北平组建的社会调查所。1934 年，社会调查所与中央研究院社会科学研究所合并，称社会科学研究所，所址分居南京、北平两地。1937 年，随着抗战全面爆发，社会科学研究所辗转于广西桂林、四川李庄等地，抗战胜利后返回南京。1950 年，社会科学研究所由中国科学院接收，更名为中国科学院社会研究所。1952 年，所址迁往北京。1953 年，更名为中国科学院经济研究所，简称"经济所"。1977 年，作为中国社会科学院成立之初的 14 家研究单位之一，更名为中国社会科学院经济研究所，仍沿用"经济所"简称。

　　从 1929 年算起，迄今经济所已经走过了 90 年的风雨历程，先后跨越了中央研究院、中国科学院、中国社会科学院三个发展时期。经过 90 年的探索和实践，今天的经济所，已经发展成为以重大经济理论和现实问题为主攻方向、以"两学—两史"（理论经济学、应用经济学和经济史、经济思想史）为主要研究领域的综合性经济学研究机构。

　　90 年来，我们一直最为看重并引为自豪的一点是，几代经济所人孜孜以求、薪火相传，在为国家经济建设和经济理论发展作出了杰出贡献的同时，也涌现出一大批富有重要影响力的著名学者。他们始终坚持为人民做学问的坚定立场，始终坚持求真务实、脚踏实地的优良学风，始终坚持慎独自励、言必有据的学术品格。他们是经济所人的突出代表，他们的学术成就和治学经验是经济所最宝贵的财富。

抚今怀昔，述往思来，在经济所迎来建所 90 周年之际，我们编选出版《经济所人文库》（以下简称《文库》），既是对历代经济所人的纪念和致敬，也是对当代经济所人的鞭策和勉励。

《文库》的编选，由中国社会科学院经济研究所学术委员会负总责，在多方征求意见、反复讨论的基础上，最终确定入选作者和编选方案。

《文库》第一辑凡 40 种，所选作者包括历史上的中央研究院院士，中华人民共和国成立后的中国科学院学部委员、中国社会科学院学部委员、中国社会科学院荣誉学部委员、历任经济所所长以及其他学界公认的学术泰斗和资深学者。在坚持学术标准的前提下，同时考虑他们与经济所的关联。入选作者中的绝大部分，都在经济所度过了其学术生涯最重要的阶段。

《文库》所选文章，皆为入选作者最具代表性的论著。选文以论文为主，适当兼顾个人专著中的重要篇章。选文尽量侧重作者在经济所工作期间发表的学术成果，对于少数在中华人民共和国成立之前已成名的学者，以及调离经济所后又有大量论著发表的学者，选择范围适度放宽。为好中选优，每部文集控制在 30 万字以内。此外，考虑到编选体例的统一和阅读的便利，所选文章皆为中文著述，未收入以外文发表的作品。

《文库》每部文集的编选者，大部分为经济所各学科领域的中青年学者，其中很多都是作者的学生或再传弟子，也有部分系作者本人。这样的安排，有助于确保所选文章更准确地体现作者的理论贡献和学术观点。对编选者而言，这既是一次重温经济所所史、领略前辈学人风范的宝贵机会，也是激励自己踵武先贤、在学术研究道路上砥砺前行的强大动力。

《文库》选文涉及多个历史时期，时间跨度较大，因而立意、观点、视野等难免具有时代烙印和历史局限性。以现在的眼光来看，某些文章的理论观点或许已经过时，研究范式和研究方法或许已经陈旧，但为尊重作者、尊重历史起见，选入《文库》时仍保持原貌而未加改动。

《文库》的编选工作还将继续。随着时间的推移，我们还会将更多经济所人的优秀成果呈现给读者。

尽管我们为《文库》的编选付出了巨大努力，但由于时间紧迫，工作量浩繁，加之编选者个人的学术旨趣、偏好各不相同，《文库》在选文取舍上难免存在不妥之处，敬祈读者见谅。

入选《文库》的作者，有不少都曾出版过个人文集、选集甚至全集，这为我们此次编选提供了重要的选文来源和参考资料。《文库》能够顺利出版，离不开中国社会科学出版社领导和编辑人员的鼎力襄助。在此一并致谢！

一部经济所史，就是一部经济所人以自己的研究成果报效祖国和人民的历史，也是一部中国经济学人和中国经济学成长与发展历史的缩影。《文库》标示着经济所90年来曾经达到的学术高度。站在巨人的肩膀上，才能看得更远，走得更稳。借此机会，希望每一位经济所人在感受经济所90年荣光的同时，将《文库》作为继续前行的新起点和铺路石，为新时代的中国经济建设和中国经济学发展作出新的更大的贡献！

是为序。

于 2019 年元月

编者说明

《经济所人文库》所选文章时间跨度较大，其间，由于我国的语言文字发展变化较大，致使不同历史时期作者发表的文章，在语言文字规范方面存在较大差异。为了尽可能地保持作者个人的语言习惯、尊重历史，因此有必要声明以下几点编辑原则：

一、除对明显的错别字加以改正外，异形字、通假字等尽量保持原貌。

二、引文与原文不完全相符者，保持作者引文原貌。

三、原文引用的参考文献版本、年份等不详者，除能够明确考证的版本、年份予以补全外，其他文献保持原貌。

四、对外文译名与今译名不同者，保持原文用法。

五、对原文中数据可能有误的，除明显的错误且能够考证或重新计算者予以改正外，一律保持原貌。

六、对个别文字因原书刊印刷原因，无法辨认者，以方围号□表示。

作者小传

刘国光，男，1923 年 11 月生于江苏省南京市，1948 年 9 月进入南京中央研究院社会研究所（经济所前身）工作。

刘国光先生是当前中国最有影响力的马克思主义经济学家之一，他有着丰富的人生阅历和治学经历，无论是研究中国当代经济学，还是研究中国当代经济学人，他都是我们研究工作中无法绕开的一位重要人物。对于中国社会科学院经济研究所而言，刘国光先生是目前唯一健在的完整经历过南京中央研究院社会研究所、中国科学院经济研究所、中国社会科学院经济研究所三个发展阶段的历史见证人。

刘国光先生早年在昆明的国立西南联合大学经济系学习，接着他考入清华大学研究院，因家庭经济情况发生变故，转入天津南开大学经济系任助教。在陶孟和先生的邀请下，刘国光先生来到南京中央研究院社会研究所任助理研究员，同时兼任研究所的会计工作。中华人民共和国成立以后，国家选拔了一批理论功底好、有培养前途的青年学者去苏联学习，他也位列其中。他于 1951—1955 年在苏联莫斯科经济学院国民经济计划教研室系统接受了马克思主义经济学的理论学习与方法训练，于 1955 年在苏联莫斯科经济学院获得副博士学位。在苏联完成学业后，他回到中国科学院经济研究所工作，从助理研究员岗位干起，一步一个脚印，直至成为研究员，并先后担任了研究室主任、《经济研究》杂志主编、经济研究所长、国家统计局副局长、中国社会科学院副院长等职务。

从治学经历的角度来看，他自从苏联毕业回到经济所后，以极大的工作热情与坚实的理论基础，积极投身于当代中国经济学的理论研究与实践工作，参加和领导了中国经济发展理论、宏观经济管理与经济体制改革、社会主义市场经济理论、中国特色社会主义政治经济学等重大课题的研究工作。他的学术理论成就，集中体现在如下五个领域：

一　对社会主义市场经济理论的贡献

虽然刘国光先生毕业于苏联，并受到经典的苏联计划经济理论的熏陶，但在苏联求学期间，他认真观察苏联经济学在苏联社会运行中的具体表现，并且开始悄悄地系统总结苏联经济发展中出现的问题，同时开始反思看似缜密的苏联计划经济理论的缺陷。正是因为这段宝贵的求学经历，让青年刘国光目睹了计划经济理论与实践之间的矛盾，他逐步开始思考计划与市场的关系问题。因为在去苏联学习之前，他也接受过完整的西方经济学理论的教育，加上中华人民共和国成立前各种类型经济生活的体验，直觉告诉他，虽然市场经济有重大缺陷，但还是有其内在秩序和自身活力的。而从书面理论上看，苏联的计划平衡体制方法，在政府的行政指令下，虽然能够按照有计划、按比例的模式去运行，并在特殊历史时期也取得众所周知的经济建设的成就和反法西斯战争的胜利，但是过多的行政干预手段，常常与人民群众的需求存在巨大的差距；经济管理工作中，管得过多过死，让人民无法释放活力。回国后，刘国光看到陈云同志关于国家计划与市场自由问题的一些阐述，颇为欣赏，内心也萌生了"计划经济也可以利用市场"的想法。

"文化大革命"结束后，计划与市场关系的问题又被重新提起，刘国光顺应改革潮流，提出"计划与市场相结合"的思想。受党的十一届三中全会精神的鼓舞，1979 年年初，刘国光与中国社会科学院经济研究所赵人伟研究员开始着手研究计划与市场关系的问题，并将合写的《社会主义经济中计划与市场的关系》一文报送中国社会科学院，接着提交给 1979 年 4 月间由薛暮桥和孙冶方在无锡主持召开的"商品经济与价值规律问题"讨论会。该文突破了以往关于计划与市场在社会主义经济中相互排斥、不能结合的传统认识，深入论证了社会主义经济中计划与市场的关系既不是互相排斥，也不是外在原因所导致的一种形式上的凑合，而是由社会主义经济本质所决定的内在有机结合。这篇文章在当时引发各界的广泛讨论，中央党校、中国社会科学院等机构的内部刊物以及几家重要报刊先后全文刊载。

1982 年，党的十二大提出"以计划经济为主，市场经济为辅"的方针。为此，刘国光撰文《坚持经济体制改革的基本方向》，直指指令性计划的弊端，遭到批评。然而，1984 年党的十二届三中全会提出，中国实行计划经济不等于以指令性计划为主，要有步骤地适当缩小指令性计划的范围，适当扩大指导性计划的范围，证明了刘国光观点的正确性。关于计划与市场孰轻孰重的争论，在党的十二届三中全会后仍持续不断。经济理论界有两种很深刻的思想情结，一种是计划经济情结，一种是市场经济情结。双方都不否认对立面的存在，但非常执着地强调自己这一方的重要性。对此，刘国光提出："我们要坚持市场取向的改革，但不能迷信市场；我们要坚持计划调控，但不能迷信计划。"

直到党的十四届三中全会明确中国正式开启中国特色社会主义市场经济的道路，刘国光一直站在"计划与市场"争论的最前沿，并参与了十四届三中全会报告的起草工作，为制定中国特色社会主义市场经济制度的相关政策，做出了直接的贡献。

二　对"稳中求进"的改革思路的贡献

1987 年，时任国家经济体制改革委员会主任李铁映组织了 8 家高等院校和研究机构的专家，讨论中国经济体制中期（1988—1995年）改革方案。刘国光代表中国社会科学院提出了"稳中求进"的改革思路。

当时中国的经济改革，针对通货膨胀的问题，存在两种意见：一种意见认为，经过九年多的改革，中国经济的生机和活力大大增强，虽然当时的经济环境仍然偏紧，甚至还出现了几次通货膨胀的危机，但是经济仍然在持续地发展。因此，一些专家认为，通货膨胀、物价高一点不可怕，主张以适度的通货膨胀政策，来加速经济增长，应该尽快"把蛋糕做大"。这种"通货膨胀无害论"的意见，在1988年达到顶峰，当时实际上占优势地位，中央一些领导都赞成。而另一种意见是在承认九年多改革取得重大成就的同时，认为经济形势比较严峻，他们坚持反对"适度通货膨胀，支持经济增长"的论点。这些专家认为通货膨胀不利于改革，也不利于发展。这部分专家，坚持认为改革应该在一个比较宽松的环境中进行，具体来讲就是总供给要略大于总需求，并且强调对平稳物价的追求。

对于之前出现的通货膨胀问题如何治理的政策思路上，也存在两种思路：一种思路主张，先用行政手段紧缩社会总需求，实行严格的宏观控制，进而在此基础上，进行以价格为中心的配套改革；另一种思路是刘国光同志代表中国社会科学院课题组提出的意见：不赞成治理经济用"猛药"，提出"双向协同，稳中求进"的主张，以稳定经济的措施保证改革的继续推进，同时用有计划有步骤的改革措施推进经济的持续稳定发展，具体来说，中期改革前三年以"稳"为主，主要着力于治理通货膨胀，同时有选择地进行改革；后五年从"稳"转"进"，改革的步伐可以大一点。这一建议，标志着"稳健改革派"的诞生。

1984—1988年的中国经济出现过热的状况，很难实现"着陆"。在1988年3月召开的党的十三届二中全会上，刘国光作为中央候补委员，作了题为《正视通货膨胀问题》的发言，强调"稳定物价"的方针口号不能放弃，引起广泛共鸣。随后，他发表了《稳中求进的改革思路》，正式提出：要认清形势，稳定经济；要从实际出发有选择地深化改革；要实现协调配套，把阶段性改革和目标模式衔接起来。

就在他的这些建议公开发表后没多久，国家于 1988 年 6 月初正式决定进行物价和工资政策闯关以后，物价迅速上涨，城市普遍出现抢购风潮，人们到银行挤兑。中央为了抑制通货膨胀，进行治理整顿，采取强行着陆的宏观调控政策。

实行中国特色社会主义市场经济体制以后，刘国光继续坚持"稳中求进"的改革思路。他提出，要采取"微调、降温、软着陆"的办法来开展宏观经济管理工作。这是在当时经济形势下唯一可行的宏观调控思路。这种思路就是把住财政货币投放和信贷货币投放两个正门，国民经济总量保持一个偏紧的盘子，审时度势进行微调，有松有紧，时松时紧，争取通过几年的努力来抓紧深化改革和结构调整，把经济增长和物价上涨控制在比较好的目标范围内，以平稳过渡到下一个经济周期。这一次，中央采取了多种措施之后，到 1996 年年底，宏观调控成功实现"软着陆"。1997 年 1 月 7 日，刘国光在《人民日报》上发表《论"软着陆"》，总结了宏观经济管理工作的四条经验：一是及时削峰；二是适度从紧；三是适时微调；四是抓住主线。时任国务院副总理朱镕基同志在文章的原稿上批示："这是迄今为止总结宏观调控经验的一篇最好的文章。"

三　对经济工作"两个转变"的贡献

从 20 世纪 80 年代开始，刘国光第一个提出"双重模式转换"的经济学思想，在深入研究经济改革模式的基础上，明确提出"双重模式转换"，即发展模式和体制模式两个方面的改革问题。在经济体制模式方面，过度集中的决策权力结构、直接控制为主的调节体系、平均主义的利益结构以及政企不分、条块分割、纵向隶属关系为主的组织结构，构成了旧体制模式的特征内容。以增强企业活力为核心的多层次决策结构，以经济手段间接控制为主的调节体系，把物质利益原则与社会公正原则结合起来的利益结构，以及政企分开、横向经济联系为主的组织结构，则构成了新体制模式的特征内容。发展模式转换，就是从过去以高速增长为目标、外延发展为主导方式和以重工业为中心的不平衡发展战略，逐步转向在提高经济效益前提下，以满足人民需要为目的的适度增长，以内涵发展为主导方式和合理配置资源的相对平衡的发展战略。

到20世纪90年代，针对经济体制和经济增长中出现的新问题、新矛盾，刘国光又率先提出，国民经济如果要实现持续快速健康发展，就必须实现两个根本性转变，即经济体制从传统的计划经济体制向社会主义市场经济体制转变，经济增长方式从粗放型向集约型转变，并指出经济体制和经济增长方式的选择，应成为经济工作始终关注和决策的重要内容。他提出的"双重模式转换"的思想，最终演变成"两个根本性转变"，为国家的决策作出了先行的论证，并成为我国经济发展的指导性思想。

近年来，刘国光同志一直在呼吁中国经济改革的方向是实现"两个根本性转变"。他坚持认为，在确立社会主义市场经济体制之后，经济改革的主要方向，就是实行"两个根本性的转变"，以此推动国民经济走向持续、快速和健康发展。

四　坚持改革、反思改革

有人认为，刘国光的经济学思想中有反对改革之嫌，对此，他给予了坚决的反击。他认为，经济学家必须站在经济学实践活动的前沿，对于现实经济活动的各种表现，要有敏锐的洞察力，要有超前的预见性。不能人云亦云。

首先，他认为在过去有些时间里，社会主义讲得相对少了一点，特别是在改革取得巨大成功、经济发展欣欣向荣、人民生活总体改善的时候，一些不断加深的社会矛盾、贫富差距现象，被掩盖了。社会出现了两极分化现象，特别是腐败和权力资本化迅速滋生，蔓延扩大。这种趋势是与社会主义的改革方向不相符的，经济学家不能任由这些不合理的现象发展下去。因此，在那种时候，就是要站出来多讲一点社会主义。他认为，在符合社会主义方向的前提下，市场经济讲得越多越好。

其次，他认为计划与市场的关系问题，是一个世纪性的问题。他认为，"要坚持市场取向的改革"，但因为市场有缺陷，所以不能迷信市场。计划经济不能解决效率和激励问题。市场经济作为资源配置的主要方式，是历史的必由之路。但我们应当重视价值规律，不要认为价值规律本身就能把一切事情管好，并把一切事情交给市场去管。

对于西方新自由主义对经济学研究以及改革方向的影响，他也有一些自己的看法。他坚持认为，我们还需要借鉴西方主流的经济学，但是新自由主义的理论前提与核心理论——自私人性论、私有制永恒论、自由市场万能论等——整体上不适合于社会主义的中国，不能成为中国经济学的主流和中国经济发展与改革的主导。中国经济学教学和经济决策的指导思想，只能是与时俱进的发展的马克思主义。2005 年，他撰写了《对经济学教学和研究中一些问题的看法》一文，引起了社会各界的热议，但他不接受社会上一些人士因为这篇文章给他抛来的"反对改革""反对市场经济"的帽子。他说："我不知道这样点评新自由主义怎么就是从市场化改革倒退或者否定改革。"他认为，新自由主义经济思想给苏联、拉丁美洲带来了严重的负面效果，他担心新自由主义的核心理论影响我国的经济思想和经济决策。

他认为，改革中有部分群众利益受到损害，这部分群众和学术界对改革有不同的看法，对改革进程中某些不合理的、消极的东西提出批评意见，是很自然的，我们不要把不同的看法说成是反改革。对改革进行反思是为了纠正改革进程中消极的东西，发扬积极的东西，将改革向正确的方向推进。

五　对中国特色社会主义政治经济学的贡献

检索已经公开发表的中国经济学研究文献，我们会发现刘国光的著作数量，以及引用率，都排在最前列。他对于构建中国特色社会主义政治经济学，做的贡献主要体现在如下三个方面：在研究中国经济问题方面，他是涉足面最广最深的学者；在研究中国经济政策方面，他是能够连续跟踪，并参与不同历史阶段经济决策工作的学者；在研究中国特色社会主义政治经济学方面，他提出了最为完整的研究框架与研究范畴。

刘国光认为，规范的实证的政治经济学研究，必须坚持科学社会主义的基本理论，同时要结合中国的具体实践经验。他认为，我们实践中的中国特色社会主义，是一种允许资本主义存在的社会主义，是两种资本开展斗争的经济实践活动。在具体的实践过程中，既有市场主体，又有国家调控；既鼓励个人先富，又追求共同富裕。这样的一种新型经济实践，在人类历史上还未有过，没有成熟的经验，需要我们这一代人去总结。

他认为，我们现在开展的规范的政治经济学研究，才刚刚触及社会主义初级阶段的内容，中级和高级的内容，以及促进向更高阶段转换的经济学，还没有开展研究。他呼吁青年学者尽快关注这方面的研究。

总结刘国光同志的学术人生，他提出的所有学术观点的背后都有一个共同的理论基础——马克思主义经济学，因为他信仰马克思主义。在对待马克思主义经济学自身如何发展的问题上，他一向坚持马克思主义经济学的主体地位，同时注意吸收包括当代西方经济学的有益成分。全部工作的出发点，就是更好地服务于中国经济的发展。在1951年参加赴苏留学选拔面试时，刘国光先生已经对这个问题做了很好的阐述："马克思主义经济学是指导，是主流，西方经济学只能作为我们的借鉴与参考，二者之间的关系决不能颠倒与混淆。坚持社会主义制度，就必须坚持以马克思主义为指导，其中也就包括着必然要以马克思主义的政治经济学为指导，这一点也是绝对不能动摇与改变的。"在他70年学术人生中，他既是这么说的，也是这么做的。

目　录

论社会主义经济发展的
波浪式运动形式

　　社会主义建设过程，是千百万人民群众的革命创造的活动，因而它不可能是一个风平浪静的，沿着一条直线前进的过程。总的说来，我们的经济应当是逐年增长的，我们的建设应当是高速度发展的。但是国民经济的发展，必然是波浪式地向前迈进的，速度有时高一点，有时低一点。波浪式前进，螺旋形上升，是我国国民经济发展必然经历的一个过程，也是社会主义扩大再生产的一个极其重要的特征。认识这个特征，对于正确理解社会主义经济高速度发展中的速度的具体变化的现象和原因来说，对于正确安排国民经济的具体发展速度来说，都有着十分重要的意义。

一

　　社会主义扩大再生产过程中的"波浪式发展"和"螺旋式上升"，所指的经济内容是什么呢？这个特征，同资本主义再生产的周期性经济循环的波动，又有什么区别呢？

　　为了说明"波浪式发展"和"螺旋式上升"的经济含义，让我们看一下中华人民共和国成立以来工业生产的发展动态。生产发展动态，可以分别从生产水平（以工业总产值为例）、绝对净增额（比上一年增长的绝对额）和净增速度（比上一年增长的百分数）三个指标的变动情况，来加以考察。

我国工业总产值增长动态①

年份	总产值（亿元）*	绝对净增额（亿元）	净增速度（%）
1949	140.2	—	—
1950	191.2	51.0	36.4
1951	263.5	72.3	37.9
1952	343.3	79.8	30.3
1953	447.0	103.7	30.2
1954	519.7	72.7	16.3
1955	548.7	29.0	5.6
1956	703.6	154.9	28.2
1957	783.9 704.0	80.3	11.4
1958	1170.0	466.0	66.2
1959	1630.0	460.0	39.3
1960			

注：＊1949 年到 1957 年按 1952 年不变价格计算，1957 年以后按 1957 年不变价格计算。

首先，从生产水平的动态来看，我国工业总产值从 1949 年到 1959 年是逐年不断地增长，一年比一年高；虽然各年增长的规模（绝对净增值）和程度（净增百分数）都不一样，有时候增长的规模大些，程度高些；有时候增长的规模小些，程度低些；但是总在不断地迅速地增长，而看不见增长中断或水平下降的情况。② 所以，从生产水平的动态来看，社会主义再生产扩大的规模和程度虽然各年有所不同，但是一般总应当是不断地扩大和提高，形成螺旋式上升，一环高于一环的运动状态。

其次，从生产的绝对净增额的动态来看，上列数字表明，并不

① 《伟大的十年》，人民出版社 1959 年版（下同），第 76 页。

② 后来，我国国民经济发展的实际情况表明，工业生产总值在某些年份曾有过下降。但这不是社会主义制度本身的原因造成的，而往往是由于错误路线的干扰和计划工作的失误造成的，因而不能看成是社会主义经济发展的自身规律性的表现，它毋宁是违反了社会主义经济发展的客观规律的结果。（1979 年补注）

是每年工业生产的绝对净增额，都比上年绝对净增额高，而是有些年份的净增额比前一年多些，有些年份比前一年少些，因此，绝对净增额的动态，并不呈现逐年不断上升的情况。但是从上举各年工业生产绝对净增额的数列中，可以看到这一数值通过年度间的某些波动，呈现着逐渐上升的倾向。这种倾向，如果把年度之间的波动因素加以消除，放长时间来观察，比如说采取三年、四年或五年移动平均的每年净增额来观察，就越可以看得明显。这个倾向表明了社会主义生产的增长规模（即绝对净增额），从长期平均的趋势来看，也应当具有螺旋形上升，不断扩大和提高的特征。

最后，从生产发展速度或净增百分数的动态来看，无论逐年连续观察，或者较长时期平均观察，社会主义生产高速度发展中的增长程度（即速度），并不是一年比一年高，一个时期比一个时期高，而是有起有伏，有升有降，起伏相间，升降交替，形成波浪式前进的运动状态。我们还可以看到，在发展速度的波澜起伏的运动中，波浪的幅度即年度与年度之间的速度差距，或者波峰与波谷之间的速度差距，也有种种不同的变化。

由上述所知，社会主义扩大再生产过程中存在着螺旋形上升和波浪式发展的特征。所谓"螺旋形上升"，主要是指生产发展水平的运动状态而说的，同时也是指生产增长规模从长期平均的运动状态而说的；而所谓"波浪式前进"，则是指生产发展速度，或生产增长程度的运动状态而说的。"螺旋式上升"和"波浪式前进"，是对统一的社会主义扩大再生产过程，从不同的侧面观察所得的不同的运动形象。从生产发展水平的运动侧面来观察，我们看到再生产是一个螺旋形上升的运动形象；从生产发展速度的运动侧面来观察，我们看到再生产是一个波浪式前进的运动形象。

社会主义扩大再生产过程，应当是通过生产水平的螺旋式上升，生产速度的波浪式发展，来实现其不断前进的运动的。在现实生活中，这种不断前进的运动，又往往表现为前进阶段的反复更替，如从以数量的扩大和发展为主要内容的阶段，进入以质量的提高和巩固为主要内容的阶段。如是反复不已，级级提高。当然，在以数量的扩大和发展为主要内容的阶段，也应要求质量的一定的提高；而在以质量的巩固和提高为主要内容的阶段，也应包含数量的继续扩大。社会主义建设事业就是通过这样的运动过程，不断地从一个阶段推向另一个新的更高的阶段。

上述社会主义扩大再生产的螺旋形上升和波浪式发展的特征，同资本主义再生产的周期性经济循环，具有根本不同的性质。我们知道，社会主义再生产按其本性来说应当是不断的、高速度的扩大再生产；而资本主义的再生产虽然从长期来看，也有某种扩大的倾向，但是它的生产水平的增长不时地为生产水平的急剧下降所中断；它的发展速度，虽然个别时期也可能很快，但从长期平均来看也只能是缓慢的，时进时退的。社会主义经济发展的曲线，应当表现一个不断前进的过程；而资本主义经济发展的曲线，则表现前进和后退相互交替的过程。社会主义经济运动中的波浪式，在经济计划工作不发生重大失误的情况下，是不会出现经济危机的，即使发生因经济政策或计划失误而造成的危机，也将不会像资本主义经济危机那样周期性地出现。与此相反，资本主义经济发展中的波动，则是同周期性的危机必然相联系的。在它的发展的进程中，总是经历着从危机开始，通过萧条、复苏、繁荣诸阶段，再回复到新的经济危机这样一个反复不已的恶性循环的过程。在这个过程中，生产力时而扩张，时而遭到破坏。由此可见，社会主义再生产的波浪式发展和螺旋形上升，反映了社会主义制度对于发展生产力的巨大优越性和生命力，而资本主义再生产的周期性经济危机和经济循环，则反映了资本主义制度的腐朽性。

二

上节我们说明了社会主义再生产的波浪式的含义及其同资本主义的周期性的经济循环的根本区别。那么，在社会主义再生产高速度发展的总过程中，为什么各年的具体的发展速度，会呈现时高时低，波浪起伏的变化呢？

我们知道，一切事物的发展，在客观上都是不平衡的。就每一事物的各个组成部分的发展来看，在一定时期，有的部分发展得快些，有的部分发展得慢些。就每个事物在不同时期的发展情况来看，有的时候发展得快些，有的时候发展得慢些。这是一切事物发展的普遍规律，社会主义经济发展速度也不例外。国民经济和各部门经济的发展速度，有时候高些，有时候低些，这是符合客观事物发展不平衡的总规律的；这是发展速度呈现波浪起伏的最一般的根据。但是，要具体阐明产生波浪形式的原因，我们就不能满足于这种一般的理解，而必须对决定生产发展速度的各种经济因素，进行具体的分析。

决定社会生产发展速度的因素，是很复杂的，这里有生产力方面的因素、生产关系方面的因素和上层建筑方面的因素。政治的、经济的、技术的和自然的条件的变化，都会影响生产发展速度的变化。当然，对于生产发展具有决定意义的，是社会生产关系。概括地说，不论什么因素，最终都要通过一定的社会生产关系在一定时期投入生产过程的劳动量以及劳动生产率的变化，才能作用于生产发展的规模和速度。现在让我们分别来看一下劳动量和劳动生产率的因素是如何影响生产发展速度的波浪起伏的。

首先，从劳动量的变化来看，物质生产领域劳动者人数的增长，在不同时期和不同年份，都是不均衡的。这种不均衡，一方面是由于可以投入生产领域的劳动力资源在各时期和各年份是不相等的，另一方面是由于新增生产基金或生产设备所能吸收的新增劳动者人数，也是不均衡的。当社会劳动力资源还没有完全充分利用，可投入生产的新增劳动力资源比较丰裕的时候，投入生产的劳动量增长的伸缩性比较大，生产发展速度受劳动量变化的影响也比较大。从我国的情况来看，恢复时期的三年，第一个五年计划时期的1953年和1956年，和第二个五年计划的前期，职工人数增长的速度都比较高，这几年生产发展的速度也比较高。而在 1954 年、1955 年和 1957 年，职工人数增长的速度较低，这几年发展速度也比较低。这可以从表 1 看出：

表 1　　　　　我国职工人数净增率和工业总产值净增率动态

（比上年净增）①　　　　　　　　单位：%

年份	1950	1951	1952	1953	1954	1955	1956	1957	1958	1959
职工人数净增率	27.9	25.2	23.3	19.5	3.0	1.4	27.0	1.1	84.0	
工业总产值净增率	36.4	37.9	30.3	30.2	16.3	5.6	28.2	11.4	66.2	39.3

　　一般看来，中华人民共和国成立以来，我国劳动就业人数的增长，在各年之间的变化幅度，是比较大的，因而生产发展速度的变化幅度，也是比较大的。这同我国在这一段时期，曾经存在过不少未被充分利用的劳动力资源，有着一定的关系。随着这一部分劳动力资源的逐渐充分利用，从整个社会生产范围来看，投入生产的新增劳动量的增加，主要将取决于人口增长状况，因而劳动量的增长将有趋于稳定的倾向，它对生产发展速度波动幅度的影响，也将不至于像过去那样大。

　　但是，从部门生产发展的规模和速度来看，它不仅取决于社会劳动力总资源的增长，而且在颇大程度上受到劳动力资源在不同生产部门之间的再分配的影响，而在这方面，劳动量的变化的伸缩性，仍然是比较大的。例如，在工业化过程中，从长期来看，必须从农业吸收大量的劳动力。可是，由于农业劳动生产率的水平和农业本身对劳动力的要求，在不同时期不同年份，都会有不同的情况。同时，由于工业投资和建设每年扩大的规模也有变化，因而工业从农业部门所能吸收的新增劳动者人数的增长过程，也不能够是均衡地进行的。这就不能不在一定程度上造成各年工业生产速度发生波动。几年来，我国国民经济迅速发展，工矿等部门从农业方面得到了比

①　《伟大的十年》，第 160 页。

较充裕的劳动力的配备，三年中我国工业战线上的职工人数增加了一倍以上，这是这几年来工业发展速度较高的重要源泉之一。可是，由于农业劳动生产率是发展工业和国民经济其他一切事业的基础，在农业本身的劳动生产率还未大大提高以前，是不宜于也不可能过多地把农业劳动力转移于工矿、基建等部门的，否则农业从而整个国民经济的发展就要受到严重影响。今后为了保证以农业为基础的国民经济的全面持续的高速度发展，有必要以足够的劳动力加强农业战线，因而在一个时期内，工矿、基建等部门的发展，就暂时不能不受到农业劳动力的这种回转的影响。这种由于劳动力再分配的因素而引起的新增劳动量来源的变化，会在不同程度上反映在部门速度的变动上面。

决定生产发展的重要因素之一是社会劳动生产率。随着劳动力资源逐渐得到充分利用，劳动生产率便逐渐成为决定生产发展速度的最主要的因素。从劳动生产率的变化上看，它的不同时期、不同年份的提高程度，也是不平均的，这也是造成发展速度波澜起伏的一个重要原因。就我国国民经济发展的实际情况来看，从第一个五年计划开始到1959年，按国民收入计算的物质生产领域全体劳动者的劳动生产率提高程度较大的年份有1953年、1956年、1958年和1959年。而这几年也正是国民收入的生产增长速度较高的年份，其余几年（1954年、1955年和1957年）社会劳动生产率提高程度较小，因而这几年国民收入的生产增长速度也较低。从这些情况可以看到，国民收入生产增长速度的变化方向和幅度，同劳动生产率增长速度的变化方向和幅度，有着密切的关系。上面说过，随着原有未被充分利用的劳动力资源逐渐得到充分利用，生产发展的速度将在越来越高的程度上取决于劳动生产率的增长速度；从这一点来看，在今后长时期内生产发展速度的波浪起伏和波动的幅度，也将在越来越大的程度上取决于劳动生产率增长速度的变化形态。

就我国情况来看，影响社会劳动生产率变化的客观因素，除了各年劳动者的技术装备程度或固定基金的装备程度和固定基金的利用效果历年都有不同的变化外（这一点我们在下面还要谈到），在很大程度上受着自然条件变化，特别是农业丰歉变化的影响。中华人民共和国成立以来，经过大规模的农田水利建设，我国农业抗御自然灾害的力量已经大大增强了。但是目前在颇大程度上和今后在一定历史时期内，农业生产还受自然因素的影响，因而丰年、歉年的变化，暂时还不能避免。这就不能不引起农业劳动生产率在年度之间的变化，从而引起全社会劳动生产率在年度之间的波动。特别需要指出的是，农业丰歉不仅影响当年的社会劳动生产率，而且还通过以农产品为原料的工业部门设备利用率和劳动生产率的变化，影响下一年的社会劳动生产率。这一影响，在我国以农产品为原料的工业部门还占相当比重（目前在工业总产值中约占 1/3，在轻工业产值中占 70%—80%）的条件下，尤为显著。此外，还要注意到，由于农业丰歉变化所引起的农业部门和其他与农产品的加工或经营有关部门劳动生产率的变化，又会使这些部门所提供的积累，从而新增社会生产基金投资来源发生变动。这在财政收入直接间接来自农业部门还占相当比重（目前约占一半）的情况下，也不能不对全社会生产发展速度的变化，产生显著的影响。我国经济发展的经验证明：农业丰收往往引起当年，特别是次年社会生产发展速度的提高；而农业歉收则往往引起当年特别是次年社会生产发展速度的减缓。由此也可以看出，大力发展农业，保证农业生产以必要的劳动力，加速农业的技术改造，为农业劳动生产率的稳步提高创造条件，这对于保证国民经济的持续的高速度来说，有着极其重要的意义。

　　舍开自然因素和其他条件，决定劳动生产率的最重要的因素是劳动者的技术装备程度（或固定基金的装备程度）和固定基金的利用效果。在这方面，研究固定基金量和每一单位产品平均占用固定基金量的变化，对于理解再生产发展速度的波浪式来说，也是十分重要的。

　　从生产基金量的变动来看，在不同时期和不同年份，也是很不均衡的。这不仅因为，生产基金的投资量，要受到国民收入在积累同消费之间，和积累基金在生产性积累和非生产性积累之间等分配比例变化的影响；而且还因为，生产基金中的固定基金部分的增长，要受到提供劳动手段的生产部门（机器设备制造部门和基本建设部门）规模扩大程度的限制，它的流动基金部分的增长，要受到农业原料和采掘部门生产情况所引起的劳动对象供应量变化的影响。所有这些复杂因素，在不同时期和不同年份，都会出现不同的情况，因而都会对生产基金投资和增长的规模和速度产生不同的影响，从而使社会生产发展的速度发生一起一伏的波动。生产基金量的变动同生产发展速度的波动之间的联系，可以从1953年到1958年，我国国民经济基本建设投资总额、新增生产性固定基金和国民收入这三者的增长动态序列看出（见表2）。

表2　　　　　　基本建设投资总额，新增生产性固定基金、
国民收入增长速度动态①

年份	1953	1954	1955	1956	1957	1958
基建投资总额	184	113	103	159	93	193
新增生产性固定基金	192	123	125	143	117	177
国民收入	114	105.7	106.5	114	104.6	134

注：以上年为100。

　　上述三个动态序列虽然起伏的方向和幅度并不完全吻合，但是它们之间存在着一定的联系。1953年、1956年和1958年基本建设投资总额、新增生产性固定基金增长速度都比较快，因而这几年国民收入生产的增长速度也比较快；1954年、1955年和1957年，前两者的增长速度都比较慢，因而国民收入生产的增长速度也比较小。并且我们还可以看到，国民收入增长速度变动幅度的大小，同新增固定基金增长速度的变动情况之间，存在着一定的依存关系。1953

① 《伟大的十年》，第18、46、57页。

年、1956 年和 1958 年新增固定基金增长速度最快，1954 年和 1955 年次之，1957 年最低。国民收入生产的增长速度，也是在 1953 年、1956 年、1958 年最快，1954 年和 1955 年次之，1957 年最低。一般地说，基本建设投资增长速度快的年份，新增固定基金也就有较多的增加，如前述三个年份的情况便是如此。但也有与此相反的情况，如 1955 年基本建设投资增长速度低于 1954 年，但新增固定资产的增长速度则超过了 1954 年。新增固定资产同基建投资的增长速度的变化方向特别是变动幅度的不一致，主要是由于建设工期的影响。当年动用的固定基金中有相当大的部分不是当年投资，而是过去投资的工程完工的结果。1953 年新增固定基金增长速度很高，一部分是由于当年投资扩大很快，同时也和恢复时期投资的迅速增长有关。而 1953 年、1954 年两年基本建设投资的迅速增长，也为 1955 年、1956 年两年新增固定基金的较快增长准备了条件。1958 年新增固定基金的大量增长，不仅是当年投资的大规模增长的结果，同时也与 1956 年投资额的较大幅度增长有密切联系。

我们知道，新增劳动力的被吸收参加生产，和社会劳动生产率的提高，不仅有赖于生产基金特别是固定基金的增加，而且要看每一单位生产基金的利用效果或每一单位产品的资金占用系数的变化情况。上面我们已经分析了生产基金量的变动对于速度波浪式的影响，现在我们看一下单位产品的资金占用系数的变动对生产发展速度的波浪式的影响。

每一单位产品占用基金系数的变动，各个时期和各个年份都是不均衡的。全社会范围平均的单位产品占用基金系数，受到许多复杂情况的影响，其中包括生产部门结构改变，新建、改建和扩建比重的改变，企业大中小规模和技术水平结构的改变，等等。而这些因素特别是其中技术进步的因素，在不同时期和不同年度都会有不同的变化情况。这些情况的变化，都会影响各年单位产品占用基金系数发生变化。例如，现代化大型企业建设的比重增加，固然在企业投入生产后，对劳动生产率的提高从而对积累基金的更快增长会有较大的作用，然而它所能吸收的新增劳动力较少，同时在一定情况下也会暂时提高每一单位产品的资金占用系数。反之，如果中小型的、中间技术的企业建设的比重提高，虽然投入生产的企业劳动生产率相对较低，然而它能够吸收较多的劳动力，在原有劳动力资源尚未完全充分利用的前提下，能够提高全社会范围的劳动生产率，同时由于投资少建设快，也能够很快地影响每一单位产品占用基金系数的降低，从而有利于生产发展速度的提高。所以，单是企业规模的大中小构成以及不同技术水平结构的改变，会使单位产品的资金占用系数发生种种可能的变化，从而引起再生产速度的波动；更不用说上述其他许多复杂情况变化的影响了。就我国的情况来看，在第一个五年计划时期，全社会平均的单位社会产品占用基金系数曾有提高的倾向，这同这个时期生产结构的改变，即占用系数较高的产业部门特别是重工业部门的比重增加，有着一定的关系。而在1958 年单位社会，产品占用基金系数却较上年有所降低，一反过去第一个五年计划时期的倾向；这对这一年生产速度极大幅度的提高，起了一定的作用；而这一年基金占用系数的降低，则同中小型的、洋土结合的企业建设比重的扩大，有着一定的关系。

以上我们从决定再生产发展速度的一些直接的经济因素，来看再生产速度在不同时期、不同年度间出现波浪起伏的原因。概括说来，无论从劳动消耗量和劳动生产率上看，还是从生产基金量和资金占用系数上看，它们在不同时期、不同年度对速度所起作用的方向和作用的程度，都会有种种不同的变化。如果某年它们的作用方向一致，作用的强度又很大，就会引起生产发展速度的较大幅度的或起或伏的波动。如果它们的作用方向不一致，作用的强度也不相等，那么，各种情况综合作用的结果，也会引起生产发展速度以不同的幅度，发生或升或降的波动。

三

上节所述的决定再生产发展速度的经济因素，在社会主义制度下，并不是自发地发生作用的，而是在社会主义生产关系和上层建筑的一定情况下，通过人们的计划安排和主观能动活动，而发生作用的。现在我们简单地说明一下社会主义生产关系和人们的主观能动活动，对于生产发展速度的波浪式产生的影响。

社会主义生产关系和上层建筑的具体环节和具体形式，适应于生产力发展的要求在一个时期所进行的改变或调整，在另一个时期所进行的巩固和保持相对的稳定性，对于充分调动生产力中最重要的要素——劳动人民群众的积极性来说，对于充分利用各种有利于高速度发展的客观经济因素来说，都有着极其重要的意义。当社会生产关系经过变革或调整，已经适应于生产力进一步发展的要求的时候，就有必要在一定时期内，稳定这个新的生产关系，使它不断地得到完善，这对于生产力的进一步发展是有利的，对于下一步改进和提高生产关系，也是必要的。在我国农村实现了人民公社化以后，党明确了在一定时期内三级所有、队为基础是农村人民公社现阶段的根本制度，必须予以巩固和有一个相对稳定的阶段，这正是为了促进生产力的发展。生产关系和上层建筑具体环节的调整、巩固和完善，在时间上不可能是一年一年地均衡地进行的。这也会通过有关的经济因素，对生产发展速度的不均衡的波动，产生一定的影响。

社会主义经济由于是计划经济，人们的主观能动活动特别是计划安排对于经济发展速度的变动，有着十分重要的意义。当然，必须指出，产生波浪式运动的根本原因，并不是人们的主观安排，而是前述各种客观经济因素的不均衡的变化的结果。但是人们在认识客观规律的基础上所进行的主观能动活动，能够在一定的程度上影响波浪式的变化幅度。在实际经济生活中，人们的主观能动活动对于发展速度波动幅度的影响，是在认识经济运动客观规律的基础上，通过对前述各种因素的因势利导和计划安排来实现的。在这种安排中，人们的主观活动在各种客观因素和条件所许可的界限范围内，有着颇大程度的回旋余地，从而对发展速度波浪起伏的幅度，产生一定的作用。然而必须指出，人们对于经济运动的客观规律的认识和速度波动的客观界限的掌握不可能一下子达到十分完满和十分准确的地步，而是一个不断地深入和提高的过程。如何根据不同时期各种条件因素的具体情况，在计划的安排中对发展速度规定最恰当的变化幅度，避免人为地大起大伏，以保证从长时期平均来看的国民经济发展的最高可能的速度，这是一个具有十分重要的理论意义和实践意义的问题，也是一个十分复杂的问题。这个问题，还有待于在总结社会主义建设经验的基础上，进行深入的探讨研究。

（写于 1961 年，原载《社会主义再生产问题》，生活·读书·新知三联书店 1980 年版）

论社会主义经济中计划与市场的关系[*]

当前，全党工作的着重点正在转移到社会主义现代化建设上来。为了适应这样一个转变，保证我国国民经济稳步发展，我们必须总结将近 30 年来经济建设的经验和教训，对经济管理体制和经营管理方法进行认真的改革。怎样完成我们面临的这项改革任务，有许多重大的理论和实际问题迫切需要我们去研究和解决。其中一个对社会主义的经济管理带有全局性的问题，就是如何处理好计划和市场的关系问题。① 这篇文章拟对这个问题作一初步探索。

社会主义经济中计划和市场相结合的必然性

长期以来，在社会主义政治经济学中存在这样一种看法，即认为，既然社会主义经济是计划经济，资本主义经济是市场经济，因此社会主义经济与市场是不相容的，把社会主义计划经济理解为对市场的一种简单的和绝对的否定。尽管后来逐渐承认了社会主义经济中商品生产和价值规律的存在，但仍然把商品生产、价值规律、市场机制的作用同计划的作用置于绝对排斥的地位，似乎计划起作用的地方，市场机制就不起作用，或者反过来说，计划作用到不了的地方，市场机制才起作用。按照这种观点，社会主义的优越性不

　＊ 本文的不同摘要曾载于《经济研究》1979 年第 5 期等报刊。这里发表的是全文，系作者与赵人伟合写。
　① 这篇文章所讲的计划，不是指作为意识形态的计划，而是指人们自觉地调节和控制社会经济发展的客观过程，这一客观过程过去经济学文献中曾用"计划化"一词来概括。另外，这篇文章所讲的计划，凡未注明是企业计划的，都是指国家计划或社会计划。

能表现在对市场的利用上，而只能表现在对市场的限制或排斥上，仿佛计划的作用越大，市场的作用越小，社会主义的优越性才能显示出来。这样一种把市场视为同社会主义经济的本性不相容的观点，给我们经济生活的实践带来了一系列消极后果。例如：

生产与需要脱节。由于片面强调计划和忽视市场，企业生产什么和生产多少，主要按照从上而下的指令性计划指标，而不能很好地按照社会的实际需要来安排。照道理说，按计划生产与按需要生产应当是一致的。但是，在社会主义条件下，离开了市场机制，一个统一的计划中心事实上无法精确地反映对千百万种产品的千变万化的需要。这样，按上面布置下来的计划生产出来的东西，往往货不对路，造成积压，而社会上需要的东西又供应不足。再加上企业生产的产品大部分是由国家统购包销的，企业所需生产资料大部分又是由国家统一分配计划调拨的，生产企业同消费者之间缺乏横向联系，不能直接见面，以致生产者不了解消费者的需要，消费者也不能对生产者施加影响，计划指标不符合实际需要的缺陷不能通过市场机制灵活地反映出来，并得到及时的纠正，使产供销脱节的问题长期难以解决。

计划价格脱离实际。由于在制定价格时忽视价值规律的客观要求，使得许多产品的计划价格长期地、大幅度地同价值相背离。在这样的价格条件下，企业在产值、利润等指标上表现出来的经营成果不能反映企业本身经营状况的好坏；由不合理的价格因素而引起的亏本和盈利，也无法据以辨别企业经营的优劣。计划价格很少考虑供求的变化，长期固定不变。当出现商品不足、供不应求的时候，往往不采用调整价格的办法来促使增加供给和控制需求，而是采用票证来限额供应，使票证起了补充货币的作用，造成价值尺度的多元化。① 人

---

① 马克思指出："价值尺度的二重化是同价值尺度的职能相矛盾的"，"凡有两种商品依法充当价值尺度的地方，事实上总是只有一种商品保持着这种地位。"（《马克思恩格斯全集》第23卷，人民出版社1972年版，第114—115页）我们的许多无价票证，不是事实上也变成了有价票证吗？

们还把凭票限额供应叫做"计划供应"，似乎它就是社会主义计划经济本质的一种体现。殊不知，这是任何一个被围困的城防司令都会想出来的办法，同社会主义计划经济毫无本质联系。当然，社会主义计划经济不是不可以在一定时期和一定条件下利用这种限额限价的供应办法。但是，由于这种办法不能从经济上鼓励增加这些供应不足的商品的生产，而且往往会固定和加深这些商品的生产者的不利地位而使生产和供给减少，所以，它不但不能从根本上解决供需矛盾，而且往往进一步加剧这个矛盾。

资金分配上的供给制。我们不但在产品的生产和交换上，而且在资金的筹措和分配上，也忽视了市场的作用，突出的表现是财政上统收统支。过去，我们企业的收入，包括企业的纯收入和基本折旧基金，全部或大部上缴；企业发展生产、改进福利等开支，则都伸手向上面要。国家对企业无偿供给全部固定资产和大部分流动资金，企业对资金的使用效果可以不负任何经济责任，不管经营好坏、盈利亏本，工资基金不少拿，企业是"吃大锅饭"，职工是靠"铁饭碗"。由于物质利益与经营成果脱节，企业的经济核算不能不流于形式，单纯为记账面核算，而不是利用职工集体的物质利益来促进生产效果的提高。在这种情况下，尽管发出许多行政命令和政治号召，企业和职工对于节约生产消耗、改进产品质量、增加品种以适应市场消费者的需要，也难以有持久的内部动力，各方面的拖拉浪费就长期难以克服。

企业结构上的自给自足倾向。社会主义经济是建立在社会化大生产基础上的，企业之间、地区之间、部门之间都存在着广泛的专业分工和协作的关系。特别是随着科学技术的进步，生产专业化和协作也将进一步发展。但是，由于忽视市场关系、用小生产的经营方式来对待社会主义的大生产，使得我们许多企业不是向专业化和协作的方向发展，而是向万事不求人、自给自足的方向发展。因此，我国的工业企业普遍存在着"小而全""大而全"的情况，许多企业不仅办成了"全能厂"，而且办成了一个社会。当然，这种情况、并不是完全由企业内部的原因所造成的。供产销不平衡、协作单位不遵守合同、协作件得不到保证等原因，往往也迫使企业向"全能厂"方向发展。但从全社会来看，这些都是与排斥市场关系有关的。

　　上述种种情况表明，忽视商品生产、价值规律和市场机制的作用，实际上并不利于社会主义计划经济的发展。社会主义计划经济的一个重要特征就是要正确地安排和保持国民经济的适当比例，求得生产和需要的平衡。列宁说："经常的、自觉地保持的平衡，实际上就是计划性。"① 但是，在社会主义经济中，如果排斥市场机制，就往往会带来供产销的脱节，而难以求得生产和需要之间的平衡；如果各类产品计划价格长期违背价值规律的要求，各类产品的比价关系安排得不合理，那就往往使这些产品的生产不能按照客观要求的比例协调地发展。社会主义计划经济的另一个重要特征就是节约活劳动和物化劳动的消耗。当然，节约劳动时间和按比例地分配劳动时间是相互联系的。正如马克思所指出的："时间经济以及有计划地分配劳动时间于不同的生产部门，仍然是以集体为基础的社会首要的经济规律。甚至可以说这是程度极高的规律。"② 但是，在社会主义条件下，如果否认商品货币关系，拒绝利用价值规律，不讲经济核算，就必然导致高消耗、低质量和低效率，不能实现用最小限度的劳动消耗取得最大限度的效果这一社会主义计划经济的本质要求。

　　从实践看，是否承认市场的存在并积极利用它来为计划经济服务，对于社会主义经济的发展关系极大。近 30 年来，在我国社会主义建设过程中，有两次经济发展比较快，一次是第一个五年计划时期，一次是三年调整时期。这两个时期都比较注意利用价值规律，利用市场，其结果城乡协作较好，农轻重的关系比较协调，各方面也比较重视经济核算和经济效果。但是，在我国国民经济的发展中，有两次受到比较大的挫折，一次是第二个五年计划时期，一次是在

---

① 《列宁全集》第 3 卷，人民出版社 1959 年版，第 566 页。
② 《政治经济学批判大纲》第 1 分册，人民出版社 1975 年版，第 112 页。

60 年代中期至 70 年代中期。这两次大的挫折，在政治上是同林彪、陈伯达和"四人帮"等人的破坏分不开的；在理论上则往往同他们在商品、货币、价值规律问题上制造混乱、抹杀市场的作用有关。应该指出，那种否认社会主义社会中商品货币关系的积极作用，把计划和市场看作互不相容的观点，不但在实践上造成了很大的危害，而且在理论上也是站不住脚的。

以生产资料公有制为基础的社会主义经济是有计划发展的经济。经济的有计划发展并不是同市场经济关系相对立的，而是同自发的或生产的无政府状态相对立的，后者是一切以私有制为基础的社会经济的一个基本特征。而市场经济关系却不是私有制的社会经济所特有的。同市场经济关系相对立的是自然经济而不是计划经济。自然经济中不存在商品货币关系，只存在实物分配关系，这是一切自给自足和闭关自守的社会经济的一个基本特征。而市场经济关系却是建立在社会分工和协作的基础上的。市场经济关系并不一定都是自发性的和无政府状态的，这要看它存在于什么样的所有制条件之下。在社会主义公有制的条件下，市场经济关系是可以由人们自觉地加以控制，为社会主义计划经济服务的。市场经济关系既然是以社会分工和生产的社会化为物质前提的，从这一点来说，它与建立在社会化大生产基础上的社会主义计划经济非但不是互相排斥，毋宁有共通之处。社会主义的计划经济是存在商品货币关系条件下的计划经济。它只能同自发的市场经济以及自然经济相对立，而不能同人们自觉地加以控制的市场经济关系相对立。

长期以来，人们之所以片面强调计划而忽视市场，主要是因为有这样两个传统观念在作祟：一个是把市场同自发性等同起来，特别是同资本主义市场经济的无政府状态等同起来；另一个是把计划经济同自然经济混为一谈。前一个传统观念、往往成为一些人反对利用市场的武器，谁要一谈利用市场，他们就说谁是在搞资本主义。后一个传统观念，则往往成为一些人用自然经济来冒充社会主义计划经济的理论依据。在这两个相互联系的传统观念的保护伞下，在貌似坚持社会主义计划经济和反对资本主义市场经济的口号下，许多不符合社会主义经济发展利益的东西得到了繁育滋长：单纯的行政办法管理经济代替了经济办法管理经济；按"长官意志"办事代替了按客观经济规律办事；宗法家长式的统治代替了人民群众当家做主；适合于自然经济的封建衙门式的管理代替了适合于社会化大生产的科学管理，等等。在我们这样一个原来商品经济很不发达、目前依然有80%的人口是半自给农民的国家里，上述一些传统观念和做法是有其深厚的社会基础的。我们现在面临着的历史任务是实事求是地按照客观经济规律，发展商品经济来为实现社会主义的四个现代化服务。我们要在社会主义建设中利用商品货币关系，正确处理计划和市场的关系，改革种种不符合社会主义客观经济规律的管理制度，就必须打破上述那些根深蒂固的传统观念。

为了彻底打破这些传统观念，把计划和市场很好地结合起来，还必须进一步探索社会主义条件下商品货币关系和市场存在的原因问题。对于这个问题，相当多的经济学者一直是用生产资料的两种形式的社会主义所有制即集体所有制同全民所有制的并存来解释的。我们认为，在现阶段，两种形式的社会主义所有制之间的商品货币关系对于社会主义的经济发展是很重要的。特别是在我国现在农业人口比重还很大，集体所有制在农业生产中占有举足轻重地位的情况下，更要重视两种公有制之间的商品关系，尊重集体所有制单位作为商品生产者的自主权。但是，单纯地用两种公有制的并存来解释社会主义制度下之所以存在商品货币关系和市场，则是不够本质的。因为，这种看法实际上仍然认为商品和市场关系同社会主义公有制最重要的部分即全民所有制的性质是不相容的，它只能从来自全民所有制外部的影响，而不能从全民所有制内部本身来说明为什么必然存在着商品和市场关系。经济学界历来流行的一些观点，诸如全民所有制内部调拨的生产资料实质上已不是商品而仅仅留有商品的外壳（"外壳论"）；价值规律对生产不起调节作用，它已被国民经济有计划按比例发展规律所代替（"代替论"）；价值规律以及有关的价格、利润、成本、利息等价值范畴不被看作客观的经济机制，而只当作可用可不用的核算工具（"工具论"），等等，实际上都是从上述"外因论"的基本观点所派生出来的。应当指出，所有这些被称为概括了社会主义各国经验的种种观点，并不符合所有社会主义国家的实际经验；而继续坚持这些观点给实践带来的危害，则是越来越清楚了。

我们认为，社会主义全民所有制内部之所以还存在着商品和市场关系，是由社会主义阶段所特有的物质利益关系所决定的。在生产资料公有制的条件下，虽然人与人之间剥削与被剥削的关系即物质利益上的对抗已经消灭了，但是，由于在社会主义阶段，劳动还不是像在共产主义阶段那样是生活的第一需要，而仅仅是谋生的手段，人们劳动能力和贡献又不相同，因此人们物质利益上的差别还存在。而且人们之间物质利益上的这种差别，不仅表现在个人与个人之间，还表现在全民所有制内部不同企业之间。不同企业凡不是由于客观因素而由于自身经营所造成的生产成果上的差别，要给不同企业及其职工带来物质利益上的差别，否则就不利于生产的发展。因此，全民所有制内部各个企业（相对独立的经济核算单位）之间的经济关系，必须采取等价补偿和等价交换的原则。不遵守这种原则，就意味着否认人们物质利益上的差别，从而就会打乱人们之间的物质利益关系。社会主义条件下所特有的这种物质利益关系，正是社会主义条件下商品和市场关系存在的直接原因（当然，分工、生产的社会化是物质前提）。这样一种商品关系或市场关系，其根源深藏于人们的物质利益的差别之中，反映这种关系的有关的经济范畴，绝不是可用可不用的工具，也不是徒具形式的外壳，而是一种客观存在的、有实际内容的经济体制。这里还要看到，所谓社会主义公有制条件下人们的劳动是直接的社会劳动，是仅就个别劳动同社会劳动的联系摆脱了私有制基础上的自发市场的阻隔而言的。实际上，在社会主义阶段，由于个别劳动者只把自己的劳动当作谋生手段才能同社会所有的生产资料相结合，劳动者与劳动者之间、企业与企业之间还不能不实行等量劳动相交换即等价交换的原则，所以劳动的直接社会性，还不能不通过有计划的市场来表现。也就是说，人们有计划地分配社会劳动和节约社会劳动，还不能不通过反映社会主义阶段所特有的物质利益关系的市场机制来实现。

由此可见，社会主义经济中计划和市场的关系，既不是相互排斥，也不是由外在的原因所产生的一种形式上的凑合。而是由社会主义经济的本质所决定的一种内在的有机的结合。如果说生产资料的社会主义公有制带来的人们之间的物质利益上的根本一致是社会主义经济能够实行计划的客观依据的话，那么，人们之间物质利益上的上述差别，则是社会主义经济中还存在着市场的直接原因。社会主义经济中人们之间物质利益上的这种一致与不一致，正是社会主义经济中计划与市场在矛盾中实现统一的客观基础。实践证明，如果片面地强调计划，忽视市场，就容易只看到人们之间根本利益的一致而忽视他们在利益上的差别，容易只看到全局的利益而忽视局部的和个人的利益，从而不利于调动企业和职工群众的积极性；如果片面地强调市场，忽视计划，则往往会产生相反的倾向，使基层和群众的积极性流于盲目和无政府的混乱境地。因此，要正确处理社会主义经济中各方面的物质利益关系，调动一切积极因素来加速社会主义建设，就必须从理论上和实践上解决计划和市场相结合的问题。

关于社会主义计划经济条件下如何利用市场的问题

由以上的分析可知，在社会主义制度下计划同市场非但不是互不相容的，而且一定要相互结合，才能充分发挥社会主义的优越性。在考察社会主义经济中计划与市场的问题时，既不能离开计划孤立地来谈市场，也不能离开市场来谈计划。由于迄今为止我们在这个问题上的主要偏向，是片面地重视计划而轻视市场，当前为了纠正这一偏向，首先要着重解决如何在社会主义经济条件下发展商品经济、利用市场机制的问题。

商品经济的发展和市场机制的作用，离不开市场舞台上出现的各个商品生产者的活动。社会主义市场的主体，除了集体所有制的企业单位外，主要是全民所有制（有的国家是社会所有制）的企业单位。这些企业单位既向市场提供各种消费品和生产资料，又向市场购买各种生产资料。要发挥市场的作用，全民所有制企业单位不具有一定的经济自主权，不能够作为相对独立的商品生产者相互对待，是不行的。如果全民所有制的企业单位老是处在束手束脚、无权无责的地位，所谓利用市场就不过是一句空话。所以，我们当前这个问题是同扩大企业权限的问题密切联系在一起的。

同时，在计划经济条件下利用市场，又离不开发挥同价值范畴有关的经济杠杆和经济机制（诸如供求、价格、成本、利润、信贷、利息、税收等）的作用，把各个生产单位的经营成果同生产者的物质利益联系起来。这正是用经济办法管理经济的实质所在。如果不重视利用这些经济杠杆和经济机制的作用，不注意企业和个人的经济利益，而单纯地用行政办法来管理经济，那也根本谈不上什么利用市场。所以，我们当前这个问题又是同用经济办法管理经济的问题密切联系在一起的。

总之，在经济条件下利用市场，既同管理权限上扩大企业权力有关，又同管理方法上充分运用经济办法和经济手段有关。所有这些，都是为了使社会拥有的物力、财务、人力资源，按照社会的需要，得到合理的分配和节约的使用。那么，在物力、财力、人力资源的安排和使用上，应当怎样紧密地联系管理权力的下放和经济办法的运用，更好地发挥市场机制的作用呢？

物力资源的安排和使用。这主要是指商品的产供销问题。在这方面，要加强市场机制的作用。就要以销定产、按产定供，做到产需结合。

企业生产什么，生产多少，根据什么来确定？企业生产的产品，按照什么方式来销售？企业进行生产所需的生产资料，按照什么方式取得供应？上节我们讲过，现在实行的基本上是按照从上而下的指令性计划指标进行生产，按照统购包销的方式进行产品的销售，和按照统一分配、计划调拨的方式进行生产资料的供应，所有这些组织产供销的办法，往往造成社会生产和社会需要的脱节，使社会主义生产的目的不能得到很好的实现。大家知道，社会主义生产的目的是满足社会的需要。根据社会的需要来决定生产什么和生产多少，这是社会主义经济的一个根本原则。按国家计划来安排生产和按社会需要来安排生产，从根本上来说是一致的，但实际上却存在着矛盾。因为，国家计划主要考虑国家的需要，只能从总体上反映社会的需要，而不可能具体地、灵活地反映社会经济生活各个方面千变万化的需要，也不可能考虑到每个企业单位的具体生产技术条件。要解决这个矛盾，做到产需对路，使社会生产在产品数量、品种、质量上都符合社会需要，企业生产计划就不能一一由上面下来的指令性指标定死，而要在国家计划的指导下，根据市场的具体需要和企业本身的具体情况来确定。与此相应，无论是消费资料的流通还是生产资料的流通，都要改变那种不管有无销路，都由国营企业或物资机构统购包销的做法。除极少数短缺而在短期内不可能保证充分供应的物资要由国家组织供需部门协商分配外，其他物资都通过市场买卖。消费资料的流通要逐步实行商业选购和工业自销相结合的办法，以适应消费者的需要，做到以销定产；生产资料的流通也要逐步商业化，实行产销双方直接挂钩，或者通过中间批发商业企业来进行，以适应生产者的需要，做到按产定供。供应不足的物资，企业可以联合或单独投资发展生产，满足需要。这些在产供销问题上加强利用市场机制的办法，对于消除货不对路、商品积压和短缺并存的现象，对于促进不断提高产品质量、降低产品成本、改善花色品种，对于增进生产者的利益，以及对于保障消费者的权利①，都是十分必要的。

---

① 黄范章：《消费者权力刍议》，《经济管理》1979 年第 2 期。

　　为了实现按需生产、产需结合，一个十分重要的问题是加强合同制。合同一般是产需双方直接签订的。他们对各自的经济利益考虑得比较周到，提出的要求和措施比较切合实际，合同中规定的产品品种、规格、数量、质量，既考虑了需方的要求，又考虑了供方的可能。它是解决产供销平衡的一个很好的工具，又是制定计划的一个可靠的依据。企业要保证合同的完成，完不成的要承担经济责任。企业完成了合同规定的任务，既满足了市场的需要，同时也实现了计划的要求。

　　当然，我们强调生产要更多地反映市场的需要，供销要更多地采取市场的方式，并不意味着要取消国家统一计划的指导。因为，个别消费者的抉择和个别企业的抉择，由于种种原因，并不一定符合全社会的利益。而且消费者的需要本身并不是一成不变的东西，生产并不是消极地反映消费的需要，往往能够创造出新的需要。社会可以通过对生产和分配的调节来影响需要的改变。这些情况以及别的一些原因，决定了产供销的市场调节，必须在国家统一计划的指导下去进行。上面所说的产销合同和购销合同，在反映了市场的需要的同时，也不能离开计划的指导。通过这样的合同所联结起来的供产销之间的市场平衡关系，是有计划的社会主义再生产过程得以顺利进行的必要条件。

　　财力资源的安排和使用，即财务管理和资金管理的问题。在这方面要加强市场机制的作用，就要实行企业的财务自理和自负盈亏，实行资金的有偿占用和按经济效果投放资金的原则。

　　迄今为止，我们在财务管理上基本上实行的是统收统支办法，在基本建设投资和部分流动资金的分配上是实行财政无偿拨款的供给制办法，使企业经营成果同企业集体和职工个人利益脱节，使企业对合理地有效使用国家资金没有任何物质上的兴趣和责任，助长了企业在制订计划时讨价还价、争投资、争物资、争外汇的倾向。财政资金管理上的这种单纯行政办法，不利于提高投资效果和促进企业精打细算。要纠正这种状况，在这个方面也要在国家统一计划的指导下加强利用市场机制，主要是要改变统收统支为企业财务自理和自负盈亏，并加强银行信贷的作用。企业自负盈亏的比较彻底的方式，是在合理调整价格和税收的前提下，企业除按国家规定缴纳各项税收、费用和贷款本息外，不再上缴利润，剩余收入全部由企业按国家的统一法令政策，自主地决定用于扩大再生产的投资，提高职工收入和集体福利。作为过渡的办法，目前可以实行在企业保证国家规定的上缴税收和利润等经济任务下，从企业利润中提取一定比例的企业基金，用于职工的物质鼓励和集体福利，并与基本折旧基金留成和大修理基金一道，用于企业的挖潜、革新、改造等发展生产方面的需要。

改变资金的无偿占用为有偿占用，首先是对那些用国家财政拨款建立的固定资产由国家按照资金的一定比率征收资金占用税。这种占用税或付款的办法同企业利润留成制结合在一起，就能使那些资金利用和经营效果比较好的企业能够从实现的较多的利润中得到较多的留成，从而得到较多的物质利益。而那些资金利用和经营效果不好的企业，就只能得到较少的利益或得不到利益。因此，实行有偿使用资金的制度，有利于促进企业和职工挖掘一切潜力，努力节约使用资金，充分发挥占用资金的效果。

在实行比较完全的企业财务自理的情况下，应该考虑逐步废弃全部基本建设投资和一部分流动资金由国家财政拨款的办法。除了企业从纯收入或利润留成中提取生产发展基金，自筹解决一部分外，基本建设投资基本上应改由银行贷款来解决，流动资金改行全额信贷。银行在发放基建投资和流动资金贷款时，要接受国家计划的指导，同时要考虑各个部门和各个项目的投资效果，实行有选择的发放贷款的制度。

在自负盈亏、财务自理的条件下，企业以自留的收入和必须还本付息的银行贷款来发展生产，自然不会再像在资金无偿供给时那样不负责任、满不在乎，而非要兢兢业业、精打细算不可。在这里，我们还要注意银行利息的杠杆作用，利用它来动员社会暂时闲置的货币资金，控制信贷资金的投放，促进企业加强经济核算，加速资金周转，讲究资金的使用效果。为此，我们要从调节资金供需以有利于发展商品生产和商品流通出发，采取差别的利率政策，适时调整银行利率，改变过去那种长期固定不变或只降不升的利率政策。

劳动力资源的安排和使用。在这方面要加强市场机制的作用，就要实行择优录用，容许一定程度的自由择业，用经济办法来调节劳动力的供需。

过去，在人财物资源的安排分配上，单纯地、完全地用行政的手段，离市场机制最远的，要算劳动力资源的分配了。通过劳动部门按计划指标分配劳动力的办法，虽然花了不少力量，在一定程度上保证了一些部门对劳动力的需要，解决了一些人员的就业，但这种单纯的行政分配方式带来不少问题。从企业来说，往往不能按照自身的需要来招收工人和裁减不需要的工人；从个人来说，往往不能按照自己的所长和兴趣选择职业，做什么样的工作完全取决于上级的分配，在实际工作中难免出现乔太守乱点鸳鸯谱的现象。这种状况显然不利于合理地使用劳动力，调动人的积极性；不利于贯彻经济核算制，提高经济活动的效果。在劳动就业领域存在的专业不对口、长期两地分居以及还存在一定数量的待业人口等问题，固然在相当大的程度上是林彪、"四人帮"极"左"思潮的干扰和破坏所造成的，但同劳动力资源分配上的缺乏市场机制也有密切的关系。在劳动力的调配和使用上存在的走后门、裙带关系等怪现象，不但同社会主义经济制度的本性不相容，而且是一种在资本主义的商品经济中也难以见到的，比资本主义更落后的封建性的东西。

要扫除劳动力分配和使用上种种不合理不经济的现象，做到人尽其才，我们认为，在劳动力安排上应当实行择优录用的原则，实行计划分配和自由择业相结合的原则。企业在国家计划的指导下和国家法律规定的范围内，有权根据生产技术的需要和择优录用的原则，通过劳动部门，招收合乎需要的职工。也有权裁减多余人员，交劳动部门调剂给需要的单位，或组织培训、适当安排。职工待业期间的生活费由社会保险基金支付。个人在服从社会总的需要的前提下，应有一定程度的选择工作岗位的自由。应当看到，择业的自由，是每个人的自由发展的一个重要组成部分。而每个人的自由发展，诚如科学的共产主义理论奠基人所指出的，乃是一切自由发展的条件。在社会主义阶段，特别是在我国现在这样生产力水平比较低的情况下，要实行共产主义阶段那样充分自由地选择工作岗位是不可能的。但是，社会主义还默认每个人的劳动能力是他的天赋特权，而且在实行按劳分配原则的情况下，劳动力简单再生产乃至扩大再生产（包括抚育、培养、进修等）的费用，在不同程度上还是由劳动者个人和家庭来负担的。因此，我们不能不承认每个劳动者对自己的劳动力有一定程度的个人所有权，从而允许人们在一定程度上有选择工作岗位的自由。这对于更好地实现各尽所能、按劳分配原则，对于个人才能的发挥和整个社会的发展，都是有利的。

当然，个人择业的一定程度的自由，并不意味着容许劳动力无控制地在企业之间、部门之间、城乡之间和地区之间自由流动。对于劳动力流动的控制，主要不应该采取行政和法律的手段，而应该采取经济办法。例如，可以采用连续工龄津贴的办法，以鼓励职工长期留在一定企业单位工作；可以按照实际情况调整地区工资差别和采取改善生活条件的措施，以稳定职工在边远地区工作，等等。此外，还可以根据国内外市场需要，利用我国劳动力丰富、工资成本低的条件，采取各种灵活方式、广开就业门路，如广泛发展服务事业，发展各种形式的劳务出口事业等，这既有利于解决待业人口的就业问题，又有利于改善市场供应，增加外汇收入和提高生产技术水平。

以上，我们从商品的产供销、从人财物的安排和分配上论述了在社会主义计划经济条件下如何利用市场机制的问题。应当指出，在市场机制的利用中，有两个综合性的问题需要特别提出，即价格问题和竞争问题。这里，我们就这两个问题作一概略的探讨。

价格问题。长期以来，由于否认价值规律对社会主义生产的调节作用，把同价值规律有关的经济范畴仅仅看作一种计算的工具或形式，以便于核算等为理由，主张价格要长期固定不变，把计划价格相对稳定的方针变为长期冻结的方针。但是，由于经济生活在不断变化，影响各类产品价格的各种客观因素也在不断变化，价格也不可能是固定不变的。人为地冻结物价，就会使价格越来越脱离客观实际，违背客观规律的要求。例如，劳动生产率的变化从而产品价值的变化，是决定价格变动的一个根本性因素。大家知道，各部门之间劳动生产率的变化是不一致的，就我国现阶段的情况来说，工业部门的劳动生产率要比农业部门增长得快一些。但是价格的长期固定不变，就使得各类产品的比价关系不能反映这些产品的劳动生产率从而价值的变化情况。目前我国存在的农业产品价格的"剪刀差"，实际上并不完全是由历史的因素所造成的。工农业产品之间的交换比价，本来就是一种相对关系，在工业劳动生产率的提高快于农业的情况下，保持原来的比价关系不变就意味着"剪刀差"的扩大。又如，供求关系是影响价格的一个重要因素。但是，不容波动的固定价格却不能反映供求关系的变化。许多产品长期供求失衡，也无法通过价格的变动来调整供需。对于一些因价格过于偏低而亏损的产品，用财政补贴来维持它们的价格固定不变，固然在一定时期内对于保证生产的进行和人民生活的稳定有积极作用，但这种办法从根本上来说不利于促进经营管理的改善和生产的发展，它毕竟是一种治标的办法。只有通过发展生产、增加供给的治本办法，才能从根本上解决供不应求的矛盾。过去，我们为了保持价格的固定不变付出了极大的代价，大量的票证和排队所换来的是低标准的平均分配，而不是生产和供给的迅速增长。而且往往造成一种恶性循环：什么东西实行了限额限价的供应，什么东西的生产就由于缺乏必要的刺激而上不去，从而这种东西的供应紧张也就越难解决。尽管三令五申地下达计划指标也无济于事。大量事实证明，价格如不合理，计划的目标也难以实现。我国目前许多产品价格与价值背离越来越远，它已影响到某些部门特别是农业和原材料燃料工业的发展，影响到农轻重关系的协调。

为了改变这种状况，除了按照三中全会关于缩小工农产品交换差价的精神，继续调整国民经济各主要部门的产品比价关系外，还要允许企业对产品的计划价格有一定程度的浮动之权。这实际上是承不承认价格是一种市场机制的问题。允许价格在一定幅度内的浮动，有利于调节供求关系和促进生产的发展，这正是在计划的指导下利用市场机制的一个表现。当然，允许价格的这种浮动并不意味着不要任何价格控制。价格浮动幅度的规定和变动，实际上是离不开计划指导的。对于少数同广大群众生活有关密切关系的主要消费品和对生产成本影响面大的重要生产资料，在一定时期内由国家统一定价实行价格控制，是更有必要的。

此外，为了衡量各部门的经济效果，还涉及价格形成的基础问题。这里不可能详细地讨论这个问题。我们赞成用资金利润率作为评价一个企业和一个部门生产经营状况的标准，为此必须有一个可资比较的价格前提，这就是以生产价格为基础制定的价格。只有这样，才能对物质技术装备不一样、资金占用不一样的部门和企业，按照一个统一的尺度进行衡量，使不同部门和企业生产经营状况的优劣，通过它们实际资金利润率的高低综合地反映出来。也只有这样，才能给我们以客观的根据来确定资金的投放方向和社会劳动的合理分配，为发展社会主义经济创造更为有利的条件。

竞争问题。只要存在商品经济，就意味着有竞争。一定程度的竞争，和上面所说的一定程度的价格浮动，是互相联系、互为条件的，它们都是市场机制的有机组成部分。没有价格的浮动和差别，就没有竞争；反过来，没有竞争，价格的浮动和差别也不能真正实现，市场的供求规律就不能正常运行，价值规律也难以得到贯彻。[①]在社会主义计划经济条件下，在物力、财力、人力资源的分配上利

---

① 恩格斯说："只能通过竞争的波动从而通过商品价格的波动，商品生产的价值规律才能得到贯彻，社会必要劳动时间决定商品价值这一点才能成为现实。"（《马克思恩格斯全集》第21卷，人民出版社1965年版，第215页）

用市场机制，就不能不容许有一定程度的竞争。上面所说的按照市场需要进行生产和组织供销，按照投资效果来决定资金的投放，按照择优录用的原则进行人员的安排，以及按照市场供求情况容许价格有一定的浮动，等等，实际上都离不开竞争。

　　一讲起竞争，人们就容易把竞争简单地同资本主义联在一起，特别是同资本主义所带来的消极后果联在一起。其实，竞争并不是资本主义所特有的经济范畴，而是商品经济的范畴。早在奴隶社会和封建社会里，竞争就随着商品生产和商品交换的发展而出现了。封建社会的手工业行会制度，就有限制竞争的作用，如果没有竞争，也就谈不上对竞争的限制。随着资本主义的发展，行会也就逐步消失了。可见，资本主义只不过是随着商品关系的普遍化而把竞争也推向普遍化罢了。而且，从历史的观点来看问题，即使资本主义商品经济条件下的竞争，也并非只有消极的作用，而无积极的作用，它曾经促进了资本主义生产力的巨大发展。社会主义制度下客观上既然存在着商品生产和商品交换的必要性，如果我们否认竞争，实际上就是否认商品经济的客观存在，否认价值规律的作用。社会主义社会中各个企业是以商品生产者的身份在市场上出现并相互对待的，它们生产的商品的质量和花色品种是否为市场为消费者所欢迎，它们在生产商品中个别劳动消耗是高于还是低于社会必要劳动消耗，以及高多少低多少，都要影响企业及其职工的物质利益。各个企业间进行的竞争，对于改进生产技术、改善经营管理、降低各种消耗、提高劳动生产率、提高产品质量、改进花色品种，都起着积极的作用。这种竞争使企业的经营成果得到市场的检验，使消费者对价廉物美、品种多样的商品的需求得到满足，并促进整个社会生产力向前发展。如果说，争取更多的物质利益是企业生产发展的一种内在动力的话，那么，企业彼此之间的竞争是企业生产发展的一种外在的压力。如果我们不容许竞争，做什么生意办什么事情都是只此一家别无分号，一切都统得死死的，那只能使商品的花色品种越来越少，质量越来越差，生产和流通中的浪费越来越大。总之，竞争促进进步，垄断造成停滞和倒退，这在一定意义上对社会主义也是适用的。不仅全民所有制的企业之间要容许一定程度的竞争，更要容许集体所有制单位之间及其与全民所有制企业之间的一定范围的竞争，还要容许集市贸易在国家法律规定范围内的竞争。这种竞争，不仅对增加市场上价廉物美的商品的供应、增加农民的收入有好处，而且对于督促全民所有制企业单位改善经营管理和服务质量也大有好处。

当然，社会主义市场的竞争同资本主义市场的竞争存在着原则的区别，最根本的一条就是社会主义公有制条件下的竞争是建立在根本利益一致基础上的竞争，而资本主义私有制条件下的竞争是建立在根本利益相对抗的基础上的你死我活的竞争。社会主义的竞争不但不排斥合作，而且以合作为基础，同合作相结合，因此它必须受社会主义法律的约束，在国家计划的指导下进行。只有这样，社会主义的竞争才能在促使后进赶先进、先进更先进的同时，避免无政府的混乱、贫富的两极分化和劳动者的失业等资本主义竞争所造成的种种恶果。

社会主义制度下的竞争，同我们历来讲的社会主义竞赛，既有共同点，也有区别。社会主义的竞赛和竞争，都是促使后进赶先进、先进更先进的手段。但是，社会主义竞赛不一定与参加竞赛者的物质利益相联系，也不产生淘汰落后的问题。而社会主义的竞争则必然同竞争者的物质利益紧密相连，并且有淘汰落后的问题。那些在竞争中证明不能适应市场需要，不是由于客观原因长期不能维持简单再生产的亏损企业，就必须为维护全社会的整体利益而加以淘汰，或关或停或并或转，并且追究有关的失职人员的经济责任。这种被淘汰企业的职工通过国家劳动部门另行安排工作，不会像资本主义社会企业倒闭时那样发生失业。但在调整转移过程中，他们的收入当然不能同经营正常的企业职工相比，他们的物质利益不能不受到企业关停并转的影响，这也是促使企业全体职工关心企业命运的一种有力的经济手段。当然，要使全体职工对企业的经营后果担当经济责任、就必须给他们以管理企业的真正充分的而不是形式上的民主权利。

总之，社会主义计划经济下市场因素可以发挥积极作用的领域是相当广泛的。在商品的产供销上，在资金的管理上和劳动力的安排上，都可以充分利用市场机制来为社会主义建设服务。在这当中，一定限度内的价格浮动和一定程度上的竞争，是必要的。运用得当，就能使市场有利于计划目标的实现，使各种社会资源得到合理的有效的利用，使各种社会需要得到应有的满足。

关于在利用市场机制的条件下加强经济发展的计划性的问题

在我国社会主义经济建设的过程中，由于受到极"左"思潮的干扰，忽视市场、否认利用市场机制来为社会主义计划经济服务的倾向，曾经是长时期内的主要错误倾向；不反对这种倾向，就不能发挥市场的积极作用，就不能把社会主义经济中的计划同市场很好地结合起来。但是，为了正确地解决计划和市场的关系问题，我们还必须防止和反对另一种倾向，即片面夸大市场的作用，忽视乃至否定计划的作用的倾向。应该指出，在讨论这个问题的时候，国内外都曾出现这类倾向。例如，有人笼统地把计划经济称作官僚主义的经济，认为人们只能在市场和官僚主义之间进行选择；有的人把计划管理同用单纯的行政手段管理等同起来，等等，都是把计划经济看成某种有贬义的东西。

这样看来，把社会主义经济计划中计划和市场视为互不相容的东西，否认两者相互结合的可能性，可以来自两个不同的方向，立足于两个不同的极端：一个是立足于计划来排斥市场，认为只有一切都听从于上面下来的计划才算是社会主义经济；另一个是立足于市场来排斥计划，认为只有市场的需要才能反映社会的需要，计划则是阻碍市场需要的满足官僚主义的东西。这后一种看法显然也是错误的。我们认为，必须强调社会主义经济的计划性，尤其是在我们重新认识社会主义经济中市场的意义的时候，更加不能忽视国家计划或社会计划的指导作用。在利用市场机制条件下的计划指导，是同官僚主义的管理风马牛不相及的。只有单纯地按行政命令、"长官意志"办事的所谓"计划管理"，才是官僚主义。而我们这里讲的计划管理既然是通过市场的作用来实现、来校正的，这种计划管理当然是不能与官僚主义混为一谈的。

为什么在利用市场的同时要加强国家计划的指导作用呢？因为，社会主义公有制条件下的市场同资本主义私有制条件下的市场是根本不同的。资本主义的市场是在生产无政府状态下盲目地起作用的。马克思指出："资产阶级社会的症结正是在于，对生产自始就不存在有意识的社会调节。合理的东西和自然必需的东西都只是作为盲目起作用的平均数实现。"① 社会主义经济中尽管还存在着市场，但社会主义经济的本质特征不是无政府状态，而是对再生产过程的有意识的社会调节即有计划地调节。正如恩格斯所指出的："当人们按照今天的生产力终于被认识了的本性来对待这种生产力的时候，社会的生产无政府状态就让位于按照全社会和每个成员的需要对生产进行的社会的有计划的调节。"② 这种社会的有计划的调节，从社会主义发展的实践来看，对于社会主义制度下存在的市场因素也是适用的。所以，社会主义经济中的市场，是不能离开国家计划的指导和调节而自发地运行的。尽管我们需要大力发展社会主义的商品生产，加强利用市场因素来为社会主义建设服务，但我们毕竟不是自由放任主义者，我们不能让亚当·斯密所说的"看不见的手"来左右我们的经济发展，因为那只手的作用是以资产阶级利己主义为出发点的；而社会主义经济中的物质利益关系却是以个人利益、局部利益同整体利益相结合，个人利益、局部利益服从整体利益为特征的，这只有经过国家计划或社会计划的调节才能得到正确的处理。因此，

① 《马克思恩格斯选集》第四卷，人民出版社 1972 年版，第 369 页。
② 《马克思恩格斯选集》第三卷，人民出版社 1972 年版，第 319 页。

社会主义经济的发展单凭市场的调节而没有计划的指导是不行的。

例如，如前所述，作为市场主体的一个个消费者根据自己的消费偏好所做的选择，一个个生产者单位根据自己的利益所作的抉择，不一定都符合社会的总体利益。由于这些市场主体自由决策的结果，社会的人、财、物资源的分配利用，不一定都是经济合理的，不一定都符合社会发展的要求。在加速实现社会主义工业化和现代化的过程中，往往要求社会产业结构和生产力布局在短期内有一个较大的改变，而如果任由一个个市场主体自由决策和行事，往往不能适应这种迅速改变产业结构和生产力布局的要求。诸如此类社会主义经济发展中带有全局性的问题，单凭市场机制是解决不了的，而必须依靠国家或社会计划来进行调节，实现这种转变。可以设想，如果没有国家计划的协调，任由市场去调节，要实现生产力布局的合理化，特别是发展边远落后地区的经济，那将是非常缓慢和非常困难的。

又如，在社会主义经济中，还存在着不同的生产单位因客观条件（如自然条件、市场销售条件、装备程度等）的不同所带来的收入上的差别，这种级差收入如果任凭市场去调节和分配，国家计划不加干预，就会不合理地扩大不同单位之间物质利益上的差别，违背社会主义的分配原则。如果从更宽的角度来看，社会主义应该既反对收入差距上的过分悬殊，又反对平均主义，而且为了反对平均主义的倾向，在一定时期还要实行差别发展，使一部分人先富裕起来，然后带动大家共同富裕。造成一种大家都往前赶而不是都往后拖的局面。像这种对于利益差距有时要扩大有时要缩小（从整个社会主义历史时期的长期趋势来看是要逐步缩小的）的控制和调节，完全交给市场而不要计划，显然是做不到的。

还有一些从局部来看是有利的但从整体来看是不利的，或从局部来看是不利的但从整体来看是有利的经济行为，也必须由社会进行有计划的调节。像保护环境、解决公害的问题，就个别生产单位来说，会增加开支、减少收入，放任市场去管，就难以妥善解决。

又如产品的标准化，对于促进生产的专业化、提高劳动生产率、合理地利用资源，无疑是有利的，但在容许市场竞争的情况下，某些生产单位为了取得技术上的有利地位，就有可能产生一种逃避标准化的倾向。没有社会统一控制的、工团主义式的合作社企业之间的竞争，虽然处于生产资料公有制的条件下，也不能避免无政府的混乱以及由此产生的其他恶果。因此，在利用竞争的积极作用的同时，为了防止竞争可能带来的消极作用，也不能不要社会统一计划的调节。

总之，为了确保经济发展的社会主义方向，为了确保国民经济各部门、各地区的协调发展，为了维护整个社会的公共利益和正确处理各方面的物质利益关系，都必须在利用市场机制的同时，加强国家计划的调节。有人对计划和市场的关系作了这样一个形象的比喻：计划的决策好像是站在山顶上看问题，市场的决策好像是站在山谷里看问题。前者看不清细节，但能综观全貌；后者看不到全貌，但对自己、对近处却看得很仔细。从一定意义上看，这一比喻是有道理的；社会的经济计划领导机关所作的决策往往侧重于考虑整体的全局的利益，而市场上一个个商品生产者和消费者的抉择则侧重于考虑个人和局部的利益。社会主义社会处理国家、集体和个人三者利益关系的原则是统筹兼顾、适当安排，而不能只顾一头。因此，在三者利益的协调中，既需要市场机制的调节，又需要统一计划的指导，不能只取一方；在计划与市场的结合中，计划的指导作用是绝对不能忽视的。

那么，应该怎样加强国民经济的计划管理，发挥统一计划的指导作用呢？这个问题的回答，同人们对于什么是计划经济的理解，有着密切的关系。前面说过，过去长期流行着一种观点，即认为只有国家从上而下下达指令性计划指标，才算是社会主义计划经济，有时还认为指令性计划包括的范围越广、指标越多，就表明计划性越强。在对计划经济的这种理解下，一讲加强统一计划和集中领导，往往就想到要把企业的管理权收到上面来，把财权、物权、人权收到上面来。这样，国民经济领导机关就把该由地方和企业去管的事情越俎代庖地揽上来，把基层和企业的手脚捆得死死的，这显然不利于社会主义经济的发展。党的十一届三中全会决议中批评的管理权力过于集中，指的就是这种情况。对于计划经济的这种传统的理解，是与排斥利用市场机制的观念相表里的。那么，在承认市场与计划相结合的必要性并积极利用市场机制来为社会主义建设服务的情况下，究竟应该如何加强计划指导呢？

我们认为，在利用市场机制的条件下，加强国家统一计划的指导，首先要把计划工作的重点放在研究和拟定长远规划特别是五年计划上来，解决国民经济发展的战略性问题，主要是确定国民经济发展的主要目标和重大比例关系，如国民收入中的积累和消费的比例，基本建设规模、投资分配方向和重点建设项目，重要工农业产品的发展水平和人民生活水平提高的程度。五年计划要列出分年指标，年度计划在此基础上略作调整，重点放在研究制定实现计划的政策措施上。国家计划应当加强对国民经济发展的科学预测与提供信息，加强对企业和地方经济活动的计划指导。各个企业根据国家计划的要求，参照市场情况，在充分挖掘内部潜力的基础上自主地制订自己的计划。在这里，我们不要看轻了国家计划的指导意义，因为一个个企业对国民经济发展的全貌和方向是不清楚的，他们所据以拟订自己的计划的市场情况的变化，却是同国民经济发展的全局和方向息息相关的。企业要尽可能准确地对市场情况做出判断，也离不开国家计划提供的情况。国家计划拟订得越是科学，越是符合实际，就越能对企业的经济决策和行动给予可靠的引导，而企业就越是要考虑使自己的决策和行动符合国家计划的要求，从而国家计划的威信也就越高。反之，那些主观主义的、凭"长官意志"拍脑袋拍出来的计划，明眼人都看出来是不可能完成的，这种计划即使具有百分之百的"指令性"和"严肃性"，却是没有真正的威信的。在这一方面，我们过去的经验教训难道还不够辛辣吗？所以，研究和拟订能够给企业的经济活动以可靠指导的、尽可能符合科学要求的国民经济计划，对于经济计划领导机构来讲，任务和责任不是减轻了而是真正的加重了。

为了提高国家计划的真正权威，使国家计划同基层企业计划很好地结合起来，国家计划还要在企业自主计划的基础上经过层层协调来制订。计划协调工作要自上而下、上下结合，逐级平衡。凡是企业之间、公司之间经过横的市场联系、通过经纪协议能够解决的产销平衡问题、资金合作和劳动协作问题，就不必拿到上一级去解决。只有那些下面解决不了的问题，才逐级由国家去平衡解决。这样，既可使基层企业摆脱从上面来的无所谓的行政干扰，又可以使国家经济领导机构摆脱烦琐的行政事务，致力于研究和制定方针政策，致力于协调一些关系国民经济全局的重大的发展任务。

为了保证社会生产的协调发展，使国家计划规定的目标能够实现，一个十分重要的问题是发挥各项经济政策措施对经济活动的指导作用。这些政策措施主要有：价格政策、税收政策、关税政策、信贷政策、投资政策、收入分配政策、外贸外汇政策等。国家通过这些经济政策，鼓励那些社会需要发展的生产建设事业，限制那些社会不需要发展的事业，使企业的经济活动有利于国家计划的完成，达到计划预定的目标。例如，为了克服我国目前原材料、燃料工业落后于加工工业的状况，加速原材料、燃料工业部门的发展，国家必须在各种经济政策上对这些部门开放绿灯，诸如给予优惠贷款、调整价格和减免税金等，俾其有利可图。相反，为了限制普通机床工业的发展，国家则可以采取限制贷款数额、实行高息、课以高税、降低产品价格等办法。这样，通过经济政策的调节，促使企业从自身经济利益考虑，也必须沿着国家计划所规定的方向来安排自己的各项经济活动。由此可见，通过经济政策来指导经济的发展，运用经济手段来实现国家计划的目标，这是同利用市场机制分不开的，从一定的意义上也可说，经济政策乃是使国家计划与市场机制沟通起来的一个结合点。

有些同志往往担心，社会主义社会中实行利用市场机制的经济体制，对于市场上千千万万的商品生产者和消费者分散作出的抉择和行动，究竟能否加以约束控制，使其不离开社会主义轨道和不破坏国民经济的协调发展。从我们刚才所讲的计划指导、计划协调、政策指导，以及我们在前面论述利用市场机制的时候所讲的一些限制，这种担心是可以解除的了。在实行以上体制的同时，国家还要通过健全法制，特别是严格经济立法，广泛建立各种形式的群众监督和社会监督的制度，来协调市场关系和指导整个国民经济的发展。关于这方面的问题，本文不打算详论了。这里只提一下作为计划管理的一个十分重要的工具的银行簿记监督的问题。关于簿记监督和银行对于社会主义计划管理的极其重要的意义，马克思和列宁曾经做过多次指示。马克思说："在资本主义生产方式消灭以后，但社会生产依然存在的情况下，价值决定仍会在下述意义上起支配作用，劳动时间的调节和社会劳动在各类不同生产之间的分配。最后，与此有关的簿记，将比以前任何时候都更重要。"[1] 列宁说："统一而规模巨大无比的国家银行，连同他在各乡，各工厂中的办事处——这已经十分之九是社会主义的机关了。这是全国性的簿记机关，全国性的产品的生产和分配的统计机关，这可以说是社会主义社会的一种骨干。"[2] 在存在着商品经济的条件下，如何使一个个相对独立的商品生产者的分散活动及时为社会所掌握和控制，并采取措施使之不离开社会主义的方向和国家计划的轨道，就更加需要既严密又灵敏的银行簿记体系的监督，我们要遵照马克思的指示，按照我国的具体情况，在今后的经济管理体制的全面改革中，建立相应的簿记监督体系，以促进我国社会主义建设中的市场因素与计划因素得到更好的结合。

社会主义经济中的计划与市场的关系问题，虽然不能概括社会主义经济管理体制的全部问题，但确实是一个带有全局性的问题，牵涉社会主义经济管理的各个方面，也涉及政治经济学社会主义部

---

[1] 《马克思恩格斯全集》第25卷，人民出版社1974年版，第963页。

[2] 《列宁全集》第26卷，人民出版社1959年版，第87—88页。

分中的许多根本理论问题。目前经济学界接触的问题，首先是弄清一些有关的概念和阐明计划与市场结合的必要性。说明这些问题无疑是很重要的。但是，我们的研究和讨论还远远赶不上实践的需要，党的工作着重点的转移和我们面临的经济改革的重大任务，迫切要求我们从理论与实践的结合上进一步深入探索如何按照社会主义的方向正确地解决计划与市场的关系问题。由于这个问题牵涉面甚广，十分复杂，它的解决不可能是一蹴而就的，则需要一定的条件，要通过一定的步骤。当前，我们首先要搞好整个经济的调整和整顿，逐步安排好一些主要的比例关系。我们要在前进中调整，在调整中前进，在调整和整顿的过程中探索改革的具体途径，为今后的全面改革做好准备。计划与市场关系的正确处理，也只有通过这一调整、整顿和改革的过程才能逐步实现。

（原载《经济研究》1979 年第 5 期）

中国经济大变动中的双重模式转换
（1985 年 8 月、11 月）

一 略论两种模式转换

1978 年年底以来，在邓小平同志提出的"解放思想，实事求是"的思想路线指引下，在两个三中全会决议和中央一系列方针政策的指导下，我国经济生活经历了并在继续经历着多方面的深刻变化。这些变化概括起来可以归结为两种模式的转换，即发展模式的转换和体制模式的转换。

（一）经济发展模式的转换

经济发展模式包含发展目标、发展方式、发展重点和发展途径等方面的内容。党的十一届三中全会以前，我国经济发展的主要目标，往往是以尽可能快的速度求得经济的增长，与此相应，采取了不平衡的发展方式，其重点放在以重工业为中心的工业化上，并采取了外延为主的发展途径。这种模式尽管在过去有着它的历史背景和缘由，但其实现往往伴随着一方面积累挤压消费，另一方面投资膨胀又带动消费膨胀，从而反复出现社会总需求超过总供给的局面。这种情况使得经济效益长期上不去，人民生活的改善同付出的代价远远不相称。因此，30 年中我国社会主义经济发展虽然取得不少成绩，但是也经历了几起几落，很不理想。

近几年我国出现的经济发展模式的转换，首先表现在发展目标上，从片面追求高速增长开始转向以提高经济效益为前提、以提高人民生活水平为目的的适度增长。与此相应，采取了相对平衡的发展方式，其重点置于国民经济薄弱环节和基础环节，如农业、能源、交通、科技、教育等方面，并且向以内涵为主的发展途径过渡。新的发展模式的要旨，就是要使速度、比例、效益有一个较优的结合。实现这一发展模式，要求积累的适度，并与消费相协调，以保持一个总供给略大于总需求的宽松局面，从而保证国民经济持续、稳定、协调、高效的增长。

(二) 经济体制模式的转换

经济体制模式，一般包含所有制结构、决策权力结构、动力和利益结构、经济调节体系和经济组织结构等方面的内容。我国过去的旧体制模式，基本上是实物分配型的集中计划经济模式。在所有制结构上，以"一大二公"的单一经济形式为目标；在决策权力结构上，权力过度集中于国家行政机构手中；在动力和利益结构上，单纯依靠政治思想的动员，实行两个"大锅饭"制度；在经济调节体系上，主要是行政指令的直接调节；在经济组织结构上，以政企不分、条块分割、纵向隶属关系为主。这种旧的体制模式的形成，当然有其历史背景和缘由。但其运行，一方面遏制了企业与劳动者的积极性，影响微观效益；另一方面反复引起以预算约束软弱为基因的、以投资膨胀为枢纽的总需求扩张和国民收入超分配的紧张局面，带来宏观失控。这种僵化的体制模式，是 30 年中我国经济发展不够理想的又一个重要原因。

几年来从农村开始，逐渐推及城市的经济体制模式的转换，其实质是从实物分配型的集中计划经济体制向商品交换型的计划经济体制的转换。它包含：从片面追求"一大二公"转向公有制为主体的多种经济形式、多种经营方式并存的所有制结构；从单一的国家决策转向国家、企业和个人的多层次决策结构；从单纯依靠政治思想动员转向重视物质利益关系的动力和利益结构；从行政指令手段为主转向经济参数引导手段为主的调节体系；从条块分割、纵向隶属关系为主转向政企分开、横向经济联系为主的组织结构。新的体制模式的要旨，是围绕增强企业的动力与压力，把微观经济搞活、宏观经济控制住。这一模式的彻底实现，既能充分调动企业和劳动者的积极性，又能根治投资"饥渴"、数量扩张等旧模式的痼疾，有利于总需求和总供给的调控，为发挥企业活力提供一个良好的宏观环境。

（三）两种模式转换密切相关、互相影响、互相制约

经济体制模式从属于经济发展模式，但两者又是互为条件、互相制约的。以高速增长为主要目标，以外延发展为主要途径的发展模式，必然要求高度集中的、行政指令直接调节为主的体制模式。以满足多样化消费需求为目的、以提高经济效益为前提的适度增长，和以内涵途径为主的发展模式，则要求较多的分散决策和以经济手段间接调节为主的体制模式。反过来说，传统体制模式内在的数量扩张、投资"饥渴"等痼疾，又是传统发展模式中追求高速增长和外延发展的动因。只有在新的体制模式中硬化软预算约束、治愈上述痼疾，新的发展模式才有可能最终确立。

因此，目前我国经济大变动中同时进行的两种模式转换，必然是密切相关、互相影响、互相制约的。不应指望两种模式转换可以在短时间里很快完成，这是一个曲折复杂的、需要相当长时间才能完成的过程。传统模式和传统观念的惯性，能上难下的利益刚性，以及转换过程中的预期不确定性，都会影响人们的经济行为，从而影响模式转换的进程。

（四）经济体制改革需要一个较宽松的经济环境，即总供给略大于总需求的、有限的买方市场

现在，越来越多的人认识到，经济体制改革的顺利进行，需要一个比较宽松的经济环境，即总供给略大于总需求的、有限的买方市场。这正是新的发展模式所能创造的局面。前几年，在模式转换的初期，随着经济调整方针的实行，确曾出现某些买方市场的良好势头。但是，由于旧模式中追求产值速度的惯性时不时冒头，投资"饥渴"、数量扩张的欲求仍然存在，过去长期约束消费的禁锢又一一被冲破，再加上在"松绑放权"的同时宏观调控机制未能及时配

套启动，因此，前几年曾经出现的买方市场势头时起时伏，一直不很稳固。

特别是1984年第四季度以来，随着总需求的猛增和经济发展的超速，国民经济重新出现过热的紧张局面。明白了它的由来，就不必大惊小怪。但是，不能不看到，发展模式转换过程中出现的这种反复，不能不影响到体制模式转换的进程。如果我们不必同时应付经济过热和通货膨胀的威胁，1985年我们在价格、工资以及其他方面改革的步子，是可以比实际迈得更大些的。

（五）目前经济工作的重点应首先放在稳定经济上，同时进行一些国民经济能够承受的、为稳定经济所必需的改革

经济体制改革是我国当前压倒一切的任务。不少同志指出，解决目前经济紧张问题所采取的措施，应当有利于改革而不应为进一步的改革设置障碍。从长远来看，要彻底解决反复出现的经济过热问题，就必须把改革进行到底。从两种模式互为条件、相互制约的关系来看，上述观点无疑是正确的。但是，如果由此认为，应当趁着目前稳定经济的时机，加快改革的步伐，全面推进改革，那就需要斟酌了。在目前经济紧张的问题尚未有效解决的情况下，如果放大改革的步子，在改革上全面出击，那就会增加国民经济本已经很沉重的负荷，不利于理顺和稳定经济，有损于改革的名誉，为进一步的改革增添障碍。所以我认为，目前经济工作的重点，应当首先放在稳定经济上，同时进行一些国民经济能够承受的、为稳定经济所必需的改革，以巩固和发展已经获得的成就，应该动用双重体制并存中一切真正有效而不是臆想有效的手段，有区别地而不是"一刀切"地把投资需求和消费需求抑制住，把过热的经济稳定下来，为进一步的改革创造一个良好的经济环境。总的来看，这样做，改革的步伐会比不这样做更快一些，经济的发展会更健康一些。新的具有中国特色的社会主义与经济发展模式和经济体制模式的最终确立，必将更大地推进我国社会主义现代化事业。

二　试论我国经济的双重模式转换

（一）发展模式和体制模式的双重转换

中共中央关于制定"七五"计划的《建议》，把经济建设和经济改革很好地结合起来。文件中规定的发展战略和改革方针，对推进目前我国经济的双重模式转换，将起到十分重要的作用。

党的十一届三中全会以来，特别是"六五"期间，我国的经济生活经历了并在继续发生着多方面的深刻变化。这些变化可以概括为双重模式转换，即经济发展模式的转换和经济体制模式的转换。经济发展模式的转换，就是从过去以高速增长为主要目标、外延发展为主导方式和以重工业为中心的不平衡发展战略，逐步转向在提高经济效益前提下，以满足人民需要为目的的适度增长，以内涵发展为主导方式和合理配置资源的相对平衡发展战略。在经济发展模式的转换过程中，总的来看，"六五"期间我国经济持续稳定增长，主要比例关系趋向协调，经济失衡状况有所缓和，人民的需要得到比以往任何时期更好的满足，提高质量效益和强调内涵发展的课题也已经提上议事日程，并已初见成效。

在经济体制模式转换方面，我国过去的经济体制，基本上是行政指令型的集中计划经济模式。过度集中的决策权力结构，直接控制为主的调节体系，平均主义的利益结构，以及政企不分、条块分割、纵向隶属关系为主的组织结构，构成了旧体制模式的特征内容。几年来从农村开始，逐渐推及城市的经济体制改革，其实质是从行政指令型的计划经济模式转向计划与市场结合型的有计划的商品经济模式。以增强企业活力为核心的多层次决策结构，以经济手段间接控制为主的调节体系，把物质利益原则与社会公正原则结合起来的利益结构，以及政企分开、横向经济联系为主的组织结构，则构成了新体制模式的特征内容。"六五"期间，体制模式的转换，在农村取得了明显的效果，以城市为重点的全面改革逐步展开，行政指令型的计划经济模式正在向有计划的商品经济模式逐步转化，在集中与分散、计划与市场的关系上，探索着搞活经济的道路，经济生活出现了前所未有的活力。

（二）双重模式转换过程中的矛盾

在充分估计我国经济建设和经济改革几年来取得巨大进展的同时，也要看到，我国经济的双重模式转换才起步不久，传统模式的作用和影响远未消除，而新模式的运行机制也远未完善。因此，无论是在经济建设中还是在经济改革中，都还存在许多有待解决的问题。由于旧的发展模式中追求产值速度的惯性时不时冒头，旧的体制模式中投资"饥渴"、数量扩张的痼疾依然存在，而过去约束消费需求的禁锢又一一被冲破，再加上宏观控制未能跟上微观放活，减少行政指令控制范围的同时缺乏必要的市场协调机制，因而在经济发展过程中也出现了某些不稳定的因素。1984 年第四季度以来，随着总需求的猛增和经济增长的超速，国民经济重新出现了旧模式中常见的发展过热的紧张态势。此外，虽然几年来主要比例趋向协调，但产业结构和产品结构的某些失衡还远未消失，跟不上消费结构从温饱型向选择型的过渡。质量效益和内涵发展问题虽已提上议事日程，但重量轻质和铺新摊子之风并未稍衰。这些结构性的因素又加重了稳定经济的难度。发展模式转换过程中出现的这种反复，不能不影响到体制模式转换的进程。如果我们不必同时应付经济过热和通货膨胀的威胁，这一两年我们在价格、工资以及其他方面的改革上迈出的步子，是有可能比实际迈出的更大一些的。

这样看来，目前我国经济生活中存在的问题，是在双重模式转换的摩擦中产生的。一般地说，经济体制模式与经济发展模式是互为条件、互相制约的。强调数量增长和以外延方式为主的发展模式，必然要求高度集中的、主要依靠行政指令进行直接控制的体制模式；而以满足多样化需求为目的、强调质量效益和以内涵方式为主的发展模式，则要求较多的分散决策和主要依靠经济参数进行间接控制的体制模式。从另一方面说，传统体制模式内在的数量驱动、投资"饥渴"等痼疾，又是传统发展模式中追求高速增长和外延发展的动因。只有在新的体制模式下治愈上述痼疾，新的发展模式才能最终确立。

因此，目前我国经济大变动中同时进行的双重模式转换，是一个非常曲折的过程。这不仅是因为两种模式转换过程中存在摩擦，还由于两种模式转换各自存在内在矛盾。就发展模式说，我国当前经济正在从落后的农业经济和先进的非农业经济并存向现代化的经济转变，一方面城市经济和大工业经济已经明显出现了内涵发展的巨大潜力，另一方面以充裕的农村劳动力资源为背景，我国乡镇经济外延型增长的前景十分广阔，因而构成了经济发展模式鲜明的二元结构。同时，大量农村人口从农业经济向非农业经济的转移，将给我国的经济增长和经济结构、消费增长和消费结构带来巨大的变化和新的压力，从而增加了发展模式转换本身的摩擦。再从体制模式上看，由于我国生产力水平比较低、地广人众、发展极不平衡、管理人才和经验缺乏等，经济体制改革不能采取"一揽子"方式，只能采取"渐进式"和"小配套"方式，这就不可避免地在一段时期内出现新老双重体制并存的局面。逐步推进方式和双重体制的逐步消长可以避免改革中的大震动，但是两种不同体制的混杂，也会使经济的运行遇到一系列棘手的问题。这种二元结构和双重体制的关联，更增加了双重模式转换过程的复杂性。

（三）把双重模式的转换进一步推向前进

双重模式转换的全部机制及其运转的规律性，需要我国经济学界进行多方面的探讨。本文要提出讨论的是：面对当前经济生活中存在的问题，"七五"期间应当如何处理经济建设与经济改革的关系，把双重模式的转换进一步推进。

"七五"时期的三条主要任务，最重要的一条就是为经济体制改革创造良好的经济环境和社会环境，使改革顺利进行。现在，越来越多的人认识到，经济体制改革需要一个比较宽松的经济环境。这里首要的一个问题就是增长速度的安排不能过高。过高的速度会带来经济生活的紧张，对社会风气也有不利影响。在这种经济环境和社会环境下，经济体制改革是难以正常进行的，而且过高的速度超过国力承担能力，是不可能持续下去的。因此，按照《建议》的规定，"七五"期间要把目前过高的速度转入正常的速度。为此，必须继续解决固定资产投资规模过大和消费基金增长过猛的问题，以控制社会总需求。在控制固定资产投资总规模的前提下，调整投资结构和产业结构，把建设重点切实转到现有企业的技术改造和改建扩建上来，把提高经济效益和产品质量放到十分突出的地位上，坚决走内涵为主的扩大再生产的路子。只有在经济建设上坚持上述方向，推进发展模式的转换，才能为经济改革创造良好的环境，从而推进体制模式的转换。

前面说过，发展模式和体制模式是互为条件、互相制约的。一方面，经济建设的安排要有利于体制改革的进行；另一方面，新的建设方针的贯彻和实现，也离不开体制改革的配合。并且，改革的意义不仅在于当前，更重要的是为下一个 10 年和下一个世纪的前 50 年奠定经济持续稳定发展的良好基础。因此，按照《建议》的要求，"七五"期间应当坚持把改革放在首位，力争在今后 5 年或者更长一些的时间内，基本上奠定有中国特色的新型社会主义经济体制的基础，把体制模式的转换往前大大推进一步。

为此，"七五"计划《建议》在经济体制和调节手段方面，提出了一整套改革的方针和任务。"七五"期间的改革任务，归结起来，就是在进一步完善微观经济活动和机制的同时，从宏观上加强对经济活动的间接控制。因此，正确处理宏观管理改革和微观机制改革的关系，可以说是进一步推进体制模式转换的一个核心问题。

（四）正确认识和处理宏观改革和微观改革的关系

对于正确认识和处理宏观管理改革和微观机制改革关系的问题，人们有不同的认识，从模式转换的角度来看，至少有以下三点是需要辨明的。

第一点是，有的同志认为，微观上放开搞活是改革的前进，宏观上加强控制则是改革的后退。这是对宏观控制的误解。首先，我们的改革是要建立"有计划的"商品经济模式，而不是"无计划的"商品经济模式。如果说微观上放开搞活是新模式中发展商品经济所要求的，那么宏观上加强控制则是新模式中实现"有计划的"所要求的。其次，微观搞活只能是企业或者局部搞活，而宏观控制才能保证总体或全局搞活。如果只有微观搞活而无宏观控制，整个大局就会混乱，微观搞活也只能是一句空话。所以，微观上放开搞活固然是改革，是前进，在实行商品经济的条件下搞好宏观控制，同样也是改革，也是前进。

第二点是，有的同志认为，既然宏观管理也要改革，那么，当前稳定经济的措施，就不能采用作为旧模式特征的直接行政手段，只能采用作为新模式特征的间接经济手段。这是对新体制模式的一种误解。当然，新模式是以间接控制手段为特征的，我们在改革中应当尽可能扩大经济杠杆的作用范围。但是新的体制模式并不排除在某些场合运用直接的行政控制手段的必要性，尤其是在当前模式转换过程中，市场机制还很不完善，企业对经济参数（例如利率等）变动的反应还很不灵敏，在这种情况下，对经济活动的宏观控制就不能不在某些范围借助于直接的行政手段（例如规定信贷额度等）。在目前模式转换过程中新旧体制并存的条件下，只有在一定范围内运用并强化某些直接控制手段，才能够达到稳定经济的近期目的。这将为改革的顺利进行创造良好的环境，对于尔后减少直接控制，增强间接控制，从而推进向新模式的转化，是有积极意义的。

第三点是，有的同志认为，微观经济改革和宏观经济改革，应当是分阶段地交叉进行的，过去阶段的改革主要是微观上放开搞活，今后要用一段时间着力于宏观上加强控制，再以后进一步搞活微观经济。其实，宏观经济与微观经济是不能截然分开的。宏观的总量及其变动是由微观的个量及其变动构成的，宏观管理的意图要通过微观经济活动来实现。过去我们对宏观经济与微观经济水乳交融的密切关系认识不足，前一个阶段的改革确实偏在微观搞活方面，没有把宏观控制配套跟上，因而带来某些失控现象，这主要是由于经验不足，而绝不能说是理当如此的。今后加强宏观控制，应当着力于发挥经济杠杆的作用，但是如果没有微观经济的灵敏反应，经济杠杆的作用就难以充分发挥出来。如果市场机制（包括商品市场、资金市场、技术市场、劳务市场等）很不完善，经济参数（包括价格、利率、汇率等）严重扭曲，企业的财务预算约束十分软弱（旧体制中的既不负盈又不负亏，或者双重体制下的只负盈不负亏），如果这些状况没有根本改变，微观经济的灵敏反应也是难以指望的。所以，今后宏观管理的改革，必须与微观机制的改革同时进行。不仅减小直接控制微观经济的范围、程度和步骤应当同国家加强间接控制的能力相适应，而且国家加强间接控制的范围、程度和步骤也要同企业增强灵敏反应的能力相适应，否则宏观管理的改革是难以奏效的。为了解决好宏观管理与微观机制的配套改革，不仅要在国家管理经济逐步由直接控制为主向间接控制为主的转化上下功夫，而且要在企业经营逐步由不负盈亏或者只负盈不负亏向真正自负盈亏的转化上下功夫，还要在市场体系方面逐步由局部的分割的市场向全面的统一的社会主义市场的转化上下功夫。

正是为了促进这些转化，基本上奠定有中国特色的新型社会主义经济体制的基础，"七五"计划《建议》突出了企业改革、市场改革和国家控制手段的改革这三个互相联系的方面，要求在"七五"期间抓紧抓好。围绕这三个方面，配套地搞好计划体制、价格体系、财政体制、金融体制和劳动工资制度等方面的改革，以形成一整套把计划和市场、微观搞活和宏观控制有机地结合起来的机制和手段。这个问题解决好了，就可以实现经济发展速度、比例和效益的统一，实现整个国民经济的良性循环。新的具有中国特色的社会主义经济体制模式和发展模式的最终确立，必将大大推进我国社会主义现代化建设事业。

（原载《中国经济问题》，中国发展出版社 1998 年版）

稳中求进的改革思路[*]

　　研讨中长期中国经济体制改革的规划，是一件十分重要的事情，中国之大，问题之复杂，是任何一个先行改革的社会主义国家所不可比拟的。中国人口为南斯拉夫的 50 倍，为匈牙利的 100 倍，我们的改革显然比它们难度要大，这就要求更应讲究策略性、技术性和计划性，单靠"试错法"、撞击反射，看来是远远不够的，尤其是，考虑到改革时期经济发展的部署，更为需要有一个目标、内容和阶段比较清楚，防范措施比较充分的改革纲要，这样改革效果会更好些，也可以尽量避免改革工作中的重大失误。

　　改革初战阶段，我们不是没有搞过规划，但主要是年度性的，我们也搞过一些时间跨度比较大的改革规划，但不大便于操作，而且没有充分考虑到改革和发展、政策和体制的结合，现在我们要研究为期若干年的中期改革规划，并且分几个阶段来设计，就要考虑采取什么策略和战略，使经济政策选择和经济体制转换两方面结合起来，还要考虑如何分布过渡，把阶段性改革同最终目标模式衔接起来。

一　认清形势——首先要稳定经济

　　设计下步改革，首先必须立足现实，对形势作出正确的判断。搞超越现实、脱离形势的改革规划，我们的思维就有可能走入过于

　　[*] 本文系作者 1987 年 12 月在体改委一次研讨会上的发言。本文准备过程中得到陈东琪同志的协助，特此致谢。

理想化的道路，规划的可行性就会不大，硬要照着去做，可能走上邪路，因此，形势分析很重要。

前几年改革，我们取得了很大成就。从总指数看，1986 年和 1978 年相比，实现了工农业总产值、国民生产总值、国家财政收入和城乡居民收入这四个方面的翻番；从农村看，打破了集体"大锅饭"体制，建立了初级形式的农村商品经济体系；从城市国有企业看，"两权合一"格局，开始受到承包为主要形式的"两权分离"机制的改革，活力有所增强，从市场发育看，产品市场已粗具规模，要素市场已有局部试点；从宏观管理看，以指定性计划为依托的资金、物资行政性统计配置，已逐渐改变，通过市场进行间接调控有所起步。1987 年，在深化改革和双增双节方针指导下，经济发展形势比较好。与上年相比，预计农业总产值增长 4% 以上，包括乡镇企业在内的工业总产值增长 15% 左右，全国的生产、建设、流通和外贸的情况都比预料的好，经济体制改革也有不少进展。总之，改革和发展的总体形势是好的。这是客观方面的形势。此外，从上到下，从中央和国务院的最高决策人到普通的乡民和市民，改革热情高，信心足，思想认识一致。党的十三大以后更是这样。可见，主观方面的形势也不错，这种主观形势为深化改革准备了较好的条件。

但是，正如大家知道的，目前我国国民经济中还存在着不稳定因素，这是我们在搞改革规划时必须充分注意的问题，一是，虽然 1987 年粮棉油和水产品略有增产。但肉、糖类减产，粮食尚未恢复到 1984 年水平，人口则增加了 3000 多万，而且目前生产后劲不足，农业不够稳定；二是，工业生产增长过速，产品结构矛盾突出，以"长线品"为龙头的总量膨胀制衡着结构转换；三是，经济效益不佳，可比产品成本上升，亏损企业的亏损额增加；四是，市场比较紧张，特别是食品价格上涨较多，猪肉等一些副食品恢复凭本供应，居民待购力很强，社会购买力与商品可供量之间的差距继续扩大；五是，财政赤字居高不下，通货膨胀压力有增无减，1985 年以来，年物价上涨率平均在 7% 以上，超过了年平均利率。使实际利率成了负数。有关单位测算，1988 年物价上涨率将更高于 1987 年，由于这些客观不稳定因素，特别是由于市场紧张，物价持续上涨造成了居民心理不稳定状态，更要引起我们的注意。

根据上述形势分析，我们认为，中央最近最新提出稳定经济的方针，是完全正确的。我以为，稳定经济不仅是 1988 年要实现的方针，而且"七五"计划后三年也要强调这个方针，以后还要不断注意经济稳定的问题。其实，稳定经济的方针，1984 年经济"发高烧"后就提出来了。中央关于"七五"计划建议，对于"七五"计划期间提的主要任务，第一条就是要为经济体制改革创造一个良好的经济环境。现在这一条首要任务人们不大再提了，但我觉得"建议"提的这条首要任务是正确的，现在还使用。要为改革创造一个比较良好的环境，就必须坚持稳定经济的战略，首先争取把经济稳定下来，在稳定中求发展，求改革的深化。因为如果经济不稳定，不紧缩通货，不控制过旺的需求，结构问题、效益问题，就很难有效地解决，从而难以达到有效发展的目的。而没有稳定的经济环境和有效的经济发展作基础，深化改革这篇文章就不大容易做好。当然，经济的稳定和有效发展也有赖改革的深化，这一点我在后面还要讲到。

近年来，由于客观失衡的问题没有解决，推迟了有些原定的、具体关键意义的改革，使企业改革不能很好地同价格改革，同市场竞争机制的形成紧密地配套进行，价格改革停滞不前，这本身也制约着企业改革的真正深化，不利于企业成为真正自负盈亏的商品生产者。看来，今后深化改革也不能老是在紧张的、不稳定的气氛中进行。所以在目前经济形势下强调稳定经济，是十分必要的。

稳定经济，治理环境，首先是稳定物价、紧缩通货、控制通货膨胀。这里，我想就这个问题顺便谈谈近两三年理论界流行的一些观点。有的同志认为，要为改革创造一个相对宽松的环境不现实，改革只能在供大于求的紧张阶段里进行，需求大于供给的紧张状态是社会主义初级阶段的"常态"，我们应当学会在求大于供的环境中搞改革，搞建设。还有的同志根本就不赞同 1984 年以来存在总需求膨胀的观点，他们认为恰恰是"需求不足"，应当用通货膨胀来刺激需求，促进经济的发展。另一些同志虽然承认短期需求膨胀，承认要通过紧缩来"软着陆"，但当紧缩措施刚出台，就认为出现经济萎缩，要求停止紧缩，重新开口子，结果我们的经济还没有来得及"软着陆"又飞起来。这些观点和看法从各自的理论来说，都有一定的道理，但是不管主张者的本意如何，客观上却起着这样一种效果，就是会使人们对社会主义经济中长期形成的失衡和紧张格局找到一个可以宽容的理由，从而放松对于解决这一老大难问题的决心和努力。这几年我们的经济有点像"空中飞人"那样在"软着陆"中老着不了陆，这跟上述理论认识和心理状态不能说完全没有关系。我们认为，这些观点有的是对形势的判断问题，有的则是搬用至多只对一些工业发达国家短期有效的政策主张，有的则属于对环境和改革关系的认识问题。当然，我们不能要求马上有一个长期稳定的供大于求的市场态势，而且谁也不会幼稚到认为只有等到出现这种态势之后才能进行改革，但改革的政策指导思想必须着眼于创造一个相对的供求大体平衡的良好环境。因为短缺经济本身就容易产生需求生长过旺，宏观政策稍有偏差，通货膨胀就会如脱缰野马，急速奔驰。而且通货膨胀政策如同鸦片，一吃上瘾，是很难摆脱的，许多国家尤其是发展中国家的经验教训证明了这一点。如果在价格改革大的措施还没有出台的时候，就出现了物价持续上涨的通货膨胀局面，居民就对物价上涨在心理和物质上承受不住，那么只要是由于总需求超过总供给引起的物价上涨的通货膨胀持续下去，我们的价格改革配套方案就永远也出不了台。这就会无限期拖延改革进程。反之，如果我们下大决心在一个不太长的时期里，坚持需求紧缩政策，把市场搞得比较宽松一点，把货币供应量控制住，把价格稳住，反倒可以在较早的时候使具有实质意义的价格改革措施出台，使之与企业改革的措施配套进行，这样才可以真正加快和加深改革。因此，稳是为了进。对这一点，我们必须有明确的认识。

怎么才能稳定？我认为要"双管齐下"来解决。一是在供给方面通过比如目前采取的承包制等办法提高企业效益，用政策调整产业和产品结构，鼓励增加有效供给；二是控制需求。当前凭票供应的市场管理办法是不得已之举，不是抑制需求的根本之道。控制需求，关键还是紧缩通货。一方面要加紧制定三大科学的政策体系（财政货币政策、产业政策、消费政策），提高对需求、供给、结构的管理能力；另一方面要迅速改变控制方式，用分类（投资需求或消费需求、集团消费或个人消费）、分层（政府、企业或个人）、分点（单项工程、单个区域或局部市场）的办法，提高控制水平，防止"一刀切"。比如，当前的主要任务是压缩政府需求和集团消费，抵制低效益的加工工业的盲目发展，要尽可能少波及需要增产的产品和需要发展的企业。

　　稳定经济，必须有严格的总量管理。我在这里提出以下几个指标仅供参考：第一，物价上涨前几年已达年均7%以上，其中主要是通货膨胀性的物价上涨，要有计划地逐年降低，比如说到1990年降到3%—4%。除了某些农产品价格的必要调整外，三年不采取大的价格改革措施，以便控制通货膨胀性的物价上涨。我以为逐步降低物价上涨率是应该的，而且是可以做到的。如果把1988年物价上涨率仅仅维持在不大超过上年的增长率，而且又不规定以后进一步降价目标，有可能使通货膨胀长期拖延下去，那可能带来危险的后果。第二，货币供应量增长率过去已达20%以上，今后三年要降到平均为12%左右，相当于经济增长率7%左右，加上经济货币化过程所要求的货币增长1%—2%，再加上物价上涨率3%—4%之和。至于后五年（1991—1995年），由于有些价格改革要出台，应当基本上消除通货膨胀性的物价上涨，以便为价格改革腾出物价结构性上涨的空间。第三，工业生产增长率，今后八年要控制在两位数以下，稳定在平均增长10%以内。我看，达到10%的增长率绝不能说是衰退，更不能说是萎缩，而是正常增长。农业生产要保持4%—5%的发展速度，粮食生产要再上一个台阶。我以为，实现了这几个指标，就可以基本上实现经济的稳定，从而可以为改革创造一个比较良好的环境。

二　从实际出发,有选择地深化改革

我们讲当前要强调稳定,并不意味着改革要停下来,或者全部放慢。不久前中央领导同志的两句话讲得非常之好:经济要稳定,改革要深化。这就是说,在稳定经济的同时,改革不但不能停顿,而且要进一步深入下去。我体会,这是因为,造成经济不稳定的种种因素中,传统体制遗留的弊端和改革中双重体制的矛盾和摩擦,都是主要的因素。如不从加深经济体制改革上来解决,稳定经济的目的也是难以达到的。

但是,对深化改革的含义要理解恰当。今后改革的深化并不是在任何时候各项改革都要全面铺展,各项改革都要加快步伐,而是应当有所选择,有轻有重,有缓有急。在稳定经济为主的前三年,那些花钱多的改革,那些不利于控制需求的改革,那些只能刺激数量增长、不利于效益提高的改革,都不宜于进行。已经实行的应予重新考虑。而只应推进那些不花钱或者少花钱的改革,不会加剧市场紧张和需求膨胀的改革,以及有利于提高效益和改善结构的改革。这应当成为前三年选择改革措施的准绳。

从总体上看,在前三年以稳定经济为主的阶段,改革的步伐要相对地小一点;后几年改革的步子可以迈得大一些。前三年中,在宏观经济平衡达到基本稳定以前,大步价格改革措施不宜出台;资金、股票市场的发展也不能过快;企业改革中一切有助于诱发或强化短期行为和消费膨胀的因素都要防止,等等。但是,诸如农村土地管理和使用制度的改革,乡镇企业的改革,城市国营小型企业的租赁、拍卖为主要形式的改革,等等,应当加快。特别是宏观调控机制的改革,包括政府职能的分解和转换、机构的简介、中央银行独立地位和职能的强化、专业银行企业化等改革都可以加快步伐。如果按企业、市场、宏观调控三方面来划分,我们认为这三方面的改革在总体上要配套，在短期内可以有所侧重。当前为了稳定经济，特别要注意实现宏观调控机制的转换和完善，不排除采取必要的行政措施，在此前提下，要重点推进。并深化国有大中型企业以两权分离为内容的企业改革，而为了稳住市场，控制物价上涨，这就要求暂时推迟价格改革为中心的大改革方案的出台，相应地，市场化的步子也要放慢。总之，深化改革应当有选择地进行，要从实际出发。这个"实际"，就是本阶段宏观经济的总态势，就是为着创造一个稳定的经济环境。

有些同志对价格双轨制带来的问题很担心，他们主张忍受短期阵痛，迅速变双轨制为市场单轨制，以减少双重体制摩擦，使社会经济运行迅速转到市场化的轨道，以避免重新回复到旧体制。这种想法可以理解。但是应当看到，没有改变"急于求成"的发展决策观念，没有建立一个严格的货币供应量控制体系，没有一个供求不太紧张的市场条件，就匆忙将大步价格改革措施推出台，全方位放开市场，强行将双轨制转为单轨制，恐怕风险太大。我们要吸取东欧某些国家在这方面的教训，不要重走他们走过的弯路。在我们这样一个大国，搞没有把握的激进式改革，后果是不堪设想的。所以以价格为中心的市场大配套改革，我们认为还是准备充分一点、步子稳一点比较好。花两三年稳定经济打好基础的时间，再用几年分步过渡的时间，过好价格改革这一关，表面上看慢了一点，实际上是快的。

有的同志认为整个经济改革成败的关键，不在于以价格改革为中心的经济运行机制的改革，而在于以所有制改革为中心的企业机制的改革。其实，这个问题在党的十二届三中全会关于经济体制改革的决定中已经做了回答，就是：企业改革是经济的中心环节，价格改革是整个改革成败的关键。我认为，党的十二届三中全会《决定》中这两句话还是正确的。以所有制关系改革为中心的企业机制改革同以价格改革为中心的经济运行机制改革是整个经济改革不可分割的两个组成方面和两条主线，它们之间存在相辅相成的关系。

而且后者的实质性进展是前者顺利推进的条件。当然在不同时期和不同情况下，这两者的侧重点可以有所不同。目前以价格改革为中心的经济运行机制这方面的改革之所以有所缓行（外国人主要从这一点看我们改革的进展），实践中突出了另一方面即企业机制的改革，我看，这并不是理论风向改革的结果，而是因为宏观失衡的客观条件逼迫不得不这样做。理论风向的变化不过反映了这一客观情势。但是不能不看到，以两权分开和理顺产权关系及强化经营权为主要内容的企业机制改革，如果没有以环境改善为前提条件、以价格改革为中心的经济运行机制改革的相应配套，前者是难以真正深化下去并获得最终的成功的。

在企业改革方面，不少同志主张大中型国有企业特别是大型国有企业应主要搞股份制。这作为长远目标模式不是没有道理的。但在三年稳定时期市场化步子放慢的情势下，不能有大的动作。这三年中，只能在经营权变革上做文章，实行以不牺牲国家所有者利益为前提的多样化承包经营责任制。在目前条件下，承包经营责任制是比较现实的选择，可以在稳定所有权和强化经营权的基础上出一些效益。但承包制是否可以作为大中型国有企业改革的目标模式还需要研究。从长远来看，它可能是一种积极的过渡形式。在深化和完善承包经营责任制时，要为以后逐步过渡到多种形式的股份制准备条件。当然，以后也不会是股份制囊括一切，它不过是"以公有制为主体、多种所有制形式并存"模式中重要的一种财产组织形式。

总之，在今后几年改革和发展中，前三年应当坚持"稳中求进、以稳为主"。把稳定、改革、发展这三者有机地结合起来。稳定为了改革，改革为了发展，发展又要考虑到稳定和改革两方面的需要。企求发展和改革同时都加快的想法恐怕是不现实的，也是难以做到的。

三　实现协调配套，把阶段性改革和目标模式衔接起来

有了前三年稳定经济作基础，创造了一个比较宽松的国民经济

格局，并且在一些方面改革得到进一步的深化，今后八年中的后五年改革就可以迈出更大的步子。那时，稳定发展的思想还是不能放弃，在以模式转换为内容的整个改革时期，稳定经济的政策都应一以贯之。只是后五年不会像前三年那样严峻，因为前三年要根治前期需求膨胀和通货膨胀的"后遗症"；而后五年只需防范本期通货过松和需求生长过旺。这样，后五年可以看成是改革的加快推进时期。因此，"前三""后五"都要坚持"稳中求进"，区别在于：前三年要"以稳为主"，而后五年可以比较全面地推进配套改革。在此阶段，以阶段改革为中心的市场运行机制的改革，以国有大中型企业股份制为中心的所有制关系的改革，以及以改革为中心的农村第三部改革，等等，都可以有较大的动作。

后五年改革的内容更加丰富，这里举几个方面说一说。

1. 农村改革方面，应进一步推动农村土地的相对集中经营，诱导农民搞合作农场、合股农场和家庭农场，培养较高一级农村商品经济体系中的市场主体，同时大面积进行农村就业结构和产业结构的改造；改革农村流通体制，策应跟上对粮棉等主要农副产品第二次较大幅度的价格调整，但不能像 1979 年那样一次提价过猛，可考虑分两小步进行，以免短期内政策性价格上涨太快。

2. 企业改革方面，要把大中型国有企业改革推到一个新阶段，即从承包制为主逐步转向股份制为主。根据股份制原则和法规改造企业内部组织形态和内外关系。先是在非垄断性大中型企业中推行，并且以中型企业为主，然后推及垄断性大型企业。但八年内很可能难以完成某些大型企业的改革任务，要留到"九五"计划时期去完成，而且企业改革大体完成时，有少数垄断性企业可能仍然是政府企业，但这些政府企业也不一定由政府直接操纵其日常生产和投资活动，实行所有权与经营权的分离。

3. 在以价格为中心的市场运行机制的改革方面，本阶段应着重解决"双轨制"问题。如果经济形势能按我们前面的设想发展，那么，较大步子的价格改革便可在此时出台，分步解决价格"双轨制"。五年中头两年放开紧缺程度较小、竞争性较强的生产资料价格，在一些县和小城市放开非口粮性工业用粮和其他用粮的价格；然后再用三年的时间逐步放开其他重要生产资料的价格，使80%的生产资料价格实行市场调节；在大中城市放开非口粮性工业用粮和其他用粮的价格，口粮特别是大中城市口粮看来1995年前还不能完全放开，还须继续实行双轨制，到"九五"计划期间逐步扩大市场调节范围，争取在20世纪末实现把城市口粮补贴改为对10%—20%的低收入者给福利补贴。不过，这要看今后粮食生产的发展和稳定情况。此外，本阶段资金、劳动等要素市场可以加快发育，不仅要发展短期资金市场，而且要发展长期资金市场，但股票、债券等长期市场的发展不大可能在"八五"计划期间全部完成，还须在此后继续深化。劳动力市场的发育形成看来也是这样。

4. 宏观控制方面。后五年要使宏观调控机制的改革发展到一个更高层次，进一步深化三权（行政、所有、经营）分离的改革，基本完成政府职能的转换，使政府职能进一步法律化制度化；在培育市场体系和价格逐步放开的基础上，基本上完成从指令性计划为主向指导性计划为主的转换，初步形成指导性计划和不完全市场相结合的调节体系；进一步深化财税体制和金融体制改革，在充分发挥中央银行对宏观总量独立而有效的控制的同时，推动政府对经济的管理基本完成直接控制为主向间接控制为主的转换。

看来，"八五"计划时期的改革将成为中国经济体制转轨的关键一步。这一步也要走得稳妥一些，不能盲目冒进，具体改革措施的出台需要相机抉择。如果说前三年工作的难点是根治通货膨胀，那么后五年的工作难点就是各项改革措施如何协调配套。当然前三年也有一个配套问题，但那是小配套，主要是与治理环境有关的改革措施的配套，而后五年则是大配套。首先是改革要和发展相互配合、互相促进，实现良性循环；其次是改革的两条主线即以所有制改革为中心，企业机制改革同以价格改革为中心的运行机制改革的互相配套，互相促进。不言而喻，大配套的要求是更高的。在这方面，规划时要多作一些考虑。

　　另一个问题，是阶段性改革措施如何同最终目标模式衔接起来。这就要求改革设计者对最终目标模式心中有数。我们经过几年的努力，牢固确立了中国社会主义经济运行和调节必须走计划和市场有机结合的道路，而不能停留在板块结合的状态，改革的最终目标模式就是国家调节市场、市场引导企业的模式。这是具有中国特色的社会主义有计划商品经济模式。这个思想，经过党的十三大的阐明，现在大家是一致的了。但在作改革规划时，这个最终目标模式要具体化一些，作一些分解。这有利于在作近期改革设计时，头绪清楚，使近期目标和中长期目标相互衔接。我们感到，目标分解还是要以"七五"计划建议讲的三大基本方面为依据。这就是建立合理的企业经营机制；建立发育正常的市场体系；从直接控制为主过渡到间接控制为主。这是一个"三位一体"的框架。这个框架很符合我们的情况。我们的改革理论要向前发展，同时也要有连贯性、稳定性，不要今天是这个说法，明天又是内容不同的另一种说法，我们常听说农民最怕的是政策变，外商也怕中国政策变，我们要给他们一个相对的稳定感，理论和实践都不能朝三暮四，左来右去，只要步子走得稳，加上有新的法制建设作保证，从而为经济体制改革创造一个良好的思想环境和社会环境，我们完全能够排除万难，绕过暗礁，达到改革的目标。

（原载《财贸经济》1988 年第 3 期）

"稳中求进"地深化改革[*]

中国的改革，已跨过了波澜起伏的九个年头。在过去的几年里，我们曾提出"慎重初战"的方针；从现在起，到"八五"计划的末年——1995年，经济体制改革的中期规划中应提出一个什么样的方针呢？中国社会科学院刘国光提出了"稳中求进"的方针构想。

刘国光强调：中国之大，问题之复杂，是改革先行的任何一个社会主义国家所不可比拟的。我国的改革显然比那些国家难度要大。这就要求我们更应讲究改革的策略性、技术性和计划性，尽量避免改革中的重大失误。

深化改革离不了稳定经济

刘国光认为，深化改革必须立足现实，对形势要有一个正确的分析和判断，才能避免思维走入过于理想化的道路。

老专家和我们共同研讨了前九年改革的成就。概言之：从农村看，打破了集体"大锅饭"体制，建立了初级形式的农村商品经济体系；从城市国有企业看，开始形成以承包为主要形式的"两权分离"格局，活力有所增强；从市场发育看，产品市场已粗具规模，要素市场已有局部试点；从宏观管理看，以指令性计划为依托的资金、物资行政性统配制已逐渐改变，市场协调有所发展。

---

* 本文系陈东琪、董焕亮 1988 年 2 月的专访稿。

当前，从中央和国务院的最高决策人到普通的乡民和市民，改革热情高，信心足，思想认识一致，为深化改革提供了较好的主客观条件。

然而，喜中亦有忧，主要是经济生活中存在不稳定因素，表现在农业不稳定，粮食生产后劲不足；工业生产增长过速，产品结构问题突出；经济效益仍差，亏损面增加；社会购买力与商品可供量之间的差距继续扩大，物价特别是食品价格上涨过快，等等。有鉴于此，中央重新提出稳定经济的方针是完全正确的。稳定经济，才能给深化改革提供一个比较适宜的环境。

刘国光形象地比喻：改革的道路绝不像天安门前的长安大道那样平坦而又笔直，必会经过一系列的曲径和台阶。从1988年起，应"双管齐下"，即通过承包提高效益，增加供给；通过宏观政策控制需求，遏制通货膨胀，防止经济像"空中飞人"那样在"软着陆"中老是着不了陆。这样，以切实有效的措施，达到稳定经济的目的，为深化改革开辟道路，铺垫阶石。

头三年：以稳为主，稳中求进

对于今后八年改革的设想，刘国光认为：在前三年以稳定经济为主，改革的步伐相对小一点；后五年改革的步子可以迈得大一些。

他特别强调从1988年到1990年，为了稳定经济，改革需要有选择地推进。他认为对改革措施的选择原则主要有：（一）少花钱或不花钱；（二）不会加剧市场紧张和需求膨胀；（三）有利于提高经济效益和改善结构。

我们请国光同志针对理论工作者和实际工作者对于改革大思路的争论谈谈个人看法，他欣然应允，侃侃而谈：

——有些同志对价格"双轨制"带来的问题很担心，主张忍受短期"阵痛"，迅速变为以市场价格为主体的"单轨制"。这种心情可以理解，但在供求矛盾突出，在没有建成一个严格的货币供应量控制体系的情况下，全方位地放开价格，恐怕风险太大。如果我们能够花两三年时间稳定经济打好基础，再用几年分步过渡的时间，过好价格改革关，表面上看慢了一点，实际上是快的。

——有些同志认为整个经济改革成败的关键，不在于以价格改革为中心的经济运行机制的改革，而在于以所有制改革为中心的企业机制的改革。其实，这个问题在十二届三中全会关于经济体制改革的决定中已经作了回答：企业改革是经济改革的中心环节，价格改革是整个改革的关键。目前突出企业经营机制的改革，这并不是因为理论风向改变的结果，而是宏观失衡的客观条件逼得我们不得不这样做，当然这也是为转向间接的宏观调控提供一个适宜的微观经济基础所必需的。

——在企业改革方向上，不少同志主张大中型国有企业主要搞股份制。这作为长远目标模式不是没有道理的。但在三年稳定时期，在价格改革步子放慢的情势下，不能有大的动作。这三年中，只能在经营权变革上做文章，实行以不牺牲国家所有者利益为前提的多样化承包经营责任制。在目前条件下，这是比较现实的选择，可以在强化经营权的基础上出一些效益。同时，在深化和完善承包制时，要为以后逐步过渡到多种形式的股份制准备条件。

"那么，最近三年究竟哪些改革措施可以出台，或应加快出台呢？"刘国光胸有成竹地答道："诸如农村土地管理和使用制度的改革，乡镇企业的改革，城市国有中小企业以租赁承包为主要形式的改革和大中型企业实行承包经营责任制的改革，以及与解决食品问题有关的价格补贴制度的改革等，都可以抓紧出台。特别是为了稳定经济，宏观调控机制的转换，包括政府职能的分解和转换、机构的精简、中央银行独立地位和职能的强化、专业银行企业化以及投资体制、物资体制、外贸体制等改革，需要加快步伐。这些就是'稳中求进'中的'进'。"

后五年:配套改革,全面转轨

紧接着上述思路,刘国光进而谈到,有了前三年稳定经济作基础,创造了一个比较宽松的国民经济格局,并且在一些方面改革得到进一步深化,今后八年中的后五年改革就可以迈出更大的步子。在"八五"计划期间,以价格改革为中心的市场运行机制的改革,以国有大中型企业股份制为中心的所有制关系的改革,以及以结构改革为中心的农村第三步改革等,都可以有较大的动作。

凭着经济学家的洞察力,刘国光指出,后五年改革的内容十分丰富,将成为中国经济体制全面转轨的关键时期。他条分缕析地推断了几项主要改革的进程:

(一)农村改革方面,进一步推动农村土地的相对集中经营,诱导农民搞合作农场、合股农场和家庭农场,培养较高一级农村商品经济体系中的市场主体,大面积地进行农村就业结构和产业结构的改造;改革农村流通体制,对粮棉等主要农副产品分两步进行价格调整。

(二)企业改革方面,国有企业从承包制为主逐步转向股份制为主。根据股份制原则和法规改造企业内部组织形态和内外关系。可以先在非垄断性的大中型企业推行,以中型企业为主,然后推及垄断性大型企业。

(三)价格改革方面,着重解决"双轨制"问题。可分步进行,比如头两年放开紧缺程度较小的竞争性较强的生产资料价格,然后再用三年时间放开其他主要生产资料价格,使80%的生产资料价格实行市场调节。

(四)宏观调控方面,进一步深化三权(行政权、所有权、经营权)分开的改革,基本完成政府职能的转换,并使之进一步法律化、制度化;进一步深化财税体制和金融体制方面的改革,在充分发挥中央银行对宏观总量独立而行之有效控制的同时,基本完成从宏观直接控制为主转向间接控制为主。

　　两个钟头的采访就要结束了，我们感谢国光同志阐发了对改革的总体构想和有益思路，同时请他谈谈对中国改革前景的总看法。老专家信心百倍地说："只要我们的步子迈得稳，加上有新的法制建设作保证，从而为经济体制改革创造一个良好的思想环境和社会环境，我们完全能够排除阻力，绕过暗礁，达到改革的既定目标。"

　　　　　　　　　　　［原载《人民日报》（海外版）1988 年 3 月 8 日］

正视通货膨胀问题*

中央对去年经济形势的估计，是符合实际的，1987 年我国的经济形势是好的。当然，整个经济中仍然存在着不稳定的因素。其中突出的是物价上涨幅度过大的问题。要把 1987 年开始出现的稳定增长的势头持续发展下去，关键在于消除经济生活中存在的不稳定因素，特别是要解决因通货膨胀造成的物价持续上涨的问题。

"稳定物价"的方针和口号不能放弃

有些同志鉴于我国近几年物价大幅度上涨已形成事实，而且今后物价改革仍免不了要提高物价水平，主张物价工作和物价宣传中不要再提"稳定物价"的方针和口号，以免造成我们自己被动。

物价工作和物价宣传要不要坚持"稳定物价"的方针和口号？我认为还是要坚持。因为物价的相对稳定是整个经济持续稳定发展的一个重要条件；在物价水平剧烈变动中，很难设想整个经济能够持续稳定地发展。稳定物价的方针是整个稳定经济方针的主要组成部分。稳定经济同深化改革一样，不是一个权宜之计，而是一个要长期执行的方针。所以，稳定物价也不能不是一个长期的方针，我们不能轻易放弃。

当然，对稳定物价不能机械地理解，稳定物价既不意味着各种产品的相对价格不能变动，也不意味着物价总水平不能变动。必须

---

　* 本文系 1988 年 3 月 17 日在中国共产党十二届二中全会上的发言。

消除把稳定物价等同于冻结物价的误解，对那些阻碍生产的不合理价格，要自觉地有步骤地加以调整，使物价的起伏有利于产业结构和产品结构的合理化，同时坚决制止乱涨价的行为。在物价改革中，我们还是要坚持稳定物价的提法；同时在物价宣传上，要澄清人们把稳定物价与冻结价格等同起来的误解，使人们对物价改革中的变动能够适应，而不致发生心理上的恐慌。

理顺价格与稳定物价不是相悖而是相成

主张放弃稳定物价方针与口号的同志的一个理由，就是认为稳定物价与理顺价格是互相矛盾的。但是，在严格控制通货膨胀的前提下，理顺价格与稳定物价并不矛盾。不错，在我国由于农产品以及初级产品等价格的偏低，理顺价格并使价格结构合理化，必然要带动物价总水平的某些上升，不允许物价水平的某些上升就等于不许改革，那当然不行。这种由于价格改革、由于价格结构合理化所带来的物价的某些上升，应该允许，应该按照价值规律的要求，用调放结合的办法，有计划有步骤地实施；同时，要在宣传上和补偿上增强人们的承受能力。不合理价格结构的合理化，有助于价格总水平在一个稍高的新水平上达到相对的稳定，从而有利于整个经济的稳定发展；另一方面，价格结构的合理化也只有在价格总水平相对稳定而不是激烈变动的情况下，才能取得成功。所以，理顺物价的改革与稳定物价的方针应该说是不相悖的，而是相成的。

但是，另外有一种物价总水平的上升，非由于价格改革，非由于调整价格结构使之合理化而发生，而纯由于通货膨胀（即货币供应量超过经济实质增长）而发生的持续性的物价上涨，则是同稳定经济相悖的。国际经验表明，通货膨胀性的物价上涨，从短期看，对经济的发展可能有某些刺激作用；但从长期看，一定会损伤整个经济的机体。这种通货膨胀性的物价上涨就像吸鸦片一样，一吸上瘾就不容易戒掉，所以在一开始发现苗头时，就应该努力设法控制，不使经济被它拖入歧途。

当前物价上涨在相当大程度上是通货膨胀性的

中央指出，当前物价上涨问题的焦点是食品价格，并从食品供需上分析了原因，提出了解决好食品价格问题和由此造成的社会问题的对策和配套措施。这些措施都是必要的，照着去做，物价问题会有所缓解，应认真加以贯彻。

当前物价上涨幅度过大问题，与各类产品特别是食品供求关系的变化有关，但不仅仅是个别产品的供求问题。我们现在面临的也不单纯是由于理顺某些产品的价格或调整价格结构带来的物价水平的上升，而首先是由于货币供应量过多从而币值下降所引起的持续性的物价上涨。比如1987年，并没有采取大的有意识的调价行动，但零售物价总指数上升了7.2%，这种幅度较大的物价上涨已经持续了三年，1985年上涨8%，1986年上涨6%，1987年上涨7.2%，今年（1988年）计划上涨率不超过10%。这种持续性的、降不下去的物价上涨率，在相当大的程度上是通货膨胀性的物价上涨，即由货币供应过量和币值下降所引起的物价上涨，它涉及整个商品世界，今天可能集中在这一部分产品上，明天又会窜到另一部分产品上，整个物价水平通过需求拉动继之以成本推进的机制，轮番上涨不已。光用个别产品的供求关系，光用结构性的原因来说明这种持续性的、涉及整个商品世界的物价上涨是说不清楚的。要知道，货币本身所代表的价值的变动也是受市场价值规律支配的，道理非常简单，东西多了就要贱，票子多了就要毛，物价总水平的上升不过是货币贬值的同义语，这是更大范围的价值规律。当我们强调要学习运用价值规律来搞稳定经济和深化改革时，我们不仅要研究支配个别产品价格变动的规律，更要注意支配货币所代表的价值和支配整个商品世界的价格总水平的规律。

货币供应过量是一个不能回避的事实。1987 年货币流通量增长率是 19.4%，比 1986 年的增长率 23.3% 是降低了；银行贷款总量增长率 1987 年是 18.8%，比 1986 年的增长率 28.5% 也降低了。但是，毕竟还要看到，1987 年的货币流通增长率和贷款总量增长率仍然大大超过当年国民生产总值的实质增长率（9.4%）。即使考虑国民经济货币化信用化的因素，货币供应还是过量的。这不能不成为继续推动通货膨胀性物价上涨的动因。这是需要我们进一步努力解决的。

对通货膨胀的后果不能掉以轻心

当物价总水平以较大幅度持续上涨时，原来不合理的价格结构是很不容易理顺的，往往越理越乱，给生产者和消费者以错乱的信号，误导资源配置的方向。一个涉及整个经济的错误信号是利息率低于物价上涨率而形成负利率，它掩盖了低效率的经营，助长了短缺资源的浪费；并带来了财富的不合理再分配。靠诚实劳动生活的人们发现自己的实际收入水平下降，多年积攒的储蓄贬值，其心理上的烦恼和不安是可想而知的。

1987 年我国经济发展中有几件第一次出现的喜讯：如国民生产总值第一次突破万亿元大关；农村非农产业产值第一次超过农业产值，等等。但也出现了几年来第一次发生的不好的情况。据报道，黑龙江省 1987 年城市人均实际生活水平下降 4%，这是 1979—1986 年 8 年来实际生活水平平均每年以 7.3% 速度增长后出现的第一次下降。实际生活水平下降的城市居民占全省城市居民总数的 40.9%。江苏省城镇居民实际生活水平 1987 年也出现了近 9 年来第一次下降，半数以上的居民家庭收入增长赶不上物价的上涨。黑龙江、江苏两省的情况不一定具有典型意义，因为从全国平均来看，据国家统计局公报，1987 年全国三个直辖市和各省会城市调查，纯因物价上涨而使实际收入下降的户占总调查户的 21%，不似黑龙江、江苏两省之高。尽管对此我们不必大惊小怪，但是 9 年来全国第一次出现城市居民因物价上涨而致实际收入水平下降的现象，是考察经济形势时不能忽视的一个重要信号。如果不大力遏制通货膨胀，上述现象有可能继续发展到我们所不愿意看到的地步。

中央最近决定对几种食品定量部分采取补贴办法，体现了党对人民生活的关注，这是低收入者的福音，应当积极执行。但是，食品补贴毕竟只能补偿部分的物价上涨，如果通货膨胀率较高而补贴品种较少，则难以阻止实际收入水平下降，同时这种补贴带有与改革方向相悖的平均主义的性质，所以只能是权宜之计。若要阻止居民收入水平下降又避免平均主义，则宜将工薪收入同全部生活费指数挂钩。但国际经验表明，全指数挂钩往往引起工资和价格的轮番上涨，看来是个险途。并且这样并不能解决居民储蓄保值问题。在通货膨胀情况下，劳动者辛苦积攒的储蓄所贬之值，通过银行若为公营企业利用以发展生产，犹有可说之词，诸如为国家建设积累资金而实行强迫储蓄之类；但若借给中外私人经营者用以发财，那就无异于一位英国著名经济学家罗伯逊（Robertson）所斥责的是一种盗窃行为了①。凡此种种，都会带来社会不安，并给反对改革者以口实，给改革抹黑。所以，为了给改革营造一个比较良好的经济环境和社会环境，我们也必须对通货膨胀进行治理。

破除通货膨胀对经济增长有益论

治理通货膨胀弊病，首先要解决观念上的问题。近几年理论界从西方经济学引入了不少对发展我国商品经济和社会化生产有用的理论概念和分析方法，但同时也夹杂引入了一些对我国不适用的东西。如凯恩斯针对西方有效需求不足提出来的某些政策主张，又如发展中国家可以通过通货膨胀来实行强迫储蓄、积累资金的主张，

---

① 这里讲的只是指通货膨胀中财富不合理的再分配现象，丝毫不意味着否定中外私资对我国现阶段经济发展的重要意义。

又如财政赤字无害论和通货膨胀有益论等议论，颇为流行。除了这些明显的主张外，还有一些不那么明显，但是客观上也是为在我国推行通货膨胀政策打开方便之门的理论说法，这里就不一一列举了。我不大同意这类观点。通货膨胀——即使是温和的——究竟是有利于还是有害于经济发展？这不单纯是一个理论问题，而首先是一个实证问题。前面讲过，从短期看，在存在闲置资源、闲置生产能力地方，实行赤字财政和通货膨胀，确实可以起到某些刺激经济增长的作用。但是，在资源短缺、有效需求量过多的地方，特别是从长期看，通货膨胀只能引起持续的物价上涨，有百害而无一利。

美国温德贝尔脱大学经济学家伍斯·江和珀同·马歇尔研究了56个国家和地区1950—1980年通货膨胀与经济增长之间的因果关系。其中包括19个工业化国家和地区、37个发展中国家和地区。研究结果表明，19个工业化国家地区中，没有一例是支持通货膨胀对经济增长有促进作用的论断的，而且有9个国家和地区（澳大利亚、奥地利、加拿大.联邦德国、意大利、西班牙、瑞士、瑞典、英国），两者间呈现负相关的关系，即通货膨胀率愈高、经济增长率就愈低。37个发展中国家与地区中，只有两例（埃及、乌拉圭）支持通货膨胀对经济增长有促进作用的论断，其他各例都不支持这一论断。相反的有7例（肯尼亚、土耳其、希腊、以色列、也门、牙买加、秘鲁），两者间是负相关的关系。

"台湾中华经济研究院"蒋硕杰院士对22个发展中国家两个十年（1961—1970年，1971—1980年）通货膨胀率和实质GNP成长率的统计资料进行了研究，他发现：GNP的成长率和货币供给增加率在第一个十年，有甚微的正相关，但到第二个十年，两者却显出负相关。而且在第一个十年中的微弱的正相关，似乎完全是由于南朝鲜的特殊经验所造成的。如果我们将南朝鲜除去，只用第一期中其余21个国家再做一次回归分析的话，这个微弱的正相关就会化为乌有了。研究的"结果显示出，即使在第一个十年（1961—1970

年），物价膨胀率的提高也不可能对实质产出的成长有任何显著的正的刺激效果。而到第二个十年（1971—1980 年），提高通货膨胀率竟显示出对于实质所得的成长率将有妨碍性的副作用。因此，通货膨胀和快速经济增长之间，并无对换之可能。相反地，持续的通货膨胀似乎只会妨碍经济的成长"。[①]

这是从大量研究资料中得出的结论。从长期来看，通货膨胀对经济发展是利是害，不是很清楚了吗？

几点补充建议

根据近年我国的物价形势，中央曾决定"收紧财政和信贷，控制需求，稳定物价，保持经济的平衡与稳定发展"。最近为了解决食品价格问题和由此造成的社会问题，中央又采取了一系列配套措施。这些方针措施都是很正确的，应该坚决贯彻执行。为了解决通货膨胀性的物价总水平持续上涨的问题，我再提出几条补充建议。

1. 结合财税改革，将财政预算划分为经常收支预算和资本收支预算。经常性收支预算应量入为出，不允许有赤字。资本性收支预算事涉经济建设，可以有赤字，但不允许赤字由银行自动透支，而应从发行公债弥补。

2. 提高银行存放款利息率，使之高于物价上涨率，以抑制需求，促进效率，鼓励储蓄，加强积累。

3. 有选择地深化改革，那些花钱较多、可能刺激需求膨胀、加剧市场紧张的改革措施，出台时要谨慎；那些有利于提高经济效益、改善供给结构、回笼过剩货币的改革措施，宜尽早出台。例如，加快住房改革中旧房售给居民的措施，加快企业改革中推行向职工居民出售股票的措施等，以利于紧缩货币，变消费基金为积累基金。

---

① 参见蒋硕杰《台湾经济发展的启示》，经济与生活出版事业股份有限公司 1986 年版，第 238 页。

4. 对物价上涨率的走向，要有比较长时间的考虑和控制计划。比如争取三年内将通货膨胀性的物价上涨率，由今年（1988 年）的 10% 左右逐步降到 4% 以下，以便为理顺价格的改革腾出物价合理上升的空间。

治理通货膨胀往往带来某些短痛。不治理则会带来损害整个经济机体的长痛。长痛不如短痛，问题在于抉择。

（原载《经济日报》1988 年 4 月 5 日）

再论当前通货膨胀问题

　　当前，物价大幅度上涨已经成为大家关注的问题。这场物价的大幅度上涨不是突发性的，而是持续性的；不是一部分商品的价格上涨，而是商品价格的全面上涨。从时间上看，这场物价的大幅度上涨始于1985年，经过三个多年头，今年（1988年）已进入第四个年头，今年一季度上涨率超过了两位数，有逐渐强化的趋势。从商品品种上看，不但消费品价格上涨，而且生产资料价格上涨；不但食品价格上涨，而且各种日用工业品价格也纷纷上涨。这样一种持续的、全面的、幅度趋大的物价上涨，是稳定经济和深化改革的一大障碍，必须认真对待，切实解决。

　　人们对当前物价上涨的原因作了种种分析，尽管众说纷纭。归结起来不外两种原因：货币原因和经济原因。货币原因指的是包括现钞和银行信贷在内的货币投放量的增长率超过了经济的实质增长率（考虑了经济货币化、信用化，从而货币流通速度变化的因素），引起了货币贬值和物价上涨。经济上的原因则是指包括投资和消费在内的需求膨胀、追求产值速度的增长冲动，以及各种结构变化所引起的总量失衡和结构失衡，从而引起物价总水平上涨。一些同志比较强调货币方面的原因而较少涉及经济方面的原因，而另一些同志则比较强调经济方面的原因而轻视货币方面的原因。其实，这两方面的原因是互相联系、不可分割的，缺少哪一方面都形不成通货膨胀性的物价上涨。当然，造成总量失衡和结构失衡的经济方面的原因是通货膨胀可能发生的客观基础，但是光有可能发生通货膨胀的基础而无货币供应量的支撑，就是说如果货币供应量受到严格的控制，在这种情况下通货膨胀也不一定会发生。通货膨胀毕竟是一种货币现象，它终究要通过货币投放这个关口才能发生。而这个关口一般是由政府货币当局把守的，所以，通货膨胀是否出现，不能不与政府货币当局的决策行为有关。反过来说，光是强调货币方面的原因，光是责难货币当局松紧失当，而看不到产生通货膨胀的深层经济原因，也难以找到已经发生的通货膨胀的病根所在，从而找到根治的药方。

对于通货膨胀的经济方面的原因，又有两种看法。一种认为，造成总量失衡的原因是主要的；另一种则认为，造成结构失衡的原因是主要的。应该说，这两种失衡目前在我国经济生活中都是存在的。就总量失衡的经济原因来说，我国经济现在正处于新旧发展模式和新旧体制模式的双重转换时期，在双重模式的历史性转换过程尚未完成以前，经济生活中数量驱动，投资饥渴，再加上消费膨胀等动机都不可能消失，经常推动着总需求相对于总供给的超前增长。就结构失衡的经济原因来说，由于我国正在步入低收入水平转向中等收入水平的关键发展阶段，经济结构发生着剧烈变动，由此产生需求结构变化的超前和供给结构变化的滞后所带来种种结构性矛盾。这种结构上的失衡又加剧了总量膨胀，成为推动总量失衡的一个追加的原因。就引发通货膨胀性的物价上涨的动因来说，总量的膨胀和失衡是更直接、更主要的。当然，在结构失衡与总量膨胀互为因果、循环推动的情况下，总量调节更增加了复杂性。在一定时期内，剧烈的结构变化必然增大物价上涨的压力，因此，我们要有控制地进行结构转换。比如，对有的同志指出的"二元结构前冲惯性"就要加以控制。所谓"二元结构前冲惯性"实际上是个"农转非"的速度问题。"农转非"若要健康进行并有利于整个国民经济的健康发展，其转换速度就不是越高越好，也不是不可调控的。如果我们放弃对"农转非"速度的调控，任其所带来的结构失衡扩大并加剧总量失衡，它当然就会成为推动物价上涨的一个恒常因素。但是如果我们从稳定经济的要求出发，对这种"前冲惯性"和"农转非"的速度从政策措施上进行适当的调节，那我们就可以把从这一方面来的结构失衡加给总量失衡的压力予以缓解。所以，在结构失衡和总量失衡并存的条件下，我们应该以控制总量失衡为中心，进行有控制的结构调整。

用总量失衡来说明通货膨胀性物价上涨的原因，也有两种不同说法。一种说法强调目前总量失衡的主要原因在需求膨胀，另一种说法则强调目前总量失衡的主要原因在生产不足和供给不足。我以为，目前我国存在着推动有效需求膨胀的机制，这是很难否认的。投资膨胀仍然是总需求膨胀的主要动因。投资膨胀不仅扩大了对生产资料的需求，同时也扩大了对消费资料的需求；消费需求又由于短期行为和铺张浪费之风的蔓延而加剧扩大。所有这些需求膨胀的现象是我们的宏观调控不能须臾忘记的基本事实，绝对不能放松对于这方面的管理。至于生产供给是否不足？这要看相对于什么来说。相对于膨胀着的有效需求来说，在传统的造成短缺经济的体制因素未被彻底克服以前，可以说供给一般总是不足。但是，相对于资源条件来说（特别是短线的能源、物资、技术力量、资金、外汇等），我们的经济是资源约束型的经济，在这个资源约束型经济的基本状况未有扭转以前，就不能一般地说我们的生产和供给不足，更不能强行超过资源容许的限度来增加生产和供给。当然，现有资源的容量和潜力，可以经过发展模式和体制模式的转换得到极大的扩展；但是这种转换绝非一朝一夕所能完成而需费较长时间。权衡需求与供给两个同样重要的方面，就当前来说，关键仍在需求膨胀问题，宏观管理的当务之急还是要抓总需求的控制，包括通过较紧的金融政策控制投资特别是预算外投资，建立和通过完善收入分配政策加强对消费特别是集团性消费的控制。同时要为长期的供给的总量增长和结构改善作出不懈的努力。

古往今来，许多国家政府常常用降低金属货币成色的办法，或者用多发纸币的办法来弥补财政赤字或刺激经济增长，但是没有一个政府公开宣称自己实行的是通货膨胀政策，而且不少政府在实际上不得不实行通货膨胀政策的同时，还不断声称自己要与通货膨胀现象作斗争，其原因就在于各国公众对通货膨胀一般多持不欢迎态度甚至反感。经济学者们想问题应当比一般公众深一点。确实在有些情况下，比如存在着闲置资源、闲置能力的情况下，在一定时期内采取一定限度的扩张政策，是有助于刺激经济发展的。而且社会上确有一部分人因通货膨胀而发财或得福，他们会欢迎通货膨胀。所以对通货膨胀的价值判断，不像普通人所想象的那样简单。但是在当今的中国，在资源约束型的短缺经济机制尚未根本改变，而已经发生的通货膨胀开始明显地影响人们的实际收入水平并开始逐渐超过人们的承受能力的背景下，还有人郑重其事地把通货膨胀政策当作有利于经济增长的政策公开推荐出来①，那确实有点让人迷惑。据说实行通货膨胀政策可以实现国民收入的强迫储蓄，为经济增长积累资金，并重新分配社会各阶层的利益。应当看到，通货膨胀对强迫储蓄、增加积累的效应，只有在物价全面上涨的初期阶段，当通货膨胀尚未被人们所预期，物价增长快于货币工资增长，实际工资率降低使企业获得"意外利润"，人们对货币普遍存在幻觉的情况下，才会发生。随着物价全面上涨的持续化，通货膨胀逐渐形成人们的预期，人们对货币的幻觉开始淡化以及消失，并纷纷采取自卫行动以保护其利益尽可能不受物价上涨的侵吞。如经营者要求提高产出品的价格以赶上投入品成本价格的增加；劳动者要求货币工资与奖金的增长以赶上消费品价格的上涨率；消费者提高其消费倾向降低其储蓄倾向，等等。当这些情况出现时，通货膨胀引起的强迫储蓄、增加积累的效应就越来越难实现。至于通货膨胀对收入再分配的效应，则明显地对广大职工等固定收入者不利，对个体私营商贩等弹性收入者有利；对靠诚实劳动积攒储蓄者不利，对借入资金搞投机性经营者有利；在我国，由于物价上涨比较集中于生活必需品，所以受损严重的乃是低中收入集团的一般消费者，而中高劳动

---

① 见《人民日报》1988 年 4 月 8 日第 4 版。

收入者则又从储蓄贬值受到进一步的损失。凡此种种的再分配效应，绝不能说是收入分配结构的改善，其对人们心理上投下的阴影从而对经济发展的长远消极后果，是绝不能低估的。许多国家的研究资料证明，从长期平均来看，通货膨胀率与经济增长率之间往往存在着负相关的关系，即通货膨胀率越高，平均增长率越低[①]。所以，从长期看，企图以牺牲稳定物价为代价，用通货膨胀的办法来促进经济增长，那不只是缘木求鱼，简直是饮鸩止渴，不仅必定不能成功，而且将大大有害于长期发展。

　　既然引发通货膨胀既有经济方面的原因，也有货币方面的原因，对于通货膨胀的控制也要从这两方面着手，进行综合治理。这是一个需要专门研究的问题，本文不拟多作论述。这里只是指出以下三点：第一，若要治理通货膨胀，我们在近期就不能奢求过高的经济增长速度。这几年经济增长在一定程度上是由通货膨胀暂时支撑的，有必要加以降温，比如说返回到十二大提出的为达到二十年（1981—2000 年）翻两番目标所需的平均速度 7.2% 的水平上，考虑到前八九年平均实际增长速度偏高，今后若干年的 GNP 增长率可以控制在 7.2% 以内，工业增长率保持在 10% 以内。这样的速度不能认为是一个低速度，但适当降温就可以适当缓解通货膨胀的压力。第二，货币政策要有一个近中期目标，比如说三年内将通货膨胀性的物价上涨率，到 20 世纪 90 年代初降至 4% 以下，同时为物价改革所必需的物价水平的上涨腾出必要的空间；同时相应降低货币供应量增长率，并且采取有效的政策措施以达此目的。如果没有制定中长期的货币政策目标和达到目标的政策手段，而是走一年看一年，那就有可能失去对通货膨胀的控制，使经济走向长期滞胀的局面，那是我们应当避免的。第三，除了近期治理，还有一个长期防治通货膨胀、保持经济的持续稳定发展的问题。要达此目的，必须完成"三个彻底"，即发展战略的彻底转变、经济体制的彻底改革和经济

---

　　① 见《经济日报》1988 年 4 月 5 日第 3 版。

结构的彻底改造。就是说，速度数量型的发展战略必须最终转到效
益质量型的发展战略上来；开大锅饭的经济体制必须最终转到自我
约束的经济体制上来；传统的二元结构必须最终转到现代化多元结
构上来。这些都是我们需要长期努力以赴的目标。这些目标的逐步
发现，将逐步增强我们防治通货膨胀的能力，从而使经济逐步走上
长期持续稳定发展的坦途。

（1988 年 4 月 30 日写于英国牛津旅馆，原载《中国改革》1988
年第 6 期）

关于我国经济体制改革的目标模式及
模式转换的若干问题(节要)[*]

改革是当代世界的潮流,也是我国社会主义初级阶段的一个重要任务。我国的经济体制改革已经过八九年实践,以经济发展为中心的全面改革正在逐步展开,经济体制改革也将不断深化。在此时刻,进一步研究经济体制改革的目标模式以及由旧体制向新体制转换的途径,既是为推进改革提供必要的理论准备,又是为保证改革顺利进行而采取的实际步骤。1984年,国务院体制改革委员会委托我们"组织力量,在前一阶段研究的基础上,提出一个中国经济体制改革的设想"。作为当时可供参考的方案之一,我们拟出了《建设具有中国特色的经济体制的总体设想》①。现在奉献给读者的这本书,则是同一课题继续探索的又一阶段性成果。

一 研究目标模式的意义和依据

改革经济体制要不要择定一个目标模式,曾经历过一番有益的争论。最早的分歧来自对模式概念的不同理解。起初,有的同志把模式当做固定不变的定式和依样描画的模特,这样理解的模式当然是不可取的。后来大家认识到,模式无非是"类型""形态""形

---

* 本文是《中国经济体制政策的模式研究》(中国社会科学出版社1988年版)一书的"代序",也是全书的提要。在全书定稿后,经与沈立人研讨,由他起草一个初稿,再由刘国光修改补充定稿。此次发表有删节。
　① 原稿完成于1984年8月,初次公开发表于研究报告集《中国社会主义经济的改革、开放和发展》(经济管理出版社1987年版)。

式"的意思，只是研究和分析的工具，是从具体的经济体制中排除了细节而得到的理论抽象，是对某一种经济体制的基本规定性的概括，是这种经济体制的基本框架和主要运行原则的总和，于是有了共同语言。

但是这几年来，在实际工作和人们的议论中，仍旧出现了对择定目标模式的怀疑和否定。

一种意见是：改革无人进行总体设计，无法形成统一部署，也无须择定目标模式；不如"边设计，边施工"，先干起来再说，碰到什么问题就解决什么问题，在实践中总结经验、摸索前进，或者叫做"单项突进，撞击反射"。诚然，我们在开始起步时，由于准备不足，经验不多，不可能考虑得很仔细，也不应当要求待一切方面都有了具体规划才着手改革，那会耽误时间，踌躇不前。但是，与任何工作一样，如果只有行动而没有明确的目标，或者仅靠经验办事，就难以提高自觉性、防止和克服盲目性。这几年的改革，成绩很大，同时也碰到不少问题，有时是走走停停、进进退退，原因之一就是改革的目标还不够清晰，各个单项改革之间缺乏配套，导致某种程度的机制紊乱、时序颠倒和措施冲突。因此，在改革重点转入城市，多点试验已有几年之后，择定改革的目标模式正是当务之急。

一种意见是：为改革拟定任何具体目标都是徒劳的，从来没有按照方案进行改革的成功事例，农村的"包产到户"就不是实现什么既定规划的结果；中国的经济改革虽然作出了"决定"，将来不一定甚至不可能就这样做，只可能是一种"无确定止境的改革"（open-ended rearm）；所以，按照设想进行改革，带有"天真"的性质。这是把改革的确定性和不确定性混淆起来了。改革的目标模式，为改革择定一个总的方向和基本框架，尽可能划清一些大的范围和界限，绝不是对所有细节的具体规定。在这方面，目标模式有它的确定性，区别于不要目标的改革。另外，任何设想和规划都只是一种基于当前认识程度的预期，必须接受实践的检验，并在不断实践中得到校正、充实和提高，这又是它的不确定性，为目标的择定及其实现留下了进一步完善的余地。社会主义各国的改革，尽管还没有一个取得完全的成功，但都有了不同程度的进展，证明按方案改革有它的积极意义。我国的"包产到户"来自群众首创，而其普遍推广则是作为一种模式得到肯定之后。因此，及时地择定方向性、总体性、轮廓性的目标模式绝不是"天真"，而是一种渐进的"成熟"。

一种意见是：改革的目标模式就是"有计划的商品经济"，无须他求。这是过于简单化的看法和想法。有计划的商品经济是一种高度概括，不能作为一种体制模式的表述，而且对这种概括也有不同的解释，例如有人强调"有计划的商品经济"提法中的"有计划"一面，有人则强调"商品经济"一面；有人还把其具体化为计划调节与市场调节的结合，而且对这种结合的运行机制在认识上有相当大的差异。在此前提下，可以有也应当有各种体制模式的分类和选择。同样，例如"小的放开、放活，大的管住、管好"或"集权与分权相结合"等，都只是择定体制模式的基本原则，不能成为具体的目标模式。

总之，体制模式体现的是经济运行的主要机制和规则，改革就是体制模式的重建和转换。当前，择定改革的目标模式是重要的战略决策，它有利于坚定改革的信念，明确改革的方向，抓住改革的根本，避免和抵制由于细节的纠缠或暂时的困难可能引发的各种干扰，进而坚持不懈地把经济体制改革进行到底。

经济体制改革要有一个目标模式，在肯定这点后，就有一个如何具体择定目标模式，其依据或原则是什么的问题。

我们择定的目标模式，服从于建设有中国特色的社会主义这个大前提。具体地说，就是坚持马克思主义与中国实际相结合，坚持四项基本原则与改革、开放相结合，坚持经济发展与经济改革相结合，坚持经济改革与政治、文化、教育、科技改革相结合。所谓有中国特色的社会主义，就经济领域来说，主要表现在两方面：一是有中国特色的经济发展模式；二是有中国特色的经济体制模式。发展有赖于改革，改革是为了发展。择定经济体制改革的目标模式，是建设有中国特色的社会主义经济的重要组成部分。

因此，我们择定改革的目标模式，首先应当是社会主义的，不能离开这个基本的方向和道路。社会主义经济的基本特征是生产资料公有制和按劳分配，在改革的目标模式中必须坚持。但是，我们目前处于社会主义的初级阶段，也就是说，既是社会主义的，又是经济不发达的，于是带来某些具体情况。我们坚持公有制，不是只承认全民和集体两种所有制而排斥其他所有制形式或片面追求公有制的比重，也不是主张越公越好或片面追求公有化的程度，而是根据社会生产力的发展水平，在保持公有制为主体的前提下，允许和适当发展包括诸如私营经济等若干非社会主义所有制因素在内的多种经济成分，形成多元化的所有制结构，并对公有制尤其是全民所有制采取多种经营方式。我们坚持按劳分配，不是只承认一种分配原则和分配形式，而是在保持按劳分配为主要原则的前提下，允许一定范围的非按劳分配，并正确处理公平和效率的关系，鼓励一部分人先富起来，又防止出现不合理的差距过大，争取实现共同富裕。

坚持社会主义的方向和道路，必须在公有制为主体的所有制结构上和按劳分配为主要原则的分配制度上，划清改革的目标模式同资本主义的界限。但同时必须看到，作为社会化生产的商品经济，目标模式又要吸收与资本主义相似的东西。例如经济的运行要通过市场来进行，要充分利用和健全市场机制；企业作为市场的主体，要成为独立的商品生产经营者，才有其内在活力；市场的客体不仅包括一般物质商品，还包括各种生产要素，要有完善的市场体系；要通过各种经济杠杆，进行以间接控制为主的宏观协调；等等。当然，由于商品经济发育程度的差别，我国目前处于由不发达的商品经济向发达的商品经济过渡的阶段，既不能与已经充分发达的资本主义经济作机械的对比，又不能停留于原始的粗陋的商品经济门槛上。

我们择定的目标模式，应当是中国式的，不能离开自己的基本国情。国情是指历史、地理、自然、社会、文化、道德等多种因素的综合，与经济体制不是简单的、外在的挂钩，而是深入其内在肌体，起着潜移默化的决定作用。拿我国传统的经济体制来说，过去一般认为基本上属于苏联模式，我们认为同中有异（例如遗留较多的供给制痕迹等），但那仅是外观或表象。进一步考虑，就能发现在本质上二者存在很大不同。例如，一方面，我们虽然也企图实行高度集中的计划经济，以无所不包的指令性计划一统天下，但实际上的计划度并不高，指令性计划的覆盖面并不广，计划的指令性力度并不强，计划工作的现实是行政性的一事一议、讨价还价和放权收权的反复循环；另一方面，计划管不到的那一大块，即所谓"大计划、小自由"的自由领域，范围并不小，特别是数以十万、百万计的工、商、建、运等小企业，产供销没有多少计划安排，基本上处于计划空隙，本来应当和可能让市场机制来进行调节，结果却并非如此，同样难以摆脱不同层级的行政权力的羁绊。这就使得在传统体制中，计划机制和市场机制都未能发挥其应有的调节作用。这不是体制本身的缺陷，根本上是由于我国来自半封建半殖民地社会和未经工业化的农业社会，自然经济和半自然经济是主体，原来不具备典型的生产社会化和商品化、货币化的条件，并且封建性的宗法关系及其相应的意识形态根深蒂固，束缚了企业的活力和整个经济的运行所造成的。经过30多年的经济建设，工业化有了基础，商品经济有所发育，思想意识也有所变化，但是没有突破发展中国家二元经济的格局。应当看到，我们进行经济改革，起点很低、跨度很大，任重而道远，实现目标模式绝不是三五年或八年、十年内的事。

　　符合基本国情，还有其他一些因素不能忽略。例如我国是一个人口众多、幅员广阔的大国，地区之间、部门之间的发展很不平衡。这与一些经济发达或比较发达的小国就不一样，必然会给经济决策体系的设置和经济利益体系的处理带来很大复杂性。例如一个有两三千万人口和几十个大型企业的国家，国家与企业的关系比较直接和简单；而在我国，不仅其间有不止一级的中间层次起着联系和组织的功能，并且在发达和不发达地区也有各自的特点。在那些国家，只要拆除行政藩篱，统一市场就不难形成；而在我国，在相当长时期内，可能会继续存在以大中城市为中心的某些商品的区域市场。不少同志指出，我国的改革，当前和今后的条件会变化，不同地区的环境也不同，不可能是一篇一律的，大同中会有小异。这都告诉我们，择定目标模式既要参照一般原则，包括内涵上的所有制关系重建与运行机制改造相结合、微观搞活与宏观管理相结合、计划与市场相结合、刺激与约束相结合、物品市场与要素市场相结合以及方法上的紧迫性与长期性相结合、单项与整体配套相结合、先行与后续改革相结合等，又要特别注意时空上的有序化和地区化。例如，在农村和城市、沿海和内地、发达地区和欠发达地区，目标模式就不尽相同。

择定有中国特色的社会主义经济体制模式，应当是理论与实际相结合、总结自己经验与借鉴别人范例相结合。也就是说，研究这个问题有着多种历史的和逻辑的思维线索：①以马克思主义的基本原理为指导，特别是尊重关于生产关系适合生产力性质的规律以及商品生产和商品交换的规律，运用马克思主义的立场、观点、方法来解决我国的实际问题；②总结自己的经验，包括中华人民共和国成立以来体制演变和这八年来多点试验正反两方面的经验，从中摸出规律，提高认识，继续前进；③有分析地吸收其他社会主义国家先后进行多次改革的理论和经验，其中有比较成功的和不太成功的，有基本适合我国的和不一定适合我国的；④借鉴资本主义发达国家和发展中国家进行宏观经济和微观经济管理的某些理论和具体做法（例如美国的财政金融调节、法国的计划指导、联邦德国的社会市场调节等），弃其糟粕，取其精华，特别是其中属于社会化生产和商品经济的一般规律，并非资本主义所专有，可以为我所用。从这些方面看，几年来经济体制的理论研究和实践探索，以及对外国理论和外国情况的考察、介绍和比较，是有成绩的，使我们打开了眼界，增长了知识。同时表明，现在择定经济体制改革的目标模式不仅有其紧迫感，也具备了基本条件。在此过程中，出现各种不同的观点、评价和建议是完全自然的，有助于我们的认识更加深化、更加全面、更加系统。总之，择定改革的目标模式并不是一次就能完成的决策行动，而是一个不断探索和逐渐接近真理的过程。所以，我们应当在已经达到的进展的基础上，进一步研究有关经济体制改革的种种理论，更多更好地开展实证调查，把目标模式的论证工作提高到新的水平。

二 目标模式的择定

经济体制的模式，根据对其构成要素的不同分析，有着多种多样的分类标准。这几年来介绍的经济学文献，大家已经熟悉的有好几类。例如，1976 年纽伯格和达菲在《比较经济体制》中就认为，任何经济体制都包括三个相互联系的组成部分：决策结构、信息结构和动力结构。林德贝克提出一个"多面体"：在决策上，是集中还是分散；在信息传递、资源配置和协调机制上，是通过市场还是通过行政；在财产关系上，是私有还是公有；在动力机制上，个人和公司是通过经济刺激还是通过命令来推动自己的行为；在个人之间和公司之间的关系上，是竞争性的还是非竞争性的；在整个经济体制与外部的关系上，是开放的和国际化的还是封闭的和自给自足的。对社会主义的经济体制，有的经济学家往往突出一个主要标准。例如，布鲁斯从经济决策的角度，分为基本的或主要的宏观经济决策、一般的或日常的微观经济决策、个人或家庭在劳动力分配和消费选择方面的决策三个层次；列出四种模式："军事共产主义"模式、集权模式、分权模式即含有受控制的市场机制的中央计划经济模式、"市场社会主义"模式。科尔奈则从经济协调的角度，分为行政协调和市场协调两类；前者又分为直接的行政协调（ⅠA）和间接的行政协调（ⅠB）两种，后者又分为没有宏观控制的市场协调（ⅡA）和有宏观控制的市场协调（ⅡB）两种。这些分类各有特色，相互之间也有沟通，例如集中决策往往与行政协调相配合，分散决策往往与市场协调相配合。

参考各家理论，我们把经济体制模式的构成要素分为五项，就是：①所有制结构；②经济决策结构或经济决策体系；③经济利益或经济动力体系；④经济调节体系；⑤经济组织体系。这就是所谓"五分法"。通用的"两分法"，分为微观经济基础和宏观经济运行机制，大体上前者是指所有制结构（包括公有制的内涵及其实现形式），后者包括了以调节体系为中心的其他一些方面。有些同志根据我国"七五"计划的改革设想，认为构成经济体制的主要是企业、市场和国家对经济的调控这三个基本点。这些提法并不矛盾，"三位一体"可以作为一种实施模式，其中企业属于微观经济基础，国家对经济的调控属于宏观层次，而市场则横贯于微观、宏观之间并作为二者之沟通，市场机制加国家调控大体上构成经济运行机制。根据上述五个层次的划分，我们曾经把经济体制模式分为五类。在本书中稍予调整，将其分为六类，就是：①"军事共产主义"的供给制模式；②传统的集中计划经济模式；③改良的集中计划经济模式；④间接行政控制模式（即ⅠB）；⑤计划和市场有机结合的模式；⑥"市场社会主义"模式。这一系列模式，犹如阳光通过三棱镜折射出的光谱，一端是完全排斥市场机制的"军事共产主义"，另一端是接近完全市场调节的"市场社会主义"，中间则是计划度和市场度不同形式的联系或结合。

在上述六类经济体制模式中，我们应当择定哪一种？我们认为，"军事共产主义"是某些社会主义国家在革命战争环境下出现过的经济管理体制，我国过去的经济体制中也有过相当浓厚的军事共产主义供给制因素，这是改革要克服的东西，当然不能作为改革的目标。市场社会主义模式在有的社会主义国家试行过，结果微观经济比较活跃，但宏观经济往往失控，也不适合中国改革的需要。传统的集中计划经济模式，被以苏联为代表的一些社会主义国家奉行多年，在当时背景下发挥过一定的积极作用，但是后来弊病日益显露，先后成为改革的对象。第三、第四两种，基本上是第二种的"改良""改进"或"改善"，只能作为一种过渡模式，不能作为目标模式。与社会主义经济是有计划的商品经济相适应，看来可以把上述第五种模式作为我国经济体制改革的目标模式。对这种目标模式的具体表述，过去先后提过"含有市场机制的计划经济模式"或"计划（调节）与市场（调节）有机结合的模式"。我们考虑，不如改称"在计划指导下有宏观控制的市场协调模式"或许更为确切。这种模式，不同于我国过去的传统模式，不同于其他社会主义国家在改革中已经择定的模式，与资本主义国家的经济制度更有本质上的区别。这种目标模式的基本框架，从它的构成要素及其子模式来看，可以作如下的概述。

（一）所有制结构

所有制关系是经济运行机制赖以形成的前提和基础。两者之间相互联系、相互制约。有什么样的所有制结构，有什么样的公有制内涵，就会要求和形成什么样的经济运行机制；同样，有什么样的运行机制，也会要求所有制关系与之相适应。长期以来，我们从固定的公有制尤其是全民所有制的传统观念出发，仅看到所有制对运行机制的基础作用，得出"公有制→指令性计划调节计划经济"的单向结论；现在有必要同时循着另一逻辑来反思，即"有计划的商品经济→计划调节与市场调节相结合→相应的公有制的实现方式"。其他国家的改革经验也表明，只改革运行机制而不改革所有制结构和公有制的实现方式，改革总不免是跛行的。

传统的理论把包括社会主义在内的共产主义社会，看作一个以共同占有生产资料即财产公有为基础的社会。长期以来一些社会主义国家只承认全民所有制和以全民所有制为最后归宿的集体所有制两种公有制形式。这种传统的所有制模式，导致所有制结构的单一化和两种公有制之间关系的封闭化，特别是全民所有制的国有、国营化（国家直接经营企业、政企职责不分、所有权和经营权不分），进而把国家当作一个大工厂，企业当作这个大工厂的各个车间。传统经济体制的种种弊病，大多来自传统的所有制模式，集中表现为企业的微观效率低下，宏观控制也往往失效。针对这个症结，南斯拉夫在所有制上进行改革，实行企业自治使微观效率有所提高，但宏观管理容易失控。有的国家开始把国有企业的所有权和经营权适当分开，所有制结构也出现了多元化进程，但是问题还没有完全解决。

我国原来的所有制模式，基本上沿袭苏联一套，农村实行政社合一，城市的所有制结构越来越朝单一化的国有经济方向发展，而国有企业则两权不分。这几年经过初步改革，农村变化很大，城市有所进展，出现了多种经济成分并存，国有企业正在多点试验改革。在此基础上，对所有制改革的目标模式的择定，着重在两方面。

（1）在所有制结构上，建立以社会主义公有制为主体、国有制占主导地位、多种经济成分并存、相互之间开放的多元化模式。这有几层意思：①公有制是主体，体现了坚持社会主义方向。因为只有公有制的生产关系才与不断发展的社会生产力相适应，实行私有制或"公有财产私有化"，都不能克服与社会化大生产的根本矛盾。②国有制为主导，是由于那些生产高度社会化的部门如铁路、邮电、银行、外贸等适合于这种形式，并且国家直接掌握某些关系国计民生的非竞争性部门和大型企业，有利于增强整个国民经济宏观运行的可控性。③多种经济成分并存，除了各种形式的集体所有制经济外，还有个体经济、私营经济和外资企业作为公有制的必要补充。这与社会主义初级阶段的社会生产力发展水平及其不平衡状态相适应，与有计划的商品经济的发展要求相适应，有利于发展生产、搞活流通、扩大就业、便利生活和对外开放。④相互之间开放，打破封闭，主要是允许和提倡不同的外部组织形式如各种合营企业和经济联合体，达到各种所有制的互相渗透和各种生产要素的灵活组织。至于多种经济成分的具体形式有哪些，在整个国民经济和不同部门、不同地区的比重各占多少，有待于在实践中进一步探索，不宜过早地画出框框。

（2）在公有制特别是全民所有制内部，本着所有权和经营权分开以及责、权、利统一的原则，建立多种形式的经营责任制模式。这是全民所有制经济的重新构造，目的在于增强作为经济细胞的企业活力，使它成为相对独立的商品生产经营者，自主经营、自负盈亏，具有自我改造和自我发展的功能。这在不同行业和不同规模的企业，应当有多种形式，不宜搞一律化。目前试行的租赁制、承包制（其中又有个人承包、集团承包和全体职工承包）和其他经营责任制以及各种股份制，有待于进一步开拓和总结、比较、提高。其中重要的问题是明确财产关系，形成企业的自我调控机制，克服企业的短期行为，培养企业家并调动广大职工的积极性。

（二）经济决策体系

经济决策是经济主体根据对经济过程规律性的认识，对解决经济问题的不同方案加以理性分析和经验比较，然后对自己的经济行为作出选择的程序化过程。这对经济活动的成败和效益至关重要。决策主体有三层次：国家（包括地方）、企业和个人（或家庭）。由谁进行决策，怎样分配决策权，各经济主体相互之间是什么样的权力关系，形成经济体制中的决策体系。决策权与所有权既有联系又有区别，不能等同起来。决策的动机和目的取决于经济利益，决策方式和决策过程又与调节体系相呼应。

社会主义国家传统的经济决策体系，其特征一般是：高度集中，以纵向的行政手段为依托，以指令性的强制为实现决策的主要方式。高度集中，就是集中于国家机构，国家机构的权力过大，企业和个人的权力太小。这种高度集中的决策权力在社会生产力和商品经济不发达、产业结构和经济联系较简单、经济发展的战略目标是实现以重工业为中心的工业化和增强经济实力与国防实力的条件下，可以动员经济资源，推动经济发展。但是，随着经济发展，其弊病日益暴露，表现为经济运行不活，企业和个人的积极性受到抑制。当前的趋势是：经济发展的内外联系复杂，经济运行有很大的可塑性，资源的有效利用和优化配置存在不断扩大的选择空间；经济发展由单纯追求总量扩张逐步走向更高层次的结构和质态变化,加强了决策选择的意义、作用和影响。于是,决策主体的主观能动性相应提高,其行为目标和行为方式直接制约和改变着经济过程的结果;特别是经济运行中的市场因素越来越呈显性,企业的利润动机增强,参与决策和自主决策的意识也增强。对照之下,排斥市场机制的、高度集中的决策体系存在着功能性和结构性的双重障碍,与商品经济发展的客观要求相悖。社会主义各国改革的思路大体上是把决策权的集权转向分权或集权与分权相结合的不同模式。

我国原来的经济决策体系也基本上属于高度集中的模式。过去的几次"改革",主要是在中央政府和地方政府之间的放权和收权,完全是行政性的,很少触及国家和企业的关系,没有改变企业作为国家行政机构附属物的无权状况。最近几年来,开始注意扩大企业的决策权力。作为一个目标模式,不能停留于民主集中制一类界限模糊的概念上,而要进一步明确为在国家集中必要权力前提下的企业、个人多层次、多元化的决策体系。

(1)国家集中必要的决策权,这不仅是一个大国实行宏观经济管理和调控的需要,同时也体现了以公有制为基础的社会主义本质。但是,国家决策要明确区分为两个方面:一是基于作为公有制的所有者权力的决策,二是基于政府机构权力的决策,二者不能混为一谈。前者的决策权包括:在两权分开后的选择经营者,从资产利益最大化的角度强化对经营者的约束和监督;保证资产收益,在税制改革后实行利税分流;支配资产收益,进一步转化为投资;最终处理国有资产,实现产业结构和资源配置的优化。后者的决策权主要是在全社会的规模上成为特殊的经济管理中心,以协调国民经济的运行和发展,在总体规划基础上运用各种经济政策和经济杠杆,自觉地、经常地保持宏观经济的大体均衡。这也就是政府机构的经济职能,其手段要以经济为主、法律和行政为辅,其方式要由传统的微观控制、直接控制转为宏观控制、间接控制。由于我国是一个地区之间发展很不平衡的大国,还必须重视中观层次的作用,国家决策权要在中央和地方各级（特别是省、自治区、直辖市一级）之间有适当分工，具体界限还有待进一步探索。

（2）企业决策权的建立是改革的中心环节。国有企业前一阶段从放权让利入手，至多只是一个突破。作为目标模式，必须在实行两权分开的前提下，使企业经营者自主决策本企业的日常经营活动，并承担决策的后果，包括利益和风险。在与国家的决策关系上，主要包括五个方面：领导人的产生，短期的投入产出，长期的投入产出，企业内部的分配，产品和生产要素的定价。在企业领导人即经营者产生的方式（如任命、招聘、选举等）上，国家作为所有者自应过问，其他各个方面的决策权宜交给企业自理，并与外部环境结合起来，使企业真正成为市场的主体。

（3）个人的决策权，包括四个方面：一是作为生产过程参与主体的劳动者，应有流动择业的决策权；二是作为公共财产所有权的分享者，应有参与管理、分享决策之权；三是作为消费者，应有完全自主选择消费品的决策权；四是作为商品货币关系的承担者，应有自主处理个人所有商品货币财产的决策权。扩大个人决策的自由度，将使原来缺乏个性的归属型的个人，逐步成为马克思所预期的联合体中的"自由人"。

（三）经济利益体系

任何社会生产都是为了实现一定的经济利益，这是一切经济活动的起点和终点。经济体制中的各种经济关系，归根结底，也不外是直接的经济利益关系或间接地与经济利益相联系的关系。因此，经济利益体系，就是经济体制中的动力体系。只有建立合理的经济利益体系，整个经济才能富有活力和生机。决策体系和调节体系，很多方面以利益体系为基础。社会主义经济利益体系的特征是，在公有制基础上奠定了全体人民在根本利益上的一致性。但是，只看到这一点是不够的，必须同时承认存在着多元利益主体。过去，我们根据利益主体在经济生活中的地位，划分为国家、集体（企业）、个人三个层次，这是分析经济利益体系的基本线索。但是，只看到这一点是不够的，还必须作深入一步的分析。例如国家的利益，按其职、权，分散在各部门和各地区，这些部门和地区享有各不相同的利益；集体的利益，分别不同所有制，形成不同的经济利益群体，内部通行不同的利益原则；个人的利益，由于职业、能力和环境的差异，同样在利益关系上有差别。此外，还有工农、城乡和地区之间的利益差别。这些利益主体或群体之间，有矛盾，有冲突。处理好这些利益关系，正是改革经济利益体系的任务。

我国传统的经济利益体系强调根本利益的一致性，但对差别利益分析不够，承认不够，其弊病是缺乏利益刺激，片面依赖政治动员和思想动力，于是扭曲了利益结构，重视国家利益而轻视企业和个人利益，并且缺乏利益约束，由此带来"数量驱动"、"投资饥渴"、企业亏损和职工的"铁饭碗"。同时，利益界限也模糊，即所谓两个"大锅饭"和几个"一个样"（干多干少一个样，干好干坏一个样，干与不干一个样），严重挫伤了人们的积极性。初步改革以来，促进了多元利益主体的独立化，如中央对地方实行"分灶吃饭"，国家对企业着手解决财产关系和分配关系；形成了双轨制的利益体系，也就是利益来源和利益形式的多样化，利益分配除通过计划外更多的是通过市场；于是，开始出现利益结构的新格局，企业和个人可以支配的收入在国民收入中所占比重不断提高。但是，还存在许多障碍和偏差，表现为利益刚性或利益攀比影响利益调整；利益刺激加强而利益约束仍然乏力；追求近期利益而忽视长期利益，重视个别利益而丢掉公共利益；在一部分人、一部分企业和一部分地区先富起来时，如何保证收入差距拉开的合理化，消除不合理的收入差距及其带来的社会不安定等问题也没有解决好。

择定经济利益体系的目标模式，是要建立一个具有多层次经济利益的主体，既有合理的利益刺激，能够调动各个经济行为主体的积极性，又有必要的利益约束和利益协调，使国家、集体和个人三者以及其中不同层次、不同群体的利益能够得到完整的实现，从而促进国民经济有活力地稳定运行。这样的经济利益体系，以发展有计划的商品经济为出发点，以按劳分配为主要原则，在一定范围内允许非按劳分配形式和机制的存在，以处理好公平和效率的关系。

（1）利益主体的多元化。从纵向看，由各级政府代表一定范围的、超越集体和个人利益之上的国家利益，并在根本利益一致的前提下承认企业和个人的差别利益；从横向看，社会分工、脑体分工和工农差别、城乡差别的存在，形成更细密的利益主体和利益群体。对这些利益主体，要有明确界定，并得到法律保护，建立相互尊重经济利益的社会通则。

（2）利益来源的多样化。这是实现经济利益体系均衡运行的条件，也是保证利益刺激强劲有力、利益约束严格紧密的需要。构成利益来源的主渠道有两个：一是劳动；二是资产。以公有制为基础，劳动是谋生和取得利益的基本手段，要切实贯彻按劳分配原则，鼓励多劳多得。同时，也要允许国家、集体和个人凭借自己拥有的资产和资金而获得一定的收益，以促进社会资产的积累和充分使用。此外，经营者的收入一部分是经营管理复杂劳动的收入，属于按劳分配范畴，另一部分是风险收入、机会收入，虽不属按劳分配范畴，也应允许存在，以鼓励造就企业家人才队伍。对按劳分配收入特别是对非按劳分配收入带来的收入差距，要通过税收等经济手段进行适当调节。

（3）利益形式的货币化。这既有利于准确界定不同利益主体之间的利益关系，并保证其可测性，也有利于经济利益的存量调整和增量分配。传统体制中以实物形式表现的经济利益，如住房、公共服务、特需供应等，应当逐步取消。此外，人们的利益和动力并不仅限于物质刺激，还有精神鼓励，应当加强这方面的工作并予以改进。

（四）经济调节体系

所谓经济调节，是指这样一种经济运行的过程，即按照社会需要的构成及其变化，通过一定的方式和手段，将社会资源（人、财、物等生产要素）按比例地配置在各种产品和劳务的生产、流通和消费上，实现国民经济长期、持续、协调地稳定发展和人民物质、文化生活的逐步改善。这也是通过对人们经济利益的调整来实现社会资源的合理配置。把经济调节看作只是由国家来决定资源分配是不完整的，它还包括各个经济主体的行为在内。所谓经济调节体系，一般是指由经济计划、调节机制、经济杠杆和经济政策、经济法规、经济信息等组成的完整体系。它决定经济运行的基本规则，是整个经济体制的核心，往往代表经济体制的特征和模式。调节机制，主要是计划机制和市场机制，分别反映计划和市场的各自运行规律。经济调节属于宏观经济活动，又与微观经济活动密切相关（后者也可叫作微观调节）。经济调节模式决定于所有制关系及其结构，生产和交换的社会形式，以及生产社会化的程度和经济发展战略模式。

社会主义国家的传统调节模式是以指令性计划为主的高度集中的计划经济模式，基本上排斥市场机制的作用。后来的改良或改革，都是不同程度地引入市场机制，开始向市场倾斜。我国原来的经济调节体系也是这样，资源分配的权力集中于国家，企业和劳动者只是被调节的对象；调节方式主要是行政性的指令性计划，特别是直接安排产值产量、物资调拨和固定价格，作为调节主体的各级政府，其职责、权力和利益相互脱节；信息也按纵向系统传递，集中到中央一级处理，难免失真。这种体制模式适合于传统外延型、数量型的经济发展战略，随着经济发展，越来越显示其弊病，表现为社会供求总量的周期性失衡，产业结构的畸形化，特别是社会资源的产出率低。改革以来，在原来计划调节的旁边逐渐生出并扩大了市场调节的一块。目前处于双重体制即两种调节机制并存且开始向两者有机结合过渡的阶段。整个经济运行比过去活了一些，但是企业内在活力不大，并出现不少摩擦。

经济调节体系的目标模式是经济运行机制从而是整个经济体制目标模式的代表，也可以叫作有计划指导和宏观控制的市场调节（协调）体系。其特征是：国家的宏观总体调节和分层次调节相结合，外部调节和经济实体的自我调节相结合，自上而下的纵向调节和横向调节相结合，以经济杠杆为主并辅以必要的行政手段。

（1）指导性计划是经济调节的主要依据。有人主张实行完全自由放任的市场调节，这不符合社会主义经济的基本特征和宏观经济管理的实际需要。但是，坚持经济调节的计划性绝不是保持指令性计划为主或仅予以修修补补，而是实行以指导性计划为主的计划体制。指导性计划是宏观管理的主要依据，是对经济发展和经济活动的战略性规划。它的任务是通过间接控制，形成一个稳定发展的经济环境，为企业活动创造有利的客观条件。它以企业的相对独立商品生产经营者的地位为前提，对企业没有强制的约束力，但要起到积极的引导作用。它以市场的需求和变化为准则，而不是依靠上级领导人的拍板。它的实施主要靠运用各种经济杠杆，并辅以必要的法律、行政手段。

（2）市场机制是商品经济运行的内在要求。以发展有计划的商品经济为总目标，必须在计划指导下充分发挥市场机制的作用。也可以说，在商品经济条件下，经济运行的内在机制主要是市场机制。因为在商品经济条件下，生产是商品生产，交换是商品交换；不仅物质产品是商品，生产要素也是商品或具有不同程度的商品属性。社会必要劳动时间只有通过市场机制的调节，社会总劳动的分配才能形成。随着市场体系的发育，市场机制的调节在广度、深度上都将进一步拓展。但这不是完全自发的市场调节，而是在计划指导下有宏观控制的市场调节，从而区别于资本主义的"市场经济"。

（3）指令性计划将逐步缩小而只在必要的场合予以保留。把指导性计划作为计划体制改革的目标模式，并在调节机制的运用中充分发挥市场机制的调节作用，不等于在可以预见的未来能够完全取消指令性计划。这不仅是由于市场发育的程度所制约，更是由于在生产社会化的较高层次和某些长期资源配置环节，采取有限的指令性计划，与市场机制相配合，有利于解决整体利益和差别利益、长期利益和短期利益的矛盾，节约和合理地分配稀缺资源，防止过度竞争，并降低全社会的交易费用。现在的设想是，国家仍旧要掌握部分财力，直接投资于基础设施、基础工业和新兴产业以及非营利性事业；必要时仍旧要掌握少数重要物资，或通过强制性的合同订货，以保证重点生产建设的需要。

（4）运用各种经济杠杆进行间接控制。调节体系的改革，总的方向是由对企业的直接控制为主转向以间接控制为主，也就是靠运用各种经济杠杆和经济政策来进行宏观经济管理和调节。①价格杠杆，这是最重要的调节机制，拟以有控制的市场价格为主要形式，而不是以计划固定价、完全自由价为目标；②税收杠杆，要改单一税制为复合税制，拟实行以经过改革的流转税类和逐步开征的所得税类并重的新模式，并实行税利分流，考虑国有企业资产收益的上缴不纳入经常性财政预算；③信贷杠杆，其作用将越来越重要，特别是运用利率来调节资金供需和货币供应量，并在投资体制上坚持以银行贷款替代财政拨款（新建除外），达到控制投资需求和提高投资效果的目的；④汇率杠杆，要改变目前汇率僵化的状况，逐步实行有管理的浮动汇率，而不是与自由兑换外汇相配合的自由浮动汇率；⑤工资杠杆，直接关系亿万劳动者的经济利益及其积极性，要真正做到按劳分配，建立有控制的市场竞争差别性工资，并与改革劳动体制、开辟劳动力市场相结合。这些经济杠杆要相互协调，注意综合运用。

（五）经济组织体系

经济组织体系是经济体制的骨架，是经济运行的组织形式和组织保证。国民经济是一个多层次、多要素、多单元的大系统，由成千上万个生产、流通、服务等企业所组成。这些企业分为不同的部门和行业，分布于不同的地区，相互之间发生着千丝万缕的联系。随着生产社会化和经济商品化、货币化的发展，分工越来越细，单位越来越多，联系越来越频繁。这些单位形成什么样的组织体系，既有它的技术、经济尤其是商品关系的内容，在社会主义制度下，又有政府机构管理和服务于经济的职能的要求。经济体制的各方面都要有相应的组织形式，以规范单位之间的相互行为，进而组织经济运行。合理的组织体系，在微观上保证企业的活力及其行为的合理化，在宏观上保证各行业、各地区和整个经济协调、高效的运行。

我国传统的经济组织体系，反映国家管理经济的双重职能混一，其特征是政企职责不分，其广度、深度和可控度都非资本主义经济所能比拟。这实际上是把国家作为至高无上的、唯一的经济主体，使企业的主体特征消失。其结果，不仅束缚了企业的活力，并且造成条条块块分割，导致企业的组织极其松散，国家和企业之间的中间组织很不发达，部门和地区之间的横向联系发生障碍，这也是经济运行效率低下的一个重要原因。过去的几次"改革"，只在原有的政府组织体系内对权力进行调整，始终没有解决政企职责不分的问题，也始终难以形成符合商品经济发展要求的新框架。

经济组织体系的改革，目标模式是彻底分清政企之间的职责，彻底消除条块之间的分割，发展以企业为主体的专业化协作组织，并以此为基础，建立国家和企业之间的各种中间组织，建立行业组织和以城市为中心的经济区组织，进而明确国家的经济职能，形成一个合纵连横、以横向联系为主的有机网络，以适应社会化大生产和商品经济逐步发展的要求。实行这个转换，关键在于调整国家的经济职能，把一部分不该管的事交给企业、交给社会，并防止企业组织的行政化和出现新的行政性条块。

（1）企业组织的专业化、联合化、群体化。原来的企业附属于条块，组织极其松散，各自为政，搞"小而全""大而全"。在打破横向联系的障碍后，企业就能逐步走向专业化、联合化、群体化（即集团化），从松散到紧密，形成多种多样的形式。这样做的好处，不仅可以取得规模经济效益，而且可以使商品关系由外部转向内部化，从而节省交易费用。

（2）中间组织的重建和更新。在国家和企业之间需要系统的中间组织，主要是商业、金融业等商品和货币的流通组织，信息、保险等为生产、流通服务的组织，以及科技、教育、文化、卫生和其他社会组织。在排斥商品货币关系的传统体制下，这些组织很不发达，特别是流通组织单一化、服务组织残缺化，迫使企业办社会。随着市场机制的发育，要求重建和更新中间组织，促使其大量成长，走向社会化、专业化和规范化。这是社会分工深化的必然趋势。

（3）改进部门管理，加强行业管理。原来的行政性部门管理，各成系统，缺乏对全行业的统筹兼顾，不能组织部门之间的相互协作，纠缠于一事一议和讨价还价等琐碎事务。改革之道在于打破部门封锁，废除隶属关系，变管企业为管行业，着重于全行业的统筹、协调、服务、监督和政策控制。同时，需要有行业协会一类自下而上的、实行民主管理的社会性经济组织，管理各行业的公共事务，并作为企业和政府之间的桥梁。

（4）建立以城市为中心的区域性组织。城市本来是以流通为主的经济中心，在条块分割后，其功能日益萎缩。市场机制的发展促进了城市的新生，要在调整地方政府职能的基础上，更充分地发挥中心城市的作用。当前的困难是地方政府习惯于按照传统的行政观念来组织城市经济，不少地方热衷于计划单列和行政升级，形成新的块块或"省中之省"。突破这个障碍，将促进整个经济组织体系的改观。

（5）政府机构的经济职能和组成形式。推动以上改革进程，必须同步实行政府机构经济职能的转换，即以宏观为主、战略为主、协调为主、服务为主。与此相应，要大力精简专业主管部门，充实综合、调节和监督部门，建立国有资产管理组织，并提高工作效率，提高服务质量，大量节省行政开支，真正成为一个精干、高效、廉洁的人民政府。

上面提出构成经济体制五个要素的改革目标不是彼此孤立的，而是相互联系的，结合为一个有机的运行机体。其中，经济决策体系和调节体系决定经济运行中的资源配置，也就是人力、物力、财力都通过分层次的决策，依靠计划和市场机制进行配置；经济利益体系决定经济运行中的动力，每个层次的决策主体的行为都受其谋求的利益所支配，各种调节机制都要以利益为动力而运行；经济组织体系既反映决策体系的结构形式，又是经济调节机制赖以发挥作用的载体。这是一个方面。另一个方面则以所有制结构为微观基础。经济体制的改革就是沿着微观基础的再造和运行机制的转换两条线索并行地推进。企业、市场和国家调控的"三位一体"，或者表述为"国家调节市场、市场引导企业"的模式，同样包括了宏观运行和微观基础两个方面，其特色是把市场作为两者的联结部，把有计划的商品经济的基本轮廓描绘出来了，使人印象鲜明、容易理解。

三　双重体制的由来及其向目标模式的转换

经济体制改革，就是从旧体制模式向新体制模式的转换。在目标模式择定后，如何转换，有一个具体的道路和方式问题。我国在改革中，出现了新旧体制并存的双重体制。开始是不自觉的，后来逐步认识到这是改革进程中不能避免的，并且这种过渡模式也具有中国的特色。研究双重体制的由来，其矛盾、摩擦以及向目标模式转换的条件和步骤，成为我国经济体制改革中具有重大理论意义和实际意义的课题。

（一）双重体制的由来和表现

体制模式的转换，要不要经过双重体制阶段，过去外国的经济学家多数持否定态度。他们的主要理由是新旧体制并存必然同时存在两种互相抵触的运行机制，有如同时存在两种不同的交通规则，让一部分汽车靠左行驶，另一部分汽车靠右行驶，势必造成混乱。其实，双重体制的出现与否，取决于改革实行一步走还是分步走，即采取"一揽子"方式还是渐进方式。采取"一揽子"的改革方式，旧体制向新体制转换的过程短暂，旦夕之间除旧布新，无所谓双重体制。采取渐进的改革方式，新旧交替有个较长过程；在此期间，新的方生，旧的未灭，两种体制同时存在。但从世界各国的改革实践看，两种方式的选择并不自由：一方面，过去一些国家在着手进行改革时，倾向于"一揽子"解决，而实际上并不能一步到位，往往旷日持久，花去十几年或更多时间，还未实现新旧体制的完全替换；另一方面，也缺乏有意识地通过双重体制逐步实现转换的成功事例，有的国家一旦碰到新旧体制并存的矛盾，往往见难而退，又回到旧体制的轨道上去。这有不少经验可以总结。

与这些国家比，我国在改革之初就提出"摸着石头过河"，即走一步、看一步的渐进方式，也就是选择通过双重体制的道路，不能不说是开创了一个先例。这种双重体制，几乎表现在整个体制的一切方面，从企业体制、市场体制直至国家管理体制，无一例外。企业有了逐步扩大的一部分经营自主权，但是仍未摆脱条条块块的各种行政干预，因此不得不一只眼睛盯住市场，另一只眼睛盯住上级。国家开始打破原来靠无所不包的指令性计划直接控制企业活动的做法，但又不能真正做到以间接控制为主，因此不得不时而用行政手段，时而搞市场协调。在商品和生产要素的运动上也是如此，特别是生产资料，一部分继续由国家以计划进行调拨，另一部分则在企业、地区之间自行协作进而通过生产资料市场交换。农副产品的购销渠道和价格形成也相类似。由于渠道不同，价格也不相同：一种是固定的计划价，一种是浮动的市场价，于是，双重价格的并存成为双重体制的一个突出标志。此外，在投资上，同样是一部分继续由国家财政无偿拨给，另一部分由地方、企业自筹，还有银行贷款和通过金融市场筹集。这种双重体制，从生产、流通到投资，范围越来越广泛，形式越来越多样，造成企业行为的双重化和国家宏观控制行为的双重化。这已经不限于原来所说的双重体制主要是指一部分企业实行新体制、另一部分企业实行旧体制，而是深入各个企业的内部，同一企业有一部分产供销活动按新体制原则运行，另有一部分活动按旧体制原则运行，并且相互交织，有时不能明确地划分了。

我国的经济改革为什么会出现双重体制的格局？这既有客观的必然性，又有主观的决策因素。我国体制模式的转换不可能采取"一揽子"的方式，必须逐步推进，是基于下述原因。

（1）原有的生产力水平较低，商品货币关系不发达，经济上存在二元结构，科学文化也较落后，改革的障碍多、难度大，不可能一蹴而就。

（2）原来的经济体制不仅是高度集中的计划经济，而且带有较多自然经济的供给制因素，起点很低，而改革的目标较高、跨度很大，同样需要一个较长的过程。

（3）作为一个大国，地区发展很不平衡，城乡差别也大，认识的统一、人才的培养和经验的积累都比一般小国需要更久的准备，很难从旧模式一步地、同步地转换到新模式。

（4）总结自己和别人的经验，改革是一项大工程，关系经济发展战略的转换、经济环境的治理、经济结构的改造和企业机制、国家职能的重建，采取渐进方式是有利的、可行的。西方有些观察家还认为，中国在政治上的承受能力比较强，不同于其他国家，能够容忍双重体制的摩擦。至于有人把双重体制的出现视为主观失策的结果，起码是一种误解。

（二）双重体制在改革中的积极作用

采取渐进方式，允许在改革过程中存在双重体制，这对改革不是消极的，而是有它多方面的积极作用的。

（1）有利于使改革及时起步。万事开头难。如果采取"一揽子"方式，必须经过充分准备，包括拟定改革的总体设想和全面规划。根据我国的复杂情况和人们把握问题的局限性，这是不容易做到的。勉强去做，往往要花很多时间，或者仓促上阵、考虑不周，都会推迟改革的起步或走上弯路、影响进度。现在分步走，在继续保持原有体制的同时，首先找准几个突破口，使新体制由点到面地逐步展开，就能使改革很快启动，打开局面。最早是农村开始改革，接着是城市进行试点，虽然双重体制并存，但终于顺利地破了题。

（2）有利于缓和改革的震荡。改革必须涉及人们之间经济利益关系的变动，采取一步走的办法，利益关系的变动过于剧烈，会引起社会的震荡，增加改革的阻力。采取渐进方式，就是在基本维持原有利益结构的基础上进行分步走的调整，可以化大震为小震，积小胜为大胜，并取得绝大多数人的拥护。例如价格改革，如果不分步走，必然超过国家和群众的承受能力；改变国家和企业的关系，在利改税等措施上分两步或三步走，既使财政收入有可靠来源，又使企业留利能不断增长。

（3）有利于持续稳定地发展生产，增加供给。涉及生产关系和上层建筑很多方面的经济改革，历来是一场深刻的革命，搞得不好，对当前生产会有不利影响，这在各国不乏先例。采取分步走的办法，能够做到建设、改革两不误。我们看到，尽管双重体制将带来一些摩擦，但是通过渐进方式，可以把摩擦控制在一定范围内。例如逐步缩小指令性计划和固定价格的范围，实际上是把计划调节的一大块稳住；同时，逐步扩大计划外空间，使市场机制逐步发育，逐步扩大其作用范围。这几年煤的增产很快，目前非统配煤矿的产量已经占很大比重，证明了改革对供给的促进是很明显的。

（4）有利于不断积累经验，造就改革人才。在我们这样发展中的大国进行改革，缺乏现成经验，特别是缺乏人才，难度是不小的。要求一步到位，即使做了缜密安排，仍旧要冒较大风险。采取渐进方式，可以在实践中不断总结经验，对新旧体制及其运行规则进行比较，从而摸索两者之间的衔接和转换途径，把风险降到最低限度。在此过程中，干部和群众可以理解和熟悉改革，特别是新老干部可以更新观念，掌握规律，涌现包括大批企业家在内的改革人才，保证改革的善始善终。

渐进方式的上述好处，表明双重体制是有其积极作用的。对巨大变革采取逐步前进的方式，是适应经济主体利益格局的有效调整的，是适应宏观管理机制体系的有效运行的。这是我们择定目标模式及其实施道路的战略依据。有时人们议论较多的似乎仅是双重体制的弊病或它的消极方面，这是不完整的，也是不公平的。

（三）双重体制的摩擦及其进一步转换的必要性

当然，我们也必须同时看到，双重体制的并存导致微观决策行为双重化和宏观控制行为的双重化，给经济生活带来一系列的摩擦。正如《关于第七个五年计划的报告》中指出的："改革必然是一个渐进的过程。在这个过程中，两种体制同时并存，交互发生作用，新体制的因素在经济运行中日益增多，但还不能立即全都代替旧体制，旧体制的相当部分还不能不在一定的时间内继续存在和运用。这就决定了改革中不可避免地会出现种种问题和矛盾复杂纷呈的局面。"① 这种摩擦，主要有以下一些。

（1）新旧体制交替过程中，常会在两种运行机制之间出现某些真空地带或漏洞。旧体制的破除和新体制的建立，纵横关系极其复杂，容易由于衔接不够如未立先破或破多立少、破快立慢而造成脱节，特别表现在宏观管理和微观活动之间的若干矛盾和混乱。1984年第四季度出现的几个"失控"，相当程度上是由于在微观活力有所增强但还未真正搞活并且自我调控机制还未形成的情况下，国家对企业的直接控制弱化了，间接控制系统还未成形，以致投资膨胀和消费膨胀变本加厉，造成了又一次比例失调，不得不重新加强行政性的干预。又如生产要素市场初步出现，而各种生产资料、资金和劳动力等市场发育不齐，互不对称，各项经济参数尚不健全，也妨碍其进一步成长。又如某些单项改革的试验似乎可行，综合而观则难奏效，其原因往往是具体步骤的欠协调。

（2）市场信号的多元化，导致机会不均和不合理竞争。一物多价，虽有特定的对象和渠道，但是很难建立相互隔绝的屏障，造成信号混乱，带来不良后果。不少企业在投入上追求低价的计划调拨，在产出上热衷高价的自由销售，于是自觉或不自觉地冲击着国家计划。企业之间经营效果的比较，不仅取决于经营效率，更取决于不同价格，使产值、利润等考核失真，有时则是"鞭打快牛"。与此相应，某些个人、企业甚至地方就钻双重体制和双重价格的空子，使集体的或个别的投机倒把、贪污盗窃和行贿诈骗、走私贩私等犯罪

---

① 《关于第七个五年计划的报告》，人民出版社1986年版，第41页。

活动和不正之风滋长。这些不仅严重地妨碍着市场机制的健康成长和计划机制的正常实施，并且形成不合理的收益悬殊，造成社会生活中的某些不满和不安。

（3）运行规则不稳定，使企业行为进而各级宏观控制行为无法杜绝短期化倾向。双重体制是一种不稳定的暂行体制，在摸索前进中不免有反复和改进。一方面，这种时序上的信号多变，使企业的发展战略难以明确，不得不着眼当前，企业行为不免趋于短期化。另一方面，为了保持原来的利益格局，在远景目标不透明的情况下，地方政府甚至国家的宏观控制行为也出现短期化的决策倾向。实行对职工的奖金刺激和对企业的定期承包，都含有类似的痕迹。其结果，则是影响产业结构和资源配置的合理化，刺激了一些小规模、低效率企业的盲目发展、高成本生产和社会性浪费。

此外，双重体制的摩擦还带来一些观念冲突。改革是一场广泛、深刻的革命，是对传统思想、习惯势力和既得利益的冲击，本来要有一个逐步理解和适应的过程。在双重体制并存的情况下，部分人士对其复杂性认识不足，面对种种摩擦，有的会产生怀疑、惊慌甚至直觉地滋长抵触情绪。

面对双重体制并存的现状，怎么办？现在大体上有四种主张可供选择：一是回到原有体制，待条件成熟后，再进行"一揽子"的改革；二是维持现状，甚至把双重体制当作目标模式，采取某些措施来缓解其中的矛盾和摩擦；三是尽快从双重体制中跳出来，迅速向以间接控制为主的新体制过渡；四是明确双重体制是向目标模式转换的必由之路，努力创造条件，争取早日转入新体制的轨道。看来，走回头路是不行的，满足于现状是不彻底的，立即达到目标模式是不现实的。唯一的对策是在明确双重体制只是过渡模式的前提下，认清当前的摩擦根源主要来自旧体制的惯性、黏性和新体制缺乏配套等不成熟性，于是树立一个信念：改革中出现的矛盾，必须通过进一步的改革来解决，千万不能见难而退或因噎废食。"每向狂澜观不足，正如有本出无穷。"改革是历史潮流，车轮既已发轫，就一定要把它推向前进!

（四） 对现阶段转换进程的估量

我国经济体制的改革，从农村算起，已有八年多了。这八年多的初步改革是从单一的传统体制向双重体制转换、逐步进入双重体制对峙的过程。对于八年多来改革取得的成绩和存在的问题，各方面的估量不尽一致，有的对改革的进展比较乐观，有的则把改革中遇到的困难、问题看得比较严重。我们认为，成绩必须充分肯定，问题也应给予正视。

改革的成绩表现在，我国改革起步虽比一些东欧国家晚了许多年，但是进展不慢，在某些方面赶上了它们一二十年的历程。经过八年多的改革，中国经济体制的格局发生了以下显著变化：①随着所有制结构的调整和国家对企业放权让利，企业的地位在改变，活力在增强。企业有了程度不等的经营自主权，其经营意识、竞争观念和开拓精神都比过去大大增强了。②随着国家指令性计划和统一分配物资、统一制定价格范围的缩小，市场机制开始发挥重要作用，国家对经济的管理开始从直接控制为主逐渐向间接控制为主过渡。③在收入分配领域，随着各项搞活企业和调动职工积极性的改革措施的出台，国家、企业、职工三者的分配关系和经济建设资金渠道发生了新的变化。国民收入中国家财政收入所占份额下降，企业与职工所得份额上升；在投向生产和流通的资金总额中由国家财政无偿供给渠道解决的部分所占比重下降，而由银行信贷有偿供给渠道解决的部分所占比重上升。④随着对内、对外开放政策的实施，我国过去的封闭型经济开始向开放型经济转变。横向联系的发展有力地冲击着国内经济中的部门分割和地方分割。以沿海为前沿的开放地带的形成为吸收外资和引进先进技术提供了越来越适宜的环境。改革中取得的这些进展对中国经济的发展已经产生了积极影响并将继续产生越来越大的影响。

在回顾中国经济体制改革几年来取得的成就的同时，不能不看到，以城市为重点的全面体制改革，现在仍然处在初始阶段，新的经济机制还远远没有完整地建立起来，旧的经济机制的作用也远远没有退出历史舞台。虽然农村经济和非国有经济成分的改革，在决策权力的分散化、调节机制的市场化，以及在破除平均主义的分配制度等方面，有了比较大的进展，但是，城市经济和国有经济成分的改革，仍然是初步的、探索性的，旧的模式还不能说已经发生根本性的变化。总的说来，几年来改革中存在的问题主要体现在以下两个方面：①传统模式中经济效益普遍低下的症结还没有解开。这当然有传统的经济发展战略尚未根本转换的原因，但是传统体制模式尚未转换过来也是一个重要原因。在农村，农户内部的经济体制基本上理顺了，而外部环境并不稳定，特别是农副产品的价格不断变动，比价不尽合理，近年来"剪刀差"又有所扩大，影响农民投入的积极性，影响农业规模经济效益的形成和提高。在城市，企业体制改革也不平衡，在国民经济中举足轻重的全民所有制大中型企业的责、权、利关系不统一，自负盈亏未实现，企业内部关系也没有理顺，使企业和职工的积极性不能充分发挥，各个经济主体的行为仍然短期化，走上与提高经济效益相悖的歧路。②搞活企业和改善经济运行机制之间的关系问题也没有解决好。企业比过去活了一些，但是没有真正活起来。经济运行机制有所改善，但是价格体系仍有扭曲，利率、税率、汇率等仍然固定化，市场体系仍旧很不完备。这就带来三种后果：一是企业还缺乏自我发展的意识和自我调控的能力，难以对市场信号和间接的宏观调控作出正确的反应；二是企业赖以施展其活力的市场化环境还没有形成，市场信号还难以及时正确地提供；三是宏观经济管理还难以主要用间接调控手段取代直接行政手段，因而当宏观经济失控时，往往还要较多地采用甚至强化直接的行政控制手段，这很容易发生"一刀切"的毛病，影响经济的正常运转。

以上所述改革中的进程和问题，反映了体制模式转换的进度。可以讲，模式转换已经跨出了一大步，例如在计划和市场的关系上，已从改革前"大一统"的计划调节渐次发展到计划调节与市场调节板块结合，又从板块结合渐次发展到有所渗透，开始离开传统模式；但同计划与市场有机结合的目标模式相比，还有很大差距。从改革的长河看，现在还只是开了头，绝不是过了头。进一步推动模式转换，始终是改革的基本方向和基本线索。

至于双重体制向目标模式转换的途径，有过各种意见，其中之一是"突破论"，即以某一单项改革为重点，推动全面改革的深化。这个单项，有人认为是价格，有人认为是所有制，有人认为是计划体制，有人认为是横向联系，众说不同。我们认为，从长远看，不仅要抓住重点，还要注意配套，主要是处理好企业、市场和宏观管理这个"三位一体"的关系。具体地说，也就是微观构造和宏观调控、产权规范和市场发育、参数变革和组织理顺的关系。

（五）模式转换的中心环节：增强企业活力

增强企业活力始终是整个改革的中心环节，这是由企业作为经济细胞即基本的生产、流通单元的客观地位所决定的。整个经济的运行，以企业为微观基础；在市场体系结构中，企业是市场的主体。改革的目标是为了建立一个充满生机和活力的新体制，而搞活经济和搞活市场，都必须以搞活企业为前提。当前改革的难点，正在于虽然集体企业、个体企业和小型企业比过去活了一些，但是占产值、利税和财政收入绝大比重的大中型全民所有制企业还没有明显地活起来。随着经济运行机制的转轨，企业对宏观调节信号（包括价格信号和非价格信号）还不能及时做出正常反应；相反，企业行为的不合理性还有进一步恶化的趋势。其实，农村也出现了类似情况，表现为农户的投资意识不旺、生产后劲不足。这个问题不解决，即使市场体系逐步发育、宏观管理逐步改善，企业内藏的巨大潜力仍旧不能释放，整个经济仍旧不能高效运行。因此，进一步改革企业体制即重新构造微观基础的任务，被摆上深化改革的重要议事日程。

微观基础的改革和企业活力的增强，有两条主线：一条是所有制结构的调整；另一条是公有制尤其是全民所有制企业所有权内涵或其具体实现形式的变革。所有制结构调整的方向比较清楚，全民所有制企业机制改革的问题似乎复杂得多。

　　我国的全民经济长期处于集中化、实物化、封闭化的大环境里，现在要逐步把它推向市场，困难很多。这几年的改革，先后经历若干阶段，首先是扩大企业自主权，实行利润留成制度；其次是推行盈亏包干责任制；然后是进行第一步和第二步的利改税。总的说来，这几步改革没有越出扩权让利的框框，也没有真正唤醒企业内在的活力，而只是适当调整国家和企业之间的权和利的关系，因为它未能有效地建立企业的自我调控机制。在总结经验后，人们逐渐认识到，改革企业体制和增强企业活力的方向应当是实行所有权和经营权的适当分离，在责、权、利统一的基础上，首先应解决企业的经营机制问题。对此问题，又有两种不同思路：一是着眼于解决经济利益或收益分配关系，二是着重于解决财产关系。看来两者不可偏废，而要结合起来。利益是动力之源、活力之本。但是，如果解决利益关系仅限于减税让利，而利益的分配又缺乏内在的经济准则和规范，那就会只有利益，没有约束，不能根治投资膨胀的痼疾和消费膨胀的新病。以解决利益关系为起点，沿着产权关系明确化和财产约束或预算约束硬化的方向前进，或许可以在实行多种形式的两权分离的试验中探索出一条新路。我们相信，全民所有制企业的"猜想"是可解的，它的优越性将充分发挥出来，任何把全民财产无偿地转为集体所有或者实行私有化的主张都是不符合中国改革的社会主义性质的，因而也是不能接受的。

　　（六）模式转换的枢纽：完善市场体系

　　微观上放开、放活，宏观上管住、管好，这个概念在改革开始不久就提出来了，当时的困惑在于没有找到两者之间的联系点或接合部。在确认社会主义经济是有计划的商品经济后，人们逐渐认识到，这个接合部就是市场。以后，又出现了"国家调节市场，市场引导企业"的提法，也反映了市场是宏观、微观结合的枢纽。离开市场，微观经济活不起来，宏观经济也管不起来。企业作为相对独立的商品生产经营者，它与市场的关系是鱼和水、演员和舞台的关系。宏观管理作为乐队的指挥，同样要面对这个大舞台和成群的演员。

把商品从只限于消费品扩大到各种生产要素，把市场从只限于消费品和农业生产资料市场扩大到一切生产资料以及资金、劳动力和技术、信息、房地产市场等，是我国这次体制改革的重大突破。于是而有市场体系的目标模式，就是不仅要使商品市场或物品市场渐趋完善，并且要使其他生产要素市场从被禁锢到开放、从不发达到逐步发达起来。当然，在公有制基础上，各种生产要素市场有其特殊性，例如劳动力的商品属性和市场形成是否要有一定限制，土地、自然资源的商品化究竟达到什么程度，都有待进一步的理论研讨。

由于主客观的原因，我国原来的市场很不发达，完善市场体系要有一个长过程。这几年市场的开拓和孕育、发展，并不平衡。消费品市场大体放开，少数基本生活资料和供不应求商品还有限量或凭证、凭券购买，地区之间也还有或明或暗的封锁。生产资料市场有了扩大，某些重要物资的市场交易部分相对计划调拨部分的比例不断提高。拆借、贴现等短期资金市场已经出现，长期资金市场即直接的投资市场或债券、股票市场略有表现。劳动力的自由流动在农村、城乡之间和少数行业、地区之间稍有松动，但成为合法的市场还有不少问题。技术市场初呈星火之势，未达燎原之盛。住宅商品化，还在试点和起始阶段。与此相应，有关的市场机制也很不健全。这都说明，完善市场体系和健全市场机制还要付出极大努力。大家已经看到，这项枢纽关系宏观、微观两头，在双重体制向目标模式转换中的位置越来越重要。只有市场体系完善之日，才是目标模式实现之时。

（七）模式转换的归宿：国家的经济管理由以直接控制为主转向以间接控制为主

在模式转换中，强调增强企业活力和完善市场体系的重要性，绝不意味着可以忽视宏观管理的地位和作用。宏观管理成为国家经济职能的集中表现，也是增强企业活力和完善市场体制的必要条件。企业活力的增强要求伴之以宏观管理的更加有效，才能达到活而不乱。否则，宏观经济一旦乱了，企业就活不起来。同时，市场体系的完善也要求宏观管理的相应改革。舍此，或者是管得过死，或者是根本不管，都不利于市场的发育及其协调的运行。同时，实行宏观管理的改革又必须以增强企业活力为基础，以完善市场体系为前提。企业缺乏活力，对宏观管理的市场信号或政策信号不能作出灵敏反应；或者市场体系残缺、市场机制迟钝，都会影响宏观管理的有效实现。

宏观管理，与传统体制下的综合平衡，目的性是一致的。区别在于手段和方式。传统的综合平衡通过指令性计划，对企业进行直接控制。在传统的综合平衡中，实物生产和分配的平衡占了主要地位。现在所说的加强宏观管理，是转向以间接控制为主，主要是通过对社会需求和供给的总量与结构从价值量上进行调控，达到经济运行的协调和均衡。宏观管理的这种转换，把控制对象由直接对企业转向通过市场这个中介体，这也是整个体制模式转换的主要内容。目前，正处于两种控制方式并存并要求将重点逐步由前者转向后者的时刻。"六五"时期出现了两次总需求过度膨胀的局面：一次在1981年，那时宏观经济管理主要还是实行直接控制，因此那次宏观失衡主要靠行政手段来压缩投资而得到解决。另一次在1984年年末，已经开始转向部分的间接控制，照理应该较多地靠财政、货币政策来压缩投资需求、消费需求而求得解决，但实际上由于企业机制不灵和市场发育不足，仍不得不依靠指标、额度等行政手段，使改革的进程发生了一点曲折。由此可见，改革进程中宏观控制的转换十分重要，也十分艰巨。因此，整个模式转换的成功，有赖于间接控制体系的健全，不妨认为，它是实现改革的一个归宿或终点。

建立和健全间接控制体系，主要表现为经济杠杆和经济参数的逐步完善。这里，有两个问题必须讲清楚。有一种看法，认为我国宏观经济管理改革的目标模式可以照搬西方国家实行的那一套以财政货币政策为核心的宏观管理系统。诚然，对于商品经济高度发达国家的宏观管理经验，我们可以借鉴。但是，宏观控制或宏观调节以经济利益为依托，社会主义以公有制为基础的经济利益结构中存在着与个别利益相联系的共同利益层次，要求国家掌握更充分的宏观经济计划决策权，以协调整个经济的有效运行。我国商品经济还不很发达，又有公有制和有计划的特殊属性，不能完全照搬西方那一套经验。还有一种看法，把计划作为行政手段，有它就是直接控制，间接控制就不能有它。其实，指令性计划才具有行政手段的性质。指导性计划作为宏观管理的战略依据，本身不具有行政性，对企业没有强制力，它的实现还要通过各项经济手段。所以，改革计划体制、搞好计划工作是加强和改善宏观管理不可缺少的方面。

在宏观管理上，由直接控制为主通过双重体制向间接控制为主转换，主要线索是：逐步缩小指令性计划，逐步扩大指导性计划；宏观管理的内容从直接控制资源分配，逐步转向控制供需总量及其构成；宏观管理的对象也从企业逐步转向市场（不仅是产品市场，还包括各种生产要素市场）；控制的手段和方式，越来越转向抓经济政策、经济杠杆和经济参数（市场参数和政策参数）；经济政策本身则从确定性较差的非法令性文件转向规范化的法律和规章制度。随着企业活力的增强，企业对市场的依赖度越来越大；随着市场体系的完善和市场机制的健全，市场的可控性或可调性也越来越大。在企业改革与市场改革的基础上，以间接控制为主的宏观管理体系终将实现，从而实现整个经济体制的改革目标模式。

（原载《中国经济体制改革的模式研究》，中国社会科学出版社1988年版）

再谈计划与市场的关系问题

　　经济体制改革总的题目是要建立社会主义的有计划的商品经济的新体制。从运行机制上说，就是要建立和健全计划经济与市场调节相结合的体制。这是整个经济改革的一个中心问题。我们经济体制改革中有两大方面的问题：一个是所有制的改革问题，包括所有制结构的调整，以公有制为主体的所有制多元化问题，以及公有制本身的改革，涉及政府、企业、个人之间的关系。这些问题属于经济行为主体方面的改革，包括政府、企业，也包括个人，最主要的行为主体当然是企业了，所有制改革的核心是企业改革。另一个是经济运行机制的改革，包括整个经济怎样运转，生产、分配、交换、消费之间的关系，各个部门、各个地区的关系，市场调节和计划调节的关系，宏观经济和微观经济的关系，等等，这些都属于运行机制的问题。其中计划与市场的关系问题，是经济运行机制改革的一个核心的问题，它牵涉企业改革，牵涉市场和物价的改革，也牵涉宏观管理，包括财政金融体制、收入分配政策等方面的改革，所以这是个很大的问题，这里只能简单地讲一点思路。

　　计划与市场的关系问题，不是一个新问题，党的十一届三中全会以来，我们已经讨论十一年了。如果向上继续追溯，1956年社会主义改造基本完成的时候，陈云同志最早提出了计划与市场的关系问题。再往前，20世纪20年代苏联实行新经济政策的时候，就曾讨论计划与市场的关系问题。改革开始以来，党中央、国务院的许多重要会议和文献，还有重要讲话，更不用说理论界了，对于计划与市场的关系有过各种不同提法，比如，计划调节与市场调节相结合，计划经济与市场经济相结合，计划机制与市场机制相结合，计划经济与市场调节相结合，等等。我们最近强调的是最后一种提法。看来随着社会主义经济建设的发展和经济体制改革的深入，这个问题还将要长期地讨论下去。我在1983年发表的一篇文章中说过：计划与市场的关系问题，是一个世界性的问题，也是一个长期争论的问题。对于计划与市场关系的一些比较具体的问题，包括具体的做法、提法，我们不必急忙作出结论来约束后人，也不必约束当代人。实际上，这个问题我们只能通过实践进行不断的探索，作出适合于当时情况的回答，不要搞一个固定的公式。当然，为了便于讨论，我们可以有一些提法，比如我们现在讲的计划经济与市场调节相结合。目前没有一个政治家或理论家敢说他已经把计划与市场问题解决好了，因为人类关于这方面的经验积累还未完全成熟，还在探索当中。在传统的社会主义经济学里面，曾否定两者是可以结合的，认为两者是对立的、互相排斥的。西方一些经济学家也有多种意见。不久前在北京召开了一次国际学术研讨会，一位匈牙利经济学家讲，计划与市场不能结合，不可能结合，因为他的国家就没有结合起来。一个法国经济学家却说，可以结合。他也是根据他的国家经验，法国在搞一些指导性计划。所以，看法不一样。我们认为，在社会主义公有制基础上，可以把计划与市场关系结合好，当然要经过努力，经过探索。今年（1990年）在七届人大三次会议的政府工作报告中，关于计划与市场关系的5条阐述，就是根据近几年的试点经验，特别是根据当前治理整顿的实际情况提出来的，是适合于当前治理整顿和深化改革的答案。特别是这5条中的第3条讲到：计划与市场有三种结合方式，指令性计划、指导性计划和市场调节的具体运用和配合比例关系，要根据不同时期的实际情况，对计划与市场的关系进行必要的调整。我们当前在治理整顿中，已经和正在对计划与市场的比例作一些调整，近两年调整的方向大体是：针对过去改革过程中放权让利过多，中央调控能力削弱的情况，在计划与市场的关系上，多搞一点计划，多搞一点集中，多用一点行政手段，包括冻结物价，扩大指令性计划和物资调拨分配的范围，适当扩大一些物资和资金的集中权限，这些都是必要的。一般来说，在经济发展遇到困难或紧急时候，都可能需要进行这样的调整。不仅中央计划经济的国家是如此，就是西方实行市场经济的国家也是如此。比如在战争时期的统制经济，在自然灾害、经济危机时加强政府干预和统制。美国 20 世纪 70 年代初期，在发生经济危机、严重通货膨胀时，尼克松政府就曾采取冻结物价和工资的政策。前年（1988年）美国有一位夏威夷大学教授到北京讲课，说他就是尼克松政府当时管制物价的幕僚。任何国家在非常时期都必须强化计划或行政干预。但在经济正常发展时期，特别是我们在经济改革进程当中，看来还是要按照党中央在 1985 年关于"七五"计划建议中和党的十三大报告中提出的宏观调控体系改革的方向，从以直接调控为主，转向以间接调控为主；宏观经济的管理，要从以直接的行政管理为主，转向以间接的经济管理为主。这个重要的论点最近没有多提，但我认为也没有否定，现在还有重新强调的必要。当然，这是就国民经济整体而论的大趋势，并不是指某一个具体的产业、具体的产品和某一个具体的生产环节。具体环节要作具体分析。

　　所谓从直接管理、直接调控为主过渡到间接管理、间接调控为主是什么意思呢？我个人体会，就是政府对经济的调控要更多地利用市场机制，通过市场来调控。我们过去传统的经济体制是排斥市场机制的，是一种产品经济，或是自然经济的体制。我们的经济体制改革就是要把传统体制改过来，引进市场机制，同时改进计划机制，这样的改革就是市场取向的改革，也就是更多地采用市场调节的办法。所以从某种意义上说，我们的改革可以说是市场取向的改革。这样的提法有些同志是不赞成的，我一直还是这样看。相对于过去的排斥市场机制的传统体制而言，我们的改革就是市场取向的改革。当然，这种市场取向的改革不是取向到资本主义市场经济中去，而是坚持以公有制为主体、有计划指导和宏观控制的市场取向的改革。这种改革在中国取得了巨大的成就，这是不能否认的。而且，市场取向越多的地方，改革所取得的成就也越大，这也是不能否认的。在沿海地区、开放地区，如广东等地，都可以看到这种成功的实践。世界银行最近搞的中国经济备忘录，说中国人采取了一个务实的改革政策，中国这 11 年所取得的成就，是任何一个社会主义国家所不能比拟的。这话说对了。为什么中国去年（1989 年）能经受住风波，与此有关系。今年（1990 年）2 月，我们中国社科院经济学家代表团访问了苏联。应沙塔林（后被任命为苏联总统顾问委员会成员）邀请，开了一个研讨会，作了一些考察、比较。苏联的改革宣传很猛，实际上经济很糟，货架上确实是没有多少东西，和中国市场是一个鲜明的对照。当然我们也是经过十多年的改革才有今天。中国市场有这么丰富的家电、食品、衣着，而苏联是非常缺乏。最近有人从苏联回来，说那里的经济形势比我们去的上半年更糟，国民经济总产值下降，原因就在于它们这些年没有认真地搞市场取向的改革。我在莫斯科遇到了一个过去的同学，他现在是苏联科学院院士。我问他："你们搞改革也不少年了，怎么这个样子？"他回答很机智："我们经济改革不是失败了，而是还没有开始。"他们政治改革这几年花样很多，结局如何，还要观察。

　　我们讲我国市场取向的改革取得了很大成就，但千万不可由此而片面夸大市场的作用。在改革的取向问题上，我们要坚持市场取向，但不能迷信市场；我们要坚持计划经济，但不能迷信计划。要破除两种迷信，首先不要迷信市场。市场是看不见的手在调节，不要认为市场和价值规律可以把一切市场办好，我们尊重价值规律，同时也不能把一切市场都让给价值规律自发调节。市场机制有许多缺陷，不是什么问题都能解决的。在我看来，市场起码有这样几件事解决不好，甚至解决不了。一是产业结构大的调整。我们要求在比较短的历史时期内，比如说十年或十五年使我们的产业结构实现高度现代化，如果让市场自发去调节的话，那就很缓慢，要经过许多大的反复和波折，要付出惨重的代价。当然，市场机制可以解决一些小的产品结构调整的问题。二是防止出现不公平竞争和垄断行为。这也是市场机制本身解决不了的；反之，市场机制本身就是大鱼吃小鱼的机制，完全自发的自由竞争必然导致垄断。三是对于生态平衡、环境保护这类问题。如果任凭看不见的手去指挥，那要带来灾难性的后果，使我们对不起子孙后代。四是公平高效率的关系。市场机制也是处理不好的。在收入分配方面，如果单靠市场机制去调节，必然引向贫富悬殊和两极分化，与社会主义原则背道而驰。当然我们反对平均主义，主张让一部分人先富起来，带动大家共同富裕，不能收入差距过分悬殊，两极分化。这就不能完全放给市场取向，而要有计划地调节和政府的干预。所以市场取向的改革不是纯粹地完全以市场经济为方向，这种市场机制甚至在当代资本主义国家也不能完整地存在，它们也有政府的干预，有的也有某种意义的计划指导。我们社会主义的有计划的商品经济，就更不能迷信市场，所以在强调市场取向改革的同时，要重视计划的指导和宏观的调控，也就是说，要重视"笼子"的作用。

把计划与市场的关系，比喻为笼子与鸟的关系，不过是一种形象化的说法，正如同后面我将要讲到"计划"的概念可以有多种不同的含义一样，对于"笼子"也可以有灵活的理解。"笼子"有各式各样的，可以大，可以小；看是什么产品，什么部门，什么情况，"笼子"可以放大，可以缩小。它可以是用钢铁做的，"钢性"的；也可以是用塑料、橡胶材料做的，弹性的。指令性计划就是刚性的，指导性计划就是弹性的。有些外国人，看到我在一篇文章中提到"鸟笼"的比喻引起人们探讨的兴趣就指责我主张"鸟笼经济"。我对他们说，无论哪个国家管理经济都必须有"笼子"。各国的财政预算就是一个很硬的"笼子"。不久前我在美国，正好碰上美国国会否决了政府的预算，弄得行政当局几乎没有钱花，很着急，经过折中解决了。这个"笼子"还是很厉害的。他们的财政政策、货币政策，都是某种意义上的"笼子"。联邦储备银行通过公开市场、调整再贴现率等手段，把全国经济活动的"笼子"一会儿放大，一会儿缩小。在某些方面，美国的计划"笼子"比我们的还硬，比如对城市经济的"增长管理"就是一种。针对市场缺陷而实行的计划调节或者政府干预,这种意义上的"笼子"是现代国家之所必需,值不得成为自以为聪明的人取笑的话题。当然,"鸟笼"毕竟是一种形象化比喻的说法,接受不接受这种比喻的说法,无疑只能属于个人的偏好和选择。

上面讲了坚持市场导向改革,但不能迷信市场。现在再讲另一方面,坚持计划经济,但不能迷信计划。不要认为计划是全智全能、完美无缺的。迷信计划同样会犯错误,如果计划不考虑国情国力,不考虑价值规律,不考虑市场供求变化趋势,同样会出现大问题,这方面我们过去的经验教训很多,大起大落,比例失调,宏观失控,都与我们计划工作的缺陷有关。这些年县以上固定资产投资项目,审批权都在政府手里,都是由各级计划机关来审批的。那么多的彩电生产线、电冰箱生产线、啤酒生产线、乳胶手套生产线、易拉罐生产线,许多生产线的重复引进,盲目上马,不都是各级计划部门、各级政府审批同意的吗?同样造成失误失控。要看到计划工作也是人做的,计划工作也有信息上的局限性和利益上的局限性。计划工作要靠信息的收集传递,这方面我国还是较落后的,即使将来电子计算机普遍运用了,也不能说信息就非常完善了。那么多产品,那么多消费者,情况又在不断变化,信息始终存在局限性。而且,利益关系也有局限性,因为不是这个部门就是那个部门,不是这个地区就是那个地区,不是站在这个角度,就是站在那个角度,都受到一定利益关系的约束。所以政府的领导和计划工作人员并不是万能的、精确的。他们掌握的信息不可能完整准确,也可能只看到部分眼前的利益,看不清市场长期的供求变化趋势,考虑不到价值规律的全部的要求,这样作出的计划和决策往往导致很大的失误。总而言之,计划与市场必须结合起来,片面强调任何一个方面都是不行的。而且在计划与市场的结合中,既要注意充分发挥计划与市场两者各自的优点和长处,又要注意克服它们各自的缺陷与短处。这就需要我们对计划与市场的关系,做出进一步的认真的研究。

现在我们研究和讨论计划和市场的关系，已经不是十一二年前的水平了。改革刚刚开始时讨论这个问题，要从计划与市场的 A、B、C 谈起。现在经过 11 年的探索，我们不必那么讲了，而且计划和市场本身的概念也有了很大的变化，比过去更加丰富了。拿计划的概念来说，过去认为：第一，计划只能是指令性计划，斯大林曾说过：计划不是预测，计划是命令，必须完成。第二，计划是无所不包的，是管制一切的，宏观要管，微观也要管。人、财、物、供、产、销都要管。第三，计划就是指标管理，主要是通过实物指标来管理，如产品。生产指标，物资调拨指标，分配你多少物资，要你生产多少产品，通过这些实物指标来实现。那么现在我们的计划概念已大大地变化和丰富了。第一，计划不单单是指令性的，还有指导性计划、政策性计划，比如产业政策也是一种计划指导；第二，计划不是无所不包的，国家计划主要应该管大的问题，管宏观的问题，至于微观的、企业的问题，主要应让市场、让企业自己去管；第三，计划不都是指标管理，而且计划指标主要不是实物指标，而应是价值指标，如总量的控制，大的结构控制，农、轻、重，一二三产业，总需求、总供给，投资、消费，这些都是价值概念。另外我们实现总量控制和结构调整，也主要靠价值杠杆，靠价格、汇率、税收这些东西。从实物指标转为价值概念，大大改变了计划概念的内容。

同样，我们现在所理解的市场，也和过去的理解大不一样。第一，过去认为，市场同公有制经济是不相容的，只能存在于私有制经济中。现在认为，公有制经济也要有市场的运作，市场与公有制是可以结合的。第二，过去认为，市场和计划是对立的、排斥的；你要加强计划，就要减少市场，你要发展市场，计划就要缩小。现在认为，计划和市场是可以结合的。第三，过去认为，商品市场如果有的话，是在计划经济的缝隙中作为补充的部分，是很小的一部分消费品市场，而很大一部分定量供应或凭票证才能购置的消费品，不是真正意义的商品，也不进入真正意义的市场。现在除了极少例外消费品都在市场化。生产资料过去不认为是商品，现在生产资料的流通也越来越多的市场化。第四，过去做梦也想不到社会主义经济里面还有生产要素的市场，根本没有这个概念。现在则是要素市场逐步发展，包括资金市场、劳动市场、房地产市场、信息市场、技术市场，等等，逐渐形成社会主义市场体系的概念。当然，这类市场从理论认识到实际政策都还很不完善，还在形成发展中。市场概念所包含的内容大大丰富了。

总之，经过 11 年的改革探索，我们对计划与市场的认识已大大深化。所以我们不能够再像过去一样，老是拘泥于某些字句的提法。比如，到底是计划调节与市场调节相结合的提法好，还是计划经济与市场经济相结合的提法好；还是计划经济与市场调节相结合的提法好；还有计划机制与市场机制相结合的提法，等等。有的同志不大赞成计划经济与市场调节相结合的提法，认为计划经济是指制度，市场调节是手段，是调节的方式，不是一个层次的东西，这怎么能够结合呢？我觉得现在讨论这些问题没有什么意思，不要去纠缠某些具体字句、提法，而要总结经验从实质上来研究，来探讨，计划与市场相互之间到底怎么结合？结合的方式、途径是怎样的？要把问题引到这个方面来。

关于计划与市场的结合方式，过去也有过多种提法。有的提法着眼于理论模式，有的提法着眼于管理操作。七届人大三次会议的工作报告中提出，计划与市场的结合方式有三种：指令性计划，指导性计划，市场调节。这三种形式并不是新的提法，1984 年党的十二届三中全会关于经济体制改革的决定曾提出过。但这次有新的角度，有重要的变化。过去认为，指令性计划就是计划调节，就是计划这块的，与市场没有什么关系；而市场调节则是市场这一块的，跟计划没什么关系；至于指导性计划可以说是计划与市场的结合。那么现在把这三种形式都认为是计划与市场结合的方式，只是结合的程度不同。其一，指令性计划是计划与市场的结合方式，因为指令性计划也要考虑市场供求和价值规律的要求。其二，指导性计划更不用说了，需要考虑市场问题，要通过经济杠杆和市场手段来实现。其三，市场调节那部分也离不开国家宏观计划的调控，宏观政策管理制约着自由市场那一块，这涉及货币发行、税收政策。简而言之，过去认为三种方式不都是计划与市场的不同结合方式，一种是计划的，一种是市场的，中间一个才是计划与市场结合的。现在认为，这三种形式都是计划与市场相结合的形式。从这一点来说，现在的提法比过去有新意，有所发展。上述三种形式是从管理操作角度提出的。过去理论界对计划与市场结合也有多种说法，如板块式结合，渗透式结合，有机结合。这是从理论模式角度提出的。所谓板块式结合，就是计划与市场两块界限分明地拼合。传统体制中计划不考虑市场因素，比如计划价格，很主观地就定了；自由市场是计划外面作为补充的一块。所谓渗透式结合，就是计划一块要考虑市场供求因素，市场一块要受计划控制的约束，两块界限就不大分明，有点模糊，但还是两块，你中有我，我中有你。所谓有机结合就不是两块了，计划与市场融为一体，也就是党的十三大提出的公式：国家调控市场，市场引导企业。这样就把计划与市场融在一起了，是一种内在结合，过去也叫有机结合。现在看来，即使是板块式结合，也是要长期存在的。曾有这样的观点，改革的发展就是从大一统的计划统制发展到计划与市场的板块式结合，再从板块式结合发展到渗透式结合，然后再发展到有机结合。现在看来，板块式结合也是要长期存在的，因为即使我们将来过渡到宏观管理以间接调控为主，国家还是要保留一部分直接管理。因为有一些非常重要的、关系国计民生的企业、产品、部门、部位，特别是一些自然垄断性的产品，供给需求弹性很小的产品，国家还要有一定的直接管理。就是资本主义市场经济国家，对于一些与生态环境有关的问题，对一些公用性的事业，也是进行直接管理的。但直接管理这一块，总的趋势是尽可能减少，除非遇到危急状况如战争、自然灾害等，在紧急状况下，更应当强调直接的计划管理或政府干预。当然，实行直接的计划管理这部分，也要尽可能考虑市场的供求关系，考虑价值规律的要求。因此板块式结合同渗透式结合是根本分不开的，界限分明的纯板块结合过去曾有过，但今后不会再有。但是，直接调控这一块不可能完全按照市场供求和价值规律的要求解决问题，如真正能完全按照市场供求和价值规律的要求来解决问题，那就不需要什么直接的调控了，都可以转为间接的调控了。强制性的行政干预，直接的计划控制之所以必须要存在，就是因为市场调节不是万能的，有些长远的、全局的问题不可能完全按照市场供求和价值规律的要求去完成，必须要国家的直接干预。而国家直接调控管理的这一部分，既然是国家直接管企业生产和建设，就不适用"国家调控市场，市场引导企业"这个公式。当然国家要"考虑"市场，但不是"通过"。从这个意义上说，这个公式没有普遍性，没有覆盖全社会和整个经济活动的意义。但是在间接调控的范围内，提也好，不提也好，都是通过市场来管，通过调节市场来引导企业，这个公式是绕不过去的。

建立和健全计划经济与市场调节相结合的体制，涉及企业的改革，财政体制、金融体制的改革，市场物价体系的改革，这些改革还同社会保障制度、保险制度、劳动就业制度的改革密切相连。《企业法》《破产法》通过了，却很难施行。我们天天喊调整结构，却很难调整，其中一个原因就是缺乏健全的社会保障制度，保险制度，调整多了就要引起社会动荡的问题。当然所有这些领域的改革中关键问题还是两个，一是企业、所有制改革，二是市场物价改革。过去不是有争论吗？究竟是市场物价改革重要，还是企业、所有制改革重要？我认为这两方面的改革都很重要。一个是所有制、企业方面的改革，是经济行为主体方面的改革；另一个是运行机制的改革，核心的问题是计划与市场问题，要培育市场，发育市场，促使物价合理化。没有物价的合理化，经济主体行为的合理化也不可能。所以要双管齐下，不能纠缠谁是主要的，谁不是主要的，应该是互相配合的。当然在时间上、时机上，有时侧重这一面，有时侧重那一面。我是一贯两边讲的，在国外我也跟人家讲中国两派的意见。他们说，你讲来讲去，两边都有道理，你究竟是哪一派？我说：我哪一派也不是，我主张双管齐下。在具体的掌握上像弹钢琴一样，轻重缓急随时调节。

（本文中的部分内容，曾在 1990 年 5 月 16 日《求是》杂志社召开的"关于计划经济与市场调节相结合问题"的讨论会上，以及其他几次座谈讲演会上讲过。部分内容曾在《求是》1990 年第 12 期发表过。在此发表的是根据几次座谈会记录整理出的文稿）

关于社会主义市场经济理论的几个问题[*]

在学习邓小平同志"南方谈话"的高潮中，社会主义市场经济是大家热烈讨论和十分关心的一个问题，其实这不是一个新问题。早在 1979 年 11 月 26 日，邓小平同志接见美国《不列颠百科全书》副总编辑时就说过：说市场经济只存在于资本主义社会，只有资本主义的市场经济，这肯定是不正确的。社会主义为什么不可以搞市场经济？市场经济在封建社会时期就有了萌芽。社会主义也可以搞市场经济。1985 年接见美国企业家代表团时，邓小平同志又重申了这个意思。今年（1992 年）年初"南方谈话"，他对计划与市场问题又作了全面的精辟的阐述，启发我们进一步思考社会主义市场经济问题。邓小平同志关于计划与市场问题的一系列阐述，是建设有中国特色社会主义理论的重要组成部分，我们必须认真学习，反复领会，并在我国社会主义经济的改革和发展的过程中加以贯彻。

下面我想讲两个问题：一是介绍一下若干年来对社会主义市场经济有关理论问题讨论的情况，也就是介绍对计划与市场问题（包括对计划经济、商品经济、市场经济等概念）认识的曲折演变过程；二是谈谈我本人学习邓小平同志"南方谈话"过程中对社会主义市场经济理论若干焦点问题的理解。

---

* 本文系作者 1992 年 9 月 19 日为中共中央组织部、中共中央宣传部、中国科学技术协会、中共中央直属机关工委和中共中央国家机关工委共同主办的《90 年代改革开放与经济发展》系列讲座作的开篇讲稿。

一　对计划与市场认识的曲折演变过程

我国的经济体制改革已经进行了 13 年。我们的改革要采取什么样的目标模式，多年来经济理论界一直在讨论。这个问题的核心，是正确认识和处理计划与市场的关系，并涉及对计划经济、商品经济、市场经济的理解。我们对这些问题的认识有一个逐步深化的过程，经过了长期曲折的探索。

关于商品经济、市场经济这些概念，据查阅，马克思、恩格斯都没有讲过，他们只讲过商品生产、商品交换、货币经济；也没讲过计划经济，只讲过在未来社会中"劳动时间的社会的有计划的分配，调节着各种劳动职能同各种需要的适当的比例"。首次使用"商品经济""市场经济"和"计划经济"概念的是列宁。列宁在革命胜利初期，多次提出消灭商品经济，资本主义不可避免地要被社会主义取代，这种新社会实行计划经济。但列宁也讲过，无所不包的计划等于空想，这种计划列宁是反对的。在实行新经济政策时期，不但允许发展自由贸易，而且国营企业在相当程度上实行商业原则（即市场原则），给企业在市场上从事自由贸易的自由。到了 20 世纪 20 年代末 30 年代初，斯大林停止了新经济政策，实行了排斥商品经济的计划经济，长期地把商品经济同计划经济对立起来。虽然斯大林也讲过商品生产、价值规律，但他把它们的作用限制在狭小的领域，其主导思想还是认为计划经济同商品经济不相容，同市场经济更是对立的。

过去，社会主义国家在实行计划经济时期，不是没有市场，但市场只处于补充状态，存在于缝隙当中。我国在改革前也是这样，比如大计划、小自由，容许集市贸易，三类物资上市，等等。但总的看是限制市场，不承认商品经济和市场经济。中共十一届三中全会以后开始松动，承认计划和市场可以结合。中共十一届六中全会关于对中华人民共和国成立以来历史经验总结的决议中，确认社会主义社会存在着商品生产和商品交换，因而要考虑价值规律，但没有提"商品经济"，那时还是认为，商品经济作为整体来说只能存在于以私有制为基础的资本主义社会。党的十二大时，提出了"计划经济为主，市场调节为辅"，前进到了这一步，"商品经济"的概念依然难以提出来。但在这以前，理论界对社会主义商品经济已有讨论，甚至有人提出"社会主义市场经济"的概念。至于邓小平同志1979 年 11 月 26 日接见美国《不列颠百科全书》副总编辑时的谈话，当时大家并不知道。所以在那一段时期，商品经济、市场经济的概念一直是一个禁区。直到 1984 年中共十二届三中全会，才在我们党的正式文件《关于经济体制改革的决定》中，第一次提出"社会主义经济是在公有制基础上的有计划的商品经济"。这是社会主义经济理论的一个重大突破。邓小平同志说，中共十二届三中全会的《决定》是马克思主义新的政治经济学，评价极高。的确，这一突破来之不易，考虑到马克思、恩格斯等经典作家过去曾设想未来社会主义社会不再有商品经济，以及几十年社会主义的实践当中长期排斥市场调节这样一个历史背景，中共十二届三中全会关于社会主义有计划商品经济的新论断，可以说是有划时代意义的，它对推进以后我国以市场为取向的改革并获得相当进展，无疑起了巨大的作用。

　　但是，在中共十二届三中全会的新论断提出来以后，人们对于究竟什么是有计划的商品经济，包括经济理论界的理解还很不一致。对于"有计划的商品经济"这一命题，有的同志强调"有计划"这一方面，有的同志强调"商品经济"这一面。当然大家对两个方面都承认，但强调的重点不同。强调的重点不同，当然对社会主义经济本质的理解就会有差异，把握改革的方向就会有出入。历来讲社会主义的经济特征，综合起来主要是两大特征："公有制"和"按劳分配"。此外，有没有第三个特征？如果有，那么这第三个特征到底是"计划经济"还是"商品经济"，理论界的争论一直在进行，两种意见都有。一种是强调计划经济为主的，认为计划经济是社会主义经济的一项本质特征；另一种是强调商品经济为主的，则认为商品经济是社会主义的一个本质特征。当然，还有第三种意见，有不少同志想把一碗水端平，计划与市场相结合，半斤八两，平起平坐，结合的范围、方式和程度可因产品、部门、所有制和地区不同而异。不同场合可以这个多一点那个少一点，或者相反。党的十三大提出"有计划商品经济的体制是计划与市场内在统一的体制"，虽然没有讲哪个为主，哪个为辅，但同时提出"国家调控市场，市场引导企业"的间接调控的公式，实际上重点放在市场方面。这是1989年春夏之交的政治风波以前的情况。在计划经济与商品经济、计划与市场的关系上，理论界的风尚是逐渐向商品经济，向市场方面倾斜。但是在这以后，特别是提出"计划经济与市场调节相结合"的方针后，由于当时治理整顿和稳定局势的需要，有必要多一点集中，多一点计划，这时理论讨论的风尚又向计划经济方面倾斜。当时有一篇文章说，社会主义经济就其本质来说，是计划经济，只不过在现阶段还要有某些商品属性罢了。这种说法是近两三年比较典型的一种认识。但同时另外一种意见仍然存在，即仍然坚持商品经济是社会主义经济的关键所在。例如有一篇文章说，社会主义商品经济同公有制、按劳分配一样，都是社会主义实质所在。对于近几年正式文件中的计划经济与市场调节相结合的提法，理论界也有一些内部议论。有的同志说，计划经济指的是经济制度或体制，市场调节则是一种机制或手段，两者不是属于一个层次的问题，不好说结合在一起。但公开发表的文章中，大家都使用这一提法，有些经济学家论证这一提法的科学性时说：这个提法同以前的"计划经济为主，市场调节为辅"的提法衔接起来了，这表明我们的改革不是削弱和放弃计划经济，而是要在坚持计划经济制度的前提下，实行一定的市场调节。但是不赞成这一提法的同志认为，这一解释实际上退回到党的十三大以前去了。但这是私下的议论。总之，理论界关于计划与市场关系的争论一直不停。这里简单介绍一下关于社会主义市场经济问题的讨论情况。

　　这个问题的讨论时间延续得很长，从改革开始以来一直在讨论。

最近在邓小平同志"南方谈话"以后，总书记在党校讲话以后，这方面的文章多起来了，但都是正面的东西，看不见不同的意见，而过去长期是不同意见在争论。改革之初，1979 年 4 月在无锡开了一个会——社会主义经济中的价值规律讨论会。在这个会上就有人提出社会主义市场经济的概念。有赞成的，也有不赞成的。那个时候也曾经出现过市场经济与计划经济相结合的提法。到了中共十二届三中全会中央指出来我国经济是有计划的商品经济以后，在学习中共十二届三中全会关于经济体制改革的决定时，广东有一位老经济学家说，理论上要彻底一些，其实社会主义商品经济也可以叫作社会主义的市场经济。还有同志说，商品经济与市场经济这两个概念没有必要区分，要区分的是社会主义的市场经济和资本主义的市场经济。但与此同时，反对的意见也出来了。当时有一位教授这样讲，市场经济这个概念在西方的文献当中有确定的含义，日本经济学者的著作当中明确指出市场经济制度三原则：第一是私有制财产神圣不可侵犯；第二是契约自由的原则；第三是自我负责的原则。可见按照西方经济文献的解释，典型的市场经济就是资本主义经济。他进而认为："社会主义有计划的商品经济不是市场经济。"这种争论延续了相当长时期，到了 1988 年，国务院批准广东作为综合改革试验区，广东省的经济学界为了在理论上作超前探索，举行了社会主义初级阶段的市场经济问题讨论会，明确提出了社会主义初级阶段的市场经济问题。会上取得了一个共识，认为世界上有私有制为基础的资本主义市场经济，也应该有一个以公有制为基础的社会主义市场经济；曾经有过没有计划调控的自由市场经济，也应该有宏观调控的计划市场经济。我们应该研究和实践社会主义的市场经济。1988 年下半年还召开过两次重要的全国性学术讨论会，一次是 10 月底开的全国经济体制改革理论研讨会，一次是 12 月开的纪念党的十一届三中全会十周年理论讨论会。这两个会上都有人提出要把商品经济的概念进一步发展到市场经济的概念。并且提出我们迫切需要确立社会主义市场经济的理论。这些是 1989 年年初以前的事情了。

这同前面讲的那时理论界在计划与市场问题上的大致趋向是一致的。当时在理论界两种意见都有，但是越来越多的同志倾向于强调商品经济是社会主义有计划的商品经济的两面中的更重要的一面，而且使用市场经济概念的同志也渐渐多了起来。

1989 年春夏之交的政治风波之后，在经济学领域正确开展对于以主张私有化为核心的资产阶级自由化思潮的批判的同时，有一些内部资料上也出现了对于社会主义市场经济观点的批判。一些西方国家把市场经济同私有制，同资本主义联系在一起，所以社会主义国家的许多政治家、科学家不随便把发展社会主义的商品经济说成是搞市场经济。可以讲发展商品经济，但不能搞市场经济。有人说，社会主义市场经济的提法不过是以资本主义的市场经济作为社会主义经济改革的模式而已。总而言之，这种意见把市场经济、计划经济与社会制度联系起来了，断言市场经济是资本主义的，社会主义搞市场经济就是搞资本主义。当然还有的同志不赞成这种观点，他们认为不能把市场经济的问题同社会制度联系起来，市场经济不过是现代商品经济或现代货币经济的"同义语"。有的经济学家讲，我国经济体制改革的实质是以市场经济为基础的资源配置方式来取代以行政命令为基础的资源配置方式。从这个意义上说，社会主义的商品经济也可以叫作社会主义的市场经济。两种不同的观点还是继续存在的。

我们再看看经济学界老前辈薛暮桥同志是如何看待这个问题的。薛暮桥同志在 1991 年 1 月 11 日对深圳《特区时报》的记者讲，要深入研究计划经济与市场经济的关系，过去认为前者是社会主义，后者是资本主义，这种理解是极不利于深化改革的。市场经济与市场调节是不是不能混淆的两种本质，我看尚待讨论。我认为本质相同，都不能等同于资本主义。只要保持生产资料公有制为主体，就不能说它是资本主义的市场经济。所以还是要以公有制来划分，不是以市场经济来划分。薛暮桥同志当时还说：这个问题现在还不成熟，有些还可能看作是理论的禁区，科学研究不应当有禁区，应当允许自由讨论，认真讨论这个问题而不是回避这个问题。不同意见的讨论甚至交锋，对于深化我们的认识是必要的，有好处的，也是正常的。对于社会主义市场经济的两种意见，一直讨论到今年（1992年）年初，邓小平同志在南方发表了精辟见解。邓小平同志说，市场经济不等于资本主义，社会主义也有市场；计划经济不等于社会主义，资本主义也有计划。邓小平同志"南方谈话"后，那种把计划同市场，把计划经济同市场经济看成是制度性的观点开始消失了。但是在观念上要彻底解决这个问题还需要一个过程，这不只是在市场经济这个观念上，就是过去在商品经济这个观念上也是不容易转过来的。在改革初期，承认了社会主义要发展商品生产，要发展商品交换，但是就是不能够接受商品经济这个概念，认为商品经济是私有制的，从总体上说商品经济只能是资本主义的。从中共十一届三中全会一直到中共十二届三中全会花了几年工夫才把这个观念转变了过来。一个理论概念的转变是很不容易的。当年孙冶方提出社会主义利润的概念也碰到类似的困难。

我们在20世纪80年代提出了有计划的商品经济理论，对我国经济改革和发展的实践起了推进的作用。90年代由于我们改革的深入，特别是市场取向改革的深入，我们需要新的理论，这就是社会主义市场经济的理论，这个理论的出现必将推动我们改革和发展的进一步深化。

二　若干焦点问题

下面，我想就有关社会主义市场经济理论问题的讨论中人们关心的若干焦点问题，谈点个人的理解。

（1）社会主义商品经济的提法为什么要改成社会主义市场经济？有的同志在讨论中提问，我们已经有了社会主义商品经济的概念，为什么现在又要换成"市场经济"？"市场经济"与"商品经济"究竟有什么不同？有些经济学者写文章说：社会主义商品经济，就是社会主义市场经济。既然"就是"，那不过两字之别，用括号注明一下就行了，何必这么郑重其事地改过来呢？

我认为，这不单纯是两个字的改变，它有深刻的含义。首先要把商品经济和市场经济这两个概念的含义弄清楚。这两个概念既有联系，又有区别。简单地说，商品经济是相对于自然经济产品经济而言的，讲的是人类社会经济活动中行为交换是否具有商品性，或者具有等价补偿的关系。通俗一点讲，就是我给你一个东西，你就得给我一个价值相等的东西，无论是价值相等的商品也好，价值相等的货币也好。而自然经济就没有这种等价补偿、商品交换的关系。产品经济是现代的概念，就是曾经设想过社会主义或者共产主义社会是个大工厂，没有货币，不要交换，不同的生产单位，不同的企业就像不同的车间。东西生产出来以后，产品由社会来分配、调拨各生产单位或社会成员凭本子按指标或定额去领取，没有等价补偿的关系。所以商品经济是相对于自然经济和产品经济而言的。

与市场经济相对应的是计划经济，这是作为资源配置方式来说的。这里我讲一讲资源配置。资源配置这个概念在我国过去是很少用的。现在用得越来越多了，因为这是经济生活中最中心的问题。这里讲的资源，不是指未开发的自然资源，而是人们可以掌握支配利用的人力、物力、财力和土地等经济资源。社会经济资源任何时候都是有限的，而社会对资源的需求却是众多的、无限的。所谓资源配置就是社会如何把有限的资源配置到社会需要的众多领域、部门、产品和劳务的生产上去，而且配置得最为有效或较为有效，产生最佳的效益，以最大限度地满足社会的需求。在现代的社会化生产中，资源配置一般有两种方式：一种是市场方式，另一种是计划方式。计划方式是按照行政指令，指标的分解、调拨由政府来配置。市场配置是按照市场的供求变动引起价格的变动，哪种产品价格高，生产该产品有利可图，资源就往哪边流。等到产品多了，供给大于需求，这种产品的价格就会掉下去，这时资源就会流到别的地方去，这就叫市场调节。如果说你这个资源配置方式是以计划为主，那么叫计划经济；如果以市场作为资源配置的主要方式，那么就叫市场经济。以资源配置方式来说，市场经济和计划经济是相对应的概念。

从以上的区分中，我们可以认识到，从逻辑的角度看，商品经济属于比较抽象、本质的内容层次，而市场经济则是更为具体、形象的形式层次。可以说市场经济是商品经济的一种高度发展了的现象形态。从历史发展的角度来考察也是这样。商品经济由来已久，在原始社会末期就有了萌芽，它存在于多种社会形态之中，演变到现代高度发达的程度。但不是在商品经济发展的任何阶段上都有市场经济。有商品交换当然要有市场，但那不等于市场经济。在古代及中世纪地中海沿岸有相当发达的商业城市，中国古代秦汉时期就有长安、洛阳、临淄等著名的商业都会，还有联结欧亚的丝绸之路，它们都离不开市场，但不能说已经形成了市场经济。国外古代城堡周围的地方小市场，我国一些边远落后地区至今仍有赶集、赶场，诚然，那些定期启合的墟、集、场也是市场，但都不能叫作市场经济，不过是方圆几十里住民调剂余缺的场所罢了。形成市场经济要有一定的条件，那就是商品和生产要素要能够在全社会范围内自由流动，配置到效益最优的地方和用项组合上去，这就要求废除国内的封建割据和形形色色阻拦资源自由流动的人为的障碍。商品经济发展到一定高度就需要一个统一的国内市场，并要逐步延伸至世界市场。近代民族国家的形成和几乎同时发生的地理大发现，就是这种统一市场逐渐形成的历史背景，也是市场经济形成的历史背景，所以说，市场经济是商品经济高度发展的产物，这是从资源配置这一经济学基本观点提出来的。资源配置在经济生活中有极其重要的意义，我们是通过改革才逐渐认识到这一点的，1984 年提出有计划商品经济概念时对这点了解得很有限。我们现在提出用市场经济概念代替有计划商品经济概念，就是强调要进一步发展商品经济，在资源配置的问题上，就必须明确用市场配置为主的方式来取代行政计划配置为主的方式，这也正是我国当前经济改革的实质所在，而这一实质是"有计划的商品经济"概念所不能涵盖和表达的。

再从认识发展过程来看，中共十一届三中全会提出的有计划商品经济新概念，无疑是社会主义经济理论的一次重大突破，它具有推进历史的重大意义，但也不可避免地有一定的历史局限性。即如上所分析，它未能彻底解决计划与市场究竟何者为资源配置的基础性方式或主要手段的问题，以致人们在计划与市场关系的认识上不断发生摆动和分歧。人们仍然不能摆脱把计划经济与市场经济看作是区别两种社会制度范畴标志的思想束缚，这又阻碍了人们去深刻认识市场机制在优化资源配置和促进社会生产力发展中的不可替代的作用。1992年年初邓小平同志"南方谈话"指出，计划经济不等于社会主义，资本主义也有计划，市场经济不等于资本主义，社会主义也有市场，计划和市场都是经济手段，计划多一点还是市场多一点不是社会主义与资本主义的本质区别。这一科学论断从根本上破除了把计划经济和市场经济看作是社会基本制度范畴的传统观念，诊治了我们在市场和市场经济问题上常犯的恐资病，启发了人们从资源配置这一基本经济学观点出发，去全新地思考把社会主义市场经济体制作为经济改革目标模式的问题。这无疑是社会主义经济理论继20世纪80年代初提出社会主义商品经济概念后，在90年代初发生的又一次重大突破。这一突破对今后我国改革开放和经济建设的实践将产生重大影响。

（2）既然计划和市场都是经济手段，为什么我们现在又把社会主义计划经济的概念变成或者发展成社会主义市场经济的概念？上面讲了为什么要从"社会主义商品经济"过渡到"社会主义市场经济"，是为了说明我国经济改革的实质是在资源配置方式上用市场配置为主取代计划配置为主。但是这里有一个问题需要解释清楚：既然计划和市场都是经济调节手段，计划多一点还是市场多一点，都与社会制度无关，那么为什么我们不能在保持计划经济的体制下实行计划与市场的结合，而一定要改为在市场经济的体制下实现两者的结合呢？这就是说，为什么资源配置的方式一定要从计划配置为主转为市场配置为主呢？这个问题涉及对作为资源配置两种方式各自的内涵和各自长短优劣的比较。经过多年的实践与观察，应该说这个问题越来越清楚。

的确,资源配置的计划方式和市场方式各有其长短优劣。计划配置一般是政府按照事先制订的计划,主要依靠行政指令的手段来实现。它的长处在于能够集中力量(即资源)办成几件大事,有可能从社会整体利益来协调经济的发展。但计划配置的缺陷主要在于:由于计划制订和决策人员在信息掌握和认识能力上的局限性,以及在所处地位和所代表利益上也难免有局限性,因此计划配置的方式就难免发生偏颇、僵滞的毛病,往往会限制经济活力,不利于资源的优化配置。市场配置一般是按照价值规律的要求,通过适应供求关系的变化,发挥竞争机制的功能来实现。它的长处在于能够通过灵敏的价格信号和经常的竞争压力,来促进优胜劣汰,协调供求关系,把有限的资源配置到最优环节组合上去。但市场配置也有其缺陷:市场调节具有自发性、盲目性和事后性等特点,它对于保证经济总量平衡,防止经济剧烈波动,对于合理调整重大经济结构,对于防止贫富悬殊、两极分化,以及对于生态环境和自然资源的保护,等等,或者是勉为其难的,或者是无能为力的。

这样看来,既然计划与市场各有其长短优劣,我们就必须扬长避短,取长补短,把两者结合起来运用。但是讲到这里,仍然没有解答为什么要用市场经济体制来取代计划经济体制的问题。我认为,这个问题已经不是一个信念问题,也不是一个感情好恶的问题,而是一个实证性问题。就是说,要解答这个问题,就必须不再纠缠于市场经济和计划经济是姓社还是姓资的抽象理论上,而要切实考察这两种经济运行机制在世界经济竞技场上进行的历史较量,说明他们各自在什么条件下是资源配置的更为有效的方式,以及从整体上说何者更为有效。

纵观世界近代史,市场经济形成后促进了资本主义经济的大发展,但同时资本主义社会的内在矛盾也激化起来。市场经济发展到19世纪初叶,作为资本主义社会基本矛盾表征之一的周期性经济危机开始出现,此后愈演愈烈,造成工厂倒闭、工人失业等社会灾难。

19 世纪中叶后，社会主义的思想由空想变为科学，针对市场经济的这种弊端，提出了有计划分配劳动时间和计划经济的设想。这一设想到了 20 世纪初叶俄国十月革命后得以实现。第二次世界大战后，包括中国在内的一些国家也实行了计划经济。所有实行计划经济的国家，既有成功的经验，也有失败的教训。例如苏联从一个经济落后的国家一度发展成世界第二号工业强国，取得了反法西斯卫国战争的胜利，战后经济恢复也快，这些都得力于计划经济。但是，20 世纪 60 年代以后，随着经济规模扩大，经济结构复杂化，技术进步步伐加快，人民生活要求提高，苏联计划经济本身管得过死、不能调动积极性的内在弊病逐渐暴露了出来，这导致了经济效率的下降和增长速度的缓慢。尽管在尖端科学、国防产业的某些领域还有某种程度上的领先，但从总体效率上说，在解决市场商品匮乏、满足人民生活需要等方面，苏联传统的计划经济越来越无计可施。

反观西方资本主义国家，鉴于社会矛盾的日益激化，它们从 19 世纪中叶起开始寻找医治市场经济弊病的方法，随着股份制和支配垄断整个产业部门的托拉斯的出现，在一定范围内克服了生产的无计划性。1981 年，恩格斯曾针对资本主义社会股份制和托拉斯的出现，指出：由股份公司经营的资本主义生产，已不再是私人生产，而是许多相结合在一起的人谋利的生产。如果我们从股份制可进而来看那支配和垄断着整个产业部门的托拉斯，那么，那里不仅私人生产停止了，而且无计划性也没有了。第二次世界大战期间，各国政府被迫实行类似计划经济的"统制经济"，对战时人力、物资、外汇等实行严格的管制，借此得以集中资源满足战争的需要。这些局部性、临时性的措施，当然不能阻止资本主义社会矛盾的发展。从 1929 年到 20 世纪 30 年代，西方世界爆发了大危机、大萧条，造成了资本主义和平时期的空前社会灾难，资本主义社会矛盾暴露无遗。于是出现了以罗斯福"新政"为代表的政府对经济的干预，和以凯恩斯的《通论》为代表的宏观经济管理理论。这一理论在第二次世界大战后为西方各国普遍接受，政府通过财政政策、货币政策等手段对经济实行宏观调控，一些国家如法国、日本还搞了一些指导性计划，一些国家如瑞典、德国还搞了社会福利政策。尽管这些国家以私有制为主体的市场经济基础未变，因而不能完全摆脱资本主义社会基本矛盾的困扰，但上述政府宏观调控和社会福利政策的实施，缓和了周期性经济危机和社会阶级对抗，加上战后几次强劲的科技革新浪潮，使得现代资本主义的发展不仅能够"垂而不死"，而且还很有活力，已经不能再用 19 世纪的模式来理解它了。

从以上简短的历史回顾可以看到，市场经济和计划经济在不同的历史条件下都有成功亦有失败，各有千秋。但从总体效率的较量来看，现代市场经济与传统计划经济相比已被证明是更为有效的经济运行机制，传统的计划经济已被证明敌不过现代的市场经济，正是这个客观事实最终成为导致东欧剧变、苏联解体的重要因素之一。中国实行计划经济在第一个五年计划等阶段也是成功的，但后来也出现了物资匮乏、效率上不去的问题。中共十一届三中全会后，我们针对这些问题，及时采取了市场取向改革的步骤，而且事实证明，凡是市场取向改革越深入、市场调节比重越大的地方、部门和企业，经济活力就越大，发展速度就越快。改革十多年来，国家整体上经济实力增强了，市场商品丰富了，人民生活水平提高了。工农基本群众衷心拥护党，支持稳定，这是前几年中国在严峻考验中能够屹然站立，避免蹈苏联东欧覆辙的一个重要因素。这也从一个方面表明，中国选择以市场为取向的改革道路是明智的。

从历史的回顾中，我们还得出一个结论：计划经济是不能一笔抹杀的，它有它一定的适用范围，在一定的历史条件下，它是更有效的。那么，计划经济适用的历史条件是什么呢？第一是经济发展水平较低、建设规模较小的时候（如"一五"时期 156 个项目的建设）；第二是经济结构、产业结构比较简单的时候（如非公有经济成分消灭了，主要发展重工业）；第三是发展目标比较单纯、集中的时候（如战时经济、战备经济，解决温饱问题）；第四是发生了除战争以外的非常重大事故的时候（如特大的灾害，特大的经济危机）；第五是闭关锁国、自给自足的时候。在这些条件下，计划经济比较好搞，也很管用。但是，一旦经济发展水平提高了，建设规模扩大了，经济结构和产业、产品结构复杂化了，发展目标正常化多元化了（把满足人民丰富多彩的生活需求和提高以科技、经济为中心的综合国力作为目标），对外开放使经济逐渐走向国际化了，在这样的情况下，以行政计划配置资源为主的计划经济就越来越不适应，必须及时转向市场配置资源为主的市场经济。这正是我国经济目前面临的形势和任务。20 世纪 80 年代，我国经济已经跨上了一个大台阶，90年代，我们要抓紧有利时机，在优化产业结构、提高质量效益的基础上加快发展；还要进一步扩大开放，走向国际市场，参与国际竞争。这就要求我们更加重视和发挥市场在资源配置中的导向作用，建立社会主义市场经济新体制。在这个基础上，把作为调节手段的计划和市场更好地结合起来。在配置资源的过程中，凡是市场能解决好的，就让市场去解决；市场管不了，或者管不好的就由政府用政策和计划来管。现代市场经济不仅不排斥政府干预和计划指导，而且必须借助和依靠它们来弥补市场自身的缺陷，这是我们在从计划经济转向市场经济时须臾不可忘记的。

　　（3）既然市场经济不是制度性的概念，那么为什么要在市场经济前加上"社会主义"的定语？社会主义市场经济区别于资本主义市场经济的特点是什么呢？海外人士也有这样提出问题的，中国搞市场经济就行了，何必要社会主义。这样讲，要么是别有用心，要么就是不了解中国以市场为取向的经济改革，其目的都是社会主义制度的自我完善，而不是照抄照搬西方市场经济。海内人士提出这个问题，是认为从运行机制上说，市场经济在两种社会制度下没有什么差别，如果说有所不同，那也不是市场经济本身的问题，而是两种社会制度基本特征不同带来的。所以，有的同志主张不叫"社会主义市场经济"，而叫"社会主义制度下"或"社会主义条件下的市场经济"。我认为，这个意见不是没有道理，但为减少文字，我们也可以约定俗成，用"社会主义市场经济"概念来表述"社会主义条件下"或"社会主义制度下的市场经济"。再者一些共性的范畴，体现在具体的事物中，往往呈现出特殊性，在共性范畴前面加上特殊性的定语，也是通常的做法。例如我们通常使用的"社会主义现代化""社会主义企业"等概念就是如此。对于社会主义条件下的市场经济，不妨使用"社会主义市场经济"的称谓，因为社会主义市场经济与资本主义市场经济确实既有共性，也有特殊性。即使同是资本主义的市场经济，德国的市场经济不等同于法国的市场经济，日本的市场经济也不等同于美国的市场经济。何况社会主义国家的市场经济，当然有不同于资本主义市场经济的差异和特征。社会主义市场经济与资本主义市场经济的共性我们在前文的论述中已多次涉及了，如价值规律、供求关系、价格信号、竞争机制在资源配置中的作用等。其差异主要是由于市场经济不能脱离它存在于其中的社会制度的制约。社会主义市场经济不同于资本主义市场经济的特点，是受社会主义制度的本质特征决定的，特别是它同社会主义基本经济制度是紧密联系在一起的。

我国社会主义制度的基本特征，从政治制度上说，最重要的是共产党和人民政权的领导。这个政权从总体上说不是为某些集团或个人牟取私利，而是以为全体人民利益服务为宗旨的。在基本经济制度上，所有制结构是以公有制（包括国有制和集体所有制）为主体、个体、私营、外资经济为补充，不同所有制可用不同形式组合经营，各种经济成分和经济形势的企业都进入市场，平等竞争，共同发展。国有经济的主导作用要通过市场竞争来实现。与所有制结构相适应，社会主义的分配制度以按劳分配为主体，按其他生产要素分配为补充，兼顾效率与公平，运用市场机制合理拉开差距，刺激效率，同时运用多种调节手段，缓解分配不公，逐步实现共同富裕。社会主义制度的这些基本特征，不能不通过注入较多的自觉性和公益性，对市场经济的运转产生重要的影响。由于有共产党的领导，有公有制为基础，有共同富裕的目标，我们在社会主义市场经济的运行中，更有可能自觉地从社会整体利益与局部利益相结合出发，在处理计划与市场的关系、微观放活与宏观协调的关系以及刺激效率和实现社会公正的关系等方面，应当也能够比资本主义市场经济更有成效，做得更好。对此我们充满信心，因为通过全面改革的努力，这些是能够实现的。

建立社会主义市场经济的体制是一项非常复杂的系统工程，包括许多相互联系的重要方面的改革。一是企业机制的改革，特别是转换国有大中型企业的经营机制，要通过理顺产权关系，实行政企分开，把企业推向市场，使之成为真正自主经营、自负盈亏、自我发展、自我约束的法人实体和市场竞争主体。二是市场机制的培育和完善，不仅要发展商品市场，还要培育生产要素市场，加快建立以市场形成价格为主的价格机制，同时建立一套规范而科学的市场规则和管理制度。三是建立符合市场经济要求又遵守社会主义原则的社会收入分配机制和社会保障制度。四是宏观调控体系和机制应建立在市场作用的基础上，相应减少政府对企业的干预，由过去直接抓企业的钱、物、人的微观管理为主，转到把重点放在做好规划、协调、监督、服务，以及通过财税金融产业等政策搞好宏观管理上来，这方面政府职能的转变十分关键，没有这个转变，以上各方面的改革都难以深化。这些方面的每一项改革也都是一个复杂的系统工程，这里就不一一细说了。总之，建立社会主义市场经济的体制不可能一蹴而就，而是一个需要做长期艰苦细致工作的过程。它要求我们全党、全民及社会各方面共同努力，在过去十多年市场取向改革已有成就的基础上，继续大胆探索、勇于试验，及时总结经验，把我国新的经济体制的转换顺利推向前进。这样可以大大促进建设有中国特色的社会主义的进程，使我国经济发展的第二个、第三个战略目标提前实现。

（原载《经济研究》1992 年第 10 期）

我的经济观[*]

——中国经济的发展和改革开放

建设有中国特色的社会主义,在经济工作上,主要体现在发展和改革、开放三个方面。经济发展问题,马克思的社会再生产和综合平衡理论开了先河。第二次世界大战后,新兴国家要发展,必须讲究战略。中国的传统发展战略偏重于追求和攀比增长速度,难免忽视经济效益、经济结构和科技进步。应当适时转轨,实现持续、稳定、协调发展,并以逐步改善人民生活为生产目的。需求膨胀和供给短缺,正是传统战略和传统体制的产物,只要实现双重转换,就有可能出现供给略大于需求的有限买方市场,并为改革创造比较宽松的经济环境。改革,作为社会主义经济体制的自我完善,也是体制模式(即类型)的转换,即从高度集中的、基本上排斥商品货币关系的计划经济模式转换为计划经济与市场调节相结合的新体制模式。这是市场取向,但不要迷信市场;正如坚持计划经济,也不要迷信计划。由于转换不能一步到位,不得不经过新旧体制并存的双轨制阶段;双轨制必然有摩擦,应当逐步并轨,过渡到新体制占主导位置。战略转换与体制转换相辅相成,也反映了发展与改革的相辅相成,将从不宽松的现实转向宽松的实现。在某种意义上,开放也是一种改革。

要坚定不移地发展外向型经济,深圳和海南等经济特区已先行

---

    * 江苏人民出版社约写此文。由于事忙,托请沈立人同志从我过去的论著和文稿中抽出有关论点整理成这篇文章。我看了一遍,觉得相当准确地反映了我的一些经济观点。这篇文章中阐述的观点,不尽是属于我一个人的,其中也吸收了中国社会科学院一些同事们的观点,以及我国经济学界在改革开放过程中形成的共同看法。

一步。

　　研究当代中国的经济问题，其主线是建设有中国特色的社会主义。坚持这个方向，在发展和改革、开放三个方面都有非常丰富的内容，要求做出联系实践的理论探索。

一　经济发展战略问题

（一）马克思关于社会再生产和综合平衡的发展理论

　　"经济发展战略"一词的使用及其被引入经济学，是在第二次世界大战之后。但是，有关经济发展战略的理论，已有久远的渊源。马克思关于社会发展特别是关于资本主义发生和发展的理论，就是最早的、科学的发展理论。其中有关社会再生产的理论，在考察社会总资本的再生产和流通的同时，分析和揭示了整个社会再生产的一般规律，也是社会化大生产的共同规律，对社会主义经济同样是适用的。

　　马克思关于社会再生产的基本原理，主要包括五个方面的内容：①关于再生产的类型问题，即个别再生产和社会再生产、简单再生产和扩大再生产、外延扩大再生产和内涵扩大再生产的划分及其相互关系的原理。②关于总产品的构成问题，即社会总产品的实物构成、价值构成以及按最终使用划分为补偿、消费、积累三大社会基金及其相互关系的原理。③关于社会生产两大部类的关系问题，即简单再生产和扩大再生产的实现条件和平衡关系以及两大部类产品增长速度、对比关系和生产资料优先增长的原理。④关于社会再生产中的补偿、消费、积累和后备问题，即有关各项社会基金本身的运动和实现的原理。⑤关于社会再生产中的市场实现和货币运动问题，即市场机制、货币流通在社会再生产中的作用以及实物运动和货币运动的矛盾统一的原理。此外，还有对外贸易在社会再生产中的作用和社会再生产与生态环境再生产的相互关系等原理。①

---

　　①　刘国光、张曙光：《马克思的社会再生产理论》，中国社会科学出版社1981年版。

学习马克思关于社会再生产的基本原理，联系社会主义经济建设的实践，一个极其重要的问题就是实现国民经济的综合平衡。对此问题，过去着重的是正确处理再生产发展速度和重大比例关系之间的矛盾和统一。社会再生产的发展速度取决于许多复杂因素，首先直接取决于一定时期投入生产过程的活劳动和物化劳动的数量和质量。从综合平衡的角度来研究速度，只有在劳动力和生产资料恰当结合、协同作用的条件下，才可能有最好的速度。这就要求在两大部类之间、消费和积累之间保持一定的比例（可以用多种的数学公式和数学模型来计算）。还要看到，综合平衡不仅是速度和比例的问题，更是关系产业结构和经济效果、经济效益的问题。通过综合平衡，实现产业结构的优化和经济效益的提高，使国民经济得到持续、稳定、协调的发展。

综合平衡，还应当与经济体制联系起来。传统体制不利于综合平衡，所谓"吃大锅饭"，一方面刺激社会需求的膨胀，另一方面又妨碍社会供给的增长，形成所谓"短缺经济"。因此，必须改革经济体制，不改革没有出路，不能实现经济的稳定增长。改革的要求之一是建立完善的宏观管理或宏观控制的体制。在这个意义上，"综合平衡"与"宏观控制"的概念是基本上相通的（所不同的，前者以计划经济为依托，后者需与市场机制相结合）。也是在这个意义上，人们越来越体会到：经济发展与经济体制是相互联系、不可分开的。[①]

（二）研究经济发展战略的重要意义和历史经验

从一般的研究经济发展问题到提出"经济发展战略"（或"经济社会发展战略"），虽然只是20世纪80年代以来的事，但是进展很快，不断达到新的高度和深度。其实，"战略"这个概念，过去用于战争和革命，人们并不陌生。战略的含义，泛指重大的、全局性的、根本性的计谋和对策。经济发展战略，是指在较长时间内（例

---

① 刘国光主编：《国民经济综合平衡的若干理论问题》，中国社会科学出版社 1981年版。

如 5 年、10 年、20 年），根据对经济发展的各种因素、条件的估量，从关系经济发展全局的各个方面出发，考虑和制定经济发展所要达到的目标、所要解决的重点、所要经过的阶段以及为实现上述要求所采取的力量部署和重大的政策措施等。它涉及经济发展中带有全局性、根本性、长远性的问题。就这个意义说，过去即使没有用过经济发展战略的概念，实际上绝不等于没有考虑和制定过类似的决策，例如提出经济建设和经济发展的"总路线""总任务""总方针""总政策"和各个五年计划的若干原则等，都带有战略的意思。但是，由于缺乏"战略"的特定概念，不能建立经常的、强烈的战略意识，难免遇事多从局部和近期着想。明确战略概念，把对这个问题的研究放到应有位置，特别是在党的十二大制定了到 20 世纪末经济建设的战略目标、战略重点和战略部署后，引起人们的普遍重视，有利于促进社会主义现代化建设在正确的战略指导下顺利地实现。

研究当代中国的经济发展战略，有必要认真总结自己的并吸取别国的历史经验，实现战略的及时转换。根据某些发展中国家的经济发展经验，在战略选择上，大体上要经过两三个阶段，采取两三种战略，并获得不同的结果。最先，多数国家采取所谓"传统的"或"原始的"经济发展战略。这种战略，往往照搬西方和苏联早期实行的战略，其特点是：以国民生产总值或国民收入的增长为主要目标，以工业化为主要内容，以扩大积累为主要手段，求得社会财富的增加和国家实力的增强。实行这种战略，容易片面追求发展速度，并为此片面提高积累率，忽视农业生产和人民生活，导致经济增长的不稳定和结构失调、效益低下，有的还产生通货膨胀、财政赤字、外债剧增和分配不公、环境恶化。针对这些弊端，不少国家转而采取"改良的"或"变通的"经济发展战略。这种战略，吸取上述教训，比较强调稳定发展，比较强调结构协调，比较强调农业生产，比较强调人口控制，比较强调智力开发，比较强调独立自主。实行这种战略以后，多数国家形势有所好转。但是，这只是在传统战略基础上加以改良，并受到社会制度的局限，不能解决根本问题。与此同时，少数国家（或地区）从本身实际情况出发，采取不同的所谓"新的"经济发展战略。这些国家或地区大多比较小，有的强调"贸易立国"，有的强调"科技立国"，凭借特有的区位优势和有利条件，实行特殊政策，因此有的已经先后进入或即将进入中等发达国家（或地区）的行列，并取得另外一些国家的响应。借鉴这些国家（或地区）的经验，战略选择一定要从本身的实际出发，扬长避短，稳定增长，积几十年之功，始能顺利发展，改变面貌。

回顾我国从 20 世纪 50 年代到 70 年代，各个阶段的实际战略不尽一样，但是基本上都存在急于求成的倾向，并有不少自己独特的地方：①"一五"时期，以过渡时期的总路线为指导，以逐步实现"一化三改"（社会主义工业化和对农业、手工业、资本主义工商业的社会主义改造）以及在发展生产的基础上逐步改善人民生活为目标；主要措施是集中财力、物力搞好以 156 项重点工程为骨干的基本建设，正确处理建设与生活、积累和消费的关系。实践证明，这一时期的战略是正确的，取得了良好效果。只是在提前和超额完成原定指标后，开始滋长急于求成的情绪。②"大跃进"时期，提出"超英赶美""以钢为纲"等口号和"三面红旗"，盲目追求不断翻番的高速度和生产关系上的"一大二公"。实践证明是错误的，导致国民经济比例关系的严重失调，使工农业生产大起大落，得不偿失，人民生活也遭到损害。③调整时期，确定"调整、巩固、充实、提高"的八字方针，强调农业是基础，要按农、轻、重为序，注意搞好以物资、财政、信贷为中心的综合平衡，并调整生产关系，纠正了"共产风"。短短三年，生产迅速恢复，人民生活得到改善。但是战略思想上的问题并未完全解决，以致在形势好转后又重犯"左"的错误。④"文化大革命"前，原来有较好的设想，如基本解决人民的吃、穿、用，加强基础工业等。但在"文化大革命"开始后，一切都搞乱了，突出备战，加强三线建设，强调高速度，搞"穷过渡"，割"资本主义尾巴"，批判"资产阶级法权"，鼓吹平均主义，批判"卖国主义"，实行闭关锁国。这是一种杂乱无章的、"左"的发展战略，虽然由于广大干部、群众的抵制和努力，经济有所增长，但是损失巨大，并出现比例失调、效益下降、生活困难。粉碎"四人帮"后，又重犯急于求成的"洋跃进"错误，不得不再次实行"调整、改革、整顿、提高"的新八字方针。直至中共十一届三中全会，才拨乱反正，逐步走上正轨。

历史的经验告诉人们：研究、选择、制定经济发展战略是十分重要的。当战略决策正确时，国民经济蓬勃发展，人民生活得以改善，社会主义制度的优越性显示出来；相反，当战略决策失误时，经济发展就有挫折，人民生活难以改善，社会主义制度的优越性也不能充分显示。前事不忘，后事之师。应当认真总结自己的历史经验，借鉴其他国家的成功之处，并以它们的不成功之处为戒，发扬正确一面，防止失误一面，把社会主义现代化建设推向胜利![1]

（三）制定经济发展战略的若干基本原则

中华人民共和国成立以来，我国经济建设取得了巨大成就。但是，在前三十年的发展过程中，出现过不止一次或大或小的挫折。中共十一届三中全会后，逐步走上正轨，又取得了前所未有的新成就。这是由于把马克思主义的基本原理与中国的实际情况相结合，开辟了一条有中国特色的社会主义道路。这反映在经济发展战略上，就是通过总结经验，懂得了必须从国情出发，实行历史性的转换。综合地观察这一战略转换，可以归纳为下述若干基本原则。

（1）经济发展的战略目标，不是要求片面地追求高速度，而是要求实现持续、稳定、协调的发展。在经济发展中，速度是重要的，没有一定的经济增长速度，就不能增强国力、增加积累、保证就业，也就不可能逐步改善人民生活。但是，速度能有多高，不是取决于人们的主观愿望，而是取决于客观条件和按照客观条件进行的主观努力。否则，违背国情，脱离国力，急于求成，必然会大起大落，

---

① 刘国光主编：《中国经济发展战略问题研究》，上海人民出版社1984年版。

欲速不达，事与愿违。因此，确定持续、稳定、协调发展的指导思想，是完全必要的。持续，就是保证国民经济每年都有一定的发展速度，不致中断；稳定，就是稳步前进，年递增率大体相当，避免起伏过大；协调，就是按比例发展，在总量增长中不发生结构的严重失调。这十多年来，虽然曾经一度过热，而对照过去，周期性的波动要好得多。

（2）这个战略目标，不仅是为了经济增长，更要注意在发展生产的基础上逐步满足人民日益增长的物质文化需要。片面追求速度是为经济增长而经济增长，把经济增长作为最高的或唯一的战略目标，往往置人民生活于次要地位，违反了社会主义生产的最终目的。过去正是这样，经济增长较快，而人民得到的实惠却与之不相称，表明战略目标有偏差。现在，党制定的经济发展战略目标是分步走：第一步在国民生产总值翻番的基础上，基本解决温饱问题；第二步在再翻一番的基础上，人民生活达到小康水平。这体现了发展生产和改善生活之间的统一，比过去任何时期的经济发展战略目标更加完整和明确，也更能动员广大群众为实现这个目标而奋斗。

（3）这个战略要求在经济发展过程中，要正确处理速度与效益、速度与结构的关系。在片面追求速度的思想指导下，往往只计较产出，不计较投入，结果是投入渐增、产出渐减；速度上去了，而效益越来越低下，最后也不能保持一定的速度。与此同时，片面追求速度不仅导致需求膨胀、供应短缺，使总量失去平衡，还导致比例失调、结构失调，也使增长难以持久。总结过去经验，新的战略强调了在提高经济效益的前提下保持适当的速度，同时强调要调整和优化产业结构。这就是正确处理速度、效益、结构（比例）三者之间的关系，求得相互协调、相互促进。当然，实现这个战略转换是很复杂的，不少同志在思想上还不适应，必要的机制转换也不适应，以致几年来效益始终不理想，结构调整也难启动，必须进一步采取有效的对策。

（4）在扩大再生产的方式上，要从外延为主逐步转向内涵为主，走上依靠科技进步的轨道。实现经济增长，主要采取扩大投资、搞新建扩建的办法，在工业从无到有的创业初期，是必要的，不能避免。但是今天，已经有了几十万家企业，如果仍走老路，不注意技术改造和技术革命，就会停留于设备陈旧、工艺落后的现状，不仅影响产品的质量、消耗、成本和劳动生产率，并且也难以为继。因为如果要使产量翻番，就必须人力、财力和能源、原材料也翻番，这在现有规模上是不可能的。特别是为了迎接世界新技术革命的挑战，本着"科学技术是第一生产力"的精神，应当转向主要依靠科技进步，才能使经济发展跨上新的台阶，使国民经济的总体素质不断提高。近几年来，各地、各部门先后提出"科技兴省（市）"和"科技兴农"等口号，符合了时代潮流，重要的问题是尽快落实，付诸实施。

（5）在重视物质技术基础建设的同时，还要重视人力特别是智力的开发。重视物的资源开发是对的，但是还必须重视人的资源开发。因为科技进步以教育为本，与提高劳动者的素质分不开。人的智力状况，人对科学技术掌握的程度，人对现代化生产力的组织和管理水平，对经济发展尤其是现代化建设，起着越来越有决定性的作用。在经济发展的战略重点中，除农业、能源和交通外，还有科学和教育，表明了智力开发的重要性。我国人口多，劳动力资源丰富，要发挥这个优势，关键在于提高劳动者的素质。随着财力的增长，逐步增加这方面的投资，提高智力投资在整个社会投资和国民收入分配中的比重，将会促进经济的更好发展，进而会证明，这是一项投资少、收效大的百年大计。

（6）在坚持自力更生为主的前提下，要进一步扩大对外开放。过去，由于种种原因，实际上一度采取闭关锁国的战略，成为经济和技术落后的重要根源。当代世界是一个开放的世界，无论大国或小国，都不能完全靠自己的资源、技术和市场来发展经济。实行对外开放，成为经济发展战略中的一个突出问题，对一个国家的发展和提高，有其不容忽视和不可替代的作用。我国十多年来的经济发展，在某种意义上，主要来自改革和开放。当前，我国对外贸易额在国际贸易总额中所占比重不高，利用外资和引进技术的规模也不够大，还有深厚的潜力。今后的战略方针绝不是收，仍旧是放。如果说有什么不同，那就是进一步开放，扩大开放，更多地参与国际市场的经济技术交流和合作，更有力地促进国民经济的发展和现代化。[1]

（四）20 世纪 80 年代经济发展的回顾和 90 年代的展望

根据经济发展战略的一些基本原理和原则，联系我国 20 世纪 80 年代以来经济发展的实践，应当得出什么样的评价？这是我国经济学界几年来议论和研讨的热门话题之一。

应当肯定，这十年来，我国经济出现了勃勃生机，经济实力增长之快，人民所得实惠之多，都是前所未有的。大家认为，这是中华人民共和国成立以来经济发展最好的十年。究其原因：一是党和国家把工作重点转向经济建设，专心致志于发展社会生产力；二是实行改革开放，为经济运行注入了日益增强的活力；三是在经济发展战略上，总结历史经验，明确了战略目标、战略重点和战略部署。经过十年发展，第一步战略目标已经实现，基本上解决了十亿人口的温饱问题。切莫小看了这个成就，因为人民的温饱问题不仅是旧中国几百年、几千年始终没有解决的，即使在当代世界也还有几十个发展中国家至今没有完全解决。虽然，由于人口多、底子薄，我国现在的人均国民生产总值在世界各国中排在后位（折算美元，由于汇率不同，并不能很准确地反映实际水平）。但是，由于注意了缩小收入分配、消费分配和财富分配方面的不平等，我国受惠的人最多、比重最高。不少外国经济学家通过调查和数据分析，也认为与人均收入相仿的国家比，我国人民的生活质量，例如营养水平、平均寿命、识字率等都居前列。这都雄辩地证明了社会主义制度的优越性，应当为之自豪，不应只看到当前经济水平尚低而妄自菲薄。

---

[1]　《中国经济发展战略问题》，载《刘国光选集》，山西人民出版社 1986 年版。

　　20 世纪 80 年代是我国经济建设的"六五""七五"两个时期。"六五"时期是中华人民共和国成立以来最好的时期之一，也是我国经济发展战略的转变时期，开始从片面追求高速增长的传统战略向着新的战略转变。当然，这五年处于转变初期，转变的自觉性不高，在执行中甚至有反复。例如农业和轻工业的较快发展和人民生活的显著改善，都同实行新的发展战略有关；而出现的某些失误，例如投资过多、速度过快等，又同传统发展战略继续发生作用相连。转变的程度不同，取得的成就和存在的问题也不一样。具体地说，"六五"计划原定工农业总产值在提高经济效益的前提下，平均每年递增 4%，在执行中争取达到 5%。这样的决策，是在对高积累、高速度、低效率、低消费的传统战略进行批判的基础上提出来的。执行结果，前两年抓了调整，经济增长比较稳定，经济结构有所改善，经济效益有所提高。而且出现了有限的买方市场势头，形成了比较宽松的经济环境。但是后来，强调了翻番，没有认真贯彻以提高经济效益为前提的指导思想，追求产值和攀比速度之风重新抬头。1982 年年末就出现了通货膨胀的迹象和过热的苗头，1983 年调整中想压也未能压住，而且越来越热。1984 年，社会总产值、工农业总产值和国民收入的增长率都超过 13%。有人认为，这是我国经济进入"起飞"的征兆，其实是一种错觉。整个"六五"时期，以稳定增长开始，以增长过热结束。这说明，我国经济发展还未完全摆脱旧的经济增长观念和发展战略的影响。经济发展的唯一出路是要进一步实现战略的根本转换。这要采取很多措施，包括认清工农业总产值指标的缺陷，不能再据以考核政绩和评选干部，等等。①

　　"七五"时期是在对经济过热所导致的某些问题进行调整和治理整顿的过程中过去的。针对"六五"后期出现的增长过热，曾经设法调整，采取"软着陆"的办法，但是未能见效，在未"着陆"时又"起飞"了。直至 1988 年出现明显的通货膨胀，物价指数上涨率

---

　　① 《对"六五"时期建设和改革问题的回顾与思考》，载《中国社会主义经济的改革、开放和发展》，经济管理出版社 1987 年版。

达到两位数，市场秩序严重混乱，爆发了银行挤兑存款、市场抢购商品的风潮，于是采取治理整顿的紧急措施。在这样的形势下，原定在 1988 年下半年出台的价格、工资改革不得不中止。经过一年多的努力，治理整顿初见成效，过热的增长逐步降温，物价渐趋平稳。接着，又出现了一些新问题，主要是工业增长"滑坡"，市场销售"疲软"。中共十三届五中全会作出进一步治理整顿的决定后，形势继续好转。1990 年在物价继续稳定的情况下，工业生产有所回升，市场疲软有所缓解，只是效益低下和结构失调还未能很好解决。回顾整个 20 世纪 80 年代，经济发展的速度是较快的，国民生产总值等主要指标的年增长率大多在 10% 左右，提前实现了第二步战略目标。出现的一些问题，主要仍是来自急于求成。中共十三届五中全会清理了这种偏向，提出要牢固地树立持续、稳定、协调发展的指导思想。这不仅在治理整顿阶段要坚持，并在今后仍要长期继续坚持，才能说是真正实现了战略转换。从 1991 年的情况看，产成品积压多，财政困难加剧，通货膨胀压力并未真正消除，而一些部门和地区强调产值、相互攀比之风又有所抬头。进一步促进形势好转，防止再来一次周期性波动，必须明确指导思想，努力实现经济发展战略和经济体制模式的双重转换。因为治理整顿只能治标，而治本之道在于战略创新和体制创新。

站在 20 世纪 90 年代的门槛上展望未来，党中央全会和全国人民代表大会审议通过的十年规划和"八五"计划的《建议》和《纲要》已有具体安排。对此问题，在酝酿和研究过程中，我们曾经提出"以改革促稳定，在稳定中发展"的基本思路。我们认为，应当充分看到 80 年代取得的成就，特别是生产发展了，实力增强了，商品供应富裕充足，人民生活好过得多。当前面临的问题是前进中的问题。所以存在这些问题，一是战略有偏差，二是体制有缺陷。只要彻底转换战略，并通过改革理顺各方面关系，促使国民经济走上良性循环、稳定运行的轨道，我国经济发展的潜力是很大的。当前似乎存在一系列的"两难"：要控制需求，平衡物价，又怕压抑市

场，影响速度；要放松银根，刺激经济增长，又怕需求过旺，再度
引起物价上涨；财政收入占国民收入比重过低，特别是中央财政困
难，但改变这种状况又怕挫伤地方和企业积极性……应当看到，互
有联系的经济目标之间是可以互换的，要掌握好各个目标之间的协
调，也不能吝于付出某些必要的代价。这也是一种战略思考和战略
决策，否则，就有可能引起经济波动和政策摇摆，甚至陷于僵持状
态，难以摆脱两难困境。特别在"八五"时期，必须正确对待整治、
发展、改革三者目标及其衔接，以改革促稳定，在稳定中发展，并
在发展中以调整结构为中心，包括保持农业稳定增长，加强基础产
业和基础工业，加强现有企业的技术改造和促进高新技术的产业化。
我们坚信，既定的"八五"计划和十年规划以及第二步战略目标是
能够实现的。做到这些，足以表明，经济发展战略已经转换到新的
轨道，并且符合建设有中国特色社会主义方向。①

（五）经济发展的宏观目标和政策

发展与改革是相辅相成的。传统的发展战略与传统的经济体制
息息相关，战略的转换与体制的改革互为条件，这是从大处说。从
小处说，经济发展的战略目标有赖于宏观调控的保证，并成为宏观
管理的目标，通过宏观政策来促其实现。

宏观经济的管理或调控，本身就含有战略要求。所谓宏观管理，
就是把国民经济作为整体，从总量上组织经济运行的管理。在纷繁
复杂的经济生活中，客观地存在着若干涉及国民经济全局的总体经
济变量。这些总体经济变量大致分为两种：一种是无数经济单位的
经济活动的汇总，如国民生产总值、国民收入、总就业、总供给、
总需求、总消费、总储蓄、总投资、总积累、总出口、总进口等；
另一种是无数单个经济变量的某种平均数或经过相互抵消后形成的
净结果，如物价水平、通货膨胀（或通货紧缩）、利率水平、综合税
率、经济增长率、资本产出率、经济周期等。无论是前一种还是后

---

① 参见《对治理整顿和深化改革关系的若干思考》《对 1991 年我国经济形势的预测
与分析》等文，原文发表于 1990—1991 年《经济日报》《经济参考报》《经济研究》等。

一种，不同于个别的微观经济活动，都具有总体性、全局性、综合性等特征，从不同视角、层次和侧面反映了经济发展的战略倾向。经济发展战略的选择，也是对这些变量即指标的制定。实行计划经济或市场经济的国家，不管是否意识到，选择宏观目标都有其战略意图。因此，研究经济发展战略，体现在战略目标上，总要与宏观管理或宏观调控联系起来。

西方国家的宏观管理，针对危机年代出现的经济萧条和失业问题，原来的目标主要是"经济增长"和"充分就业"；第二次世界大战后出现通货膨胀、停滞膨胀和国际收支不平衡，宏观目标又增加了"稳定物价"和"平衡国际收支"等。社会主义国家与其不同，宏观目标主要是发展社会生产力和逐步改善人民生活，在不同时期又有不同的具体选择。这些目标，都是经济发展战略的延伸和具体化，与经济发展战略的总目标是一致的。

我国宏观经济管理目标，可以分为两个层次。

第一层次：宏观管理的总目标，应当是国民经济的持续、稳定、协调发展，也就是使经济发展即社会再生产达到最佳状态。这个目标，不仅表现在增长速度上，并且与效益、结构等相联系。实现这个目标，要以国民经济的综合平衡为基础，因为只有建立在综合平衡基础上的速度才是最佳速度，也才有最佳的效益、最佳的结构。

第二层次：宏观管理的分目标，是在总目标的统率下，进入较深层次的各个方面，有其更加具体的内容和重点，进一步体现发展战略的各个侧面及其组合。由于社会制度和发展阶段的不同，我国宏观经济管理的具体目标主要是以下几个。

（1）经济适度增长。经济发展的内容虽不限于数量增长，但是不能由此贬低经济增长的重要性。它标志着社会再生产的扩大，是扩大积累和消费的源泉所在。特别是发展中国家，从贫困落后走向繁荣昌盛，这个发展进程就直接反映在经济增长上。问题是经济增长的速度和规模，取决于各种现实条件，不能仅凭主观愿望，越快越好。所以，作为战略目标，只能是"经济适度增长"。其量化，要通过具体计算，设计多种数学模型。从经验数据看，以国民生产总值为指标，原来规划二十年翻两番或十年翻一番，每年分别增长7.2%和6%左右，是比较恰当的，既积极可靠，又留有余地。

（2）物价基本稳定。过去我们没有把物价列为经济发展的战略目标，因为在传统体制下，冻结物价，不成问题。改革以来，引入市场机制，逐步放开价格，保持物价的基本稳定，除了出于稳定社会和稳定政治的考虑外，就经济本身来说，也是保持社会供求在总量上和结构上基本平衡的重要标志。有人曾经认为通货膨胀有利于经济增长，实践证明是错误的。所谓物价基本稳定，并不意味着价格总指数的固定不变，而是把它控制在一定范围内，既有利于逐步理顺价格体系，又与增加城乡居民收入相对称，保证绝大多数人民生活水平不致下降并有所提高。

（3）就业比较充分。过去，采取城市由国家、农村由集体经济包下来的办法，掩盖着"隐蔽性失业"，弊端很多。改革以来，矛盾逐步暴露，有利于正确对待和处理就业、待业、失业问题。这在我们这样的人口大国，显得特别重要。由于我国资产存量（包括土地）相对短缺，劳动力与生产资料相结合，会有很大缺口。因此，必须采取适当措施，例如在以公有制为主体的前提下适当发展其他经济成分，大力发展第三产业和适当发展劳动密集型产业，在农村发展精细农业、多种经营和乡镇企业等，使每年增长的劳动力大部分得到安排，农村剩余劳动力逐步向非农产业转移。

（4）生活逐步改善。这是社会主义生产目的的基本要求，同样受到各种条件的制约，例如正确处理积累与消费的关系，平均工资增长与劳动生产率提高的关系，消费总额增长与生活资料总产值增长的关系，以及经济增长与人口增长的关系等。还要考虑允许一部分人和一部分地区先富起来，逐步走向共同富裕，争取到20世纪末达到小康水平，全面提高生活质量，并有合理的消费结构。把这个指标列为战略目标和宏观目标，体现了社会主义制度的本质，也是调动广大群众积极性的重要保证。

宏观经济管理的具体目标还有"合理配置资源""优化产业结构""财政收支平衡""国际收支平衡"等。过去所说的"按比例"和"综合平衡",也主要表现在这些方面。这些分目标与总目标相互依存,共同构成一个完整的目标体系,是整个经济发展战略的形象化和明确化。

与宏观目标相联系的是宏观政策。实现既定的战略目标,要有相应的宏观措施,包括运用经济手段、法律手段、行政手段和思想教育手段等。其中最主要的是经济手段,即用经济办法来管理经济,按照经济规律来发展经济。经济手段的实质,是根据各个经济行为主体的利益需求,通过经济政策的制定和执行,运用经济杠杆,形成经济系数,引导这些经济主体使其行为符合宏观经济管理的战略要求。经济手段有其丰富内容,本着计划经济与市场调节相结合的原则,主要包括计划手段和财政政策、税收政策、货币政策、金融政策、劳动就业政策、收入分配政策、对外经济政策以及综合性的产业政策、区域政策等。通过这些政策形成的经济参数或政策参数、市场参数,有税率、利率、汇率、工资、物价和其他生产要素价格等。宏观目标是制定宏观政策的依据,宏观政策是为宏观目标服务的。两者结合得好,既定的经济发展战略就能从主观的计划或设想逐步成为活生生的现实,把我国社会主义现代化建设的伟大事业不断推向前进。

二 经济体制改革问题

(一) 社会主义商品经济理论

发展和改革是相互联系的。发展有赖于改革,改革推动着发展。我国的传统经济体制,在社会主义建设初期,对建立工业化的初步基础有积极作用。后来,随着经济的发展和经济关系的复杂化,传统经济体制暴露出越来越多的缺陷。这些缺陷,归纳到一点,表现为原来高度集中的指令性计划经济模式基本上排斥商品货币关系,不能适应社会主义商品经济发展的需要，束缚了社会生产力。经过长期的实践总结和理论研讨，按照解放思想、实事求是、一切从实际出发的思想路线，突破了把社会主义经济看作本质上不是商品经济的传统观点，逐步树立了社会主义的商品经济观，确认社会主义经济是公有制基础上有计划的商品经济。这就为改革传统体制、促进社会主义经济体制的自我完善奠定了理论基础。这个理论，也是对马克思主义商品经济理论的继承和发展。

这个认识是来之不易的。马克思主义创始人生活在 19 世纪的资本主义社会，对当时建立在私有制基础上的商品经济做了深刻的分析，从其基本矛盾出发，肯定在从发达的资本主义转化为社会主义后，商品生产将被消除。十月革命后，列宁也曾设想以产品交换代替商品交换，但是很快发现，这在生产力落后的条件下是行不通的，转而实行新经济政策，鼓励商品生产，扩大商品流通。斯大林在推进社会主义工业化和农业集体化后，承认两种公有制之间需要交换，直到晚年，才肯定社会主义存在商品生产和价值规律，但是仍旧否定国有经济内部的商品交换，并把生产资料排斥在商品之外。这种传统观点，在实践中不断受到检验。按这种观点建立的传统体制的弊端日益显露，使人们得出对其必须改革的结论。

我国也是这样，经历了曲折过程。中华人民共和国成立之初，多种经济成分并存，搞商品经济是很自然的。1956 年提出"双百"方针，关于商品经济的讨论活跃了一阵子。但是在反右和"大跃进"后，刮起"共产风"，认为商品经济该消亡了。"大跃进"遭受挫折后，毛泽东曾指出，我国商品生产还很落后，还要大发展；商品不限于个人消费品，有些生产资料也属于商品；在完全社会主义的全民所有制中，有些地方仍要通过商品来交换，等等。这些思想，使三年调整取得很大成绩。可惜的是，到"文化大革命"中，这些思想又被基本上否定了。直至中共十一届三中全会后，经过反复讨论，才得到上述确认。在此过程中也有倒退，有段时期有的同志认为，尽管还存在商品生产和商品交换，但不能概括为商品经济；或者把商品经济与公有制、与计划经济对立起来，认为两者不能兼容。中共十二届三中全会通过了关于经济体制改革的决定，对此才有明确的科学结论，并使改革有了新思路，出现了新局面。

为什么社会主义社会也存在商品经济？《中共中央关于经济体制改革的决定》指出："商品经济的充分发展是社会经济发展的不可逾越的阶段，是实现我国经济现代化的必要条件。"对此判断，有过各种解释。基本的理解是：一方面，社会主义经济的存在和发展，使生产越来越社会化，存在广泛的社会分工，这也是商品经济得以存在和发展的一般前提条件，与资本主义经济有共性；另一方面，现阶段的社会主义以公有制为主体，而公有制又有不同形式，并且还有其他非公有制经济成分，相互之间的经济联系只能通过商品交换，不能否定这种商品经济的本质属性。特别是在各种所有制之间和公有制内部，由于个别劳动和社会劳动的差别还存在，由于劳动还主要是人们的谋生手段，社会还要承认不同劳动者的能力是"天然特权"，因此，人与人之间、企业与企业之间，仍然存在根本利益一致前提下的经济利益差别，必须按等价交换的商品经济原则来调节，从而必然存在商品货币关系，形成社会主义的商品经济。

确认社会主义经济也是商品经济，可以澄清很多糊涂观点，例如商品经济与公有制是否相容，与计划经济是否相容，特别是发展商品经济是否会发展资本主义、否定社会主义。国外也有人认为或希望，中国发展商品经济将走向资本主义。其实，马克思早就说过："商品生产和商品流通是极不相同的生产方式都具有的现象，尽管它们在范围和作用方面各不相同。"① 商品关系不等于资本主义，它产生于资本主义之前的原始社会末期并逐步成长于奴隶社会和封建社会，还延伸到资本主义之后的社会主义社会，并将有进一步的发展（有的同志认为，只要存在社会分工，就会存在商品经济，仅是具体形式不同）。可见，发展商品经济决不等于发展资本主义、否定社会

---

① 《马克思恩格斯全集》第23卷，人民出版社1972年版，第133页。

主义。

当然，社会主义的商品经济也不同于资本主义的商品经济，其基本区别：一是社会主义以公有制为主体，不同于资本主义建立在私有制基础上；二是社会主义是有计划的商品经济，不同于原始资本主义基本上是无政府状态的；三是社会主义实行按劳分配和共同富裕，不同于资本主义的剥削制度，发展商品经济会导致贫富两极的分化和悬殊。[①]

树立社会主义的商品经济观，不仅有利于端正经济发展战略，增强价值意识，讲求经济效益，更有利于引导和深化经济体制改革。改革必须遵循发展商品经济的要求，例如要使企业成为独立的商品生产者和经营者，要完善市场体系、健全市场机制，要理顺价格关系，要使宏观经济管理从直接控制为主转向间接控制为主等，都体现了这个要求。从单一的计划经济模式转向计划经济与市场调节相结合的运行机制，被认为是改革的市场取向，也不外是这个意思。

（二）传统经济体制的由来及其评价

所以需要改革，不改革就没有出路，是基于对传统体制的再认识。因此，必须对传统体制的由来做本质的解剖，并作出恰如其分的评价，才能坚定改革的决心，明确改革的方向。

中华人民共和国成立以后，党和政府就着手对半封建半殖民地的经济体制进行根本性的改造和变革，为建立新的体制准备条件。经过三年恢复和"一五"时期的社会主义改造，新的社会主义经济体制初步形成了。对于这种体制属于什么模式，有过不同看法。国内外不少人士曾经认为是"苏联模式"。诚然，传统的苏联模式对经济体制有很大影响，但是，把两者等同起来，是不够确切的。即使在"一五"时期，也没有完全照抄苏联的做法。例如：在建立公有制绝对优势的同时，允许多种经济成分并存；在实行直接计划为主的同时，还实行部分的间接计划；在实行行政管理为主的同

---

① 《关于发展社会主义商品经济问题》，载《中国经济大变动与马克思主义经济理论的发展》，江苏人民出版社1988年版。

时，尤其在农业、商业等领域，适当注意了运用价格等经济手段。这都不同于苏联而有自己的创造，与当时的经济建设是基本上适应的。

至于如何形成这样的经济体制，全面地看，主要有四方面的历史渊源。

（1）对苏联模式的某些仿效。这是由于缺乏管理社会主义经济的经验，不得不向第一个社会主义国家学习。应当看到，学习苏联经验，例如重视国民经济的综合平衡，强调计划的科学性和严肃性，坚持重点建设的统一管理和基本建设的按程序办事等，当时都有可取之处。但是，把苏联体制中国家的权力过大，而地方尤其企业的权力过小，主要采取行政手段而忽视价值规律等，不加区别地照搬过来，后果是不好的。

（2）供给制的因素。这是在革命的长期斗争中，根据地经济落后、财政困难，不得不实行战时共产主义的供给制所遗留的影响。中华人民共和国成立后，财政经济仍有困难，陈旧的供给制，作为一种习惯势力，不同程度、不同形式地沿袭下来，例如统收统支、实报实销，平均分配、略有差别，以及党政企职责不分等，都含有供给制因素。所谓捧"铁饭碗"、吃"大锅饭"，无非是对供给制的形象化描绘。

（3）自然经济的痕迹。原来商品经济不发达，自给、半自给的自然经济根深蒂固。中华人民共和国成立后，人们思想上仍旧受其束缚，表现为条块分割、自成体系，追求"小而全""大而全"，以及因循保守、闭关（对内）锁国（对外），并且缺乏时间、价值和效率、效益观念，甚至讳言赢利、害怕竞争，对商品经济有抗拒感。这不仅在农村，即使在城市也都有迹可循，这与市场机制格格不入。

（4）对私改造的政策。对农业、手工业、资本主义工商业的社会主义改造是正确的，但要求过急，表现在对小工业、小商业、手工业合并过多，形式过于单一；在贯彻执行"利用、限制、改造"

政策时，往往重限制、轻利用。有的政策，例如统购统销和冻结物价，当时有必要，而在情况变化后，未能及时作适当调整，一直保留在以后的经济体制中。

四种渊源，共同的特征是限制甚至反对商品经济的发展，忽视甚至否定价值规律的作用。

这种体制，总的叫作高度集中的经济体制，基本上属于指令性计划经济模式，同时带有明显的供给制因素。有的同志叫它产品经济模式。所谓产品经济，就是经典作家原来预言的社会主义革命胜利后，社会将实行直接的资源分配、劳动分配和产品分配，那是要在未来产品极大丰富的条件下才有可能实现的一种猜想，对现在来说是一种空想。实际的情况是在追求产品经济的名义下，没有摆脱自然经济的阴影。所谓自然经济，就是不要商品经济的、自给自足的、封闭自守的经济，带有浓厚的封建色彩，其影响更为严重。也有人认为，在领导层，自上而下的主要是苏联模式的影响居多；在基层，更广泛、深沉的则是自然经济的残余。

传统体制的弊端，在"一五"时期即开始暴露。于是，不断有所调整，也叫"改革"。问题是，过去的几次改革，着重于行政权力的变动，即所谓权力下放和权力上收，在权力集中和分散上反复，基本上没有触及运行机制的转换，没有把注意力集中于搞活作为经济细胞的企业。尤其是经过十年动乱，在"左"的思想指导下，形成了比较定型的僵化模式，其特征是：所有制越来越单一化，经济管理越来越集中化，经济运作越来越实物化，分配越来越平均化，或者还可再加上政企职责越来越一体化、条块关系越来越分割化。这样的体制，缺乏生机和活力，既不能调动企业和群众的积极性，又不能实行有效的宏观控制。因此，必须全面改革，深化改革。[1]

（三）经济体制改革的模式分类和目标选择

传统体制必须改革成了全党、全国的共识以后，接着的问题是

---

[1]　《中国经济体制改革的模式研究》，中国社会科学出版社 1988 年版。

如何改革，即改革成什么样的新体制。对此问题，开始有一种看法，认为只能"边设计边施工"，采取"试错法"或"撞击反射"，理由是改革有不确定性，不能先设想一个固定的目标。实践随即表明，这样改革，随意性大，难免要走大的弯路，付出大的代价。于是，提出了改革的模式及其分类和目标选择。当时有人反对"模式"的提法，把模式理解为"一种依样画葫芦的模子"，那是误解。所谓模式，其实是指一种"类型""形态"或"形式"，只是研究和分析的工具，是从具体的经济体制中排除了细节而得到的理论抽象，是对某一种经济体制的基本规定性的概括，是指这种经济体制的基本框架和主要运行原则的总和。在社会主义制度下，并不是只有苏联一种模式，而是有多种模式。如果认为，改革所要形成的体制模式就是"有计划的商品经济"，那是过于简单的，应有进一步的具体化；定为"小的放开、大的管好"或"集权与分权相结合"等，也只是某种模式的某个原则，不能成为改革的整体目标。体制模式体现的是经济运行的主要机制。这在一定的根本制度下，存在广阔的选择余地。

明确社会主义制度下存在多种模式，应当根据各国的国情进行选择，其重要意义在于：首先，认为改革就是体制模式的择定和转换，可以防止停留于或满足于局部性的修修补补，即以改良代替改革，这是不能真正解决问题的；其次，在择定一种体制模式后，就可以进行总体设计，开展配套改革，而不至于目标不定、方向不明，在改革中摇摇摆摆；再次，明确了改革的目标模式，才能树立改革的坚定信念，不会浅尝辄止或知难而退，务求获取全胜，把改革进行到底；最后，有了目标模式，更能保证改革坚持社会主义方向。

社会主义经济体制到底有哪些模式，在讨论中有过不同分类。根据各国的实践和国内外同行提出的一些主张，可以归纳为以下六类：①军事共产主义模式，其特征是全部经济活动的决策权集中于国家，完全排斥商品货币关系和市场机制，实行实物供给和平均分配。这是战争时期为集中有限资源渡过困境的应急模式。②传统的集中计划经济模式，其特征是宏观经济活动和企业经营活动的决策权集中于国家，个人和家庭决策权原则上分散化，以行政权力的等级结构为基础，直接计划管理占主导地位，商品货币关系和市场交换主要存在于两种公有制之间和国家与个人之间。这是20世纪30—50年代苏联的模式，第二次世界大战后的社会主义国家也大多仿效过。③改良的集中计划经济模式，其特征是宏观经济活动的决策权在国家，国家也掌握企业的某些重要的经营活动，但有一部分放给企业，市场机制只在一定范围内起着外部补充作用，不能灵活运用经济杠杆。20世纪60年代后，不少原来实行传统的集中计划经济模式的国家先后采取过这种模式。④间接行政控制模式，其特征是指令性控制办法原则上已经废除，但是还未建立起通过市场、运用经济手段对企业进行间接控制的机制。企业还不得不一只眼睛盯住市场，一只眼睛仍旧盯住上级。这是某些国家在改革过程中出现的现实。⑤计划与市场有机结合的模式，其特征是宏观决策权集中于国家，企业和个人决策权分散化，国家制订计划指导企业活动，并运用各种经济政策和经济杠杆，形成各种市场参数，通过市场信号来引导企业行为，使其与宏观的计划目标相一致，从而使计划机制与市场机制有机地结合起来。⑥市场社会主义经济模式，其特点是以某种公有制形式为基础，宏观和微观经济活动的决策权都实行分散化和市场化，让市场机制起主导作用，基本上取消计划。以上一系列模式，有如太阳光通过三棱镜折射出的光谱，一头是完全排斥市场机制的"军事共产主义"，另一头是接近完全依靠市场调节的"市场社会主义"，中间则是计划与市场不同程度的联系和结合。

从上述模式分类，也能大体看出，决定这些不同模式的内容，有着多种构成要素。外国学者有八分法、四分法、三分法。综合各家之长，结合各国改革的实践经验，似可归纳为五个方面：一是所有制结构；二是经济决策结构或经济决策体系；三是经济利益或经济动力体系；四是经济调节体系；五是经济组织体系。其中，所有制结构是经济体制的基础，并表现为微观层次的企业行为；经济调节体系即运行机制，不仅表现为宏观管理，还与微观行为相呼应。从这两点出发，整个经济体制又能分为三层或三位，即国家、市场、企业。国家或政府的调控属于宏观层次，企业属于微观层次，市场则贯通于各个层次。"三位一体"，共同构成经济体制的全局。

在上述诸模式中，应当选择哪个作为改革的目标模式？选择的原则是清楚的：一是坚持社会主义方向，二是符合中国的基本国情。按此原则，选择的标准，既要与我国当前的现实相衔接，又要能够获得最大活力，充分显示和发挥社会主义制度的优越性。对此，有一个认识逐步深化的过程。最早，理论界曾经考虑把"含有市场机制的计划经济模式"作为中期目标；接着，又考虑过"在计划指导下，有宏观控制的市场协调模式"。显然，两者的落脚点有移位。最后，肯定上述六种模式中的第五种，即"计划与市场有机结合的模式"。按照这种模式，具体化为各构成要素，大体上是：①在所有制结构上，建立以社会主义公有制为主体、国有制占主导地位、多种经济成分并存、相互之间开放的多元化模式。②在经济决策体系上，国家集中必要的决策权，主要是对宏观经济的管理和调控；中心环节是建立企业的自主经营权，包括短期和长期的投入产出、企业内部的分配以及产品和生产要素的定价。③在经济利益体系上，不仅要强调根本利益的一致和兼顾国家、集体、个人三者之间的利益关系，还要建立一个多层次的利益体系，既有合理的利益刺激，又有必要的利益约束和利益协调。④在经济调节体系上，以指导性计划为经济调节的主要依据，并以市场机制作为商品经济运行的内在要求，把两者有机地结合起来。⑤在经济组织体系上，要在政企职责分开的前提下，调整政府职能，实行中央和地方（主要是省一级）的分层调控；改进部门管理，加强行业管理；发挥以大中城市为中心的经济区的协调功能；重建和更新商业、金融和教科文等中间组织，并促进企业组织的专业化和联合化。这些看法，与现在的改革决策在表述上或有差异，但基本精神则是相通的。

（四）计划与市场的关系和结合

选择经济体制的目标模式，经过十年探索，终于找到一个聚焦点，就是计划经济与市场调节相结合。计划与市场的关系是一个全世界的、跨世纪的命题。最早，曾经有人认为两者是划分社会主义和资本主义的界限，即"对立论"或"排斥论"。破除这个陈旧观念，是一大突破。后来，经过"板块论""主次论"到"结合论"，是一大进展。在"结合论"中，又有从"渗透结合""胶体结合"到"有机结合"等演变，是一大升华。对"有机结合"，还有"计划经济与市场经济结合""计划机制与市场机制结合""计划调节与市场调节结合"等不同提法，近来确定为"计划经济与市场调节相结合"。这些，可以简化为"计划与市场结合"。此外，另有"叠加论"或"双重覆盖论"以及"宏微论""长短论""体用论"等，都是从不同角度试图说清楚计划与市场的关系，并作为运行机制，成为整个体制的灵魂。

关于计划与市场的结合方式，也有多种提法，有的着眼于理论表述，有的着眼于实际操作。例如，在对微观经济管理的操作上，把两者结合划分为三块：一块是指令性计划，属于直接管理；一块是指导性计划，属于间接管理；一块是不作计划的市场调节，实际上也在计划调控的范围之内。至于对宏观经济的管理，计划和市场都是覆盖全社会的，即统一计划与统一市场相结合。这种总量控制的计划，总体上必然是指导性的。指令性部分将逐步缩小，并与市场机制相联系。在这个意义上，很多同志认为，计划要建立在价值规律的基础上，或者说，价值规律和供求规律是计划与市场的结合点。

经过这十多年的改革实践和理论探索，大家对计划和市场的认识已经不同于过去。拿计划的概念来说，过去认为：计划只能是指令性的，甚至是法律，必须完成；计划无所不包，包括人、财、物、产、供、销，从微观到宏观，像孙悟空跳不出如来佛的手掌心；计划就是指标管理，并且主要是实物管理。现在，计划的概念有了变化并丰富了：①计划不限于指令性，还有指导性计划或政策性计划，产业政策也是一种计划指导。②计划不是包揽一切，国家计划只管宏观，微观主要让市场、企业去管。③计划主要不是或不完全是指标管理，指标管理也着重于价值管理，如社会需求和供给的总量平衡和结构协调。

再拿市场的概念来说，过去认为：市场与公有制不相容，只能以私有制为基础；市场与计划也不相容，只能是盲目的、无政府的；市场商品主要限于消费品，生产资料市场只能限于一小片（农业生产资料），更谈不上其他生产要素市场。市场的概念也有了变化并丰富了：①市场与公有制相容，市场、市场机制、市场调节都是社会化生产和商品经济发展的产物，与计划、计划机制、计划调节一样，都是资源配置的不同方式，并不是区别资本主义与社会主义的标志。②市场与计划并不对立，在计划指导和宏观管理下，市场也是可调控的，不一定是盲目的、无政府的。③市场不限于消费品和生产资料，还有资金、劳动、技术、信息、房地产等生产要素市场，否则就是残缺的了。

当然，对计划和市场，从实践到理论，现有的认识还不够完善，有待进一步探索。例如对市场经济和商品经济的关系，还存在一些未解题。有的同志认为，可以提市场机制、市场调节，但是不能提市场经济或市场化，如果那样就越过了界限，属于资本主义的经济范畴了。有的同志则认为，市场与商品不可分，市场化和商品化是共生的；市场经济不等于资本主义，市场化与私有化是两回事；市场既与计划相容，市场化与计划化也不相悖。这些，应当允许在"双百"方针下继续进行学术研讨。

所以要把计划与市场相结合，成为有计划商品经济新体制的运行机制，目的正如中共十三届七中全会文件所说，是要把两者的优点和长处都发挥出来，并相互弥补其缺点和短处。计划的长处是能在全社会范围内集中必要的人财物力办几件大事，并且可以调节收入分配，保持社会公正。市场的长处是能通过竞争和优胜劣汰，促进技术和管理的进步，实现供需衔接。但是在实践中，往往不是把两者的长处结合起来、发挥出来，而是把两者的短处搞到一块，例如：计划不能起到宏观调控作用，或者僵化，或者出现"有计划的盲目性"（盲目定产量、定投资项目）；市场不能起到调节供求作用，失去控制，或者导致通货膨胀，或者造成流通梗阻。

因此，既要重视计划和市场的作用，又不能迷信计划和市场，认为"计划万能"或"市场万能"。有些事，不能完全放任市场那只"看不见的手"去操纵，如经济总量的平衡、大的经济结构的调整，在追求效率中兼顾公平以及生态平衡、环境保护等。也有些事，不能认为只要有计划就能解决问题，计划属于主观设想，认识客观往往有局限性；计划主要管大的，若不分巨细都管，难免会因信息不灵、不全、不确切而导致失误；在处理利益关系的协调上，计划也容易受到局部利益的制约，出现各种片面性。扬两者之长，补两者之短，计划与市场的结合，同样有一个在实践中逐步完善的过程。①

在计划与市场结合的问题上，还出现了另一种争论：改革是计划取向，还是市场取向？少数同志主张前一种说法，认为必须强调计划为主，才不会偏离社会主义方向。不少同志则持后一种说法，认为前一种说法仍是把市场等同于资本主义，不利于发挥市场调节的积极作用。所谓市场取向，大致有四层意思：一是把单一的计划经济改革为计划经济与市场调节相结合，即向市场靠拢；二是计划也要讲求价值规律，就是尊重市场规律；三是计划有主观性，市场则是客观的，正确处理二者关系就是市场导向；四是从长远看，指令性计划的范围将逐步缩小，指导性计划和市场调节的范围将逐步扩大，市场的作用会不断提高。还有人认为，十多年改革的成就，在某种意义上，就是逐步放开市场，逐步扩大市场的作用，否则，也就谈不上什么改革，只能在原地踏步。这些，都该继续研讨，以便使改革逐步深化。

（五）经济体制模式的转换和双轨制

经济体制改革，在择定以计划经济与市场调节相结合为目标模

---

① 《计划与市场问题的若干思考》，《改革》1991 年第 4 期。

式后，就要推行由旧模式向新模式的转换。如何转换？在途径和方式上，两个问题是有过争论的：①一步走还是分步走？看来以采取渐进的原则为好。曾经有人主张"一揽子"即一步走的办法，即在经过必要的准备后，从某个时点开始，实行断然措施，直接进入新的体制。这在有的国家试验过，鲜有成功事例。特别是像我们这样经济落后、发展不平衡的大国，只能逐步过渡，不能快速过渡，一步到位。其原因主要是：第一，模式转换的实质是从半自然经济或不发达的商品经济走向基本规范的商品经济，这是一个长过程，无法在短期内迅速形成较完善的市场体系和较健全的市场机制；第二，改革是一场广泛涉及经济、社会、政治、文化的大变动，必然引起不同集团和阶级的利益再分配和权力再分配，导致社会结构的重新组合，并有赖于观念更新，这都不能急于求成，而要逐步推进，做深入细致的实际工作；第三，我们国家大、企业多，层次复杂，地区之间差别明显，一步走难免一刀切，必然要脱离部分地区的实际；第四，改革缺乏现成样板，要从全国和各地实际出发，在理论上、经验上和规划上都需探索和积累，否则容易陷入主观主义。所以，改革是一场持久战，不该期望毕其功于一役。②单项突破还是同步配套？看来要有总体设计，不能搞什么"抓住一点，推动全盘"。改革之初，强调"摸着石头过河"，是在缺乏经验的情况下，要求慎重推行，切忌浮躁冒进。在逐步积累经验后，仍要脚踏实地，防止踩空。但是，应当也是可以做出总体设计，使各项改革相互配套，同步前进。这是因为，国民经济和体制模式都是一个大系统，各方面相互依存、相互制约，靠单项突破，如不与有关改革相配合，必然受到牵制，寸步难行。有人主张企业改革先行。这作为改革的重点，是可以的，但是如不同时培育市场，企业改革就要受到外部环境的束缚，企业就不能成为真正独立的商品生产者和经营者。所以，改革又是一场总体战，想靠东敲一棒、西敲一槌来解决，必然是被动的。此外，体制改革还必须与发展模式的转换相一致。

　　体制转换应当遵循渐进原则和配套原则，这就不能不有一个转换过程或过渡过程。在此过程中，旧体制逐步被舍弃，退出经济舞台；新体制逐步成长，最终占据主导地位。在此过程中，新旧体制并存，被称为双轨制。对双轨制，各方纷纷责难，感到弊端丛生。但是，又没有什么可以代替的办法，既不能一步到位，又不能尽快并轨，更不能倒退回去。所以，双轨制是体制转换的唯一选择，其作用是：①有利于改革的及时起步。如果采取"一揽子"方式，要做周密而充分的准备，必然旷日持久，使改革迟迟不能起步。何况，准备的难度极大，要使万事俱备，甚至会遥遥无期。实行双轨制，使改革由点到面逐步展开，很快初见成效，还有利于激发人们的改革意识。②有利于缓和改革的震荡。改革涉及利益格局的调整，一步到位，震荡过于激烈，可能超过一部分人的承受能力，甚至引起反感。实行双轨制，化大震为小震，阻力较小，积小胜为大胜，就能步步为营，最终到达预期目标。③有利于稳定经济，做到改革和发展两不误。改革涉及生产关系和上层建筑的很多方面，进度太快，容易影响生产力的稳步发展。实行双轨制，对按照原来机制进行的那一块，基本上稳住，就能使生产和流通逐步发展，不因机制的突然变化而付出太大的代价，而经济的稳定发展，又为改革的渐进提供必要条件。④有利于不断积累经验，培养人才，逐步形成改革风尚，把可能失误的风险控制在有限的范围内。这包括了积极试点，慎重推广，在方法上也是比较科学的。

　　当然，实行双轨制，在新旧两种体制并存的情况下，也会出现一些摩擦和冲突。双轨制遍及经济体制的方方面面，集中起来，主要有两点：一是价格的双轨制，不仅部分产品实行固定价、部分产品实行市场价，而且同一产品也有两种价格，甚至生产要素价格如工资、汇率也是双重的；二是计划与市场的双轨制，即部分产品的生产、交换和分配由计划调节，部分产品由市场调节或同一产品有两种调节方式。这不是有机结合，而是板块划分，往往不能集计划和市场的长处，而是各搞一套、互不联系。改革启动，进入双轨制后，稳住了计划一块，逐步放开了市场一块，使市场得以萌生，企业得以搞活，其初步效应是明显的。但是不久，就出现了矛盾，主要有：①市场信号多元化，特别是双重价格使市场导向失真，竞争不公平，企业无所适从，要素流动也有顺有逆。②在双重价格下，诱发计划外冲击计划内，特别是原材料供应追求计划内、产品销售追求计划外，往往会造成计划内生产与调拨的移位和计划外的膨胀。③计划内外的调拨和双重价格，引起投机倒把、转卖转买和愈演愈烈的不正之风，滋生种种"灰市场"，这是最令人诟病的。④在双重体制交替过程中，还可能出现旧体制渐失效、新体制未接上的脱节和"真空"，特别在宏观管理上容易失控，导致总量失衡、结构失调。这些矛盾，在出现经济过热和通货膨胀时，由于两种价格的差距扩大，表现得更尖锐，给人们弊大于利的感觉。在这种情况下，既不能倒退，又不能前进，使得改革不能不步履蹒跚。1985—1989年，就是这种情况。

双轨制从初见其利到终显其弊，不能据以笼统地否定双轨制，但也表明，双轨制只是过渡，应当有步骤地向目标模式转换。当前的深化改革，反映了这个要求。具体地说，就是要从放权让利走向机制创新，从局部试点走向全面配套，才能从双轨制逐步走向并轨，让新体制占主导地位。这个转换，主要环节是：①深化企业改革，在完善承包制的同时不排斥探索其他形式，使企业真正成为政企分开、"两权分开"的自主经营、自负盈亏、自我约束、自我发展的商品生产者和经营者。②大力培育市场，完善市场体系，包括生产要素市场；逐步健全市场机制，包括理顺价格体系。③逐步建设以间接控制为主的宏观调节体系，使各种经济手段配套，并辅以法律、行政等其他手段，使计划经济与市场调节相结合的运行机制日臻完善。企业改革是中心，市场建设是枢纽，宏观体系是归宿。当然，还要有一个良好的经济环境，并有恰当的政治体制改革给予保证。目前形势较好，只要逐步放大改革的分量，适当加快改革的步伐，可望到20世纪90年代后期，基本上建立起有计划商品经济的社会主义新体制。

（六）需要一个社会主义的"有限买方市场"

改革与发展的相互依存，除了改革归根结底是为了发展外，发展也为改革提供支撑和良好的经济环境。这个良好的经济环境，可以称为"有限买方市场"。有限买方市场既是改革的客观条件，又是改革的必然结果。所以论改革，必须研究买方市场的本质、特点和促其形成的对策。

所谓买方市场及其对称卖方市场，不仅是从西方经济学移植的概念，也是我国经济运行和经济调整中提出的现实问题。它是指一种市场供求状况：供大于求为买方市场，求大于供是卖方市场。曾经流行一种看法，认为资本主义经济的常态是生产过剩即买方市场，社会主义经济的常态则是供给不足即卖方市场（"短缺经济"或"紧运行"也属于比类）。这是值得商榷的。早在1980年，在研究把市场因素引入计划经济时，就发现："使社会生产大于社会的直接需要，使商品供给大于有支付能力的需求，从而建立一个消费者或买方的市场，是正常开展市场调节的一个前提条件。"①

在社会主义制度下，为什么可能和需要出现买方市场，而不是只能有卖方市场？因为这是商品经济条件下的市场供求状况，有其共性，而非划分资本主义和社会主义的标志。卖方市场是传统发展战略和传统经济体制的产物。随着战略和体制的转换，就有可能转换为买方市场。但是，社会主义的买方市场与资本主义相比有其不同的特点。资本主义的买方市场是资产阶级追求利润的最大化而盲目增产与广大劳动者受剥削而购买力不足的产物，其结果引起周期性的经济危机，造成社会财富的极大损失（但从复苏后期进入繁荣阶段，也是卖方市场）。社会主义的买方市场则是根据发展和改革的需要，为了实现市场竞争以促进技术和管理进步并保护消费者的利益，通过综合平衡和宏观调控而形成的。这种买方市场，供给略大于需求，确切地说是"有限的买方市场"。供给大于需求的"度"，

---

① 《略论计划调节与市场调节的几个问题》，后来还有《再论买方市场》等文，发表于1980—1985年的《经济研究》《财贸经济》等。

包括了"必要的预防不测事故的后备和预防比例不协调的后备"、"经常性的调剂余缺的储备"以及"能够造成必要的卖方竞争的余额"。这不会造成大的浪费，最多只限于经过优胜劣汰而被处理的质次、价高、过时的商品，这有利于企业的改进、调整生产和技术、管理的进步。超过这个"度"，同样是浪费。马克思说过："这种过剩本身并不是什么祸害，而是利益；但在资本主义生产下，它却是祸害。"①

　　进一步说，改革之所以需要有限买方市场，主要基于两条依据：一条是新的经济体制要求市场机制发挥更重要的作用，而市场机制发挥积极作用的必要前提是存在一个总供给略大于总需求的、有限的买方市场；另一条是改革过程要有比较雄厚的物资和资金的后备，以便减少经济利益调整过程中的摩擦，在改革的初期尤其是这样。换句话说：中国经济体制改革需要有一个宏观经济上比较协调，市场比较松动，国家的财力、物资、外汇等后备比较充裕的良好环境。否则，不论是市场紧张还是财力、物力短缺，深化改革和发挥市场机制都会障碍重重，甚至不得不倒退到更多地运用行政手段的老体制。

　　形成买方市场不仅需要，并且可能，其主要对策是：①相应进行发展战略的转换，从数量型、速度型转换为质量型、效益型。②努力保持社会总供给与总需求的基本平衡，在控制需求时注意不影响供给的增长，在扩大供给时注意不过分刺激需求的膨胀。③在保持供需总量平衡和经济增长适度的前提下，有目标、有步骤地调整和优化产业结构，防止结构失调。④在综合平衡和宏观控制中，主要不靠行政手段，而要运用经济手段，并培育市场和企业的调节机制。⑤从长远看，要始终实行偏紧的财政、货币政策，避免出现通货膨胀型的物价上涨。

　　有人认为，买方市场只可能出现于改革的成功之后，不可能成

---

① 《马克思恩格斯全集》第24卷，人民出版社1972年版，第526页。

长于改革的起步之前或进行过程中。实践已经作了有说服力的回答。20 世纪 80 年代初，在贯彻以调整为主的八字方针后，曾经出现过某种有限的买方市场，并带来积极后果，如经济效益创历史纪录。但是，当时缺乏自觉，使大好形势稍纵即逝，也失去了抓紧改革的良好机遇。20 世纪 80 年代末，经过治理整顿，经济过热、滑坡转向适度增长，出现所谓市场疲软。从另一个角度看，正是又一次买方市场开始形成，应当通过进一步搞好治理整顿和宏观控制，促进买方市场的稳定发展和逐步规范化。否则，如果仅为了扭转市场疲软，着重于扩大需求，则会使有限的买方市场逆转，很可能再次失去深化改革的良机。

（七）　不宽松的现实和宽松的实现①

关于"买方市场"问题的进一步研究，要从两方面深入：一是不宽松的现实即卖方市场是如何形成的；二是如何实现相对宽松即有限买方市场。这似乎是一个局部问题，其实涉及整个经济发展战略和整个经济体制，进而关系建设有中国特色的社会主义方向。如果认为社会主义经济的常态就是需求膨胀、供给短缺，那就歪曲了社会主义的形象。应当搞清楚不宽松的现实只是传统战略特别是传统体制的产物，并懂得通过转变战略和深化改革就能实现相对宽松，这才是对社会主义经济的正确理解，有利于坚持有中国特色社会主义的大方向。

长期以来，我国经济宽松的时候少，紧张即供需失衡的时候多，其原因不在社会主义制度本身，而在传统的战略和体制。

（1）国家以地方政府作为经济运行宏观层次的主体，其经济行为对整个经济的发展，显得特别重要。由政府代表国家执行的经济职能是双重的：既是管理者，又是所有者。中华人民共和国成立以来，政府组织了大量的经济活动，如发展国营经济，改造私有制，实行高度集中的计划管理，直接经营企业、调拨产品、配置资源、

---

① 《不宽松的现实和宽松的实现——双重体制下的宏观经济管理》，上海人民出版社 1991 年版。

分配收入等，推动了经济发展。此中利弊，论述已多。改革以来，权力下放，向地方政府倾斜，宏观管理实际上是两极调控，地方政府的作用不断提高。这本来没有错。但是，在政企不分、"两权"不分的情况下，地方政府作为利益主体的一面超越了作为调控主体的一面，其反效应也日益明显。形象地说，形成了所谓"诸侯经济"，不仅不能纠正过去长期存在的扩张冲动，并且进一步助长了需求膨胀。其轨迹：一是攀比速度，争名次，排座位，先进地区强调要发挥优势，后进地区强调要缩小差距，都在速度上层层加码；二是为了提高增长速度，"投资饥饿"及其并发症难以防治，除了向上要项目外，地方自筹和社会集资不断增多，基本建设战线越拉越长；三是扩大消费，同样有相互攀比，往往超越劳动生产率和经济效益的增长，导致积累和消费的双膨胀和国民收入的超分配。与此同时，还有意无意地出现抗拒宏观调控的情绪，如"见到红灯绕道走"之类。加上区域封锁、结构趋同和自成体系等短期行为，使经济过热屡治不愈。

（2）企业作为生产、建设、流通的基本组织，一切经济活动都通过企业的行为实现。过去，企业无权、无责、无利，是拨一拨、动一动的算盘珠。改革以来，企业被唤醒内在活力，表现在萌生了以利益为基础的激励机制，但却未能同时赋予其相对应的约束机制。这样，企业作为行政机关的附属物，对上负责，要努力完成并争取超额完成各项计划任务；作为相对独立的经营实体，要努力追逐以利润为标志的经济效益最大化；作为职工利益的代表，又要努力谋求职工收入和福利越多越好。其结果，也是一方面要扩大投资，另一方面要扩大消费，并且仍旧躺在国家身上吃"大锅饭"，导致高需求、低效益。企业对扩大需求有激励而无约束，对扩大供给则推动不足、障碍不少，是造成社会供需总量失衡和结构失调的基层原因。

（3）个人或家庭在经济生活中都是消费者，多数又是生产者，同时也是不同形式的所有者。过去，受到平均分配的约束，个人和家庭缺乏积极性。改革以来，人们既希望真正做到按劳分配，又出现了率先致富和相互攀比的愿望。由于未打破"铁饭碗",同样是有激励无约束。加上分配不公,谁都感到自己吃了亏。这些因素的综合,诱发了越来越强烈的攀比愿望,使改革分配制度也很难调动人们的积极性。其结果是一方面扩大需求,另一方面并不有利于扩大供给。这同样导致了全社会的需求膨胀和供需失衡。"工资侵蚀利润"和"消费早熟"等,都是其理所当然的派生物。

可见,卖方市场的形成,有其深厚的体制根源。这在双重体制并存的过渡阶段,不仅旧体制还在起作用,并且新旧体制的摩擦和冲突也不利于矛盾的缓解。但是,这并不意味着只有改革到了位,不宽松的现实才能扭转。中华人民共和国成立以来多次调整的经验证明,采取正确的、坚定的对策,局面是能够改观的。何况,改革正在逐步深化,整个经济运行机制已经不同于过去。在当前情况下,实行治理整顿与深化改革的治标、治本兼施的办法,已经初见成效。总结成功经验,坚持合理对策,主要是指要做到以下几方面。

(1)本着计划经济与市场调节相结合的原则,在逐步转换传统经济发展战略的基础上,计划安排必须保持社会供需在总量和结构上的基本平衡。无论是中长期计划还是年度实施计划,一些关键性的指标必须恰当,特别是规定适度的经济增长率和适度的积累率、消费率。这些指标具有战略性,得到了落实,就能避免再次出现大的起落。

(2)必须以经济手段为主并辅以法律手段和行政手段,运用财政税收、货币金融、收入分配等经济政策和价格、税率、利率、汇率、工资等经济杠杆,搞好宏观调控。在当前经济环境还不宽松和潜伏着不稳定因素、不确定因素的条件下,财政、金融等政策仍以从紧为宜,但要力度恰当、灵活掌握。

(3)治理整顿、稳定增长都必须与深化改革相结合,通过深化改革来巩固和发展正在好转的经济形势。三者是统一的,但在某些方面又有暂时的矛盾,要正确处理,力求协调。可以相信,随着企业活力的增强、市场体系的完善和宏观调控体系的建设,被初步遏制的过热的经济形势会进一步走向稳定增长和效益提高、结构优化。

三 对外开放问题

（一）发展外向型经济的意义和成效

对外开放既是经济发展战略的组成部分，又是经济体制改革的组成部分。在战略选择上，有开放与封闭、外向与内向之分。各国经验表明，不搞对外开放，与世隔绝，任何国家的经济发展都必然是呆滞的、落后的。开放与改革也是相互联系的：不搞改革，传统体制不能适应开放的要求；搞了开放，就会使改革增加动力。在某种意义上，开放本身就是一种改革；也可以说，改革同样是一种开放。

开放与改革一样，是举国一致的大事。但也与改革一样，由于地区之间存在不平衡，其步骤和程度有所差异。开放更与各地的地理位置有关。因此，我国的开放，在空间布局上有明显的层次，沿海地区应当先走一步，其开放度大于内地。于是在开放布局上，形成了"经济特区—开放城市—开放地区—内地"的格局。近几年来，除沿海外，开放又向沿边、沿（长）江、沿线（"亚欧大陆桥"）伸展，形成"四沿"新格局，而重点仍在沿海。

这就带来一个问题：地处对外开放前哨的沿海地区，其经济发展战略有何特点？对此特点，曾经表述为"发展外向型经济"。在用语上，有过不同看法。有的同志认为，不如提"开放型"或"双向型"。但是前者，适用于全国，不是沿海地区开放，非沿海地区不开放。后者的依据是即使是沿海地区开放度也不相等，多数地区在相当长时期内还是内向（国内市场）的比重大，不能仅提外向。其实，只提双向，倾向并不明确，提了外向，更突出其特点，对动员和指导对外经济贸易工作有利。几年来，发展外向型经济的用语流行，沿海地区发展战略的含义就是发展外向型经济。这与沿海地区在改革上也先行一步大体上是相称的。

发展外向型经济的战略，经过持续研讨，其内涵越来越丰富。

借鉴外国经验，有进口替代与出口替代之争。结合我国实际，大家认为两者还是要相互结合，并有其演变过程。这些年来，有过"参与国际大循环"和"两头在外""大进大出"等主张，看来，这也要从实际出发，区别对待，不可一概而论。随着对外贸易、利用外资、引进技术等工作的开展，进出口总值的增长率高于国民生产总值的增长率，"三资"企业的数量、规模和水平也有扩大和提高，这都证明了发展外向型经济战略是成功的。至于沿海地区与内地、沿海地区的南方与北方之间有差距且差距有所扩大，这在一定时期内是必要的，将在继续发展中得到适当调整。

当时还讨论过外向型经济的标准。看来，也要因时因地制宜，不能只画一道硬杠杠。例如在经济特区，可以要求投资来源以外资为主、产品以外销为主、外汇收支要有顺差；但在各个特区之间，具体标准应有所不同，不能都把"为主"理解为超过一半以上或更多。如把这个标准套到其他沿海地区，更会感到高不可攀。

沿海地区发展外向型经济，通过"外引内联"，同时带动了内地的开放和发展，使全国的对外开放跨上了新台阶。在此期间，开放与改革相互促进。尤其在沿海地区，由于原来商品经济有一定基础，改革的进展也更快一些。当然，无论开放或改革，都不能满足于已有的成就。在20世纪90年代，还要进一步扩大开放、深化改革，实现国民经济的更好发展。

（二）深圳和海南的经济发展战略

对外开放，四个经济特区和后来的海南大经济特区在第一线，有其代表性和先行性。特区的功能，是作为技术、知识、管理和对外政策的"窗口"，成为对外、对内两个"扇面"的枢纽，并在改革上大胆试验。特区的经济发展战略，就是发展外向型经济战略的具体化。探索特区的发展战略并总结其经验，对推动其他沿海地区和全国的对外开放是有益的。

在最先开放的四个经济特区中，深圳更有代表性。它是祖国的南大门，毗邻香港，地理位置得天独厚，可以充分利用香港这个国际贸易中心、金融中心的优越条件，进而与世界市场接通。研究和制定深圳的发展战略，在其奠定创业基础后，基本设想是：①战略目标，当时表述为外向型的，以先进工业为主、工贸并举、工贸技结合、具有高度的物质文明和精神文明、综合性的经济特区；到20世纪末，力争人均国民生产总值达到香港1990年前后的水平。②外向型，按深圳的实际情况，其标准是：资金来源以外资为主，在全部工业投资中所占比重超过50%；产品以外销为主，出口本地产品要达到企业商品产值的70%以上；外汇收支有顺差。③以工业为主，理由是，只有这样才能有效地引进技术、知识和管理，为特区贸易和整个经济打下坚实基础，并借助内外两种资源和两个市场。④工贸并举和工贸技结合，表明在重视工业的同时，绝不否定贸易的重要性，以开拓国内外市场；还要以先进技术贸易和先进技术产品贸易为内容，目的是向内地传播先进技术。⑤综合性，是指要相应发展城郊农业、交通邮电和教育、科学、文化、卫生以及生活服务、旅游娱乐、环境保护等事业。实现上述战略目标，必须分步走，在创业后，大致是到1990年为开拓阶段，到20世纪末为提高阶段。①经过十年开放和开发，在庆祝特区建立十周年时，上述目标都已达到，成为名副其实的外向型城市，并通过外引内联，对内地起到了商品、技术、管理和改革经验的辐射作用，引起了全世界的瞩目，成为我国对外开放的一颗明珠。深圳下一步的目标和任务，是为1997年的香港回归做好对接的准备，成为在内地造几个"香港"的排头兵。

继四个特区之后，海南建省，成为又一个特区，并且是面积最大、人口最多的大特区。与其他特区不同，海南有自己的热带作物资源、海洋水产资源、地下矿产资源和天然旅游资源，但是原来的经济水平低、经济结构原始、基础设施不足、人才和资金匮乏。研究和制定海南的发展战略，基本设想是：①坚持以开放、改革促开

---

① 《深圳特区发展战略研究》，香港经济导报社1985年版。

发的方针，最终建成以工业为主导、工农贸旅并举、三次产业协调
发展的，外向型的，综合性的经济特区；力争用 20 年左右的时间，
达到人均国民生产总值折合 2000 美元，相当于台湾省 20 世纪 80 年
代初的水平。②为了实现上述目标，在战略上实现四个转换，即从
主要作为国防前哨转向同时作为建设前沿；从单纯强调为国家作出
贡献转向同时着重于海南本身的开发和振兴；从与港台和东南亚对
峙转向相互补充、协作；从封闭的半自然经济转向开放的商品经济。
③分几步走，近期赶上全国平均水平，中期超过全国较发达地区水
平，远期比全国提前达到或接近中等发达国家和地区的先进水平。
④主要对策，从振兴农业开始，加快工业发展，推动科教进步，建
立新的生产布局；采取更加特殊、更加优惠的政策，例如出售和转
让土地使用权，以吸收大量外资、外技，并加强与内地的经济技术
合作。⑤开放与改革相互推动，经济体制改革可以考虑在计划指导
下以市场调节为主，政治体制改革的内容之一是实行"小政府、大
社会"。① 短短几年，海南开放稳步前进，已经引进一批外资项目，
包括农业、重化工、交通和旅游等领域，比原来预期的更丰富多彩，
其前景肯定是十分美好的。

[原载《我的经济观》（2），江苏人民出版社 1992 年版]

---

① 《海南经济发展战略》，经济管理出版社 1988 年版。

实现由计划经济向社会主义市场经济的
历史性转轨

——纪念党的十一届三中全会召开 20 周年笔谈

一 从市场取向改革到市场经济体制确立

从 1978 年开始，真理标准的大讨论，以及由此重新确立的实事求是的思想路线，使经济理论工作者开始摆脱种种教条主义观点的束缚。如何总结历史的经验教训，如何在社会主义条件下按照客观经济规律办事，用经济的办法管理经济，也就是如何正确认识和掌握价值规律的问题，成为经济理论界探讨的焦点。尤其是随着党的十一届三中全会确定全党工作的重点转移到社会主义现代化建设上来，并要求改革我国经济管理体制和经济管理方法，更极大地推动了经济学界关于价值规律和经济改革关系问题的讨论。但是，20 年来，市场调节、商品经济乃至市场经济等一系列观念的树立，绝不是一蹴而就的。思想上、认识上的争论是很激烈的。

党的十一届三中全会以后，可以提计划调节与市场调节相结合了。在 1979 年的无锡会议上，就政策层面而言，商品经济、市场经济等概念都还是禁区，但大家的讨论却非常热烈，甚至有人提出计划经济与市场经济相结合的问题。当时普遍能够接受的一种提法还是计划调节与市场调节相结合。毕竟，在很多人心目中，市场经济还是和资本主义联系在一起的。其实，正如我们现在所知道的，邓小平同志在 1979 年 11 月会见美国不列颠百科全书出版公司编委会副主席吉布尼等人时，就明确地指出："说市场经济只存在于资本主义社会，只有资本主义的市场经济，这肯定是不正确的。社会主义为什么不可以搞市场经济？这个不能说是资本主义。我们是计划经济为主，也结合市场经济，但这是社会主义的市场经济。"但这番谈话一直没有公布，因而"市场经济"也就一直是个"禁区"。

至于"商品经济"的确立，也是几经周折。1981年党的十一届六中全会通过的《关于建国以来若干历史问题的决议》，确认了社会主义社会存在着商品生产和商品交换，因而要考虑价值规律，但没有提"商品经济"。那时还是认为，商品经济作为整体来说，只能存在于以私有制为基础的资本主义社会。1982年党的十二大决议提出了"计划经济为主，市场调节为辅"，虽说是前进了一大步，但"商品经济"仍然没有合法化。直到1984年党的十二届三中全会，才在我们党的正式文件《关于经济体制改革的决定》中，第一次提出"社会主义经济是在公有制基础上的有计划的商品经济"。这是社会主义经济理论的一个重大突破，邓小平同志对此评价极高，认为这个决定是马克思主义新的政治经济学。的确，这一突破来之不易，考虑到马恩等经典作家过去曾设想未来的社会主义社会不再有商品经济，以及几十年社会主义实践中长期排斥市场调节这样一个历史背景，这一新论断可以说具有划时代的意义，对我们以市场为取向的改革，也无疑起了重大的作用。

在此之前，只能认为社会主义经济是计划经济，在实践上则是从苏联搬过来的那一套指令性计划的管理方式。1982年9月我在《人民日报》发表的《坚持经济体制改革的基本方向》一文中提出，在处理社会主义经济中计划与市场的关系时，应根据不同情况，对国民经济采取三种不同的管理形式，即对关系国民经济全局的重要产品的生产和分配实行指令性计划；对一般产品的生产和销售实行指导性计划；对品种繁多的日用百货、小商品和其他农副产品实行市场调节下的自由生产和销售。而且第一次提出，随着经济调整工作的进展，随着买方市场的逐步形成，随着价格的合理化，要逐步缩小指令性计划的范围，扩大指导性计划的范围。指导性计划的实质就是运用市场调节来进行的计划调节。为此，我还遭到批判，不得不做了检讨——检讨自己没有和中央的提法保持一致，而不是承认自己的观点错误。两年后，党的十二届三中全会的决定证明我的观点是正确的。当初批判我的人也承认了这一点。这也说明观点的前进要有一个过程，差不多每个人都是这么走过来的，"一贯正确"的人是没有的。过去我也是主张计划经济为主的，在党的十二届三中全会明确"有计划的商品经济"之前，我对商品经济的提法也是有保留的，当时我还提出是不是用"有商品经济属性的计划经济"概念更合适。

　　党的十二大提出"计划经济为主，市场调节为辅"；党的十二届三中全会提出"有计划的商品经济"。但究竟是"有计划"为主，还是"商品经济"为主，人们的理解又有不同，争论也很多。强调重点不同，对社会主义经济本质的理解就不一样，把握改革的方向就会有出入。历来讲社会主义的经济特征，综合起来主要是两大特征：公有制和按劳分配。此外，有没有第三个特征？如果有，那么这第三个特征到底是计划经济还是商品经济，理论界的争论一直在进行，两种意见都有。

　　邓小平于 1987 年 2 月 6 日同几位中央领导人谈话时，又一次谈到了计划和市场的问题。他不无针对性地指出："为什么一谈市场就说是资本主义，只有计划才是社会主义呢？计划和市场都是方法嘛。只要对发展生产力有好处，就可以利用。"① 他还说："我们以前是学苏联的，搞计划经济。后来又讲计划经济为主，现在不要再讲这个了。"② 根据邓小平的这一谈话，1987 年召开的十三大在报告中没有再提计划经济，也完全突破了改革初期计划与市场各分一块的老框架，提出"有计划的商品经济的体制是计划与市场内在统一的体制"。虽然没有讲哪个为主哪个为辅，但同时提出"国家调控市场，

---

① 《邓小平文选》第三卷，人民出版社 1993 年版，第 203 页。
② 同上。

市场引导企业"的间接调控的公式，实际上重点放在市场方面。

在 1989 年春夏之交的政治风波之前，在计划经济与商品经济、计划与市场的关系上，理论界的风尚总体是逐渐向商品经济、向市场方面倾斜，实践上包括宏观调控方面都倾向于"放"，从而导致1988 年经济过热。为此，1988 年 9 月，中央提出了"治理经济环境、整顿经济秩序、全面深化改革"的方针，开始治理整顿，适当加强政府宏观调控的力量。这样，在计划与市场的关系上，计划的分量就加重了，集中的分量就加重了。本来，计划与市场、"收"与"放"都是管理经济需要的，在探索改革的过程中出现一些失误也属正常，而这时候，一些反对市场取向改革的理论家、政治家以此为由，又重新挑起了计划与市场的争论，声言这几年国民经济中的问题，都是由于选择了市场取向，削弱了计划经济，出现了方向错误造成的；出路自然是回到计划经济的老体制上去。特别是 1989 年之后，市场化被一些人说成是"资本主义和平演变"的一项主要内容，计划与市场的问题也同社会主义基础制度的存废联系起来，并上纲上线到是姓"社"还是姓"资"的问题。在政策层面，则重提"计划经济与市场调节相结合"的口号，这虽然与当时的一些背景有关，但与党的十二届三中全会和党的十三大的提法相比，显然是一个倒退。

使我国的经济体制改革回到市场取向上来的关键因素，是 1992 年邓小平同志的"南方谈话"。那也就是现在大家都再熟悉不过的一段话了："计划多一点还是市场多一点，不是社会主义与资本主义的本质区别。计划经济不等于社会主义，资本主义也有计划；市场经济不等于资本主义，社会主义也有市场。"[①] 谈话启发了大家的思考，也以一种特殊的方式回答了计划与市场这个长期争论不休、困扰人们的难题。紧接着江泽民总书记在中央党校讲话时，进一步明确了这个观点。但是，认识的提高也是有一个过程的。直到党的十四大确定了"我国经济体制改革的目标是建立社会主义市场经济体制"。

---

① 《邓小平文选》第三卷，人民出版社 1993 年版，第 373 页。

这一提法比党的十二届三中全会的提法更准确。如今，在协调计划与市场的关系上，我们已经找到了一个正确的、完整的提法，那就是"在宏观调控下让市场在资源配置中起基础性作用"。我们的认识在向这个方向靠拢，我们的实践也在朝这个方向前进。1993 年起，我们治理了通货膨胀的问题，成功地实现了"软着陆"；现在我们遇到轻度通货紧缩的问题，又开始采取比较积极的扩张性财政政策、货币政策，来刺激需求、扩大内需，试图实现经济的"软启动"。可以说，我们党驾驭经济的能力有了很大的提高，而这与正确理论的确立无疑有极大的关系。

二　社会主义市场经济体制的建设解放了生产力

党的十一届三中全会恢复了党的实事求是的思想路线，把人们从"左"的思想束缚中解放出来。20 年的改革实践表明，从市场取向的改革到建立社会主义市场经济体制的过程，在资源配置、所有制和分配制度以及政府职能等方面一系列的改革，极大地解放和发展了生产力，这是贯穿 20 年经济改革的一条主线。其间虽有争论、有曲折、有困惑，但因改革而解放出来的生产力则早已体现在中国经济实力的不断壮大和人民实际生活水平的提高之中。

合理配置资源，调动人们的积极性，是解放和发展生产力的一个关键，也是 20 年来在经济理论和实践上都解决得比较好的一个问题。在计划与市场的关系上，长期以来人们把计划经济当成社会主义的一个本质特征，认为计划与商品经济、市场经济是对立的。在"左"的思想禁锢下，经济理论界虽然不少人对计划经济模式存有疑问，但并不敢公开发表。在 20 世纪 50 年代就主张把计划放在价值规律基础上的孙冶方在"文化大革命"之初就被投进秦城监狱，坐了 7 年牢，到 1975 年才放出来。1978 年以后真理标准的讨论和党的十一届三中全会的召开，才打破这方面的禁锢。1979 年 4 月经济学界在无锡举行了一次全国性的关于社会主义经济中价值规律作用问题的讨论会，大家讨论得很热烈，但商品经济、市场经济等仍然是禁区。

这种禁区随着改革实践的不断深入和思想解放程度的提高而日益减少，人们对计划与市场关系的认识也逐渐进步。1981 年党的十一届六中全会确认了社会主义社会存在商品生产和商品交换，1982 年党的十二大决议提出了"计划经济为主，市场调节为辅"，1984 年党的十二届三中全会提出"社会主义经济是在公有制基础上的有计划的商品经济"，1987 年党的十三大提出"有计划商品经济的体制是计划与市场内在统一的体制"和"国家调控市场，市场引导企业"。但在这一过程中争论仍然是很激烈的，1989 年以后的一段时间里，计划与市场的关系问题又被同社会主义基本制度的存废联系起来。

这个问题在 1992 年党的十四届三中全会上最后得到了解决，中央明确提出建立社会主义市场经济体制，使市场在国家宏观调控下对资源配置起基础作用。这以后中国的经济发展和改革实践正是沿这个方向进行的。中央根据经济形势的变化采用不同的手段来进行宏观调控，1993 年经济过热，中央政府通过治理通货膨胀成功地实现了经济的"软着陆"。最近以来经济偏冷，出现轻度通货紧缩，中央政府采取财政和货币手段加以调控，力图使经济"软启动"。在经济运行过程中，波动不可避免，有时热点，有时凉点，这是规律。经济波动大起大落，或造成高通货膨胀，或带来失业增多，过去总用计划、行政手段加以调查，屡屡造成经济大幅度波动，实践证明是不利于生产力解放和发展的。

在 20 年来的经济体制改革中，对解放和发展生产力起推动作用的不仅仅是资源配置方式上的改革，所有制和分配制度以及政府职能转变等方面的改革同样起了巨大的作用。比如，在所有制方面，如果仅仅把计划改成市场，市场主体仍然是国有经济一统天下，中国经济不可能发展到今天的水平。党的十一届三中全会以来我们认真总结了以往在所有制问题上的经验教训，在坚持公有制为主体的前提下，大力发展了非国有制经济；集体、个体、私营企业、外商企业和各种混合所有制企业数量迅速增长，活跃了国民经济，发展了社会生产力。但是，所有制问题在城市改革中却没有得到很好解决，国有企业改革仍然是大问题。如何做到政企分开，真正让国有企业成为自负盈亏、自主经营、自我约束、自我积累的市场主体，到现在也没能很好解决。一方面还存在一些政府机构对国有企业仍然管理得很死、不肯放手的现象；另一方面把权放给了国有企业，但国有资产管理体制没搞好，对经营者的监督和约束机制没有建立起来，诸如"内部人控制""国有资产流失"等问题比较突出，现在虽然有了稽查特派员制度，但它只能对少数大型国企起作用，大量国企仍然存在"富了和尚穷了庙"的现象。党的十五大对公有制问题作了更明确的表述。在实践中如何体现"坚持和完善社会主义公有制为主体、多种所有制经济共同发展""公有制实现形式可以而且应当多样化"，仍有待于进一步摸索。

又比如，在分配制度改革方面，过去的平均主义"大锅饭"对生产积极性的束缚是显而易见的。20 年来在这方面有过不少改革措施，比过去大有进步。让一部分人和一部分地区先富起来带动共同富裕的政策，大大调动了人民群众的积极性。但现在仍然存在分配制度上的不规范、不公平现象。一部分人"先富起来"并不是诚实劳动、合理经营、对社会作出贡献的结果，而是靠关系、靠权力和地位、靠邪门歪道、靠不合理不合法的手段富起来，致使社会贫富差距扩大。分配上有差距并不等于就是不公平，如果坚持了按劳分配的原则，或者按经营本领、按其他生产要素的贡献，或有机遇（机遇也可以是公平的），这样的致富都是允许的。问题在于很多事情不是这样，这很容易造成社会心理不平衡，对解放和发展生产力是很不利的。

（原载《财贸经济》1998 年第 12 期、《瞭望》1998 年第 48 期）

建国 53 年来中国宏观经济发展的若干特点

——在 2003 年中国现代经济史年会上的讲话

在春光明媚的季节，中国社会科学院经济研究所、中国现代经济史研究中心、中国海洋大学管理学院和青岛远洋运输公司在青岛共同举办了中国现代经济史年会暨中华人民共和国成立 53 年来经济管理经验研讨会。这次会议研讨的内容非常丰富，也十分重要，对 53 年来的经验教训做了一个总结，这直接关系到当前和今后我国改革和发展的实践。在这个地方我首先抛砖引玉，从总体上就半个世纪以来中国宏观经济发展的特点谈一点个人看法，讨论的重点放在改革以前。

一 中华人民共和国成立初期到中共十一届三中全会前的几个发展阶段

先讲一讲中华人民共和国成立初期到中共十一届三中全会以前的几个阶段是怎么划分的。

第一个时期是第一个五年计划时期。第一个五年计划时期的主要工作是"一化三改"。"一化"应该说是取得了成功，进行了社会主义工业化，为工业化奠定了基础。"三改"即农业、手工业和资本主义工商业的社会主义改造，应该说也是成功的。"三改"本来是一个 15 年的计划，即在 15 年内完成，但后来三年就完成了，所以改得比较粗糙一点，有很多的后遗症。"一化"就是工业化，进行得比较正常，在第一个五年计划的 1956 年出现了冒进的苗头，但同后来的"大跃进"相比，1956 年还不是很"冒"。

第二个时期是第二个五年计划时期。第二个五年计划刚要实行，就搞了"三面红旗"，即总路线、"大跃进"和人民公社，结果把第二个五年计划冲了，把它放在了一边。"三面红旗"的问题比较多。总路线强调的多快好省只反映了人民的主观愿望，主要就是要多、要快、要革命，违反了经济发展的一般规律，所以说不是实事求是的。在发展生产力方面，1957 年毛泽东在莫斯科讲话就提出要赶超英国。15 年超英，后来又讲 15 年超美。在生产关系上，一个劲地往上提，从农村的初级合作社，到高级合作社，到人民公社，一下子跳到共产主义。应该说这个跳跃是有害的，这是全党都认识了的。"三面红旗"的路线是失败的，而且带来了惨重的代价。最明显的一个例子就是，我们中国的人口是一贯高速增长的，但在"三面红旗"的时候出现了断层，人口数量下降。

第三个时期是调整时期。第二个五年计划因为搞"三面红旗"没有认真执行，到 1960 年提前结束。从 1961 年到 1965 年，是国民经济的调整时期。调整是迫不得已的退却，但是经济恢复得是很好的。当时制定的恢复政策是不错的，产业结构得到了调整，重工业退回来了，农业渐渐得到恢复。"大跃进"时期重工业是冒进的，但农业是大退步啊！调整时期虽然"三面红旗"仍在坚持，但是在生产关系上也是倒退的，人民公社由大队核算退到生产队核算。不过从八届十中全会起，在以阶级斗争为纲的路线下，"左"的东西还在继续增长，渐渐形成无产阶级专政下继续革命的路线，这对经济的发展就不能不造成一些消极的影响。总的来说，调整是必需的，总的方向是好的，生产恢复得比较好，但是在生产关系上面还是受"左"的影响，特别是政治上"左"的错误还在继续发展。

第四个时期是"文化大革命"时期。"文化大革命"时期大概是十年。在这十年中国的经济发展是杂乱无章。1966 年开始"文化大革命"，到 1967 年、1968 年，打乱了国家的经济增长，增长率一下子掉下来了。到了 1969 年"抓革命促生产",但是搞了"三突破";到了 1971 年盲目扩大基础建设,盲目扩大工业。"三突破"是施工人数突破了 5000 万人,工资总额突破了 300 亿元,粮食销售总额突破了 800 亿斤。后来"批林批孔"使全国趋于稳定的经济形势再次陷入混乱。1975 年邓小平搞整顿,生产也搞上去了,后来一搞"批邓",国民生产又掉下来了。直到"文化大革命"结束、党的十一届三中全会以前,又搞了一次冒进。所以"文化大革命"时期是几上几下的这样一个杂乱的情况。在生产关系方面就更不用说,极"左"的影响越来越厉害,割资本主义的尾巴,批资产阶级的法权,还有乘穷向共产主义过渡,这套东西变本加厉,造成的后果是人所共知的,使国民经济陷于崩溃的边缘。

这里还得提一下,在 20 世纪 60 年代"文化大革命"以前,我们经济建设发生一个重大的转变,在调整时期,主要是解决人民生活问题,国民经济计划以吃穿用为主;1963 年以后转入了以战备为主,就是以战备为中心,提出了三线建设的任务。三线建设的问题要从两个方面来看,第一个就是我们对打仗的形势估计得太过分了,好像世界大战就要来了。所以我们大搞"山、散、洞",造成了很大的浪费。但是,我们到西部、到山区去搞重工业,对改变经济布局是有一定积极意义的,所以要从两个方面来看。

上面是我对党的十一届三中全会以前的几个经济发展阶段划分的总的看法,究竟怎么样划分是需要讨论的。刚才是从纵的方面来看的,这主要是从时间的序列来看的,每一段都是有很多争论的。下面我想从横的方面来分析宏观经济的一些特点。主要是两个问题,一个是经济发展战略的问题,另一个是经济体制的问题。

二　改革开放前的中国经济发展战略

改革开放以前的中国经济发展战略,除了一个比较短的时期,比如"一五"时期,还有三年调整时期以外,总的来说是以优先发展重工业为主导，全速赶超英美。

这个发展战略的要点有：第一，它是依靠我们内部的积累，优先发展重工业，以推动整个经济的快速发展，达到快速的工业化，这是第一个要点；第二，主要用农产品、矿产品、初级产品的出口来换取建设重工业所需要的资金、设备；第三，就是用重工业生产的产品来装备农业和轻工业，力图使它们转到机器生产的轨道上来，以重新装备生产出来的生产资料来代替进口，这是进口替代的一个策略；第四，是在重工业、农业、轻工业以及其他部门的发展的基础上，逐渐形成国民经济的完整的体系，逐步改善人民的生活。我们过去的战略，就是这样的一个强速的发展战略，一是要加快速度，二是要发展重工业，特别是突出快。好省也讲，但只是讲讲而已。主要还是多快。

这样一个经济发展战略的形成有它的客观背景：第一是近百年来我们处在落后挨打的局面中，所以想快是很自然的；第二是当时还有帝国主义的封锁、包围，我们不快不行；第三就是苏联的榜样，因为苏联是老大哥嘛。这三条注定我们只能而且必须要采取这样的战略方针。苏联也是这样发展过来的，他们通过集中力量发展重工业，发展国防工业，来带动其他部门。在我们 20 世纪 80 年代去考察苏联的时候，他们的重工业是很尖端的，但是民用工业很差，酒店的门都关不好，吃的东西也不行。搞了几十年，半个多世纪，就是搞重工业和国防工业，民用工业不行。

而我们实行的强速的经济发展战略，客观地说是有成效的。经济发展速度相对地说比较快，但是也要作具体分析。一方面，就发展速度来看，如果自己跟自己比，确实不错，比过去国民党的时候好多了。但是，在同样的这段时期，20 世纪 50—70 年代，一些原来比我们落后的国家和地区，一个一个上去了，很明显的例子就是东亚的"四小龙"。东亚"四小龙"的中国香港开始也比内地的一些地方落后，当时不如上海，新加坡、马来西亚这些原来都很落后，一个个上去了，一个个现代化了。我们搞阶级斗争，搞一个一个的政治运动，以阶级斗争为纲，这不能不影响到我们经济的发展。从公布的统计数字来看，我们还是不错的，发展速度也还是不错的，但是实际情况如何就不好说了。不过有一点是要肯定的，我们确实建立了独立的、相对完整的工业体系和国民经济体系。以前我们不能生产的，现在能生产了。连原子弹和导弹也都有了。所以尽管我们其他方面还是很落后，但是我们还是有了一个体系和许多新的产品。这是这个战略比较成功的地方。

与此同时，这个强速的发展战略也带来一些具体的问题，也可以说是这个战略必然产生下述一些特点。

第一是产业结构。在产业结构上我们口头上讲的是以"农轻重"为序，计划经济的次序是先安排农业，其次安排轻工业，最后再安排重工业。我们反对"重轻农"，在口头上是这么反对的，而且提倡以农业为基础、以工业为主导。对农业强调得是很厉害的，把这一认识视为对马列主义的发展，而且在《论十大关系》里面也提出要处理好"农轻重"的关系。想要发展重工业吗？农业发展不起来，重工业就发展不起来。这确实讲得很清楚，道理很透彻，宣传很漂亮。然而事实上不是那么回事。计划的安排一直是"重轻农"，除了调整时期以外，农业一直不是基础，农业是被挤掉的，轻工业也是被挤掉的。1958 年的时候很厉害，农业大丰收，把大家都赶去大炼钢铁，庄稼烂在地里没人去收。那一年重工业占国民生产总值的52.1％，农业只有21.8％，轻工业26.1％。到了1960 年更不得了，重工业占了66.6％，重得出奇，农业和轻工业完全被挤掉了，更不用说第三产业了。那时候我们还没有第三产业概念，虽然西方经济学已经有了。结果那个时候整个国家吃饭都成问题了。所以第一产业、第三产业都不行。第二产业只是突出一个重工业，轻工业也不行。为了发展重工业就挤掉了农业。用"剪刀差"的办法压低农产品价格来积累资金。说得好听一点就是农民为我们的工业化建设作了贡献，作了很大的贡献，但是农民自己到了饿肚子的程度。

第二个是积累和消费的关系，二者关系的特点是高积累低消费。

发展重工业的资金从哪里来呢？它必须依靠国内的高积累，但是搞
"大跃进"，追求扩大再生产，反而把简单再生产给挤掉了。那时候
有很多讨论，关于扩大再生产和简单再生产的关系。我们应该搞好
简单再生产，再搞扩大再生产，要是把简单再生产挤掉了，设备维
修更新都挤掉了，扩大再生产就没有了基础。高积累进一步挤掉了
消费。人民的消费大概有 20 年没有提高，没有改善。1957 年前工资
有一点增长，1957 年以后一直到"文化大革命"结束将近 20 年工
资几乎没动，这在世界上是少见的。国内积累在国际上是相对比较
高的。"一五"时期和调整时期比较正常，当时在党的八大研究积累
和消费的关系，薄一波同志提出积累占 25.0%，但实际多数年份是
在 30% 以上，即积累占国民收入的 30% 以上。各时期波动很大，
消费在世界上是相当低的，到现在也没有完全赶上来，消费占国
民收入的 60% 不到，而国外一般都在 80%。几十年的传统一时也
改变不过来，虽然前几年我们都涨了工资，但这个问题还没有解
决好，总的还是低消费。现在我们国家的投资率大概是 40%，消
费率是 60%。

　　第三是增长方式。增长方式是粗放的外延的。长期以来是高速
度、低效益，高投入、低产出，高消耗、低质量。这些方面都是有
很多数据的。我们搞建设就是铺摊子，只注重数量的扩张，上项目，
而不太注重发展的内涵、质量的提高和技术的改造。所以，我们的
技术总体上是不行的，技术进步对经济增长的贡献率比发达国家小
得多。这是一个很重要的问题。

　　第四是总需求大于总供给，就是卖方市场。中华人民共和国成
立三四十年都是一种卖方市场，而且有周期性的通货膨胀。我们积
累率高，一方面挤掉了消费，另一方面投资带动了消费，投资的 40%
变成消费。所以，每一次"跃进"都是从投资开始的。投资中的
40% 是工资等，这部分由投资带动了消费，市场就紧张了，只好发
票子，就发生了通货膨胀。这是周期性的。然后承受不了，掉下来，
造成波动。这是中华人民共和国成立后经济发展的一大特点。党的

十一届三中全会以前我们大概有四次大的经济波动：第一次是
1958—1962 年，中间有三年是负增长，很厉害的，波动幅度是
49%；第二次是 1965—1968 年，也是负增长，波动幅度是 22%，也
是不小的；第三次是 1970—1976 年，1970 年的"三突破"就是膨
胀，1974 年、1976 年又掉下来，都是负增长。波动幅度也很大；第
四次是跨党的十一届三中全会前后的"洋跃进"和第二次调整，这
次波动相对地说小一点，发现得较快。在 20 世纪 80 年代后期党的
十三大以后也有经济波动，但幅度小。

　　总之，我们过去经济发展的一大特点，一方面是卖方市场，总
需求大于总供给；另一方面又带动了经济的周期波动，经济运行不
平衡。"大跃进"时期就有争论，究竟是积极平衡还是消极平衡？要
群众路线还是要综合平衡？实际上也就是讲的这个问题。

　　我们的经济发展大概就是这么四个问题，总的是要快，具体的
是产业结构的问题、消费与积累的关系问题、增长方式的问题以及
平衡与不平衡也就是卖方市场与买方市场的问题。

　　发展方面的特点就是这些。有些挫折以前说是不可避免，现在
看来，是否不可避免还可以研究。深入研究的话，历史上的曲折不
是那么简单，政策的因素是非常重要的，可能还与个人的因素有关。

三　改革开放前的中国经济体制

　　经济体制是服从经济发展战略的，既然有强速发展重工业的发
展战略，经济体制的构建就相应要与此适应。比如说，要依靠国内
高积累发展重工业，怎么集中力量？这就要体制上的配合。比如说
物价，既然是低消费，商品物价就要低，这样才能把劳动力的成本
价格压得很低。相应地，它就要把生产资料的成本价格搞得很低，
把农产品的价格压得很低，用"剪刀差"征用农民的剩余产品甚至
必要产品。只有这样，才有积累。要积累，就要集中力量。就要权
力的高度集中。这样，集中的计划经济体制就出来了，集权的政治

体制也就出来了。再比如说分配方面，要统收统支，统负盈亏，搞平均主义，收入水平都低。所以，平均主义也是体制的要求，减少利益矛盾，让大家一心一意搞经济发展。

我们的体制是不是完全从苏联来的，是不是简单地照抄照搬苏联体制呢？过去，在这方面有些不同看法。应当承认，我们在体制上受苏联的影响是比较大的，特别是在第一个五年计划时期。苏联是什么样的体制呢？就是传统的高度集中的计划经济体制。苏联什么都管，但个人的就业和生活消费不管。职工、干部买什么东西，它不管。除了战争时期是例外，在平常建设时期，这些它都不管。而我们是什么都管，全包。我们"一五"时期搞"一化三改"，"一化"是照抄苏联的办法，但"三改"没有完全照它的办，有我们自己的东西。比如我们对资产阶级的改造，利用市场的许多方法，没有全搬苏联的。大概农业、商业、财政、物价，我们解放区就有自己的一套，当然后来苏联的一套东西也进来了。最重要的是工业的体制、基本建设投资的体制、建筑业的体制以及物资供应的体制，这些都是苏联的一套，我们完全搬过来了。对这些，我们现在应该作分析。大概到第一个五年计划快结束的时候，我们的集中计划经济体制就基本形成了。

我们国家的经济体制大概有五个来源：一是苏联的影响；二是解放区供给制的做法；三是三大改造时期的统购包销；四是自给自足的自然经济和家长制、等级制的封建残余；五是我们对于社会主义的认识，认为社会主义就是计划经济。

当时的这种体制有哪些特点呢？第一是造成过度集中的决策体系。什么都是国家来决策，企业没有权力。国家的权力很大。不仅管企业，也管个人的生活，当时的配额就有几十种，这是其他国家没有的。第二是直接控制的经济调节体系，也就是指令性计划。第三是分配上的统收统支、统负盈亏、"吃大锅饭"的分配体系。企业吃国家的大锅饭，职工吃企业的大锅饭。"两个大锅饭"，搞平均主义。第四是政企不分、条块分割的组织体系，以垂直的行政联系为主，缺乏横向的市场联系。都是纵向的联系。总之，这是一种高度集中带有军事共产主义性质的计划经济体制。

这种经济体制在我们经济生活比较简单、生产力水平比较低而人民群众的要求又不高的情况下，对于集中力量搞建设，奠定独立、完整的工业体系，还是起了作用的。但从物质利益和经济发展规律的要求方面看，它不能调动广大群众的积极性（我们当时是靠政治动员来调动积极性的），也不能按照市场的需求来安排生产，同时也不能提高经济效率。所以从效率上说它是失败的，至少是不成功的。当中的一些问题在"一五"计划快结束的时候中央已经发觉了。毛主席的《论十大关系》，刘少奇在八大，都谈到这个问题，说苏联经验不能照抄。毛主席说，我们太集中，是不是给地方、给企业一点权呀；刘少奇提出给企业自治权；陈云也提出了"三个主体、三个补充"。这些都是对苏联高度集中体制的一种批判。然而，党中央虽然有这些认识，但并没有落实，1958 年以后走的实际又是另外一条路子。前面讲了，无论是在发展上，还是在体制上，都有这个问题。在发展上，本来说农轻重，实际还是重轻农；在体制上，还搞"一大二公"。1958 年虽然也讲改革，但那实际是中央政府与地方政府关系的调整，集中与分散，分散与集中，好几次反复。1954 年前以六大行政区为主进行管理，1954 年收回集权。1958 年分权，分权就是把权力下放给地方政府，而不是下放给企业。调整时期又集中，到了"文化大革命"时期又下放。这些都是在中央和地方之间的关系变化，国家与企业的关系始终没有解决。企业没有任何权力，经济方面非公有制因素逐渐被消灭。农村人民公社是政社合一，城市集体所有制实际变成地方国有（有的地方就明确地讲集体所有制是地方国有）。国有企业内政企不分的现象越来越厉害。政府对企业的职能不断强化，国家经济运行的行政管理不断强化。长期以来，就是这样一种所有制与经济决策体系。

在经济调节体系方面，实物分配的范围越来越大，统一集中分配的范围越来越大，定额定量供应的范围越来越大。这些都是非市场化的。当时票据不知道有多少。再就是劳动力冻结，城乡劳动力限制流动，主要是限制农村向城市流动。还有条块分割的体系也是很厉害的。所以我认为，中国经济体制的特点，比苏联、东欧还要集中，排斥所有制多种形式，排斥商品货币关系，排斥物质利益原则。这种单一化的特点、集中化的特点、实物化的特点、封闭化的特点、平均主义的特点，都比他们要厉害。物极必反。所以党的十一届三中全会以后我们改革比他们快，比他们成功，虽然波兰、南斯拉夫、匈牙利这些国家起步比我们早。我们新的市场经济模式，与前面讲的计划经济特点，每一点都是相反的。过去经济上的特点、经济体制上的特点，在十一届三中全会以后经过拨乱反正，已经完全翻过来了。

当然，总的方向拨过来了，但计划经济对我们今天的影响还是有的。比如，前面讲的积累和消费的问题，从经济关系方面看，我们国家的消费水平仍然很低。其他方面的影响还有，我们的要素市场发育还不健全就与过去的统配统分和政企不分有很大关系。国企改革怎么改，到现在还是最大的问题，关键还是过去遗留下来的高度集中的、政企不分的集中体制。因此，国企在体制改革方面还在继续探索一条出路。

四 改革开放以来的中国经济

党的十一届三中全会以来，中国经济进入了一个全新的大转变的阶段。20 世纪 80 年代中期，我们经济理论界，包括我本人在内，曾将这个转变过程概括为双重模式的转换：一是经济体制模式的转变，当时称作从传统高度集中的计划经济体制模式转换到市场取向的经济体制模式；二是经济发展模式的转变。事实上经济发展变化中模式的转换包括生产目的的转换、产业结构的转换、消费积累关系的转换、增长方式的转换、管理制度的转换。经过 20 多年的改革开放和经济发展，我国经济体制和发展模式都发生了巨大的变化。

例如，生产目的过去是为生产而生产、为革命而生产，很少考虑提高人民生活水平的目的。现在转变过来了，人民生活水平有了很大的提高。又如产业结构，过去口头上是农轻重，实际上是重轻农，在三大产业结构上。过去重二产，忽视三产，现在也逐渐改变过来了，三产重要性增强。在增长方式上，过去是外延式发展，主要依靠资本、劳动、物资的投入，追求数量、规模、速度、产值，忽视质量、效益和效率。现在这方面也有了变化，逐渐增强了内涵方面的因素。卖方市场逐渐变成了买方市场。经济体制的转换，由过去传统的计划经济，经过计划经济为主、市场调节为辅，经过有计划的商品经济，前进到建立社会主义市场经济体制。现在社会主义市场体系已经初步形成。所有制结构、经济决策体系、经济调节体系、分配制度和组织体系都发生了重大的变化。总之，中国经济体制与中国经济发展模式的转变，在许多方面取得明显的进展，推动了改革开放以来各方面经济的快速发展和人民生活水平的提高。现在进入了 21 世纪，进入一个新的发展阶段。新阶段的特点是什么？怎样继续前进？党的十六大从政治上讲了，我们这里要从经济理论上作认真探索。

（原载《当代中国史研究》2003 年第 4 期）

对经济学教学和研究中一些问题的看法

一 当前经济学教学与研究中西方经济学的影响上升、马克思主义经济学的指导地位被削弱和边缘化的状况令人担忧

一段时间以来，在理论经济学教学与研究中，西方经济学的影响上升，马克思主义经济学的指导地位被削弱和被边缘化，这种状况已经很明显了。在经济学的教学和研究中，西方经济学现在好像成了主流，很多学生自觉不自觉地把西方经济学看成我国的主流经济学。我在江西某高校听老师讲，学生听到马克思主义经济学都觉得好笑。在中国这样一个共产党领导的社会主义国家，学生嘲笑马克思主义的现象很不正常。有人认为，西方经济学是我国经济改革和发展的指导思想；一些经济学家也公然主张西方经济学应该作为我国的主流经济学，以代替马克思主义经济学的指导地位。西方资产阶级意识形态在经济研究工作和经济决策工作中都有渗透。对这个现象我感到忧虑。

二 造成当前西方经济学影响上升、马克思主义经济学的指导地位下降的原因

存在这种状况有内外两方面的原因。外部原因是：第一，以美国为首的国际资产阶级亡我之心不死，中国社会主义是美国继苏联

之后又一个要消灭的目标，这个目标是既定的，所以美国不断地对我们进行西化、分化。第二，社会主义阵营瓦解之后，世界社会主义运动处于低潮，很多人认为社会主义不行了，马克思主义理论不行了。第三，中国由计划经济向社会主义市场经济转变，一些人因此误认为马克思主义经济学不行了，只有西方经济学才行。这是外部原因。

内部原因比较多，总的说来，新形势下我们对于意识形态斗争的经验不足，放松了警惕，政策掌握得不够好。具体说来有以下几点。

第一，高等院校经济学教育、教学的方针和目标不明确。到底是以马克思主义经济学为指导来教育和培养学生，还是双轨制教育，即马克思主义经济学与西方经济学并行？现在许多人都讲"双轨制"，北京某大学经济学院院长几年前就讲，现在实行"双轨制"，学生因此疲于奔命，很苦。学生既要学马克思主义政治经济学，又要学西方经济学。表面上看是并重，实际上是西方经济学泛滥。并重的结果是马克思主义经济学的地位下降，西方经济学的地位上升。一些高等学校在经济学、管理学等学科的本科生、研究生教育中取消了政治经济学的课程，只要求掌握没有经过科学评论的西方经济学的原版教材。一些学校的研究生比如经济专业、管理专业的研究生，入学考试不考马克思主义政治经济学，只考西方经济学。这是经济学教育、教学中的方针问题。

第二，教材问题。马克思主义政治经济学要与时俱进，现在的教材也在改进，这几年大有进步，特别是抓了马克思主义基础理论研究和建设工程，但是还不够成熟，数量也不多，没有引起学生广泛的兴趣。同时，西方经济学教材大量流入。有个高校有一个"工作室"，专门做这个事情，当然它也是很有贡献的，引进外国文献也是好的，但是大量引进西方经济学教材的版本，也产生了冲击国内经济学教学的作用。某大学有一位教授说，从20世纪90年代中期开始，中国经济学教材发生了比较重大的改变，中国经济学教育从以政治经济学即马克思主义经济学为主，向以西方经济学为主发生着转变，如今，西方经济学已成为主流的经济学教育体系，因为教材的改变反映出教学重点的改变。有人说，世界上没有一个国家像中国这样高频率地引进外国经济学教材。他说，传统经济学教学模式转型的主要标志就是西方经济学的理论、教学体系和教材的运用，其中很重要的是教材的运用。这说明我们现在已经发生了转变。

第三，教师队伍、干部队伍的问题。"海归派"回来很好，可以充实我们的经济学队伍，充实我们关于西方经济学的知识，这是好的一面。但是他们中的一些人没有经过马克思主义的再教育，就进入教师队伍和研究人员队伍；不经过评论、原本原汁地介绍西方的东西，是有问题的。有些原来在国内接受过马克思主义的教育，但出去后把马克思主义忘了；有些理工科的学生出国学经济、学管理，其中很多人没受过马克思主义的教育。某大学一个研究所的所长说，他希望这个局面"越来越好"，认为送出去培养是中国经济学水平提高最快的办法。他说，训练有素的海外军团回流浪潮将加快，不断充实到内地主要大学经济学教学队伍里，势不可当。我认为他的这个说法是有问题的。没有经过马克思主义再教育，没有受过训练就走上讲台，这种做法流弊很大。另外，我们自己培养的马克思主义政治经济学教师队伍在不断萎缩，高校对马克思主义经济学教师队伍的培养和投入很少，奖励也很少。奖励也只有海外人奖励搞西方经济学的。这个情况是很糟糕的。孙冶方奖是国内的，虽然受到学界重视，但是毕竟实力有限。

还有对干部队伍的影响问题。比如党校省部级干部班的教育，如果让主张以西方经济学为主流的教师去讲课，那会是个什么样的结果，可想而知。现在干部的思想也在变，虽然很多干部不是学西方经济学出身的，但是也在受影响。一些地方干部在国企改制问题上，在公有制和私有制的问题上，在维护群众利益的问题上，站在我们共产党的对立面，比如在房地产领域维护开发商的利益，把老百姓的利益完全置于脑后，就是受影响的表现。还有，一些地方提拔干部，规定必须到哈佛大学、肯尼迪学院进修才能提拔。这些都不是很正常，这是崇拜西方。

第四，领导权问题。领导权很关键。高校的校长、院长、校长助理，系、研究室、研究所的主任，等等，还有主要部委的研究机构的领导，到底是不是马克思主义者？我相信他们中大多数是马克思主义者，但是有的领导权被篡夺了。中央一再强调，社会科学单位的领导权要掌握在马克思主义者手中。因为一旦掌握在非马克思主义者手中，那么教材也变了，队伍也变了，什么都变了。复旦大学张薰华教授对这个状况很担心，他说只要领导权掌握在西化的人手中，他们就要取消马克思主义经济学，排挤马克思主义经济学。所以我说一定要注意，各级领导必须是真正的马克思主义者，而不是红皮白心。我上面讲到的四个问题，我想中央也注意到了，但是有关部门没有检查、落实。

三　关于意识形态领域两个相互联系的倾向性问题

最近，中国社会科学院院长陈奎元同志分析了当前意识形态领域存在的两个相互联系的倾向性问题：一个是两种迷信、两种教条主义，一个是"左"倾、右倾问题。我觉得他分析得很有道理。所谓两种教条主义，一个是迷信、空谈马克思主义，而不是与时俱进地发展马克思主义；一个是迷信、崇仰西方发达国家的、反映资产阶级主流意识形态的思想理论，把西方某些学派、某些理论或者西方国家的政策主张奉为教条，向我国思想、政治、经济、教育、文化等各个领域渗透。上述两种教条主义，第一种教条主义还是存在的，但是在当前不是主要的，其影响在下降。马克思主义者吸取了过去的经验教训，正在不同程度地向现代化的方向努力，力求与时俱进，进行理论创新。而第二种教条主义即西方教条主义在意识形态领域和经济社会中的影响力在上升。比如在经济学领域，一个大学出版社出版的《经济学是什么》竟然只讲西方经济学，不讲马克思主义政治经济学，把马克思主义经济学排除在外，这实际上是否定马克思主义政治经济学，其影响、危害很大。西方经济学思想的影响上升是当前的主要危险。我们国家是共产党领导的社会主义国家，这是我们历史的选择，是最基本的国情。坚持共产党的领导，实行社会主义制度，必须以马克思主义为指导，包括经济学和经济领域要以马克思主义政治经济学为指导，一切淡化或者取消马克思主义的企图都会削弱共产党的领导，改变社会主义的方向。因此我们不能把经济领域里的东西看淡了。

陈奎元同志指出的另一个倾向性问题，即"左"倾、右倾的问题，这个问题与两种教条主义的倾向有联系。他说，从改革开放到现在二十多年的时间里，我们在思想领域始终把克服"左"的教条主义当作主要任务，已经取得了决定性的成果，在思想理论领域和改革开放的实践中，来自"左"的干扰已经日渐式微，当前突出的倾向性问题是资产阶级自由化的声音和倾向正在复苏，并且在顽固地发展蔓延。陈奎元同志提出的问题很值得我们重视和关注。反"左"、反右并不是长期不变的，"左"和右发展下去都能葬送我们的社会主义，所以应该有"左"反"左"、有右反右。目前主要的倾向是什么，我觉得是个很重大的问题，特别是在经济学领域，应当认真考虑。

四 关于马克思主义政治经济学与西方经济学的关系问题

马克思主义政治经济学与西方经济学的关系问题是个有争论的问题。现在我们的大学里有两门基础经济学或者基础经济理论，即马克思主义政治经济学和西方经济学，事实上是双轨制，这是根本错误的。关于政治经济学与经济学的分野，我很同意中国人民大学卫兴华同志的分析，他说，无论是从经济理论的发展史看，还是从经济学发展的层次看，并不存在政治经济学和经济学的严格区分。从一定意义上说，政治经济学就是经济学，或者简称为经济学，经济学就是政治经济学。马歇尔说自己的"经济学"就是政治经济学，斯蒂格里茨、萨缪尔逊等的经济学实际上也是政治经济学。但是不同的政治经济学或者经济学在体系、理论框架、理论观点等方面有差异性，比如有马克思主义政治经济学（或经济学）和非马克思主义政治经济学（或经济学）的差别。马克思主义政治经济学与非马克思主义政治经济学的差别，就是马克思主义经济学与非马克思主义经济学的差别。也就是说，政治经济学与经济学没有什么差别，但是有马克思主义与非马克思主义的差别。习惯上我们所称的西方经济学是指非马克思主义的经济学或非马克思主义的政治经济学，因为马克思主义经济学或马克思主义政治经济学也是从西方来的，所以把西方经济学专指非马克思主义经济学更合适一点。至于马克思主义政治经济学（或经济学）与西方政治经济学（或经济学）在我国经济学教学和理论研究中的关系，如果说中国是一个马克思主义指导下的社会主义的国家或者社会主义市场经济的国家，那么这种关系就应该很明确，即马克思主义经济学应该是指导、主流，西方非马克思主义经济学应该是参考、借鉴。前者是指导，后者是参考；前者是主流，后者是借鉴。在这个问题上有两种意见，一种是以上海财经大学程恩富教授为代表的，他说，不能把现时期世界主流经济学即西方经济学当作我们社会主义国家的主流经济学，后者必然是与时俱进的马克思主义指导下的现代政治经济学；另一种是以北京某教授为代表的，他最近在一个关于中国经济学发展与回顾的研究会上说，党的十四届三中全会以后，市场经济体系中有关经济学的内容在教育界基本被承认，这就是现代西方主流经济学。他说，不管是在教学人数上还是教育内容上，到现在应该承认西方主流经济学在中国的主导地位。上述两种意见是尖锐对立的。如果西方经济学真的在中国获得主流、主导的地位，取代了马克思主义政治经济学，那长远的后果可想而知。不管你主观上怎么想，不管你愿不愿意，最终要导致改变社会主义的发展方向，取消共产党的领导。

　　我认为，把西方主流经济学当作中国主流经济学固然不可，两

门基础经济理论的观点也不能成立。应该是一门基础经济理论，即用与时俱进的、发展的马克思主义政治经济学作为经济学教学的主体、经济研究的指导思想和经济政策的导向，不能是双轨的。当然，对于西方经济学中反映社会化大生产和市场经济一般规律的理论，只要不违反社会主义原则，我们要尽量吸收、借鉴到与时俱进的马克思主义经济学理论中来，作为马克思主义经济学的消化了的组成部分。

新的马克思主义政治经济学的内容体系应该包括这么一些内容：一是政治经济学的一般理论；二是资本主义经济；三是社会主义经济；四是微观经济；五是宏观经济；六是国际经济。当然中间有许多交叉重复，逻辑上怎么处理、体系上怎么编是另外一个问题。这样我们就可以把西方经济学的精华，把西方经济学当中反映市场经济一般的内容吸收进来，作为与时俱进的马克思主义政治经济学的一部分新的内容。至于西方经济学的体系和其他内容，可以开设一些课程，比如西方经济思想、西方经济思想流派、西方经济思想名著等课程，向专门的学生介绍，但是我们不要突出这些内容，因为对我们有用的东西已经吸收进马克思主义经济学中来了。

总之，我主张只能有一门基础经济理论，即马克思主义经济学，要单轨，不能双轨，这是经济学教育、教学中的方针问题。

五　正确对待西方经济理论和新自由主义经济学

西方的非马克思主义经济学（或政治经济学）由古典的西方政治经济学发展到现代西方经济学。古典的西方经济学有科学的成分，也有庸俗的成分，其科学的成分被马克思主义政治经济学所吸收。现代西方经济学也有科学的成分，有反映现代市场经济一般规律的成分，也有反映资产阶级意识形态的成分，如私有制永恒、经济人假设等。其科学成分值得我们借鉴和学习，但其基于资产阶级意识形态的理论前提与我们根本不同，所以整体上它不适合于社会主义的中国，不能成为中国经济学的主流、主导。在西方经济学当中曾经居于主流地位的新自由主义经济学，其研究市场经济一般问题的分析方法有不少也可以借鉴、学习，我们不能完全否定它，但是新自由主义经济学的核心理论是我们所不能接受的。

西方主流经济思想特别是新自由主义经济理论的前提和核心理论大体上包括：第一，经济人假设。认为自私自利是不变的人性。这个假设是我们所不能接受的。马克思主义有"社会人"和"历史人"的人性理论，当然也不否定私有制下人有自私自利的一面。第二，认为私有制是最有效率的，是永恒的，是最符合人性的，是市场经济的唯一基础。这不符合历史事实。第三，迷信市场自由化、市场原教旨主义，迷信完全竞争的假设和完全信息的假设。其实这些假设是不存在的，比如所谓的信息完全的假设就是不可能的，消费者的信息不如生产者，垄断者的信息优于非垄断的大众，两者在市场上是不平等的。第四，主张政府作用最小化，反对国家对经济的干预和调控。大约是以上四点，可能还可以举出其他几点来。这几点同马克思主义、同社会主义、同中国的国情都格格不入，自然不可以为我所用。这里我就不一一分析了，因为这四点中的每一点都可以做一大篇文章。

对于西方非马克思主义经济学的正确态度，早在改革开放初期的1983年，我国研究西方经济学的权威学者——北京大学的陈岱孙先生就提出了几个观点：第一，因为社会经济制度根本不同，所以西方经济学作为一个整体不能成为我国国民经济发展与改革的理论；第二，在若干具体问题的分析方面，西方经济学的确有可以为我们参考借鉴的地方；第三，由于制度上的根本差异，甚至在一些技术性的具体问题上，我们也不能照搬西方国家的某些经济政策和措施；第四，对外国经济学说的内容的取舍，根本的原则是以我为主，要符合我国的基本国情。他说，我们既要承认外国经济学在其推理分析、计算技术、管理手段等方面有若干值得参考借鉴之处，但是我们又不能盲目推崇、生搬硬套。陈先生讲的这几条，有很重要的现实意义。而现今某些高校的头面经济学者，却不再提陈先生的主张了。有许多我们尊敬的学者都受过西方经济学的教育，比如陈岱孙，还有中国人民大学的高鸿业，北京大学的胡代光等，他们在如何对待西方经济学理论的问题上是一致的。我的西方经济学的知识很少，他们是专家。但是我在接受马克思主义的启蒙之前，在西南联大也接受过正规的美式的西方经济学理论教育，中华人民共和国成立前半殖民地市场经济的体验我也是有的。我们感到，西方经济学虽然有用，但整体上不适合于中国，适合中国的一定是与时俱进的、不断创新的马克思主义经济学。现在有一些年轻的经济学家，他们西方经济学的根底很不错，可以说不比推崇西方主流经济学的人士差，如上海财经大学的程恩富、中国社会科学院的左大培等，他们根据中国的情况，不主张在中国推崇西方主流经济学。我觉得他们的路子是对的。

有些人不愿意别人批评新自由主义，说什么批评者把新自由主义当成了一个筐，什么都往里装。为什么要讳言新自由主义呢？如果你是真心实意地为中国特色的社会主义市场经济贡献力量的话，如果你也是不赞成新自由主义的理论前提和核心理论的话，你就不必担心批评新自由主义会伤及无辜。如果你赞成他们的理论前提和核心理论，那你自己就跳进框框，怪不得别人。

马克思主义者对西方经济学向来是开放的，但曾经一度不开放，那是错误的，是"左"倾，是教条主义。马克思主义过去是开放的，现在也是开放的，马克思主义本身就是开放的，但有些西方经济学者不是这样对待马克思主义，张五常就是这样一个人，他要把马克思主义埋葬，并且钉上最后一个钉子。很多人到现在还在吹捧张五常，怎么能够把给马克思主义钉钉子的人请过来，到处吹捧，这是什么道理！

六　经济学教育是意识形态的教育还是分析工具的教育

经济学的教育既是意识形态的教育，也是分析工具的教育。但是那些提出中国经济学要以西方经济理论为主流的人认为，经济学的教育不是意识形态的教育，而是分析工具的教育。一些人还提出经济学要"去政治化"。他们提出这样的问题是不奇怪的。但我们要明确经济学是社会科学，不是自然科学。自然科学没有意识形态的问题，没有国界的问题，没有什么资产阶级的天文学与无产阶级的天文学、中国的天文学和世界的天文学之分，因为自然科学主要是分析工具的问题。但社会科学不同，它反映不同社会集团的利益、不同社会阶层阶级的利益，不可能脱离不同阶级、不同社会集团对于历史、对于制度、对于经济问题的不同看法和观点。马克思主义政治经济学一点也不讳言意识形态的问题，同时也非常注意分析方法和叙述方法。可以说，马克思主义经济学既是意识形态的，又是注重方法的。西方经济学作为社会科学事实上脱离不了意识形态，脱离不了价值观念，虽然它极力回避意识形态问题，宣扬所谓抽象的中立，但是经济人假设不是意识形态的问题吗？宣扬私有制永存不是意识形态的问题吗？宣扬市场万能不是意识形态的问题吗？这些都是它的前提。所以经济学教育不能回避意识形态，经济学也不能"去政治化"，"去政治化"的实质是"去马克思主义化"。把这个问题放在明处，不是更科学一点吗？

某大学中国经济研究中心一位教授就主张，经济学教育不应该是以意识形态为主的教育，而应该是以分析工具为主的教育，他特别强调逻辑方法包括数学逻辑的教育。当然，逻辑方法是很重要的。数学在经济学当中只是一个辅助工具，这在经济学的明白人当中都是有共识的。但是逻辑方法是不是经济学唯一的方法？我们知道，马克思主义经济学讲的研究方法和叙述方法有两套，即历史方法与逻辑方法，马克思主义经济学运用的是历史方法与逻辑方法的统一。《资本论》的方法就是历史方法与逻辑方法的统一。研究和叙述经济学要有逻辑的规律次序和历史的规律次序，要有一个历史的价值判断，而且要把两者统一起来，即在强调逻辑抽象的同时，还要强调历史的实感、质感、价值判断。

我在 1984 年带中国社会科学院的一个学者访问团去纽约，当时福特基金会组织我们和美中经济学教育委员会开了一个座谈会，会上我跟普林斯顿大学华裔教授邹至庄先生有一个交锋。他说，到美国学习经济学的中国理工科出身的留学生很快就能适应，因为理工科出身的学生逻辑接受能力强，而文科出身的就不适应，所以美国大学的经济学教育招的主要应该是理工科的中国留学生，而不要招学文科出身的。我当时就反对这个说法，我说经济学不仅仅是一门逻辑的科学，它也是一门历史的科学，学习经济学或研究经济学只会逻辑抽象的方法而没有历史的方法、没有价值判断是不行的。会上争论很激烈，其他美国人没有说话，当时张卓元他们都在场。这场争论到现在还在继续。这里我顺便讲一下，这个美中经济学教育委员会是美国几个大学组织的，旨在促进互派留学生和学术交流，通过福特基金会慢慢地贯彻它的目的，当然它也做了一些好事，比如它帮助培养了一批经济学人才，介绍了一些西方经济学的知识，对我们社会主义市场经济是有用的，但是另外一方面它也做了西化中国的工作，并且相当成功地达到了自己的目的。

七　关于经济学的国际化与本土化的问题

在关于经济学教学模式的讨论中，现在沸沸扬扬地提出了所谓"国际化"与"本土化"的问题。有人提出经济学没有国界，说基本的经济理论是反映人类共同的规律，没有什么东方经济学、西方经济学，没有什么各个国家的经济学。某大学就有人明确提出这个观点。他们说，所谓经济学的国际化与本土化的问题，实际上是一般理论与特殊问题的关系，国际化就是指一般理论，本土化就是指特殊问题；国际化就是向一般理论接轨，向西方理论接轨，本土化就是要考虑中国的特殊情况。他们还说，不能因为有特殊情况就否认有一般理论，一般理论是放之四海而皆准的，西方经济理论就是放之四海而皆准的。这些都是盲目崇拜西方经济学的说法。

从一定意义上说，马克思主义是"国际化"的也是"本土化"的。马克思主义与中国具体实际相结合是一个老问题，我们永远都需要努力。问题是他们讲的"国际化""本土化"是排挤马克思主义的。他们讲的是西方经济学的"国际化"与"本土化"，是用西方非马克思主义理论来代表放之四海而皆准的一般理论，代表普遍规律，也就是向西方一般理论接轨。这些人不反对西方经济学的"本土化"，也不反对联系中国的实际，其中有些人还主张应该有中国经济学，但主张按照西方的模式来建立中国的经济学，比如某大学一位教授就说，可以有中国特色的经济学派，但是其理论框架是和西方经济学一致的，是西方经济学的分支。有些人则根本反对建立中国的经济学。对此，中国人民大学有同志说，国际化不是中国经济学教育的全部内容，他认为，要构建中国经济学的教育体系，西方主流经济学和西方发达国家并不是中国教育变革的唯一模式。他说，马克思主义经济学在这个过程当中应该扮演什么角色，西方经济学在这个过程当中应该扮演什么角色，二者分别应该处于什么地位，是需要研究的。我认为他的说法至少是一种客观的说法。当然，我们主张马克思主义经济学应当成为主导，西方经济学只能是借鉴。

我再顺便谈一个问题，就是现在中国经济学界有一部分人对诺贝尔奖很有兴趣。他们认为，诺贝尔经济学奖是唯一能代表经济学世界先进水平的奖项，因此获得诺贝尔奖是中国经济学界奋斗的目标，是中国经济学教育的奋斗目标。他们说，我们要向经济学的世界先进水平前进，包括拿诺贝尔奖。又说，诺贝尔经济学奖代表西方主流经济学理论的成就，要拿诺贝尔奖，首先就要掌握西方主流经济学。

对于诺贝尔奖特别是自然科学的诺贝尔奖，我们要肯定它的意义。经济学的诺贝尔奖获得者也有在市场经济的一般理论、方法或者技术层面作出贡献的经济学家，以及像印度人阿玛蒂亚·森这样有人文关怀的经济学家，是值得我们尊重的。但是，诺贝尔奖从来不奖给马克思主义经济学者，诺贝尔和平奖只考虑奖给指责中国的人。因为社会科学有意识形态性，评奖者有政治上的偏见，有意识形态的偏见，因此诺贝尔奖不是我们追求的目标。当然，如果我们有些学者的经济学研究和理论，在不违反社会主义原则的前提下，能够获得诺贝尔奖，这也不是坏事，但是我们不必追捧这个奖，更不能把它作为我们经济学教育的奋斗目标。因为对于中国经济学理论真正作出马克思主义贡献的人一定是得不到诺贝尔奖的。现在，我觉得我们对诺贝尔奖吹捧得很厉害，弄那么大的规模，根本没必要。我国这样做，说明有人在刻意推崇西方经济学，领导可能不知道。这里我再强调一下，就是诺贝尔奖获得者是值得我们尊重的，许多获奖者没有意识形态的偏见。我并不是排斥诺贝尔奖，我只是说我们不要追捧它。

八　中国经济改革和发展以什么理论为指导

这是一个重大的问题，是涉及中国向何处去的问题。有人认为，建立和建设现代市场制度，没有西方的理论为指导，这一艰巨的历史任务是不可能完成的。他还说，我国的经济体制改革一直在黑暗中摸索，只有在受到西方经济学原理的启迪，并运用它来分析中国的问题后，才提出了应当发挥市场的作用、建立商品经济的主张。我很尊重说这句话的经济学者，但是我不同意他的这个观点。

第一，中国经济改革和发展是以西方理论为指导的说法是不符合实际的。中国共产党领导的经济体制改革，从党的十一届三中全会提出计划与市场相结合，到党的十一届六中全会确认了商品生产和商品交换，到党的十二大提出计划经济为主、市场调节为辅，到党的十二届三中全会提出中国社会主义经济是公有制基础上的有计划的商品经济，到党的十三大提出有计划的商品经济体制是计划与市场内在统一的体制，国家调控市场、市场引导企业，到党的十三届四中全会又提出计划经济与市场调节相结合，最后到党的十四大提出建立社会主义市场经济为我国经济体制改革的目标。从党的十一届三中全会到党的十四大，其间经历了曲曲折折，主要是我们中国人总结我们中国的历史经验教训，也参考了外国的历史经验教训，包括苏联的历史经验教训，在与时俱进的马克思主义的指导下，目标一步一步明确起来。在这一过程中，我们看不出西方经济理论有什么指导作用。这是非常明显的。在这个过程中，邓小平同志起了相当大的作用，他1979年在接见美国不列颠百科全书出版公司编委会副主席、1985年接见美国企业家代表团时，就提出过社会主义为什么不可以搞市场经济的问题。1992年他从理论上阐明了计划与市场是方法和手段问题，不是社会主义与资本主义的选择的问题，不是姓"社"姓"资"问题。但是社会主义与资本主义的界限还是要讲究，但不是在手段问题上讲究。这些重要的创见都不是西方经济理论，怎么可以说中国改革是在西方理论的指导下进行的？再从参与、形成中国经济改革理论的老一辈经济学家来说，薛暮桥、孙冶方、顾准、卓炯等一大批探索社会主义条件下商品经济、市场经济有功劳的开拓者，都是坚定的马克思主义者，他们不是受西方理论左右的人。后来的经济学理论工作者虽然有些人受了西方经济理论的影响，但是大多数人是坚持马克思主义的。受西方影响比较大的中青年的经济学工作者的大多数也能够以市场经济的一般理论为社会主义服务。只有少数人用自由化、私有化为暴富阶层代言，来冲击马克思主义，干扰社会主义经济建设。应该说，这些人起的是干扰的作用，而不是指导中国经济改革的作用。我想，这些人倾向用西方经济学取代马克思主义经济学，这是个历史的插曲、历史的误区，经过努力，或者可能引导他们走向正确的道路。

第二，中国经济改革与发展是以西方理论为指导的说法会误导中国经济改革和发展的方向。因为中国要建立的是社会主义的市场经济，而不是资本主义的市场经济；要坚持公有制为主体、多种所有制经济共同发展的基本经济制度，而不是私有化或者不断向私有化演变；要坚持宏观调控下的市场调节，而不是主张市场原教旨主义，主张市场万能论，把国家的一切正确调控说成是官僚行政的干预；要坚持为保证效率而适当拉开收入差距，同时要强调社会公平、福利保障，而不是极力扩大社会鸿沟，为暴富阶层说话。要做到这些，都需要马克思主义政治经济学来指导，而不能用西方经济理论特别是新自由主义经济理论来指导。一旦中国经济改革和发展由西方新自由主义指导，中国的基本经济制度就要变，就势必走向"坏的资本主义市场经济"的深渊。只要经济基础变了，共产党最后就掌握不了政权，私有制的代表就要掌握政权。中国的改革一旦由西方理论特别是新自由主义理论来主导，那么表面上或者还是共产党掌握政权，而实际上逐渐改变了颜色，对大多数人来说，这是一个噩梦。

九　克服经济学领域一些倾向性问题的意见

这个问题应该好好地做文章，因为这个事情太重要了。我只讲几点。

第一，教学方针要明确。现在我们要明确，只有一个经济学基础理论课程，而不是两个。马克思主义政治经济学是唯一的经济学基础理论课程，西方经济学是作为吸收、借鉴的部分。西方经济学作为体系，作为学派和学术名著来介绍，我们还是需要的，需要向专门的学生介绍，但是不要突出它。

第二，教材。要加强马克思主义基础理论研究工程的建设，要吸收各方面的专家，包括坚持马克思主义的学者和西方知识比较多的学者，这样便于我们吸收、借鉴西方的东西，当然要经过改造。我们还要鼓励多种马克思主义政治经济学教材的写作和创新，鼓励对马克思主义经济学做专题研究，包括政治经济学的体系、方法和具体的理论问题，都要进行专题研究，在专题研究的基础上才能形成教材。马克思主义经济学教科书要有多种，不应该只有一种。马克思主义可以是多学派的，但是必须是马克思主义的学派。对西方经济学教材和名著．我们要组织有质量的马克思主义的科学评说，而不是教条主义的评说。只要在教学方针上明确不能以西方经济学教材为主，就可以有效地扭转局面。

第三，队伍。我们欢迎西方留学回来的"海归派"，但是对于这些同志要进行再教育，特别是理工科出去的，过去没有接受过系统的马克思主义教育，要进行马克思主义的教育。对那些过去接受过马克思主义教育的，回来后有必要的也要进行重新教育。不经过再教育的"海归派"，可以从事其他工作，但是不能从事教师的工作，不能从事决策研究的工作。土、洋出身的学者教员在待遇上应该一律平等。党校的教员更要慎重选择，特别是党校的中高级干部培训班的教员一定要慎重选择。否则我们的干部队伍受影响西化了，会导致在实践中搞私有化。

第四，领导权。确确实实地要检查一下我们的高校领导干部，包括校长、书记、校长助理、院长、系主任、研究室主任、研究所所长等，是不是都掌握在真正的马克思主义者手中。这是个很重要很重要的问题，不能等闲视之！因为关系国家的命运，所以领导岗位一定要掌握在马克思主义者手里。

本文讨论的主要是理论领域的问题，教育领域的问题，意识形态领域的问题。马克思主义不能被人取代，意识形态不仅仅是在政治、法律、军事、文化领域，经济本身也有意识形态问题，而且非常非常重要。基础变了，上层建筑也要跟着变。这个马克思主义的基本道理，恐怕有些人还不明白。

（原载《高校理论战线》2005 年第 9 期）

反思改革不等于反改革

——《经济观察报》记者专访

记者（仲伟志）：作为当代中国最有影响的经济学家之一，您在今年（2005年）3月刚刚荣获首届中国经济学奖"杰出贡献奖"。像您这样的权威经济学家的文章（《谈经济学教学研究中的一些问题》），为什么要借助互联网传播？

刘国光：这个谈话的来历，是今年（2005年）7月教育部社会科学研究中心的一位年轻同志到我这儿来聊天，一聊就聊出七至九个问题，他记下来并整理了出来，还是一个初稿。他们自己有简报，马上就发了。上报中央的同时，他也发到网上去了，有好几个网站，我事先并不知道。说实在话，我还不是很熟悉网络，也不知道网络的作用有多大。但是传播以后并不违反我的意思，我也不反对。

记者：经过网上流传，这篇文章引起了巨大的反响。

刘国光：我谈的这些意见，应该说有相当多的人还是很赞成的，很多地方都是晚上电话议论，开会研讨。至于网上的流传，我说我不反对，同时我也没有寄托于那个东西。但是引起的波澜之大，我也没想到。这完全不是个人的能耐，而是问题牵动人心。

记者：您在文章中涉及一些具体的人和事，比如说，您批评一些经济学家"公然主张西方经济学应该作为我国的主流经济学"。

刘国光：这篇文章后来公开在《高校理论比较》第9期和《经济研究》第10期发表，删改了，缓和了一些，但还是得罪了很多人。这些人大多是我的学术界朋友。我也不是有意要得罪这些人。

我是在讲一些事实，我引用的人与事，都是有根有据，至于引用得合适不合适，是个人判断，但事实就是这样的。确实有这些事情。不过，我很欣赏和尊重作为学者的他们。我们只是观点有些交叉，这没有关系。

记者：您在1979年就深入论证过计划与市场的关系，在1992年党的十四大前就明确提出用市场方式取代行政计划作为配置资源的主要方式。但是您今年中国经济学奖的"答词"出来后，一些人不明白，一位对社会主义市场经济理论有着深刻认识的经济学家，为什么对市场化改革提出了如此尖锐的批评？

刘国光：计划与市场的关系问题，是一个世纪性的问题，我曾作过多次论述，我在"答词"中不过是重复过去的观点。我说了"要坚持市场取向的改革"，又说了市场也有缺陷，不能迷信市场。对于计划经济的弊病和市场经济的好处，我过去讲得好像不比谁少。但是，当然，话还要说回来，人的思想是发展的，我不敢像有些人那样自信自己一贯正确，任何人都不可能一贯正确。

过去，在感受了计划经济的种种问题之后，我们慢慢地就要搞市场经济。计划经济不能解决效率和激励问题。市场经济作为资源配置的主要方式，是历史的必由之路。改革开放初期，我只意识到计划经济有毛病，觉得要搞市场调节。但那时是主张计划经济为主、市场调节为辅。以后经过对中外经验的反复思考和研究，逐渐地看到了市场经济的作用，形成了市场取向改革的信念，赞成建立"社会主义市场经济体制"。这差不多是20世纪80年代后期90年代初期的事情了。这说明我这个人不很聪明，思想发展很慢，但我觉得这是符合思想发展的客观规律的。我在"皈依"市场取向改革信念的同时，就提出不要迷信市场。我们应当重视价值规律，但不要认为价值规律本身就能把一切事情管好，并把一切事情交给市场去管。现在我还是这样想，不过是重复过去的观点，没有新鲜的东西，老一辈的人应该都知道的。

记者：这就如同有人所说，您坚持认为计划经济并没有完全过时。是不是这样？

刘国光：从我上面讲的经过，你可以判断我有没有这个意思。既然"皈依"了市场取向的改革，既然赞成建立社会主义市场经济体制，那就是说要把市场作为资源配置的基础方式和主要手段，那就是把社会主义市场经济作为一种新的经济制度来看待。那么"计划经济"作为一种经济制度，计划作为资源配置的基础方式和主要手段，就不能再起作用了。至少在社会主义整个初级阶段，都不能起作用，那是再明显不过的道理。

不过，作为经济制度的"计划经济"，与市场经济制度前提下的"计划调节"（这里说的是广义计划，也包括战略性指导性计划，必要的政府对经济的管理和调控，等等），不能混为一谈。我在"答词"中说，要在"坚持市场取向改革的同时，必须有政府的有效调控干预，（对市场的缺陷）加以纠正，有必要的计划协调予以指导"，就是这个意思。这里面哪有作为制度的"计划经济"并没有过时的意思呢?！

我在提出用市场经济代替计划经济作为资源配置的主要方式的时候，就讲了市场缺陷的问题。我列举了市场经济下不能完全交给价值规律或市场去管而必须由政府过问的事情。

我想，至少有这么几件事情是不能交给价值规律去管的。第一件事是经济总量的平衡——总需求、总供给的调控。如果这事完全让价值规律自发去调节，其结果只能是来回的周期震荡和频繁的经济危机。第二件事是大的结构调整问题，包括农业、工业、重工业、轻工业，第一、第二、第三产业，消费与积累，加工工业与基础工业等大的结构调整方面。我们希望在短时期内如 10 年、20 年、30 年，以比较小的代价来实现我国产业结构的合理化、现代化、高度化。通过市场自发配置人力、物力、资源不是不能实现结构调整，但这将是一个非常缓慢的过程，要经过多次大的反复、危机，要付出很大的代价才能实现。我们是经不起这么长时间拖延的，也花不起沉重的代价。比如一些影响比例关系的重大工程规划必须由政府来做，反周期的重大投资活动要由政府规划，等等。第三件事是公平竞争问题。认为市场能够保证公平竞争，是一个神话，即使是自由资本主义时期也不可能保证公平竞争，因为市场的规律是大鱼吃小鱼，必然走向垄断，即不公平竞争。所以，现在一些资本主义国家也在制定反垄断法、保护公平竞争法等。第四件事是有关生态平衡、环境保护以及"外部不经济"问题。所谓"外部不经济"，就是从企业内看是有利的，但在企业外看却破坏了生态平衡、资源等，造成水、空气污染等外部不经济。这种短期行为危害社会利益甚至人类的生存。这些问题，市场机制是没有能力解决的。第五件事，社会公平问题。市场不可能实现真正的社会公平，市场只能实现等价交换，只能是等价交换意义上的平等精神，这有利于促进效率、促进进步。但市场作用必然带来社会两极分化、贫富悬殊。在我们引进市场机制过程中，这些苗头已经越来越明显，有一些不合理的现象，引起了社会不安，影响了一些群体的积极性。对此，政府应该采取一些措施，防止这种现象的恶性发展。现在提出构建和谐社会，政府对市场缺陷的弥补作用，更不能少。

这些意见，后来我发现西方经济学文献中也有类似的阐述，所以我说的也不完全是新鲜的东西。

记者：这也是您近年来一直在强调的观点。我们知道，中共十一届三中全会以后，陈云同志曾把计划与市场的关系比喻为"笼子"和"鸟"的关系。您是认为，在市场经济条件下，这个"笼子"还有必要？

刘国光：陈云同志讲得很生动。好像"笼子"这个词不好听，但要看到"笼子"的作用。国家财政预算把国家的收支大体框住了，是不是"笼子"？货币信贷总量调控把国民经济活动范围大体框住了，是不是"笼子"？重大的工程规划，是不是"笼子"？当然，这个"笼子"可大可小，可刚可柔，可用不同材料如钢材或塑料薄膜等制成，如指令性计划是刚性的，指导性计划则是弹性的。总之，实行市场取向改革的时候，实行社会主义市场经济的时候，不能忽视必要的"笼子"即政府管理和计划协调的作用。现在,"十一五"计划不说计划了,改称"规划",但"规划"也是一种计划,只不过是长远计划,是战略性的计划和指导性的计划,不再是指令性的计划。它应该起导向作用,其中如重大工程项目的规划也有指令性的。必要的指令性计划也不能排除。所谓市场取向的改革本身就包含着计划体制和政府经济管理体制的改革,计划要适应市场经济的发展,加强有效的政府管理。

我认为,完全的、纯粹的市场经济不是我们改革的方向。所谓完全的、纯粹的市场经济在西方资本主义国家也在发生着变化,政府的政策或计划的干预使市场经济不那么完全了,不像19世纪那么典型了。有些人提出完全市场化的主张,这是一种幼稚的想法。过去,我们迷信计划,犯了错误,于是实行市场取向的改革,但我们同样不能过分迷信市场,要重视国家计划协调、宏观管理与必要的政府参与和干预的作用。如果不这样的话,我们就要走弯路了。

记者: 但是,对于当前改革中出现的一些不合理现象,经济学界与思想界一直有不同的认识。比如关于腐败的根源问题,有学者认为,恰恰是政府对资源的配置权力过大和对微观经济活动的干预权力过大,才为"权贵"阶层提供了获得腐败寻租利益的必要条件与土壤,才有了权力市场化、权力资本化的恶果,如果市场经济更纯粹,行政计划就会消灭得更彻底,那么"权贵"们在市场运行过程中捞取私人利益的机会必定大大减少。这种看法是不是有道理?

刘国光: 这个问题很重要也很复杂,要分几个层次来讲。

(1) 你说问题出在政府对资源配置权力"过大"。当然,政府权力"过大"特别是行政性资源配置权力过大是不适宜的,会带来政府职能的越位,管了不该由政府管而应该由市场去管的事情。不过,政府掌握资源配置权力"过小",参与和干预经济活动"过少",也未必适宜,这会导致政府职能不到位,该由政府来管的事情,它却推卸责任不管。政府作为经济活动的三位当事人(政府、企业、个人或家庭)之一和公众利益的代表,不能不掌握相当部分的社会资源，参与资源配置的活动，但其参与要适度，要尽量按照市场原则，同时必须考虑公共利益原则来做，这是没有疑义的。

（2）腐败的发生与政府掌握资源配置权力的大小没有直接关系。掌握资源配置权力大，或者权力小，都可能发生腐败。只要法律制度和民主监督不健全，管不住政府官员的行为，就可能发生腐败。政府掌握资源配置权力大或者小，只影响腐败规模的大小，不是产生腐败的原因。根治腐败，要从健全法律制度、民主监督入手，进行政治体制的改革，这才是治本之道。

（3）腐败和权力资本化、权力市场化，除了源于法制不健全、民主监督欠缺外，市场环境不能不说是一个温床。这里我要解释一下，腐败和权力资本化、权力市场化，不是计划经济固有的东西，而是我们市场改革以后才盛行起来的东西。过去计划经济并没有权力资本化、权力市场化这个东西。我不是替计划经济涂脂抹粉。过去计划经济有很多很多的弊病，搞得太死了，不能调动人的积极性，有官僚主义，也有权力的滥用，也有腐败，但是当时政府掌握资源配置的权力极大，比现在大得多，而腐败的规模很小，只存在于计划经济的某些裂缝和边缘，更没有权力资本化、市场化问题。权力资本化、市场化问题，是到我们现在才严重起来。很难说这跟现在的市场环境没有关系。因为有市场才有资本，才有权力的资本化、市场化，没有市场，怎么搞权力的资本化、市场化？用市场发展不完善、改革不到位来解释是可以的，但是有点不够，有点勉强，倒是用市场缺陷和市场扭曲来解释更为合理一些。而市场扭曲和市场缺陷，是市场化改革过程所不可避免的，我们要尽量减少引进市场的代价，所以要强调政府来过问，要发挥社会主义国家管理经济的作用，采取措施纠正市场扭曲，弥补市场缺陷。

（4）政府对经济的调控、干预、计划与规划（这些都属于广义的计划），同某些官员滥用权力搞权钱交易，搞官商勾结，搞权力资本化、市场化，这是两码事，不能混为一谈，不能胡子眉毛一把抓，借口政府对资源配置权力过大为权贵阶层提供了获得腐败寻租利益的条件，来否定国家和政府配置资源的权力与管理经济的职能（广义的计划）。前面说过，治理腐败和权力资本化、市场化要从逐步建立健全民主法治环境，从政治改革着手，现在还要加上，要从矫正市场扭曲和纠正市场缺陷入手，这都少不了加强国家和政府管理或广义计划的作用。所以我在"答词"中说，要"在坚持市场取向改革的同时，必须有政府的有效调控干预，（对市场的缺陷）加以纠正，有必要的计划协调予以指导"。据我所知，许多读者都非常明白并且赞同"答词"中的观点，但是有些人硬要说我是要回到计划经济，那只好由他们说吧。

记者：您是说，您现在依然支持市场取向的改革？但有人也指出过，您最近一直在主张"少讲市场经济"，是这样的吗？

刘国光："社会主义市场经济"是一个完整的概念，是一个有机统一体。我在"答词"中说的是，这些年来，我们强调市场经济是不是相对多了一点，强调社会主义是不是相对少了一点？在谈到社会主义时，则强调它发展生产力的本质即生产效率方面相对多了一些，而强调共同富裕的本质也就是重视社会公平方面，相对少了一点。

请注意，我特别使用了"相对"这个词，是有精确的含义的。就是说，相对多不是绝对的多，相对少不是绝对的少。逻辑上不应混淆。我这样讲无非是说，我感觉这些年我们在"社会主义市场经济"概念上，社会主义强调得不够，而不是说市场经济讲得过多。如果相对于目前政府对资源配置权力在某些方面偏大，对微观经济活动干预偏多来说，我们对市场经济还是讲得很不够，还要多讲。

这些年社会主义也不是没讲，但是相对少了一点，因此改革在取得巨大成功、经济发展欣欣向荣、人民生活总体改善的同时，社会矛盾加深，贫富差距急剧扩大，向两极分化迈进，腐败和权力资本化迅速滋生、蔓延扩大。这种趋势是与社会主义自我完善的改革方向不相符的，不能让它发展下去。因此，现在要多讲一点社会主义，这符合我国的改革方向和老百姓的心理。当然，市场经济还不完善，也要多讲。只要符合社会主义方向，市场经济讲得越多越好。

我就是这个意思。社会主义和市场经济都要多讲，目前社会主义有必要讲得更多一些。我接到很多读者的共鸣、很多令我很感动的理解。我不知道，这为什么会触犯了我们的"改革人士"，说我认为社会主义讲少了、市场经济讲多了，"这是一个偏差，怎么办呢？以后少讲市场经济行不行，我说'不行'"。先生，我也说不行。但你为什么要曲解我的原意，搞那么多逻辑混乱呢？当然，我不能怪别人，只能怪自己，虽然注意了用词严密，但解释说明得不够，令人产生逻辑上的误会。幸亏人家给我"留有余地"，"不是刚刚给人家颁了奖就否定人家的观点"，我真不知如何表达谢意才好。

记者：您在《谈经济学教学研究中的一些问题》这篇文章中，批评了"西方主流经济思想特别是新自由主义经济理论"，认为新自由主义经济理论误导了中国经济改革和发展的方向。有些人觉得您似乎是在主张从市场化改革的道路上退回来。

刘国光：批评新自由主义就是"从市场化改革的道路上退回来"吗？批判新自由主义就是"否定改革"吗？帽子大得很咧！西方新自由主义里面有很多反映现代市场经济一般规律的东西，如以弗里德曼为代表的货币主义学派，以卢卡斯为代表的新古典学派，有许多科学的成分，我们还需要借鉴，没有人批评这个东西。但是新自由主义的理论前提与核心理论——我在那篇文章中列举了（如自私人性论、私有制永恒论、自由市场万能论等）——整体上不适合于社会主义的中国，不能成为中国经济学的主流和中国经济发展与改革的主导。中国经济学教学和经济决策的指导思想，只能是与时俱进的发展的马克思主义。我不知道这样点评新自由主义怎么就是从市场化改革倒退或者否定改革。我们经济学界许多同志批评新自由主义，大多是很认真的很扎实的学术研究、学术评论，并不是一两句随便歪曲的话能轻易推倒的，要有有分量的学术论证。西方的正直的经济学人也在批评新自由主义。新自由主义经济思想给苏联、给拉丁美洲带来什么样的灾难性后果，是众所周知的。当然我们的同志批评新自由主义，不是没有政治的、意识形态的考虑，他们担心新自由主义的核心理论影响我国的经济思想和经济决策。谁也没有说过我们的改革决策是新自由主义设计的，目前它还没有这个能耐。但是担心和忧虑这种影响不是无的放矢，不是多余的。因为私利人、私有化、市场原教旨主义等，已经在中国社会经济生活中渗透和流行，并且在发展。在上述文章中我曾指出有些人不愿意别人批评新自由主义，说什么新自由主义是一个"筐"，什么都往里装。如果你赞成新自由主义的核心理论，那是你自己跳进框框，怪不得别人。现在有人自告奋勇承认自己接受新自由主义这些东西，又不准别人批评新自由主义，批评了就是从市场化改革倒退，就是反改革，哪有这个道理?!

除了给批评新自由主义戴上否定改革的帽子，现在还时兴把这顶帽子乱扔，说近年来社会上出现了一种反对改革的思潮。不容否认，在取得巨大成功的同时，改革进程中出现了利益分化，少数人成为暴富者，多数人获得一定利益，部分群众利益受到损害。人民群众和学术界对改革有不同的看法，对改革进程中某些不合理的、消极的东西提出批评意见，是很自然的，我们不要把不同的看法说成是反改革。对改革进行反思是为了纠正改革进程中消极的东西，发扬积极的东西，将改革向正确的方向推进。不能把反思改革说成是反改革，你把那么多群众和代表他们的学者，说成是反改革的人，硬往反改革的方面推，后果将是什么? 我们要注意团结一切愿意和努力使中国进步的人，要使得大家都来拥护改革。让大家都拥护改革的办法是什么呢? 就是要使得改革对大家有利，就要走社会主义市场经济的改革道路而不是资本主义市场经济的道路。

（原载《经济观察报》2005 年 12 月 12 日）

坚持正确的改革方向[*]

——读胡锦涛同志 3 月 7 日讲话有感

最近读到胡锦涛主席参加全国人大上海代表团会议时的讲话，强调"要深化改革，毫不动摇地坚持改革方向"，感到十分振奋。同时想到，现在人们讲坚持改革方向，其实各有不同的含义。胡锦涛同志讲话的含义是什么呢？我体会，他讲的"坚持改革方向"，毫无疑问，是邓小平开拓的社会主义自我完善的改革方向，是坚持四项基本原则的改革方向。这个改革方向，能够保证我们国家走向繁荣富强，人民走向共同富裕，因而能够获得广大人民群众的拥护和支持。所以，邓小平曾说：改革不是一个派，是全民赞成改革，全党赞成改革，如果说是一个派，那就是百分之九十以上人的派。保守的人是有，但作为一个派别，中国没有。中国有一些人有这样那样对改革的某些问题、内容、步骤持有不同意见，但这些人中他们大多数也是赞成改革与开放，有意见也是正常的。

邓小平赞誉全国人民和全党支持改革，讲得多好呀！怎么最近某些同志却说：现在出现了"一股反对改革，否定改革的浪潮"，据说"民间和上层都有"？什么人反对改革呢？他们说"贫困群体"和"既得利益集团"都有份儿，他们"结成联盟"来反对改革。这个估计与邓小平热情对待中国人民拥护改革的态度，何其相反。他们把一大批拥护改革但对改革有这样那样不同意见的群众和学者，

---

　　[*] 本文是应上海《解放日报》2006 年 3 月特邀而写的，该报未发表，不知何因。该稿理论评论部电话告知系"技术原因"，语焉不详，后来此文在中国社会科学院《马克思主义文摘》2006 年第 6 期等处发表，并没有碰到什么"技术问题"。

统统推向反对改革、否定改革的阵营，打成反改革派或保守派，这种做法同当前要团结动员人民群众一道进一步搞好改革，是背道而驰的。胡锦涛同志这次讲话强调要"使改革兼顾各方面利益，照顾各方面关切，真正得到广大人民群众的拥护和支持"，这才是我们应该做的。

一些人士讲现在出现了"一股否定改革、反对改革的浪潮"，其实不过是在改革取得巨大成功的同时，遇到了一些问题，人们在反思改革时，对改革的某些问题、内容、步骤有不同意见，这本来是很正常的。反思改革无非是总结改革的经验教训，邓小平同志一再强调对改革开放要认真总结经验，因为我们的全面改革是一种试验，中间一定会有曲折，甚至大大小小的错误，那不要紧，有了错就纠正。"对的要继续坚持，失误的要纠正，不足的要加点劲。"① 邓小平同志说的话，多么充满辩证法的精神，多么符合世情事理。最近那些大嚷出现反对改革浪潮的人士，迫于陷入不符合事实的窘境，不得不追赶形势，也讲起"反思改革"来了。但他们讲"反思改革"的时候，首先把矛头对着与他们意见不同的同志，说后者的反思改革是"想恢复计划经济，把人们引向反市场化改革的方向上去"，还是"借反思改革来反对改革"那一套，真是武断霸道到了极点。

改革开放已经 28 年了。因为年头不少，成就多多，积累的矛盾问题也就不少。因此，现在反思改革的人群范围和反思改革对象所涉及的范围，都比过去大大地扩展了。就反思改革的规模而言，确实是前所未有。这是随着改革的广度、深度向前推进的结果，没有什么令人惊诧的地方。那么现在倒要认真地探讨一下，为什么改革会从过去"全民赞成，全党赞成"，变成今天有那么多的反思和疑问，以至于某些人士惊呼要警惕出现所谓"反对改革的浪潮"。

究其原因，我认为，不外乎以下两点。第一点是改革中利益关

---

① 《邓小平文选》第三卷，人民出版社 1993 年版，第 308 页。

系起了变化，第二点是改革中意识形态关系发生了变化。

关于改革的利益关系的问题，邓小平说过：虽然明确表示反对改革的人不多，但一遇到实际问题，就会触及一些人的利益，赞成改革的人也会变成反对改革的人。大家都不否认，改革初期，人们普遍受到改革之惠，所以出现"全民赞成，全党赞成"的局面。但是20世纪90年代以来，随着改革进程的深化、曲折化和复杂化，中国社会的利益关系格局起了变化。一些人富起来了，少数人暴富，许多人收入、生活有了改善，相当一部分人则改善不多，相当一部分人的利益受到损害，一部分人沦为贫困弱势群体。这种利益格局的变化，不能不反映到人们对改革问题的态度上来，不反映倒是很奇怪的。生活水平和社会地位相对下降或者绝对下降的人群，不满意导致他们利益受损、引发贫富差距过分扩大的改革举措，希望得到克服改进，他们并不是反对改革本身。这些人群包括弱势贫困群体，多是我们工农基本群众，是共产党建党立党的社会基础。他们会成为反对党的改革开放政策的力量，这真是难以想象的事情。把他们同"既得利益集团"一起划到"结成反市场改革的联盟"中去，如同一位我们尊敬的著名经济学家所声称的那样，这实在是一种不负责任的信口开河。

至于说到改革中受益人群对改革的态度，那也需要具体分析。受益群体中包括日益成长的知识层、技术层、管理层的中产阶层，包括对我们经济建设作出重要贡献的勤劳合法经营的私营企业家，他们都是社会主义建设的参加者，毫无疑问也都是改革开放的拥护者，尽管他们对改革中妨碍他们利益的一些事情有一些意见。受益群体中还包括"既得利益集团"。如果"既得利益集团"是指以非法手段、用潜规则来获得财富的少数暴富分子，他们利用改革的缺陷，利用市场的扭曲和种种伪改革行为来发财致富，那么，他们未必反对这种令他们迅速富起来的"改革"氛围，而毋宁说是顶礼膜拜欢迎这种"改革"。只是当改革深化到以人为本、以促进和谐社会为目的的阶段，当改革进一步强化市场经济的社会主义方向的时候，他们眼见财路来源可能中断，甚至要被绳之以法，他们才反对真正的改革，所以简单地说"既得利益集团反对改革"，只能掩盖他们在需要利用的时候拥护"改革"，不过此改革与彼"改革"的性质含义完全不同罢了。而且在他们反对真正的改革时，由于他们是实力集团，他们构成了改革的真正阻力，需要我们认真对付。一些搞官商勾结、权钱交易、权力资本化的人，也都属此类。而其他属于改革中的不同利益群体的人们，尽管他们对改革有这样那样不同的意见，都属于人民内部矛盾，都是我们坚持的改革要团结的对象。只要按照胡锦涛同志"增强改革措施的协调性，使改革兼顾到各方面利益，照顾到各方面的关切"，就能"真正得到广大人民群众的拥护和支持"。对于这一点，我是深信不疑的。

另一点是改革中意识形态关系的变化。就是两种改革观的较量。这是一个意识形态问题，是事实上回避不了的。邓小平的改革观是社会主义的改革观，是我们要坚持的。但是确确实实还有一种非社会主义的或者资产阶级自由化的改革观，则是我们必须要反对的。邓小平指出"有些人打着拥护改革开放的旗帜，想把中国引导到搞资本主义，这种倾向不是真正地拥护改革政策，它是要改变我们社会的性质"。我们实行对外开放，当然要借鉴吸收一切外国先进的东西，包括反映社会化生产和市场经济一般规律的思想、知识、经验，结合我们的实际，为我国经济发展和经济改革所用。我们对西方先进的东西求之若渴。但在西方先进的东西引进来的同时，糟粕也进来了。那些想"引导中国搞资本主义，改变我们社会性质"的意识形态，就是这样的糟粕。

资产阶级自由化思想一旦在中国出现，就要假借中国改革开放的旗帜，同中国正确的改革观，即邓小平的改革观进行较量，同马克思主义进行较量。20 世纪 80 年代，已经有过几次交锋，错误的改革观被正确的改革观所击退。但是 90 年代以来，由于种种原因，主要是邓小平同志所说的"政治思想教育一手弱"的原因，以新自由主义为主要内容的资产阶级自由化思潮逐渐滋长蔓延。什么追逐私利的经济人假设的人性论，什么唯一符合市场经济要求的私有制永恒论，什么泛市场化的市场原教旨主义，什么政府只能执行守夜人职责的政府职能最小化论，等等，不一而足。

这些新自由主义思潮，虽然没有能够达到他们臆想的主导中国经济运转的能耐，但是它正在向我国社会经济文化各个领域渗透，对我国经济发展与改革的实践施加影响，则是一个不争的事实。只要看看国企改革中出现的问题，看看教育、医疗、住房、土地征用等领域出现的问题，即可窥见一斑。一股将中国改革引向资本主义私有化的暗流，已经呼之欲出。理论突破的阵地在意识形态领域，在经济学的教学和研究部门。西方资产阶级经济学在我国的阵地逐渐扩张，马克思主义逐渐被边缘化。某些市场化了的媒体也成了新自由主义的营盘，拒绝传播马克思主义和维护四项基本原则的声音。这是一个重要的危险信号。这种情况，加上对中国经济在大好形势下出现的令人忧虑的一些现象的观察，激发中国许多学人和学者，首先是马克思主义者对新自由主义和资产阶级自由化改革观的义愤，在不同领域广泛地自发地发动了对新自由主义的反击。这样我们就看到如此规模的对改革的反思和对新自由主义的质疑了。

有人说，批判新自由主义就是"反对改革"。不错，中国人民要反对的正是这种导向资本主义方向的"改革"，要坚持的正是邓小平的以社会主义自我完善为方向的改革。胡锦涛同志此次在上海代表团就改革开放发表的全面完整的重要意见，强调指出要毫不动摇地坚持改革方向，表明了党中央的原则态度，受到全国人民的热烈欢迎。胡锦涛同志话音刚落，就有某方面的代表人物出来，继续散布有人否定改革，宣称要把"改革以来的第三次大争论进行到底"等蛊惑性言论。这也好，挑战书已经抛出，真理不怕争论。试看今日之域中，究竟是谁家之天下！

（原载《探索》2006 年第 3 期）

关于当前思想理论领域一些问题的对话

一 全面准确地理解和贯彻党的基本路线

杨承训：首先是坚持党在社会主义初级阶段的基本路线问题。邓小平多次说过"一个中心、两个基本点"的基本路线要管 100 年，动摇不得。党的十六届六中全会重申"坚持党的基本路线、基本纲领、基本经验"，这是完全正确的。可是，不少人把基本路线淡化了，有些人是片面地只讲一点。我觉得，坚持党的基本路线是一个根本问题。

刘国光：是的，党的基本路线是一个纲，科学发展观和构建社会主义和谐社会都是基本路线在新时期的理论升华和展开，是基本路线基础上的创新。现在的问题是如何全面准确地理解和贯彻基本路线。

"全面"，就要把"一个中心、两个基本点"作为一个有机整体来理解，不能割裂。坚持以经济建设为中心，是发展的核心问题，或称为现阶段中国共产党执政的第一要务，而要发展就得坚持和完善社会主义基本制度，这又是两个基本点的含义。从经济学上说，就是现代化生产力与社会主义生产关系及其上层建筑的有机统一。发展生产力是决定因素，邓小平强调的是"发展社会主义社会的生产力"，以胡锦涛同志为总书记的党中央提出的科学发展观，实质上是社会主义的发展观，生产力发展离不开生产关系这个大系统。改革是为发展提供动力，属于生产关系及上层建筑领域的事，其目的也是"有利于发展社会主义社会的生产力"。这又涉及改革的方向问题，要求坚持四项基本原则，即坚持社会主义道路、坚持人民民主专政、坚持共产党的领导、坚持马克思主义为指导，要在坚持四项基本原则的框架内深化改革、扩大开放。所以，"一个中心、两个基本点"是一个有机整体。

"准确"，就是正确把握基本路线的科学内涵，不能加以曲解。以经济建设为中心，不能理解为只要能赚钱就是发展，或者仅仅追求 GDP 的增长就是发展，而是以人为本、全面协调可持续的科学发展。坚持四项基本原则本来就有明确的含义，属于经济和政治的方向问题，关键是全面坚持，一个也不能少。改革是社会主义的自我完善，不能离开这个大方向；开放是保持主权和增强自力更生能力的开放，不能让外国资本主义控制我们。

杨承训：现在看来，全面准确地理解和坚持基本路线既是实践问题也是理论问题，它是建设中国特色社会主义的根本路线，与基本纲领（特别是坚持基本经济制度）、基本经验（党的十六大总结的十条经验）是相吻合的。应当用"坚持基本路线一百年不动摇"的信念来扫清各种错误思潮，把握正确方向。

二　改革的正确方向是什么

杨承训：近几年您反复讲坚持改革的正确方向。的确，这个问题很重要，世界上有多种多样的改革，戈尔巴乔夫、叶利钦也满口讲"改革"，国内理论界也有一些人打着改革的旗号贩卖自己的私货。请您着重谈一谈这个问题。

刘国光：改革进行了 30 年，取得了巨大的成绩，主要原因是党坚持了正确的改革方向。当前改革进入深水区，遇到了深层次的矛盾和问题。这些矛盾和问题，有些是在探索中缺乏经验造成的，有些是对改革的曲解、干扰造成的。对于前者，需要总结经验教训，找准前进道路；对于后者，要睁开火眼金睛，加以识别，认真排除。

这样才能保证改革大业成功。当然，这个问题不是一次讲讲就行了，需要反复讲，因为有人只提坚持自己的改革方向，却不提坚持改革的正确方向，并把别人推到"反对改革"的方面去。好像既然改革是时代大势所趋，那就可以不管什么方向不方向，只要是称为"改革"就好。这种笼统讲的用意既有浅薄的一面，也有不善的一面。不善的一面是把反对在改革中搞歪理邪说的人说成"反对改革"，企图鱼目混珠、以邪压正。

我们知道，改革方向的问题有讲究。戈尔巴乔夫、叶利钦都说坚持改革，他们坚持的方向是什么？大家都很清楚。戈尔巴乔夫提出了"人道的民主的社会主义"，叶利钦提出了自由民主主义。改革的结果是把苏联的社会主义颠覆了、端锅了，把一个社会主义国家搞成四分五裂的资本主义国家。当然，我不是说苏联的体制没有问题，怎么正确地改革那是另一个问题。在中国，有些人希望我们走苏联东欧转型的道路，除了这些人，没有人赞成我们重蹈苏联"改革"导致亡党亡国的覆辙。所以，我们一定要强调坚持正确的改革方向，而不能笼统地讲"坚持改革方向"。

中国改革的正确方向是什么？这不是可以任意杜撰的，也不是突然提出来的，必须有所根据。如果没有根据，人民群众怎么会跟我们走？我们应当根据宪法、党章以及党中央的有关文件精神来确定改革的正确方向。这样，可以把改革的正确方向归结为以下几点。

（1）改革必须是社会主义的自我完善，必须坚持四项基本原则。

（2）社会主义的本质是解放生产力、发展生产力、消灭剥削、消除两极分化，最终达到共同富裕。"消灭剥削""消除两极分化"是社会主义区别于资本主义的本质，很重要，不能不讲。

（3）宪法规定：国家在社会主义初级阶段，坚持公有制为主体、多种所有制经济共同发展的基本经济制度，坚持按劳分配为主体、多种分配方式并存的分配制度。

（4）在经济运行机制方面，建立社会主义市场经济体制。这也就是在国家宏观调控下市场在资源配置中起基础性作用。邓小平指出："我们必须从理论上搞懂，资本主义与社会主义的区分不在于是计划还是市场这样的问题。社会主义也有市场经济，资本主义也有计划控制……计划和市场都得要。"江泽民同志也指出，社会主义市场经济并不是取消计划性，社会主义计划和市场两个手段都要用。

（5）政府的职能在社会主义初级阶段要以经济建设为中心。经济职能转向社会职能，以提供公共服务为重点，这是重要问题；但不能像有些人讲的完全退出经济建设职能，仅仅提供公共产品。这是与公有经济为主体相适应的。

以上五条可能不完全，但大体上可以回答什么是正确的改革方向。正是因为我们党和政府坚持走这条道路，改革才没有偏离正确方向。这是改革的主线。正是坚持了这条主线，改革才取得了伟大成就。

杨承训：照您的分析，正确的改革方向很清楚。但有人说，连邓小平也说，什么是社会主义，我们没有完全搞清楚，那怎么会出现清楚的正确改革方向？

刘国光：邓小平是说过没有完全搞清楚这句话，这是在改革的初期说的。经过党的十一届六中全会对历史问题的决议，经过党的十二大到党的十四大，经过邓小平南方谈话和一系列有关社会主义的论述，应该说，我们对什么是社会主义和什么是初级阶段的社会主义，大体有了一个清楚的认识。这是运用马克思主义基本原理对中外历史经验进行总结得出来的结论，体现在党在社会主义初级阶段的基本路线和基本纲领、基本经验上，体现在我们在前面所讲的正确改革方向的几条上。不能说到现在我们还不知道什么是社会主义，社会主义对我们还是一团雾。如果是那样，我们靠什么来进行这场伟大的改革，这些年不是瞎摸了吗？不是的。我们已经弄清楚了社会主义的大方向，总的轮廓也有了，有待充实的是细节。

应该说，中国特色社会主义是党的十一届三中全会以来形成的新东西，不能像有些人所说的那样，说我们现在还在搞"斯大林模式""毛泽东模式""传统社会主义模式"。新的初级阶段的社会主义模式或"有中国特色的社会主义模式",也吸收了"传统社会主义"中好的东西,同时排除了不好的东西。不能把"传统社会主义"一笔勾销,不能把毛泽东时代一笔勾销。毛泽东时代有不少缺点错误,但那个时代为中国铸造出的丰功伟绩,是谁也否定不了的。

三　必须排除错误思潮对改革的干扰

杨承训:现在有些学者也口口声声讲改革,但就是不讲坚持改革的正确方向。江泽民同志曾经讲过,存在着两种改革观:一种是社会主义自我完善的改革,一种是资产阶级自由化的"改革"。邓小平在 1989 年 5 月就讲过:"某些人所谓的改革,应该换个名字,叫作自由化,即资本主义化。他们'改革'的中心是资本主义化。我们讲的改革与他们不同,这个问题还要继续争论的。"① 事实上,这个争论还在继续。

刘国光:与我们党坚持的改革主线同时存在的还有另一种改革主张,就是资产阶级自由化的"改革"。邓小平在 1986 年 9 月 28 日就说过: "反对自由化,不仅这次要讲,还要讲十年二十年。"② 1987 年 3 月 8 日,邓小平讲:"在实现四个现代化的整个过程中,至少在本世纪剩下的十几年,再加上下个世纪的头五十年,都存在反对资产阶级自由化的问题。"③ 1989 年 5 月 31 日,邓小平讲:"反对资产阶级自由化,坚持四项基本原则,这不能动摇。"④ 可见,邓小平预见到 21 世纪头 50 年资产阶级自由化在中国的顽固性,认为不可轻视。邓小平的预见不是无的放矢。在经济学领域,资产阶级自由化的表现是新自由主义经济学影响上升,马克思主义经济学地位被边缘化。我在 2005 年 7 月就讲到过这一点。

---

① 《邓小平文选》第三卷,人民出版社 1993 年版,第 297 页。
② 同上书,第 182 页。
③ 同上书,第 211 页。
④ 同上书,第 299 页。

新自由主义经济理论对市场经济一般问题的研究方法及观点，有不少我们可以借鉴学习，不能盲目排斥，但要注意它的意识形态理论的核心观点。20世纪90年代以后，由于种种原因，自由化的核心理论观点，如"经济人"假设、追逐私利的人性论、私有制永恒论、市场原教旨主义、政府职能最小化（"守夜人"）理论等，在我国经济界、理论界广泛传播，对我国经济改革和经济发展施加了相当大的影响，这是不争的事实。这种影响造成改革的某些局部扭曲，引起一部分民众一些怨言和非议，这也是不争的事实。

中国改革的正确思想和新自由主义思想的碰撞是所谓"改革第三次大争论"的起端。自由化的"改革"理论打着拥护"改革"的旗帜，想把中国引到搞资本主义，也就是"私有化""市场化"的道路上去。他们的意图是以私有化、市场化抹掉社会主义方向，把中国纳入由公有经济为主体转化为私有经济为主体的"转轨国家"行列。

一些同志不知"转轨国家"一词的内涵。有些人把中国改革和东欧剧变等量齐观，如最近有人说"苏联解体、东欧剧变，中国走上改革开放的道路"，都属于"民主社会主义"的胜利，不知道中国的改革是社会主义的自我完善，是坚持社会主义的，而苏东转轨是转到资本主义那里去了。他们把中国、苏联、波兰、匈牙利等都叫作"转轨国家"。目前，已经有人给"转轨国家"下了"准确定义"："国有制为主导转为市场为主导、私人经济为主导的历史性转变的国家。"这是波兰学者科勒德科2006年10月6日在北京大学中国经济研究中心讲话里讲的，该研究中心2006年第59期《简报》刊发了讲话的主要内容。因此，我们不能稀里糊涂地人云亦云，把中国也说成"转轨国家"，即以公有制为主体转到以私有制为主体的国家。

我历来对"转轨国家"的提法持保留意见。几年前《转轨》杂志在北京开会时，我就讲过"转轨国家"的提法不妥当。假如把"转轨"限制在国家行政计划指令为主转向市场调节为主，还说得过去。但中国的"转轨"还要保持相当的政府调控，保证计划性。江泽民同志党的十四大前在中央党校发表的讲话中，在解释选用"社会主义市场经济"的提法而省去"有计划"三个字时说，"社会主义经济从一开始就是有计划的，这在人们的脑子里和认识上一直是清楚的，不会因为提法中不出现'有计划'三个字就发生了是不是取消计划性的问题"。邓小平也说过，计划和市场都是手段，都要用。现在一讲计划，就有人扣你帽子，就说你想回到计划经济体制去，说你反对改革。我们说社会主义市场经济是在国家宏观调控下让市场在资源配置中起基础性作用，不能变成"市场原教旨主义"，不能一切都市场化，把中国改革笼统地叫作市场化改革。

四　警惕挂着"社会主义"招牌的错误思潮

杨承训：您提出要坚持社会主义方向的改革，反对不讲社会主义方向的改革以后，各种假借"社会主义"之名的"改革"主张纷纷出场，鱼目混珠，您注意到这个现象没有？

刘国光：是的。我也发现所谓"第三次大争论"的内容，在争论的过程中发生了一些戏剧性的变化。有些资产阶级自由化顽固分子基于私有经济大发展的事实，欢呼所有制改革已经成功，经济改革已经基本告一段落，呼吁进入民主化的宪政改革，"新西山会议"便是一例。另一些人辩解说他们不是不要社会主义的改革，但是他们对社会主义的理解不同，认为社会主义的模式不同。这就应了我在过去文章中讲的，有些人只讲市场化改革，不讲社会主义；有些人假惺惺地讲一下"社会主义"；有些人任意歪曲社会主义。现在，不讲社会主义的少了，任意解释社会主义的东西多起来了。比如"人民社会主义""宪政社会主义""幸福社会主义"等。由于社会主义在人们心目中有崇高地位，逼得反对它的人也不得不披上"社会主义"的外衣。

有一份刊物几次引用瑞典前首相帕尔梅的话说，现在社会主义的定义有 160 多种，想让我们在这方面达成共识，太难了。最近还是这份刊物，又推崇英国学者费里浦斯算过有 260 多种社会主义，瑞典艾尔法说有 1500 多种社会主义的说法。他们试图以此引导我们来混战一场。其实，马克思恩格斯早就在《共产党宣言》中讲过有不同的社会主义：封建的社会主义，小资产阶级的社会主义，资产阶级的社会主义等，并对这些"社会主义"一一加以批判，作了科学的分析。只有科学社会主义才能代表工人阶级，指导劳动人民获得解放。不是随便哪一种社会主义都可以选择。今天的中国已经做出了选择，即中国特色社会主义。邓小平和我们党所确立的正确的改革方向，是我们党几十年经验教训的总结，是我们的正确选择。这就是我们的标准。怎么还要另外选择？有些人不顾宪法、党章的规定，不顾党的基本路线、基本纲领，不要四项基本原则，他们这样做，胡搅蛮缠，实在是太离谱了。

现在有人喜欢提出各种不同的社会主义模式供人选择。这些花样繁多的模式，总的思想脉络离不开新自由主义和民主社会主义那一套，骨子里都是在同正确的改革方向对着干，同四项基本原则对着干。下面我们稍稍解剖一些例子。

"社会主义新模式"。据发明者说，这个新模式是由四个要素整合起来的，即①多种所有制形式并存的混合经济；②市场经济；③按劳分配与按生产要素分配相结合；④社会主义民主政治。这四个要素能构成社会主义吗？

①多种所有制形式并存的混合经济。这里没有讲对社会主义初级阶段最重要的公有制为主体，只有混合经济，抽掉了社会主义的经济基础。②市场经济。这里没有讲国家宏观调控下的社会主义市场经济，这样的市场经济就没有前提了，也不知道是什么性质了。③按劳分配与按要素分配相结合。这里没有讲按劳分配为主体，只讲结合。我同意你的观点，是所有制关系决定分配关系。按劳分配为主体是与公有制为主体配对的。如果不讲公有制经济为主体，当然也不会有按劳分配为主体，那就只好按资分配和按劳动力的市场

价格分配，引向两极分化。④社会主义民主政治。社会主义民主政治只能建立在以公有制为主体的经济基础之上。作者也说民主政治的核心是坚持党的领导。坚持共产党的领导当然是坚持社会主义最重要的因素之一，但共产党领导的如果不是以公有制为主体而是以私有制为主体的经济，不是按劳分配为主体而是按要素分配的经济，恐怕这个共产党本身就要变质变色。大多数劳动人民不希望这一点，我相信中国共产党也绝不会走上这条路。总之，四要素构成的"社会主义新模式"是资本主义自由化的模式而不是科学社会主义模式。

　　"人民社会主义模式"。人民社会主义模式之所以引人注意，是因为它是由国家体制改革的重要研究机构的领导人提出来的。他说"人民社会主义"具有五个特征：①以民为主；②市场经济；③共同富裕；④民主政治；⑤中华文化。以上五个特征有些用词是抄自中国特色社会主义，但总体上掩盖不住反社会主义的实质。社会主义的实质和特征是什么？马克思主义的经典著作、《中华人民共和国宪法》中早已有规定，中国改革的创始人和总设计师邓小平早已有阐述。我们都很熟悉。建立公有制、消灭剥削是社会主义的根本特征。在社会主义初级阶段为了大力发展生产力，应该实行以公有制为主体、多种所有制经济共同发展的经济制度，实行以按劳分配为主体、多种分配形式并存的分配制度，实行国家宏观调控下有计划性的社会主义市场经济，还要实行人民民主专政。但是在所谓"人民社会主义"的五个特征那里，公有制为主体没有了，宏观调控下的社会主义市场经济没有了，工人阶级领导的以工农联盟为基础的人民民主专政没有了，马克思主义的指导思想也没有了，用中华文化来代替马克思主义在意识形态领域的指导地位。发明者一会儿把社会主义国家的国有经济与俾斯麦的烟草公司、铁路国有化，希特勒的国家社会主义混为一谈，说什么国有经济的比重不是社会主义的标志，一会儿又不得不提一下公有制为主体的基本经济制度，言不由衷，逻辑混乱，前后不一贯。这也是"打左灯向右拐"的必然现象吧。

　　总之，"人民社会主义"模式五个特征里，坚持四项基本原则都没有了，还叫什么社会主义？一堆不着边际的辞藻，任何资产阶级政党都能接受。

五　从"新自由主义"到"社会民主主义"

杨承训：最近谢韬在《炎黄春秋》上公开发表一篇文章说，"只有民主社会主义才能救中国"，并且歪曲和篡改了恩格斯的原意，竟然说恩格斯也放弃了科学社会主义。这种思潮值得特别注意。

刘国光：在挑起"社会主义模式"的论战前，那些赤裸裸地不讲社会主义、只要"市场化改革"的思潮，不需多少学问就可以嗅出它的"新自由主义"的味道。在"新自由主义"成为过街老鼠以后，某些人一窝蜂地投向"社会主义"，讨论起"社会主义模式"来，明白人就嗅出其"民主社会主义"的味道。你从某些刊物连篇累牍地介绍和吹捧"民主社会主义"，介绍和吹捧瑞典经验，就可以看出来他们要在中国改革中打出这个旗号了。果然不错，谢韬先生承担了这一"光荣使命"，勇敢地在《炎黄春秋》推出了《民主社会主义与中国前途》，"打了一个漂亮的擦边球"（港报语），想要改变我们党的指导思想，在我们党和国家的性质和发展道路上改弦更张。

他从外国端来的一套构成民主社会主义模式的东西，除了"福利保障制度"这一点，因为别的模式没有突出提出来，我们后面将有所论述外，其余"民主宪政""混合所有制""社会市场经济"，与他的国内同行推出的元行模式大体一样，没有什么新鲜的东西，我们也不再论述。只是在歪曲解释恩格斯1893年同法国《费加罗报》记者谈话，胡诌《资本论》第三卷推翻了《资本论》第一卷，以此论证伯恩斯坦修正主义是马克思主义"正宗"上面，他与国内先行同行相比，有独到之处。但是这些"论据"，最近已被研究马克思主义的专家们的一系列考证所击碎，我也用不着重复了。他把"民主"二字放在"社会主义"的前面，作为"民主社会主义模式"

向我们党推荐的时候，难道不知道西方社会民主党人反复把他们自己思想体系的名称，在"社会民主主义"和"民主社会主义"之间改来改去？东欧剧变以后，又把 20 世纪 50 年代起改称的"民主社会主义"颠倒回来，改成"社会民主主义"，以回避在东欧剧变中已被资产阶级妖魔化了的"社会主义"对自己的牵连。他们不再把"社会主义"视为奋斗追求的目标制度，放弃从资本主义过渡到社会主义的要求，而满足于现存资本主义制度的点滴改良。在社会党人自己已经不用"民主社会主义"概念而改用"社会民主主义"概念的情况下，谢韬还把他们的那一套称为"民主社会主义模式"推荐给中国共产党，要求实行，岂不令人笑掉大牙。

不可否认，社会民主主义在瑞典等少数国家的社会福利保障方面，确实创造了不少好东西，这也是他们借鉴社会主义国家福利制度好经验的结果。这些国家创造的一些做法。回过头来也值得我们借鉴学习。但是社会民主主义的历史作用，在于它帮助资产阶级缓和了资本主义社会的矛盾（并没有消除矛盾），在于很好地保证了垄断资本的所有制和金融寡头的统治，即资本对劳动的专政。正如它的代表人物曾经承认的，社会民主主义不过是"资本主义病床旁边的医生和护士"。据中国社会科学院的一项研究（徐崇温的研究）表明，在瑞典，95% 的生产资料掌握在 100 个大家族手中，17 个资本集团支配着国民经济命脉，仅占人口总数的 0.2% 的人口控制着全部股票的 2/3，仅占人口总数 5% 的富翁约占全部财富的 1/2 以上，以致在社会民主党政府提出"雇员投资基金方案"时，遭到大大小小雇主的激烈反对，使得试图对生产资料私有制有所触动的"基金社会主义"流于失败。

六 评所谓"执政者打左灯、向右拐"

杨承训：谢韬宣称，"十一届三中全会以来实行改革开放的一系列政策""都属于民主社会主义"。又说江泽民和胡锦涛迈出了新的步伐，"标志着中国走上了民主社会主义的道路"。他还说：现在我国的"执政者采取'打左灯、向右拐'的策略"。这些话用心叵测。好像是想把中国共产党逼到非表态不可的地步。

刘国光：把党的十一届三中全会以来实行的改革开放政策说成是"民主社会主义"，不值一驳。就拿他自己举的例子，"废止单一的公有制，实行多种所有制的共同发展"来说，这项政策还有关键性的"公有制为主体"的"社会主义基本经济制度"的限制，怎么能说这项政策是民主社会主义的政策？谢先生讲"为了避免修正主义之嫌，我们称之为中国特色的社会主义道路"，这一句话连同他讲的现在我国"执政者只能采取'打左灯、向右拐'的策略"，倒是把他的真实意思凸显出来了。按他的说法，现在称为"中国特色社会主义"，是"打左灯"，是虚的；实际执行的是"民主社会主义"，是"向右拐"，是实的。

这是非常阴险的说法。我以前认为，中国的右派喜欢讲"打左灯、往右拐"，大概是出于他们有些人做贼心虚的阴暗心理，就像"新西山会议"上有人讲的，"现在不好明说，说不得"，"亮不出来"，"只能遮遮掩掩，躲躲闪闪，畏畏缩缩"地说出来，是这样的心理在作怪，只好"打左灯、向右拐"。为什么呢？因为在毛泽东领导的中国共产党人和中国人民经过长期浴血奋战而建立起来的中华人民共和国，有共产党关于党的工人阶级先锋队性质的规定，有《中华人民共和国宪法》关于国体和基本经济制度的规定，有邓小平关于四项基本原则的多次言之凿凿的申明，有中国人民捍卫宪法保卫社会主义的决心和警惕的眼光，这些是想要改变中国政权性质的资本主义势力不可逾越的障碍。他们要干这样的事情，就不得不心神不宁，理亏心虚，左顾右盼，采取"打左灯、向右拐"的策略。

我先前以为，只有极少数心怀不轨的人，才有这样的心理和行为。但是现在经过谢韬先生的指点，才晓得原来在他们眼里，中国"执政者"也是这样。我想，第一，这是谢先生无中生有，是对我们党政领导的污蔑。我们的各级党政领导，大多是坚定的马克思主义者，特别是中央领导，是坚持四项基本原则的，怎么会"打左灯、向右拐"，表面上一套，实际上又一套呢？第二，谢先生知道，在我们体制内部，有一小部分理论糊涂者、思想变节者，特别是利益攸关者，同情、响应和照着谢先生的社会民主主义方案，用"打左灯、向右拐"的办法神不知鬼不觉地去干。客气一点儿说，谢先生在这里说漏了嘴。谢先生也是我们体制内的人。当然，他不是执政者。可是在执政者队伍中间，有没有这样的人呢？从谢先生的语气看，他很有把握地肯定是有。我们也知道，毛泽东、邓小平一再告诫我们，问题出在共产党内。苏联覆灭的教训，更证实了这一点。所以，我们一定要警惕，要防范出现这样的人物和事情，要按中国共产党章程，清理这样的人物和事情。

谢先生的挑战，逼着我们党回答他提出的问题。是不是像他所说的，改革开放一系列政策都属于"民主社会主义"？江泽民、胡锦涛的举措标志着中国走上了"民主社会主义"道路？有些同志建议权威方面应当作出回答。我倒觉得，以我党权威之尊严，犯不着理会这样一个变更了信仰的共产党员提出来的不像样子的主张。但是可以放手让马克思主义者在主流媒体上对这种企图改变党和国家性质的错误思潮，进行彻底的批判，以防它搅乱人们的思想，误导改革的方向。这是至少应该做的。

七　意识形态领域既要容许"多样化"，更要强调"主旋律"

杨承训：看来，当前意识形态领域很不平静。这与建立和谐社会并不矛盾。我们要通过解决不和谐达到和谐。对于错误的思潮，你认为应该怎样正确对待？

刘国光：现在意识形态领域不是有"多样化、主旋律"的说法吗？社会利益多元化后，非马克思主义、反社会主义思潮的出现，是不可避免的。但是要有一个度、一个边。不能让这些错误思潮把人们的思想搞得乱七八糟、六神无主，不能让这些错误思潮把改革与发展的方向引入歧途，像戈尔巴乔夫导致灾难后果的"多元化""公开性"那样。所以，在实行多样化的同时，一定要强调"主旋律"，强调切实地而不是官样文章地宣传马克思主义，强调宣传科学社会主义，强调宣传坚持四项基本原则和改革开放的中国特色社会主义。要给宣传正确思想、批判错误思想的人以更多的说话机会，或者话语权。批判与反批判从来就是追求科学真理的必由之路，各种思潮的和平共处并不有利于和谐社会的建构，这一点并不像某些同志所幻想的那样。当然，要防止利用争鸣来制造社会不和谐的杂音。

但是现在舆论界的情况不完全是这样。许多很好的马克思主义文章，批判反马克思主义和反社会主义的文章，不能在主流媒体上发表。而新自由主义的东西，民主社会主义的东西，倒是畅通无阻。近两年我写的一些力求坚持与中央保持一致（我这样看，有关领导部门也这样看）的文章，某些媒体，包括我们自己党政机关办的媒体，不愿发也不敢发，生怕沾上"反对改革"的边。我感谢另外一些媒体和网络的信任，使我有了说话的地方。这是我几十年来从来没有过的经历。这个现象十分奇怪。不是我一个人有此感受，好多正直的作者都有这种感受。所以，我再利用这个机会，呼吁要加强主旋律的一面，让马克思主义、科学社会主义，真正占领舆论阵地，真正成为意识形态领域的主流思想、指导思想。

杨承训：最后，还有一个问题，"民主社会主义"思潮在中国的猖狂发作，是不是同干部队伍学习马列主义不够有关？

刘国光：是有关系。谢韬先生从反面教育我们，必须认真学习马列主义、毛泽东思想、邓小平理论和"三个代表"重要思想等，特别是要读重要的经典著作，才不至于上理论骗子的当。多年来我们注意抓干部的各种专业学习，但却很少组织党和国家各级干部认真学习马列主义著作，特别是多年不组织干部学习重要的马列原著。而我们记得，毛泽东时期对此抓得很紧。学原著，有助于了解马克思主义最基本的东西是什么、不是什么，有助于我们识别真假马克思主义，不让理论骗子有空可钻。这对于领导干部来说，尤其重要。

杨承训：刘先生今天讲得很深刻。我想起邓小平晚年的告诫："坚持社会主义，防止和平演变。"要出问题首先出在内部。直到1993年9月，他还特别强调不能改变基本路线，"就是要坚持，不能改变这条路线，特别是不能使之不知不觉地动摇，变为事实"。作为代表人民利益的马克思主义者，我们必须毫不动摇地坚持基本路线，排除一切错误思潮的干扰，坚持和阐发党的创新理论。

（原载《高校理论战线》2007年第6期）

关于分配与所有制关系若干问题的思考

一　从邓小平关注分配问题谈起

邓小平的社会主义改革理论中，人们注意到他对分配问题的关注。如在论述社会主义本质时，他先从生产力方面讲了社会主义是解放生产力和发展生产力，然后又从生产关系方面讲了消灭剥削、消除两极分化，最终达到共同富裕。生产关系落脚在消除两极分化，达到共同富裕，这是属于分配领域的问题，要通过社会收入和财富的分配才能体现出来。

邓小平又多次讲过，社会主义有"两个根本原则""两个非常重要的方面"。一个是"公有制为主体，多种经济共同发展"，一个是"共同富裕，不搞两极分化"。第二个"重要方面"或"根本原则"讲的属于分配领域，同"本质论"所讲的"消除两极分化，达到共同富裕"完全一样。

邓小平对社会主义的本质、根本原则，作了精神一贯的许多表述。他讲的东西可以说是社会主义的构成要素，如解放生产力、发展生产力、公有制为主体、消除两极分化等。就是说，没有这些东西，就构成不了社会主义。但在这些要素中，他又特别强调生产关系和分配关系的要素。比如说，社会主义改革的任务当然是要发展生产力，但是如果单单是发展生产力，而不注意社会主义生产关系的建设和改进，那么社会主义改革也是难以成功的。非常典型的一句话，"如果我们的政策导致两极分化，我们就失败了"①，很鲜明地说明了这一点。GDP 哪怕增长得再多再快，也不能改变这个结论。这证明分配关系这一要素，在邓小平的社会主义改革理论中，占有何等重要的地位。

邓小平假设的"改革失败"，不是指一般改革的失败，而是讲社会主义改革的失败，或者改革的社会主义方向的失败。因为社会主义是必然要有消除两极分化、达到共同富裕的要素的。很可能生产力一时大大发展了，国家经济实力大大增强了，GDP 也相当长时期地上去了，可是生产出来的财富却集中在极少数人手里，"可以使中国百分之几的人富裕起来，但是绝对解决不了百分之九十几的人生活富裕的问题"②，大多数人不能分享改革发展的好处。这样一种改革的结果也可以说是一种改革的成功，可是这绝不是社会主义改革的成功，而是资本主义改革的成功。

很明显，共同富裕、消除两极分化，是社会主义最简单最明白的目的。这是社会主义区别于资本主义、社会主义改革区别于资本主义改革的最根本的东西。

"解放生产力、发展生产力"，也是社会主义的构成要素。社会主义绝不等于贫穷，绝不能满足于不发达，这是常识。任何一个消除生产力发展桎梏的新的社会生产方式，包括资本主义生产方式，在一定时期，都有"解放生产力、发展生产力"的作用。但不是任何一种社会生产方式都能够解决"消除两极分化、达到共同富裕"的问题。只有社会主义生产方式才能做到这一点。中国由于生产力落后、经济不发达，在社会主义初级阶段提出解放和发展生产力也是社会主义本质要求，这是顺理成章的、非常正确的，但这不是社会主义的终极目的。社会主义的终极目的是人的发展，在经济领域的目的是人们共同富裕。邓小平的社会主义"本质论"中，特别强调"共同富裕"这一要素，他说的"社会主义最大的优越性就是共

① 《邓小平文选》第三卷，人民出版社 1993 年版，第 111 页。
② 同上书，第 64 页。

同富裕，这是体现社会主义本质的一个东西"①，就说明了这一点。所以在理解邓小平社会主义本质论的内容时，绝不可以仅仅重视发展生产力这一方面，而不更加重视调整生产关系和分配关系这一方面。

邓小平重视社会主义分配问题，这是他毕生为社会主义奋斗的心血结晶，越到晚年他在这方面的思绪越不断。他在临终前曾对弟弟邓垦说："十二亿人口怎样实现富裕，富裕起来以后财富怎样分配，这都是大问题。题目已经出来了，解决这个问题比解决发展起来的问题还困难。分配的问题大得很。我们讲要防止两极分化，实际上两极分化自然出现。"② 这些有着丰富内涵的警句，实在需要我们认真思考研究。

当然，邓小平不只是重视社会主义分配关系即消除两极分化问题，他更为重视与分配有关的整个社会主义生产关系，特别是所有制关系问题。在他看来，避免两极分化的前提是坚持公有制为主体，他说："只要我国经济中公有制占主体地位，就可以避免两极分化。"③ 他又说，"基本的生产资料归国家所有，归集体所有，就是说归公有"，"到国民生产总值人均几千美元的时候，我们也不会产生新资产阶级"④，也是这个意思。所有制关系决定分配关系，这是马克思主义政治经济学理论中极其深刻的一条原理，有着极重要的理论意义和政策意义。我们有很多同志往往没有注意这一条马克思主义的重要政治经济学原理，本文后面还要论及这条原理。我想在这里提醒一下，让我们大家都来注意这一条真理、学习这一条真理。

二　正确评估中国贫富差距扩大的形势

改革开放以来，在分配领域，我们党遵循邓小平同志的正确思

---

①　《邓小平文选》第三卷，人民出版社1993年版，第364页。
②　《邓小平年谱（1975—1997）》（下），中央文献出版社2004年版，第1364页。
③　《邓小平文选》第三卷，人民出版社1993年版，第149页。
④　同上书，第90—91页。

想，克服了过去在实行按劳分配原则中曾经有的平均主义倾向（过去也不能说完全是平均主义，按劳的差别还是有的，但是平均主义倾向相当严重），实行让一部分人、一部分地区先富起来，带动大家共同富裕的方针。经过将近 30 年的改革实践，社会阶层分化，收入差距大大拉开，但还没有来得及进行先富带后富，实现共同富裕的目标。这对于经济的大发展，暂时是有利的，同时也带来深刻的社会矛盾，引起公众的焦虑和学者的争论。

争论的焦点问题之一，是中国现在贫富差距是否已经扩大到"两极分化"的程度。这个问题，邓小平为了提醒、警告，曾经作为假设，一再提出过，并没有预计这种假设一定会变为现实。因为邓小平把这个假设提到突出的政治高度，所以问题就非常敏感，争论也非常激烈，往往各执一端，谁也说服不了谁。

当前中国社会贫富悬殊是否达到"两极分化"，主要有两种意见。肯定的一方忧国忧民，列举一些事实和数字，应用国际上通用的指标，如基尼系数、五等分或十等分分配比较法等来加以论证，并用社会上一方面穷奢极欲的消费、另一方面生计困难进行对比的事实来验证说明：两极分化已被邓小平同志言中，希望尽快地改变这种状况。否定的一方则认为，现在虽然富者越来越富，但贫者并不是越来越穷，而是水涨船高，大家都改善了生活，否认国际上通用的指标适用于中国，断言基尼系数的提高是市场经济发展的不可改变的必然趋势，认为提"两极分化"是故意炒作，反对改革。

很显然，以上两种观点代表了社会上两种不同利益集团的看法。一种是代表资本、财富和某些社会精英的看法；一种是代表工农为主体的一般群众。我不能完全免俗，完全摆脱社会不同利益集团的影响，但是我主观上力求试着超脱一些。所以，我对于中国现在是否已经存在"两极分化"问题，一向持慎重态度。

四年以前（2003 年），我在《研究宏观经济形势要关注收入分配问题》一文中指出："目前我国居民基尼系数大约在 0.45 左右……基尼系数还处于倒 U 形曲线的上升阶段，随着市场经济体制的深化，客观上还有继续上升的趋向。所以，我们不能一下子强行提出降低基尼系数，实行公平分配的主张，而只能逐步加重公平的分量，先减轻基尼系数扩大的幅度，再适度降低基尼系数本身，逐步实现从'效率优先兼顾公平'向'效率与公平并重'过渡。"①

2005 年 4 月，我在《进一步重视社会公平问题》一文中说："收入差距扩大到承受极限，很可能与达到两极分化相联系。我们现在显然不能说已经达到两极分化（这是邓小平说改革失败的标志），也不能说达到承受极限。基尼系数客观上还在上升阶段，如不采取措施则有迅速向两极分化和向承受极限接近的危险。"②

我现在基本上还是持这个谨慎态度。为什么要持这样比较中性的看法（贫富差距还未达到不能承受程度的两极分化），又有一定的倾向性的观点（要认真及时解决，否则有接近两极分化、承受极限的危险），而不采取前述两种极端的观点呢？我有以下一些考虑。

两极分化是马克思在《资本论》中阐述的受资本主义积累的一般规律所制约的一种社会现象，即一极是财富的积累，一极是贫困的积累。财富的积累是一个无限扩大的过程，而贫困的积累则经过"绝对的贫困"到"相对的贫困"的转化。绝对贫困基于资本与劳动的分离，劳动能力是工人唯一能够出售的东西，资本天然会为了利润最大化而利用自身的优势和工人之间的竞争，拼命压低工资和劳动条件，这一过程与产业后备军、劳动人口的相对过剩相连，工人阶级的贫困同他们所受到的劳动折磨成正比，这就是"绝对的贫困"的积累。但是，随着生产率的提高，工人阶级斗争的发展，以及资产阶级政府被迫举办的福利措施，工人的绝对工资福利水平会提高，但劳动与资本的分配比例关系，仍然继续朝着有利于资本、财富积累的方向进行，使劳动阶级由"绝对贫困"转入"相对贫困"，财富积累和贫困积累两极分化现象仍然持续下去。一项研究用大量的材料表明，"在私有化、市场化、民主化和全球化中，无论在

---

① 《刘国光文集》第十卷，中国社会科学出版社 2006 年版，第 510 页。
② 同上书，第 588 页。

实行议会制的发达国家，还是实行议会体制的发展中国家，两极分化加剧的现象目不暇给"①。

　　当然，中国的情况与实行议会制度的发达国家和发展中国家不一样。但类比劳动人民从绝对贫困的改善，到相对贫困的发展，则是有启发的。一些同志在论证中国已出现两极分化的现象时，没有足够地注意到1978年至2006年，中国农村绝对贫困人口数量从2.5亿人下降到2148万人，减少了2.28亿人，农村绝对贫困人口的发生率，由30%降到2.3%。这是我国社会生产力发展和政府扶贫政策实施的结果，对中国贫富差距扩大的缓解起了一定的作用。当然不能由此推断中国贫富差距因此缩小，因为随着经济的发展，贫困的标准也在提高。我们的生活水平提高了，按照我们的标准计算的贫困人口是几千万人，而按照世界标准计算是2亿人。所以按我们标准计算的绝对贫困人口数量虽然减少，但它并不意味着相对贫富差距不再继续扩大。有一种观点认为，经济发展中收入分配是水涨船高的关系，断言中国只有大富小富之分，没有可能出现两极分化的趋势②。这种说法违背了随着生产力的发展等因素，劳动人口从绝对贫困转向（在市场经济和雇佣劳动的条件下）相对贫困的两极分化趋势依然在继续进行的客观规律。特别是中国，由于在改革过程中，诸如教改、医改、房改、国企改等政策中某些失误，以及土地征用、房屋拆迁等使居民利益受损等影响，导致了某些新的贫困阶层的出现，更加剧了"贫者愈贫，富者愈富"（审计总署审计长李金华语）的过程。当然政府正在采取措施解决这些问题，这也是不能忽视的。

　　我们再强调一下，说我国收入分配有向两极分化演进的趋势，并不意味现在收入分配的整个格局已经是"两极分化"了。能不能拿基尼系数来判断我国是否已经达到两极分化的境地？有些人基于某种原因，说基尼系数不适用于中国，说目前谈论基尼系数意义不

　　①　参见《香港传真》No. 2007—2。
　　②　《经济观察报》2007年3月18日。

大，这未免同他们一贯宣扬的与国际接轨的言论不相符合。

基尼系数作为衡量贫富差距的工具，是一个中性指标，"二战"后世界各国都在使用。我国基尼系数由 1964 年的 0.184，1978 年的 0.2，上升到 1980 年的 0.26，1990 年越过 0.4。上升速度之快令人惊讶，这是不能回避的。从水平上说，我国基尼系数已超过许多发达的资本主义国家，但还没有达到社会动荡比较强烈的拉丁美洲一些发展中国家的水平。这些情况很能说明一些问题。比如说，发达的资本主义国家，大多属于前殖民帝国，现在又占有跨国公司优势，从全世界吸取剩余价值，其中一部分用于国内劳动阶级的福利，以缓解社会矛盾。这对于这些国家基尼系数的下降，甚至比我国还低，不能不说是一个原因。当然我们也应该反思，我们一个社会主义国家的基尼系数，怎么可以超过发达的资本主义国家？

同时，我确实同意有些专家所说，影响基尼系数的结构性因素甚为复杂，不能简单地套用基尼系数的某些国际规范于我国。比如说按国际标准，0.4 是社会失衡的临界点，超过 0.4，就要进入警戒状态，这一条我看就不能随便套用。

我在 2003 年《研究宏观经济形势要关注收入分配问题》一文中说："基尼系数 0.4 作为监控贫富差距的警戒线，是对许多国家实践经验的概括，有一定的普遍意义。但各国的情况千差万别，社会公平理念和居民承受能力不尽相同。拿我国来说，基尼系数涵盖城乡居民，而城乡之间的收入差距扩大幅度明显大于城镇内部和农村内部差距扩大的幅度。1978 年到 2000 年城镇内部居民收入差距的基尼系数由 0.16 上升到 0.32，农村内部由 0.21 上升到 0.35，基尼系数小于国际警戒线。但城乡居民收入差距幅度甚大，基尼系数由 1980 年的 0.3141，上升到 2000 年的 0.417，高于国际警戒线。我国城乡居民收入差距悬殊，现时为 3.1：1，若考虑城乡福利补贴等差异，则差距进一步扩大到 5：1—6：1。由此看来，我国城乡居民是两个根本不同的收入群体和消费阶层……历史形成的我国城乡居民收入巨大差距的客观事实，使农村居民一时难以攀比城市生活，其承受能力有一定的弹性，所以我国的收入分配警戒线，不妨比国际警戒线更高一些。"①

基于此类结构性因素对全国基尼系数影响的考虑，我在 2005 年《进一步重视社会公平问题》一文中还表达了我们现在显然不能说已经达到两极分化，也不能说达到承受极限，我国人民对基尼系数在客观上继续上升还有一定的承受能力。当然这并不意味着我们不要重视贫富差距的扩大问题，并对其采取遏制措施。我接着说了基尼系数在迅速上升的情况下，如不采取有力措施，则有迅速向两极分化和承受极限接近的危险。所以那种认为基尼系数上升是市场经济发展过程中的必然现象，需要长时期对付、等待才能解决的观点，也是不妥的。

按照邓小平的估计，从支持一部分人、一部分地区先富起来，转向先富带动后富以实现共富，这两个"大局"的变化，即着手解决贫富差距问题，大约是在 20 世纪和 21 世纪之交。这个估计可能过于乐观了一点。但是经过将近 30 年的改革与发展，现在我们国家的经济实力和财政力量已经成长到可以加速解决贫富差距问题的阶段。何以"让一部分人先富起来"可以很快实现，而"先富带动后富实现共富"，则需要很长很长时间的等待呢？这在我们社会主义的国家更是说不过去的。这显然是对财富积累一极偏袒的言论，其后果将导致社会矛盾的激化，也是可以预见的。

除了以上的考虑以外，我之所以对两极分化问题持上述比较中性而又有一定倾向的观点，还有一个考虑，就是对领导我们进行改革开放的中国共产党政治路线的坚定信心。改革开放以来出现的收入差距扩大和贫富分化的现象，一方面是采取一部分人先富起来的正确政策的结果，但是还没有来得及解决带动大部分人共享改革成果，这属于正确政策的掌握经验不足问题；同时也有社会上种种错误思潮（后面再叙）干扰的影响。我们党始终保持改革的社会主义

---

① 《刘国光文集》第七卷，中国社会科学出版社 2006 年版，第 505—506 页。

方向，在发展社会生产、搞活市场流通、完善宏观调控、改善人民生活等方面，取得了许多成就，有目共睹。在这样的总形势下，即使分配等方面的改革出了点问题，怎么可以说邓小平同志的假设已经言中，改革已经失败了呢？这是不符合实际情况的，也是不公平的。我们看到党对人民负责的郑重精神，特别是十六大以来，本着对人民群众切身利益的关怀，提出以人为本的科学发展观和构建和谐社会的思想，作了"让改革成果为全体人民分享"的政治承诺。针对日益发展的社会矛盾，淡出"效率优先、兼顾公平"的原则，突出"更加重视社会公平"的方针。利用财税改革和转移支付手段，着手解决分配不公问题。采取积极措施，解决诸如医疗服务、教育收费、居民住房、土地征收、房屋拆迁等涉及群众利益的突出问题。2006 年 5 月，党中央还召开了专门会议，研究收入分配制度改革。我想，党中央这一系列重大举措，只要认真地有效地落实，将会缓解我国贫富差距的扩大，扭转向两极分化接近的趋向。

分配关系的调整和社会公平的促进，千头万绪。不仅要党和政府牵头，也要各方面的配合，包括精神的、舆论的配合。所以过于强调在两极分化问题上问责，并不利于问题的解决。但指明发展的趋向，则是研究者职责所在。我之所以在这个问题上持比较中性又积极的态度，理由在此。

三　贫富差距扩大最根本原因在于所有制结构的变化

在本文第一部分末尾，曾论述邓小平关于分配问题的一个重要论点，就是在他看来，避免两极分化的前提，是"坚持公有制为主体"。他说，"只要我国经济中公有制占主体地位，就可以避免两极分化"。这体现了马克思主义政治经济学理论中极重要的一条原理，即生产关系（特别是所有制关系）决定分配关系。为了阐明这个道理，还得从贫富差距扩大的原因究竟在哪里，什么是最主要的原因说起。

为什么会产生贫富差距扩大的现象？有很多不同的解释。

有人说，贫富差距扩大是"市场化改革"必然要付出的代价。这个说法不错。因为市场化本身就是崇尚竞争和优胜劣汰的过程，这一过程不断造成收入差距拉大，这有利于提高效率、发展经济，是市场经济积极的一面。随着市场经济的发展，特别是资本积累规律的作用，贫富鸿沟的出现和两极分化的形成是不可避免的，这是市场经济的铁的法则，除非有政府的有效干预来缓和这种趋势，这种趋势本身在市场经济条件下是谁也阻挡不了的。

又有人说，贫富差距的扩大"是由于市场化改革不到位，市场经济不成熟造成的"。这种说法就有问题了。

是不是市场经济成熟，收入差距就可以缩小呢？事实不是这样的。随着市场经济的发展，财富集中于一小部分人的趋势越来越明显。前面引文中说，在发达的市场经济国家，两极分化的现象"目不暇给"。联合国大会发表的《2006年人类发展报告》说："最近数据显示，全球财富差距仍在扩大。无论在国与国之间还是在一个国家内部都是如此。"20世纪70年代以来，西方国家在市场机制与私人产权方面做得太多，造成英、美、日等重要市场经济国家财富集中度在提高，贫富差距在扩大，社会公平状况下行；20世纪后期实行福利制度的发达市场经济国家，财富和收入分配方面也呈退步趋势①。所有这一切，都不能说明市场经济越发达越成熟，贫富差距扩大和两极分化的问题就可以自然得到解决。所谓"市场化改革"到位，就能解决这个问题，只能是纸上谈兵而已。

很多学者比较具体地分析了我国贫富差距拉大的原因，角度不同，口径不一，难以归类。列举一些，略加议论：城乡二元结构论，地区不平衡论，行业差别论（包括一些行业垄断），腐败与钱权交易、不正之风论，政策不均、公共产品供应不足论，再分配环节（财政税收，社会保障福利）调节力度不够论，等等。

---

① 参见《香港传真》No. 2007—2。

　　上面列举的造成分配不公的因素并不完全。这些因素对我国贫富差距的扩大，都有"贡献"。可以看出，各项原因之间，有互相交叉的关系。

　　城乡差别，是中国贫富差别的一项重要原因。如前所述，城、乡各自基尼系数是0.3到0.4，而包括城乡在内的总基尼系数在0.45以上。现在政府虽然通过新农村政策支农惠农，城乡差别扩大之势有所缓和，但尚未完全改变。

　　地区差别，在很大程度上与城乡差别有关。东部地区主要靠城市繁荣，西部地区多为广大农村。区域平衡政策在缓和地区差距扩大，但地区差别扩大过程仍未停止。

　　行业差别，主要是某些行业凭自然垄断或以行政垄断，造成行业间收入分配不公。过去在计划经济时期，中国也有行业垄断，但垄断行业高工资和行业腐败的现象并不显著。改革开放以来，一些垄断行业受市场利益观念的侵蚀，特别是1994年税制改革后，税后利润归企业所有，使用缺乏监督，才造成一些垄断企业高工资、高奖励、高福利的现象。所以，这不是垄断本身造成的。这种情况要从垄断企业收入分配的改革，加强对企业收入分配的监督来解决。当然垄断行业个人收入过高，激起非垄断行业人们不满，亟须解决。但这个问题对分配全局影响不一定很大。有人故意转移人们对收入分配不公最主要根源（后面再说）的注意，想借人们反垄断的情绪，把国有经济对少数重要命脉部门的必要控制加以排除，实现私有化。我们要提高警惕，防止这种图谋。

　　腐败、钱权交易和不正之风。这是人民群众对收入分配不公的公愤集中的焦点，是需要在法律领域和整顿社会道德风尚中大刀阔斧解决的问题。此项非法的不合理收入在官方统计和公布的基尼系数中，难以计入。在黑色、灰色收入中的绝对个量有时达到上亿元、几十亿元的款额，但在国民收入中占比有限，影响也不一定很大。有人把这个问题放到收入分配中小题大做，认为是分配差距形成的又一主要原因，也是想以此转移人们对造成收入分配不公真正主要原因的漠视，这也是要加以明辨的。虽然如此，我们在研究收入分配不公时，还是要十分关切反腐败问题。

政策不均与公共产品供应不足。政策不均与前面的一些问题有交叉，会影响城乡、地区和行业的差别，是我们改进政府工作的一个重点。加强公共服务，改善公共产品供应，政府职能由经济建设型为主转到经济建设与社会服务同时并重，是我们的政府职能改革的努力方向。要强调公共服务，但不能像新自由主义那样主张政府退出经济领域，不要以经济建设为中心。国家从事经济建设，最终还是有利于充分供应和公平分配公共产品的。

再分配。我们知道再分配是调节分配关系的重要环节。再分配调节的落后和不周，是分配不公的一个重要原因。过去一贯的说法是，初次分配解决效率问题，再分配解决公平问题。所以把实现社会公平问题主要放到再分配领域，特别是利用财税转移支付等再分配工具上来。但是再分配所调节的只能涉及国民收入分配中的小部分，而主要部分还在国民收入初次分配领域。许多分配不公问题产生于初次分配领域，诸如企业分配中资本所得偏高，劳动所得偏低；高管人员所得偏高，一般雇员所得偏低；垄断行业所得偏高，一般行业所得偏低；等等。所以初次分配领域也要重视社会公平问题，这是过去往往被人们所忽略的。

初次分配中影响收入分配最大最核心的问题，是劳动与资本的关系。这就涉及社会的基本生产关系或财产关系问题了。近几年来，有关分配问题的讨论中，已经有不少马克思主义经济学者论述了这个问题①。财产占有的差别，往往是收入差别的最重大的影响因素。有些人看不到这点，却津津乐道人的才能贡献有大有小，贡献大的人应该多拿，贡献小的人应该少拿，好像收入多少仅仅是由于才能、知识、贡献决定的。马克思主义不否定个人能力等因素对收入高低的影响（复杂劳动），《哥达纲领批判》在讲按劳分配时也考虑了这

①　丁冰：《中国两极分化的原因分析及解决出路》，2006年8月6日，在乌有之乡书社的讲演；杨承训：《从所有制关系探寻分配不公之源》，《海派经济学》2004年第11辑。

个因素。但是即使是西方经济学的主流派人士，也承认决定收入分配的主要因素是财产关系，认为私有财产的不平等才是收入不平等的主要原因。新古典综合学派萨缪尔森说过，"收入差别最主要是拥有财富多寡造成的，和财产差别相比的个人能力的差别是微不足道的"；又说"财产所有权是收入差别的第一位原因，往下依次是个人能力、教育、训练、机会和健康"①。

我们认为，西方经济学大师的这个说法，是公允的、科学的。如用马克思主义政治经济学语言，可以说得更加透彻。根据马克思主义理论，分配决定于生产，任何消费品的分配，都是生产条件分配的结果，生产条件的分配本身，表明了生产方式、生产关系的性质，不同的生产关系决定了不同的分配关系、分配方式。与资本主义私有制的生产方式相适应的分配方式，是按要素分配（主要是按资本分配和按劳动力的市场价格分配），而与社会主义公有制生产方式相适应的分配方式则是按劳分配。

这是就两个不同的社会生产方式来说的分配关系。那么在社会主义初级阶段的分配方式又如何呢？我国宪法根据马克思主义理论和十五大决议，规定社会主义初级阶段是以公有制为主体、多种经济共同发展的基本经济制度；分配方式是坚持按劳分配为主体，多种分配方式并存的体制。

我国社会主义初级阶段的发展，在改革开放伊始，几乎是清一色的公有制经济，非公有制经济几乎从零开始，前期的发展速度必然是非公有制经济超过公有制经济，多种经济共同发展的局面才能形成。这是有利于整个经济的发展的。所以，有一段相当长的时间，非公有制经济要保持超前于公有制经济的发展速度，从而增加非公有制经济在总体经济中的比重，而公有制经济则相对减少。与此同时，在分配方式上按劳分配的比重减少，按要素分配（主要是按资本和按劳动力市场价格分配）的比重就要增加。

①　［美］萨缪尔森：《经济学》下卷，高鸿业译，商务印书馆 1979 年版，第 231 页。

有人分析，现在我国国民收入分配已由按劳分配为主转向按要素分配为主①。我们从资本主义市场经济一般规律和我国市场经济发展的实际进程可以知道，这一分配方式的变化所带来的后果，就是随着私人产权的相对扩大，资本的收入份额也会相对扩大，劳动的收入份额则会相对缩小，从而拉大贫富收入差距，绝对富裕和相对贫困相续进行，秘密就在这里。

从分配领域本身着手，特别是从财税等再分配领域着手，来调整收入分配关系，缩小贫富差距，我们现在已经开始这样做。这是必要的，但是远远不够。还需要从基本生产关系，从基本经济制度来接触这一问题，才能最终阻止贫富差距扩大、向两极分化推进的趋势，实现共同富裕。所以前引邓小平说，"只要我国经济中公有制占主体地位，就可以避免两极分化"，又说"基本生产资料归国家所有，归集体所有，就是说归公有"，就"不会产生新资产阶级"，这是非常深刻的论断。它指明社会主义初级阶段容许私人产权的发展，容许按要素（主要是资本）分配，容许贫富差别的扩大，但这一切都要以公有制为主体。只要保持公有制的主体地位，贫富差距不会恶性发展到两极分化的程度，可以控制在合理的限度以内，最终向共同富裕的目标前进。否则，两极分化是不可避免的。所以，在社会主义初级阶段的一定时期，私有经济发展速度快于公有经济，其在国民经济中的比重逐步提高，是必要的、有益的。但是任何事情都有其合理的度。正如江泽民指出："当然，所谓比重减少一些，也应该有个限度、有个前提，就是不能影响公有制的主体地位和国有经济的主导作用。"② 私有经济发展到一定的程度，其增长速度和其在总体经济中的比例关系就有重新考虑的必要，以使其不妨碍公有经济为主体，国有经济为主导，公私两种经济都能得到平稳、健康、有序发展的和谐状况。

随着改革开放的推进，我国所有制结构已经由公有制一统天下

---

① 武力、温锐：《1992 年以来收入分配变化刍议》，《中国经济时报》2006 年 5 月 26 日。
② 《江泽民文选》第三卷，人民出版社 2006 年版，第 72 页。

发展为多种所有制共同发展的局面。所有制结构的公降私升是否已经达到影响公有制为主体的临界点？因为这涉及宪法中的基本经济制度，所以又是一个敏感的问题，在我国的经济理论界引起了不同的看法。

四　几种对中国所有制结构变化形势的评估

"公有制为主体，多种所有制经济共同发展是我国社会主义初级阶段的一项基本经济制度"，是党的十五大报告中确定下来的。报告明确规定，公有制的主体地位，主要体现在公有资产在社会总资产中占优势，国有经济控制国民经济命脉，对经济发展起主导作用。

报告特别指出，只要坚持公有制为主体，国家控制国民经济命脉，国有经济的控制力和竞争力得到增强，在这个前提下，国有经济比重减少一些，不影响我国社会主义性质。

这里讲的"比重减少一些，不影响我国社会主义性质"，是在公有制还占量的优势、国有经济保持控制力的前提下说的。如果公有制不能保持量的优势，情况会怎样呢？

何谓量的优势？国有经济比重和公有制经济比重减少到何种程度才是容许的？文件中没有规定。不同的看法由此而来。

大体上有这么几种看法。

（1）基于工商联公布 2005 年民营经济和外商、港澳台经济在 GDP 中的比重达 65%，和国家统计局老专家估计 2005 年 GDP 中公私之比为 39∶61，认为中国已经是私有经济起主导、主体和基础作用，公有制经济已丧失主体地位，只起补充作用。

（2）认为公有制经济比重虽然下降，但以公有制为主体的格局并没有改变，主体地位依然牢固，其依据是 2004 年年末全部实收资本中，公有资本仍占 56%；统计局老专家估计 2005 年第二、第三产业实收资本中公私资本比重为 53∶47，公有资本仍超过半数，居优势地位。认为国有经济在关系国计民生的重要行业仍然具有绝对优势，其国家资本占比在70%以上，继续掌握较强的控制力。

（3）认为目前所有制结构处于十字路口境地。从资产比重上看，大约公私各占一半，平起平坐（据测算，公私经济在社会总资产中所占比重，由1985年的94.09%：5.91%下降到2005年的49.1%：50.9%）；从国有经济控制经济命脉来看，在关键领域和重要基础产业中起主导作用（2005年在垄断性强的产业和重要基础产业中实收资本，国有经济占64%左右），但在市场化程度和利润较高、竞争性比较激烈、举足轻重的制造业中，国有经济的控制力过低。从不少省市特别是沿海经济发达省份，公有制资产占比已下降到50%以下，"公有制经济的资产优势和国有经济的控制力在如此巨大的产业和地区范围的锐减、削弱，使得公有制主体地位从总体上看显现出开始动摇的迹象"。

上述对于公有制主体地位已经丧失、仍然巩固、开始动摇的三种看法，都是建立在非官方统计数字的基础上。令人遗憾的是，国家发展部门和统计部门近些年来没有提供我国公私经济对比的比较完整的准确数字，所以也难以准确判断我国所有制结构的现状。

有一些经济学者和科研单位，主张公有制经济的主体地位，并不体现在它在整个国民经济中占有数量上的优势，而主要体现在它的控制力上，否认国有经济控制力的前提是建筑在公有制的数量优势的基础上，因此他们不主张国家计划（规划）中列入公私经济比重的指数，国家统计部门也不必统计和公布公私经济比重的全面数字。这种看法不利于我们正确分析我国所有制结构的形势，并采取对策来保护我国社会主义基本经济制度。党中央一贯坚持公有制为主体，多种所有制经济共同发展的基本经济制度，党的十六大，党的十六届三中、五中全会以及涉及经济问题的中央会议，一再重申这一主张。国家各部门都应该为实现这一主张努力服务。几年以来有人提出人大应监督检查公有制为主体的社会主义基本经济制度执行情况。我认为这些建议的精神是值得考虑的。

五　干扰"公有制经济为主体"的"私有化"倾向：实践层面

人们对我国所有制结构中公有制的主体地位是否发生动摇所表达的一些看法，不仅是基于他们对经济比重及控制力的各自评估判断，也与观察中国经济改革进程中某种倾向的抬头有关。在实际经济生活中，我们确实观察到这种倾向在抬头，虽然人们一般还回避把这种倾向叫做"私有化"，但实际上回避不了。也确有人公开宣扬"私有化"而无所顾忌。

私有化倾向抬头表现在两个层面。一是实践的层面，即对党的改革政策措施加以曲解，力图往私有化方向引导，竭力推进私有化的实施。二是思想理论的层面，即利用党的解放思想的旗帜，推销私有化。当然这两个层面又是互为表里、互相激荡的。

若干年来我国国有、集体企业改革工作，大多数运行健康，顺利成功，对经济发展、社会进步和安定团结产生了显著效果。但是也存在问题。党中央提出的一些改革政策措施，一些人总是千方百计地往私有化方向拧。例如，中央提出建立社会主义市场经济体制是我国经济体制改革的目标，他们就鼓吹公有制与市场经济不相容，要搞市场经济就必须实行私有化；中央提出"产权清晰、权责明确、政企分开、管理科学"的现代企业制度，他们就说公有制产权不清晰，产权虚置，只有落实到自然人（即私有化）产权才能明晰；中央提出可以利用股份制作为公有制的一种实现形式，以扩大公有资本的支配地位，增强公有经济的主体地位，他们就通过股份制将国企化为私企；中央提出要提倡和鼓励劳动者的劳动联合和劳动者的资本联合的股份合作制，他们就竭力主张用经营者持大股、个人集中控股的办法，将股份合作制的集体性质变为私人企业；中央提出国有经济战线过长，要做战略调整，以增强国有经济的主导作用，他们就把"有进有退"的战略调整篡改为"国退民进"，"让国有经济退出竞争性领域"；中央提出"抓大放小"的方针，要求采取各种形式放开搞活国有中小企业，他们就把出卖企业当作几乎唯一的形式，实行一卖了之，掀起一股贱卖白送国企的歪风。

这股歪风刮得很不正常，因为"我们的国企改革是在没有充足理论、足够经验下进行的，带有一窝蜂性质。当高层想了解改制进行到如何时，一些地方的国企已经卖得差不多了"。"等到国有资产转让的种种规则出台之后，可能地方上的国有资产已经所剩无几。"①"有些地方把中央关于企业改制、产权转让的方针政策异化得面目全非。企业领导自卖自买的有之，巧取豪夺的有之，空手套白狼的有之，从而造成国有资产大量流失，职工权益遭到剥夺。"②

当然国企改革出现的上述现象，主要是少数人侵吞国有资产的问题，完全是非法的，或不规范的行为。中央和有关部门在不断总结经验，推进立法，完善政策，下大力气纠正偏差，力图使改革沿着规范的轨道前进。所以，有些同志把鲸吞国有资产说成是"盛宴"，如果以此概括国有企业改革的全貌，那显然是不正确的。但是这种事情在当时也不是一例两例，而是相当流行。案例本身有不少真是一场免费的盛宴，这样说也不为过。有人在新华网写文章问道，"全国违法违规运作的改制企业到底有多少，谁能说得清？"共和国历史将来是要说清楚这一章的，当然账是否能够算清，要靠执法者和执政者的努力和能耐了。

一方面是突然一夜冒出一批万贯家财的队伍，另一方面如某大经济学家所言，为达到改革目的必须牺牲一代人，这一代人就是3000万老工人。这样一场恶性演出，为一个香港有良知的学者所注意。其实郎咸平教授了解和揭露中国的实际情况，并不如内地学者知道得多。但郎先生抓住了要害问题，私有化、MBO，等等。据报道，网民给郎以九成的支持率③，即90%以上的网民赞成郎教授的

①　《三联生活周刊》2003年12月11日。
②　新华网，2005年7月31日。
③　《经济日报》2005年8月3日。

基本观点，反对否定公有制的主体地位和私有化，这从一个方面反映了人民群众反对走资本主义道路的改革，赞成走社会主义道路的改革。

这是实践的层面，人为地激化了公私结构改变和化公为私的过程。民间和高层都在反思这一过程。民间发出了"不准再卖"的呼声，高层也在努力将过程纳入合乎法规的规范化轨道。

六　"私有化"倾向的干扰:思想理论层面

在理论层面上，几年来私有化思潮泛滥，更是五花八门。这里只能点评一下。

在中国这样一个宪法规定公有制为主体的社会主义国家，居然容许有人公开打出"人间三道私有化"的旗号，在新华书店公开长期发行其著作《国企改革绕不开私有化》，宣扬国企改革的"核心在于国有制改为私有制"。可以说中国的言论出版自由已经达到空前未有的程度。

在这种气氛下，有人公开鼓吹民营、私营经济应在国民经济中占主体地位。他说："今后中国经济的走向应该是投资以民间资本为主，经济形式以民（私）营为主。"

有一位人士不加掩饰地说，要"排除旧的意识形态的挡道"，推行私有化。他说："民办、民营、民有、私营、非国有、非公有等，无非是为了从不同角度阐明私有化问题。""在私有化问题上出现莫名其妙的文字游戏，是由于旧的意识形态在挡道。"同时另一位人士则宣称"公有制为主体是对'社会主义'的理解停留在斯大林式的传统社会主义水平"，把党章和宪法关于公有制为主体的规定视为"保留着传统社会主义观念的痕迹"，完全否定了建立公有制消灭剥削是社会主义的本质特征和根本原则。

与这些观点略有不同的是，某些人士虽然抱着私有化的主张，并且在私下讲"私有化已成定局"，可是他们在宣扬私有化主张、方案时，却遮遮掩掩，在公开场合他们对自己所主张的任何一种私有化形式都要习惯性地说一句："这绝不是私有化"，"这是公有制经济的实现形式"。某大经济学家把私人控股的股份公司、非公有经济控股的一般公众股份公司，都说成是"'新'公有制的实现形式"。还有人发明"间接公有制"，说什么可以利用财税再分配的办法，把"直接私有制"改成"间接公有制"，以取代"直接公有制"的地位；还说资本主义国家如美国，正在利用这一办法"走向社会主义"。明明是私有制的资本主义，还装饰成"社会主义"，自欺欺人，也太玄乎了。

有一种议论，是以预言家的口吻出现的。这位预言家表面比较谦虚，认为现在还不好说是民（私）营经济为主体，但形势发展，私营经济一定变为主体。由著名经济学家领衔的、挂靠在某党校的一个刊物上的奇文说："过去我们说民营经济是国有经济的有益的补充，但现在我们逐渐发现，顺着真正市场经济的思路发展，总会有一天我们会反过来说，国有经济是民营经济的一个有益的补充。"咄咄逼人的私有化主张，口气不小，听起来像是向十三亿中国人民示威：你们终有一天守不住公有制为主体的阵地！也像说给我们的执政者听：看你怎么办！

还有一种私有化主张，打着对社会主义本质属性和社会主义模式选择理论研究的旗帜。早在党的十五大前夕，就有人抛出社会主义的基本特征是"社会公正加市场经济"的公式。用这一个连社会民主主义和资产阶级都能接受的模糊定义，来否定建立公有制、消灭剥削是社会主义之本质特征和根本原则。有人最近说，长时期人们认为社会主义特征是公有制、按劳分配是不对的，现在要以"共同富裕、社会和谐、公平正义"来认识社会主义的本质属性。当然，共同富裕、社会和谐等非常重要，但是撇开所有制关系，撇开公有制和消灭剥削，这些美词都是缺乏基础的，构成不了社会主义。倡导这一理论的人士在推荐"人民社会主义模式"的五个特征中，也绝口不提公有制为主体。有一位语出惊人的才子，在引用邓小平同志的社会主义本质论时，偷偷删去"消灭剥削"四个字，剩下"小平说，社会主义本质就是解放生产力，发展生产力，消除两极分化，最后达到共同富裕"。大家知道，建立公有制，是为了"消灭剥削"，所以小平同志多次把"公有制为主体"列为社会主义主要原则之一。这位才子竟把"公有制""消灭剥削"这些重要字眼勾销，以为偷偷删除不被人注意，用删改后的邓小平论述来界定社会主义所有制，认为不管是公有制还是私有制，都是社会主义所有制！① 他把严肃的理论问题弄成一锅粥，真有本领！

最后，还有一种反对公有制、鼓吹私有化的理论，直接打着马克思主义的旗号，那就是歪曲马克思"重建个人所有制"的提法。过去也有人不断误解马克思这一提法，也多次为正确的马克思主义解读所廓清。最近谢韬等在《炎黄春秋》上把马克思所说的"在生产资料共同占有的基础上重建个人所有制"，说成"是一种以个人私有为基础的均富状态"，即"自然人拥有生产资料，人人有份"，把生产资料的私有制视为马克思的主张②。其实恩格斯在《反杜林论》中早就对马克思这一提法作了解释：以"……生产资料的社会所有制为基础的个人所有制的恢复。对任何一个懂德语的人来说，这也就是说，社会所有制涉及土地和其他生产资料，个人所有制涉及产品，那就是涉及消费品"③。谢韬等睁眼不看这些，在理论上胡搅蛮缠，其目的是把矛头直接指向改革开放以来几代领导人努力开创的中国特色社会主义，把它诬称为以重建个人所有制为主要内容的社会民主主义道路，把"重建个人所有制"说成是"中国改革开放的总路线和总政策"，其私有化的意图昭然若揭，也无须本文细评了。

我不想再浪费读者的时间。从这里可以看出私有化思潮泛滥，已经猖狂到何种地步。我们是有思想言论自由的，提倡百家争鸣、多样化。但是不能像戈尔巴乔夫、雅科夫列夫那样，搞"多元化"

---

① 《南方周末》2007 年 2 月 8 日。
② 《炎黄春秋》2007 年第 6 期。
③ 《反杜林论》第 3 卷，人民出版社 1999 年版，第 136 页。

"公开化"，把老百姓的思想搞乱，把改革开放的方向引错。应该是清理一下的时候了。

七 "公有经济低效论"是个伪命题

企图把中国改革引向私有化方向的人士，有许多牵强附会的"论据"。其中最重要的是"公有经济低效论"。

"公有经济低效论"站不住脚，已经有许多文章、著作加以论述。例如，左大培《不许再卖》一书，以严密的逻辑和充分的事实，对"国有企业所有者虚置论""人皆自私，因此企业经营者所有才能搞好企业""国有企业监督成本过高"等观点作了深入细致、有理有据的驳斥，至今未见到"私有化"论者像样的反驳。后者还是一口咬定"公有经济低效"，好像这用不着证明；以此作为定论，好像也不打算同你认真辩论了。

因为分析公私经济效率，驳斥公有经济低效的论著甚多，本文不打算详论这个问题，只想点出几条，供大家思考一下，是不是这样。

（1）公有经济在宏观的社会经济效益上的表现，如经济增长、就业保障、社会福利等方面，比私有经济有优越性，是毋庸置疑的。以公有经济为主的国家与以私有经济为主的国家相比，在经济增长速度对比上，比较长时期地（虽然不是一切时期）前者超过后者，把落后的国家建设成为奠定了工业化基础或工业化的国家，战胜了强大的法西斯侵略者，等等，都可证明。

（2）在微观经济方面，众所周知，企业规模超过一定限度，所有者与经营者就有分离的必要，企业家就要分化为老板（公司股东）和职业经理人。公营经济与私营经济一样可以用委托代理方式，解决激励与约束机制的问题。并且经验证明，公有经济不一定需要比私人股份公司多得多的资本经营层次。美国著名经济学家斯蒂格利茨通过实证研究表明，无论是统计数据，还是具体事例，都不能证明政府部门效率比私营部门低。许多国家如法、意、新加坡等，至今拥有不少经营效率不低的国有企业（垄断、竞争部门都有），就是证明。我国国有企业近几年来业绩显著改进，也不乏例证。

（3）有些人把改革开放后，特别是 20 世纪 90 年代中后期，国有企业经营不善，亏损面不断扩大，效益大面积滑坡的事实拿来说事，津津乐道公有经济效率低下，故意不提这一段时期出现这些现象有许多特殊原因。例如，"拨改贷"开始埋下企业资金不足的隐患或陷入债务深坑；富余人员过多，各种社会负担沉重；税负大大超过私营和外资企业，等等。国企为保障社会经济稳定而付出了巨额的改革成本，成为一个沉重的负担。这些由于种种特殊原因造成企业效益下滑，是一个暂时的现象，经过一定的适当政策措施是可以解决的。这与所有制没有关系。私有化论者不提这些，而拿它们来论证"国企低效，因此要变国有为私有"，更是不伦不类。

（4）更不能容忍的是，一些人把国有企业某些领导层的贪污腐化导致效益下滑，国有资产大量流失的行为，普遍化为国有企业的"特征"，说什么我国的国有企业是"官僚权贵资本主义"。《南方日报》甚至说，要使国有资产流失成为私人财权，才能消灭这种"权贵资本主义"①。这显然是对我国整个国有经济的歪曲和污蔑。第一，不符合我国国企员工和相当一部分国企领导是尽忠职守、廉洁奉公的事实。国企内权贵阶层的出现，在我国难以忽视，但他们是钱权交易、官商勾结、市场经济黑幕的产物，绝非国有经济固有的现象。第二，发出这种国企是"权贵资本主义"的人，怎么不问问，过去计划经济时期，为什么腐败现象虽然也有，却很少很少，而现在多起来了呢？一个原因是过去我国国企经营管理可能比现在严格，例如 20 世纪 60 年代我国曾总结出"鞍钢宪法"等一整套企业管理经验，80 年代我国派人出国考察企管经验，发现日、美、欧洲也吸收了我国"鞍钢宪法"的经验，当时又把这个经验带回祖国②。另一

---

① 《南方日报》2006 年 9 月 9 日。
② 人民网强国论坛，"鞍钢宪法"，2007 年 8 月 3 日。

个原因是社会上过去虽然有不正之风，但总的风气较好，人们还不完全为私利所左右，还是比较注意为公为集体，不像现在新自由主义影响下"人不为己，天诛地灭"，"私利人""经济人"意识满天飞。所以有些国企老总经不起考验，一些国企管理层怀有"私有化预期"，把本来可以经营得很好的企业，搞得半死不活，然后迫使政府允许改制，贱价卖给自己，达到私有化的目的。还有一些党政领导干部，与国企某些管理层形成联盟，双方共同从国企私有化中获取巨额利益。由于"人性自私""经济人假设"理论的影响，实际上存在着不少以改革为名，损害国家和人民利益的现象。例如"管理人收购"这一闹剧，就是"人性自私论"和"经济人假设"这些理论的庸俗化普及所支撑的。

（5）关于"公有制低效论"的辩论。经过两军对垒，激烈争战，现在变为两军对峙，各说各的，互不买账。这当然不是说，公说公有理，婆说婆有理，大家都有理。总有一方代表客观真理，另一方是邪说歪理。抛开这点不说，两种观点实际上也代表两种集团的利益，一种是代表资本、财富、腐败官僚、无良学者的集团利益，另一种是代表工农人民大众的集团利益。这两种观点因为利益不同互相不可能说服，是理所当然的。可是我们的宣传部门、理论部门、执政部门，应该有一个判断，支持什么、不支持什么，这才是关键。

八 论所谓"国退民进"

从战略上调整国有经济布局，通过有进有退，有所为有所不为，增强国有经济的控制力，发挥其主导作用，以巩固公有制的主体地位，这是十五大、十五届四中全会的决策。如前所说，党中央作出了"有进有退"调整战略布局的主张后，就有人把这个主张解释为"国退民进"，国有经济从竞争性领域退出，让民营（私营）经济来代替。尽管这种观点受到舆论批评和官方的纠正，但它还是不断地出现，十分顽强。以致到了2006年3月1日，《人民日报》还刊登出某官方国资研究机构主任的文章，宣称"这一轮国企改革对绝大多数国有企业而言，意味着必须实现战略退出，将企业改制成为非国有企业"，并断言，这种做法"不可逆转和势在必然"①。经过读者投信质询，《人民日报》总编室也承认这篇文章"有的观点不妥当，编辑工作把关不严造成失误"。可是这位主任早先不止一次地宣扬"国退民进"的主张。他在中新社转述香港《大公报》的报道（2005 年 5 月 2 日）中就认为国退民进是市场经济的必然过程，说"市场经济的发展必然伴随着国企的大面积退出"②。2005 年 8 月 7 日他在黑龙江佳木斯一次会议上说，"所谓国有企业改革就是国有企业改成为非国有企业"。

那么，国有企业从什么领域退出呢？这位主任作了非常明确的回答，就是要从竞争性领域退出。新华网透露，他强调，"国企与非国企不存在竞争关系，当遇到竞争，国企应该学会退出"。"国企无法解决比非国企更有效率的竞争力问题"，所以国企要学会退出③。

国有经济应不应该从竞争性领域退出？在我国 95% 的工业行业都是竞争性较强的行业，在这样的市场结构下让国企退出竞争性行业，几乎等于取消工业中的国有企业。竞争性领域中存在不少战略性国企和关系国计民生的重要国企，难道都要退光？竞争性领域中国企如果有竞争力能够赢利，为什么一定要让私营老板去赚钱？"国企竞争力不如私企"，连西方一些正直的学者也不赞成这一新自由主义的偏见。有竞争力的国企在竞争性领域中赢利上缴国家，发展生产和社会福利事业，对于社会财富分配中的公平与公正也是有利的。

国有企业、国有资本不应从竞争性领域中完全退出，不但很多学界人士这样主张，中央政策也是很明朗的。党的十五大报告就规定，"在其他领域（主要是竞争性领域）可以通过资产重组和结构调整，以加强重点，提高国有经济的整体素质"。党的十六届三中全

---

① 《国企改革步入倒计时阶段》，《人民日报》2006 年 3 月 1 日。
② 中新网，2005 年 8 月 2 日。
③ 新华网，2003 年 1 月 16 日。

会也讲到,在增强国有经济控制力以外的其他行业和领域(主要也是竞争性领域),国有企业通过重组和调整,在市场经济中"优胜劣汰"。并没有规定国有经济一定要退出,而是说可以在竞争性领域参加市场竞争,"提高素质""优胜劣汰""加强重点"。

以上讲的是在竞争性领域,不能笼统地讲"国退",在这些行业国有企业也有"进"的问题。那么现在转过来说"民进"。私有企业是市场竞争的天然主体,竞争性领域让私企自由进入,是理所当然的。但是关系国民经济命脉的重要行业和关键领域,十五大规定了必须由国有经济占支配地位,是否也允许私人资本"进入"呢?国务院 2005 年关于鼓励支持非公经济发展的文件,允许非公经济进入垄断行业和领域,包括电力、电信、铁路、民航、石油等行业,矿产资源开发、公用事业、基础设施,以及国防科技工业建设等领域。这些都为非公有经济进入关系国民经济命脉的重要行业和关键领域网开了一面。

对此,有民间人士持不同意见,认为非公经济进入控制国民经济命脉的许多领域,有违中共十五大规定"国有经济控制国民经济命脉"的方针,将会动摇、改变国有经济在国民经济中的主导地位和公有制的主体地位,并且向有关方面提出了自己的看法,希望扭转有关规定。

我认为,关于国民经济命脉的重要行业和关键领域,如果从吸收社会资本,扩大公有资本的支配范围,壮大国有经济的控制力,促进投资主体的多元化这一角度来说,还是符合党的十五大精神、符合我国国企改革的方向的,因此可以有选择地允许私人资本参股进入;但不可以把这个领域让给私人资本独资开发或控股经营,影响国有经济对这些部门的控制地位,在允许非公资本参与投资经营的企事业单位,要加强监管。目前中国私人资本实力还不够雄厚,即使私人资本壮大,国家也只能吸收而不能主要依靠私人资本来发展这些部门。特别是这些重要行业和关键领域,一般收益丰厚,多属垄断性级差租收入性质,按照中外学理,这种级差租性质的收入,理应归公。所以对进入这些行业领域的私人股份的红息，应加限制，使私人资本能够得到一般竞争性行业的赢利。这也符合民主革命先行者孙中山先生"节制资本"的要义。中国共产党在社会主义初级阶段参考孙先生的正确思想，对"私人资本制不能操纵国计民生"的主张，进行灵活处置，也是可以理解的。限制私人资本在关系国计民生部门取得超额垄断利润，就是符合孙先生主张的精神的。

2005 年政府进一步明确了对非公有经济准入范围放开的政策以后，有些官员和经济学人又从另一方面错误地解读政策动向，要求在重要的和关键的领域内国有经济与私人资本平起平坐，否认国有经济的主导作用，有的甚至建议国有资本限期撤出公共服务领域之外的全部产业领域。这种观点在 2004 年开始制定进一步促进非公经济发展的政策时就已经出现，而且主要集中在中央和政府的权威学校与高级研究机构的某些部门，不过在 2005 年上半年表现得更为突出，并且在一些主流媒体和论坛上一再公开表达[①]。在这种背景下，政府高层部门负责人士先后出面明确表示：①垄断行业和领域今后要以国有经济为主体，这是由我国经济制度的性质决定的；②不能把国有经济布局和结构调整理解为国有经济从一切竞争性领域退出；③绝不能把国有经济布局和结构调整理解为中央"进"地方"退"，各地必须培育和发展一批有地方优势与特色，实力雄厚、竞争力强的国有企业。

即使在政府负责人一再表态的情况下，还是有声音从体制内批评在重要领域让国企"做大做强"的选择，公开主张国资从产业领域全退，甚至有文章希望科斯的中国改革六字经"共产党加产权"，成为今天中共疾进的"时代壮举"[②]。因此，尽管高层决策人士表态明朗，纠正了一些人所讲垄断行业允许准入、不讲主从关系的认识，也批评了一些官员和经济学人要国有资本从产业领域全面退出的观点，但是"全面坚持十六届三中全会决议关于公有制为主体，国有

[①]　《香港传真》No. 2005—37。

[②]　同上。

制为主导，发展非公有制的问题，在认识上和工作中并没有完全解决"①，一些官员和经济学人要国资从产业领域退出的观点，仍然在工作层面影响着国资改革，不容忽视。

比如，《中国宏观经济分析》披露了有关部门关于国资转让和减持比例的方案②，从这个方案的政策目标看，它通过国家持股比例下限的低设，使大量关键和非关键领域国有上市公司的国有股权被稀释。有评论认为，"这个方案透露出国资要在关键性领域明显减少，竞争性领域完全退出。这种大量减持国资的主张不妥，其后续效应（即波及非国有上市公司和地方其他国有企业的效应）更需警惕"③。评论还指出，近几年来国有工业状况，无论是垄断行业还是竞争性行业，持续逐步好转，在企业数量下降的情况下，资产、产值，尤其是利润税收贡献都大幅上扬，表明坚持社会主义方向的所有制改革和国企改革是有希望的。在此背景下继续国资的大规模退出，是否适当，需要考虑。当然，国资布局和国企组织，还有不少不合理之处，需要通过资产的进出流动，继续进行适当的调整。

九　国有经济的控制力应该包括哪些范围

2006 年 12 月 18 日国资委发布《关于推进国有资本调整和国有企业重组的指导意见》，其要点之一是推动国有资本向重要行业和关键领域集中，增强国有经济的控制力，发挥主导作用。重要行业和关键领域包括：涉及国家安全的行业，重大基础设施，重要矿产资源，提供重要公共产品和服务的行业，以及支柱产业和高新技术产业中的骨干企业。对于不属于重要行业和关键领域的国有资本，按照有进有退、合理流动的原则，实行依法转让。

---

① 《股份制助民企做强做大》，《中华工商时报》2005 年 7 月 11 日报道国务院研究室副主任侯云春发言。
② 《中国宏观经济分析》2005 年第 11 期。
③ 《香港传真》No. 2006—13。

对于这项部署，有两个方面的评论。一方面的评论是，认为不论是国有资本要保持绝对控股的军工等七大行业，还是国有资本要保持较强控制力的装备制造等九大行业，大都遍布非竞争性领域和竞争性领域，并不都是只有国有企业才能有资格从事的行业。属于竞争性行业，由国资来控制缺乏合理性。在这些行业，国企筑起垄断门槛，有违市场公平竞争原则，并称"增强国有经济的控制力没有法律依据"，说政府无权不经过代议机构的批准擅自指定自己的垄断领域①。但是我们要说，加强国有经济的控制力，国有经济在关系国民经济命脉的重要行业和关键领域必须占有支配地位，在社会主义市场经济中起主导作用，这是我国的根本大法——《中华人民共和国宪法》所规定了的，这是根本的法律依据。再说，在竞争性领域，允许国有企业以其竞争力取得控制地位，并不见得不符合市场竞争原则。

另一方面的评论是，对于不属于重要行业和关键领域的国资要"实行依法转让"，即退出，会引发非公有资本广泛并购和控股众多的原国企，后果堪虞。夏小林在《中华工商时报》撰文指出：国资委资料显示，2005年在约26.8万亿元国企总资产中，中央企业占41.4%，而国企中还有3/4是在竞争性行业。按照某种意见，如果不考虑国资在维系社会公平方面的重要作用，中央企业之外58.6%的国企和3/4在竞争性行业的国企，是不是其相当大的一部分都要在"不属于重要行业与关键领域"标准下，"实行依法转让"呢？如果"转让"使中国产业的总资产中，私人资产的比重超过和压倒国有资产，中国少数私人的财富急剧暴涨，这将会形成一种什么样的财富分配状况和收入分配状况呢？②

夏小林关于国有经济控制力包括的范围的意见是值得注意研究的。他把国有经济的社会责任分为两种：一是帮助政府调控经济，二是保证社会正义和公平的经济基础。前一作用普遍适用于社会主

---

① 韩琪：《中国国有企业究竟应定位在哪些行业》，《中国经济时报》2007年4月5日。
② 夏小林：《非国有投资减缓，后效仍需观察》，《中华工商时报》2007年1月31日。

义国家和现代资本市场经济国家，而后一作用则是社会主义国家独有的。他说："按照西方主流经济学的观点，在一定条件下国有经济有助于政府调整经济，但是 OECD 国家的私有化证明，即使在垄断性的基础产业为主要对象进行了私有化、国有经济到了 10% 以下的比重以后，政府照样可以运用各种货币政策、财政政策、产业政策和商业手段等有效地调控经济。但是社会正义和公平，却是高度私有化的经济和以私有化为主的混合经济解决不了的大问题。""在中国坚持社会主义市场经济的改革方向中，增强国有资本的控制力，发挥其主导作用，理应包括保障、实现和发展社会公平的内容和标准。对那些对于政府调控经济不重要但是对于保障社会正义和公平非常重要的竞争性领域的国有资产，也应该认为是'重要'的和'关键'的领域的国有资产，要力争搞好，防止出现国资大量流失那种改革失控，随意实行大规模'转让'的偏向。"① 所以，在一般所说"重要""关键"的标准之外，根据保证社会公平的标准，可以认为，即使在竞争性领域，保留和发展有竞争力的国有及控股企业，也属于增强国有经济控制力"底线"的范围，也是"正当的选择"。

基于国有经济负有保证社会正义和公平的经济基础的社会责任，国家要保障在公益服务、基础设施、重要产业的有效投资，不排除为解决就业问题在劳动密集领域进行多种形式的投资和运营。在保障垄断性领域国有企业健康发展的同时，还要保障在竞争性领域国有企业的发展，发挥它们在稳定和增加就业、保障社会福利和公共服务、增强再分配和转移支付的经济实力源泉，贡献力量，绝不能像新自由主义所主张的那样，让国家退出经济。我国这样一个社会主义大国，国有经济的数量底线，不能以资本主义国家私有化的"国际经验"为依据。国有经济的比重，理应包括保障实现和发展社会公平及社会稳定的内容，所以国家对国有经济控制力范围，有进一步研究的必要。

---

① 夏小林：《非国有投资减缓，后效仍需观察》，《中华工商时报》2007 年 1 月 31 日。

关于如何增强国有经济控制力，综合各方面的意见，还有几点想法，简要述之。

（1）国企要收缩战线，但不是越少越好。在改革初始阶段，因为国企覆盖面过广、战线过长，收缩国企的数量，集中力量办好有素质的国企，开放民间经济的活动天地，这是必要的。但并不是说国企办得越少越好。这些年有些官员、学者，片面倾向于少办国企，"尽可能避免新办国有企业，让'国家轻松一点，就是管那些少得不能再少的国有企业'，'我们留下为数不多的国有企业将是活得非常潇洒的，不像今天这样愁眉苦脸，忧心忡忡'"①。围绕所有制结构政策，体制内外频频发出声音，"或者将中国所有制结构的取向定在用 15—30 年时间来让自然人产权（私有产权）成为市场经济的主体上，或者把参照系数定在欧、美市场经济中国有成分在 7%—10% 的模式上（国资研究室主任指出西方发达国家国企仅占全民经济 5% 的份额），或者在叶利钦时期俄罗斯东欧国家取消社会主义目标后所有制模式上"②。这些将国有经济比重尽量压低的欲望，大大超出了江泽民所讲的限度，就是不能影响公有制的主体地位和国有制的主导作用③。国资委从 2003 年成立以来，央企数量已由 196 家减少到 157 家。据透露下一轮整合方案，央企数量将至少缩减 1/3。国资委的目标是到 2010 年将央企调整和重组到 80—100 家，其中 30—50 家具有国际竞争力。令人不解的问题是，中国这样一个社会主义大国，这么多的人口，这么大规模的经济，政府到底应该掌握多少国企，其中中央应该掌握多少央企？俄罗斯已经转型为资本主义国家了，普京总统无疑也是效忠于私有制的，但他在 2004 年 8 月宣布，确定 1063 家俄罗斯大型国企为总统掌握的国有战略企业，政府无权对这些战略企业实行私有化。同样是中央掌握的大型国有企业，为什么

---

① 2003 年 3 月，国家经贸委经济研究中心主任在"国有资产管理体制改革与国有控股公司运营高层论坛"上的演讲。

② 《香港传真》No. 2004—33。

③ 《江泽民文选》第三卷，人民出版社 2006 年版，第 72 页。

私有化的俄罗斯保留的比社会主义的中国多好多倍？此中除了不可比的因素外，是否反映了我国某些官员国企办得越少越好，追求"轻松潇洒一些"的倾向？还有某些个别官员不好明说的倾向？

（2）中央和地方都要掌握一批强势国企。有关部门负责人指出，不能把国有经济布局和结构调整理解为中央"进"地方"退"，各地必须保留和发展一批具有地方优势和特色、实力雄厚、竞争力强的国有大企业，使之成为本地区国民经济的支柱。中国是一个大国，许多省、自治区的土地人口，超过欧洲一个国家。有人建议在省、直辖市、自治区一级建立一地一个或数个，或数地联合建立一个类似淡马锡模式的控股公司，来整合地方国企。这个建议是可行的。新加坡那样国土面积小、人口少的国家都能做到，为什么我们做不到？前些时候国企改制地方出的问题比较多，也可以通过新的"改制"梳理一下。

（3）国有经济改革决策要受人大制衡监督。这个意见人们多次提出，并有专门的建议案。国有经济改革涉及全体人民利益，不能总在工会实际管不了，人大又不严加审议和监督，由行政机构少数人确定国有企业留多少、不留多少，由他们来决策国资买卖的情况下进行，这极易造成决策失误和国资流失。以保护私权为主要使命的《中华人民共和国物权法》已经通过了。而研究开始在《中华人民共和国物权法》之前，以保护"公权"为使命的"国资法"，研究了多年，人们仍在翘首企望，希望早日出台，让各级人大能够像波兰、日本等国议会那样，有权审议国有资产产权变动的方案。

（4）扩大国有产权改革的公共参与。国有资产产权改革不单纯是一个高层的理论问题，而且是关系各方面利益的公共政策问题。所以这个问题的讨论与决策不但要有官员、学者、"精英"参加，而且要有广大公众参与。某国资研究机构有人认为，这是不应当由公众来讨论的潜规则问题，郎咸平掀起的讨论是"引爆了公众不满国资流失和社会不公的情绪，是反对改革"。讲这种话的"精英"，是把大众当作阿斗。对于国资产权改革，公众有知情权、发言权、监督权，少数"精英"把持是非常危险的。据报道，汪道涵临终前与人谈话说，"我的忧虑不在国外，是在国内"，"精英，社会精英"。其背景就是他对苏共及其领导干部变质的长期观察和研究。"苏联主要是亡在他自己的党政领导干部和社会精英身上。这些干部和精英利用他们手上的权力和社会政治影响，谋取私利，成了攫取和占有社会财富的特权阶层，他们不但对完善改进社会主义制度没有积极性，而且极力地加以扭曲。公有制度改变才能使他们的既得利益合法化。这只要看看各独立共和国当权的那些干部和社会名流大约有百分之八十都是当年苏联的党政官员和社会精英，事情便清楚了。"①

十　发展私营经济的正道

谈基本经济制度，不能不谈私有经济，私有经济是非公有制经济的一部分。其与公有制主体经济的共同发展，构成我国社会主义初级阶段的基本经济制度。非公有经济在促进我国经济发展，增加就业，增加财政收入，满足社会各方面需要方面，不仅在当前，而且在整个社会主义初级阶段很长的历史时期内，都有不可缺少的重要积极作用，因此我们必须鼓励、支持和引导非公有制经济发展，而不能忽视它、歧视它、排斥它。所以，党和政府对非公有制包括私有制经济非常重视，对它们的评价，从十三大、十四大的"公有制经济的补充"，到九届人大二次会议称为"社会主义市场经济的重要组成部分"，十六大党还提出了"两个毫不动摇"，足见中央充分肯定非公有制包括私有制经济的重要作用。

我国非公有制经济有两个组成部分：一部分是个体经济。个体经济占有少量生产资料，依靠个人辛勤劳动，服务社会，而不剥削他人，属于个体劳动性质的经济。这部分经济目前在我国经济中占

---

① 香港《信报财经新闻》2007 年 6 月 23 日。

的比重不大，将来也不可能很大，最近一些年份，我国实有个体工商户还有所减少。另一部分是私营经济和外资经济。自改革开放以来，广大私营企业主受党中央让一部分人先富起来号召的鼓舞，先后投身商海，奋勇创业拼搏，用心血耕耘多年，为国家经济发展、社会稳定和丰富人们的物质生活作出了重要贡献，应当受到社会公正的评价。当前私营企业面临的突出问题，是融资困难较大，税收尤其是非税收负担较重。此类问题亟待有关部门切实解决。

私有经济与个体经济是有区别的。私营企业主与现在所称新社会阶层中的管理技术人员、自由职业人员等其他成分也不一样。大家都是"社会主义事业建设者"，但个体劳动者、管理技术人员、自由职业人员等，一般是不剥削他人劳动的劳动者，而私营企业主雇用劳工生产经营，他们与雇工之间存在剥削与被剥削的关系。因为私营企业的生产经营是为社会主义现代化建设服务，所以这种剥削关系也受到我国法律的保护。私有经济在促进生产力发展的同时，又有占有剩余价值的剥削性质，这种由剥削制度所制约的私有制本性目的所必然带来的社会矛盾，无时无刻不在政治、经济、社会、文化、思想道德上，人与人的关系上表现出来。私有制在社会主义初级阶段下表现的两重性，是客观上必然存在的，只能正视，不能回避。应该把私有经济的性质与作用分开来讲。只要是私人占有生产资料、雇佣和剥削劳动者，它的性质就不是社会主义的。至于它的作用，要放到具体历史条件下考察，当它处于社会主义初级阶段，适合生产力发展的需要时，它就起积极作用，以至构成社会主义市场经济的一个重要组成部分。由于它不具有社会主义的性质，所以不能说它也是社会主义经济的组成部分。

有人说"非公有制经济人士已不是过去的民族资产阶级"了。不错，非公有制经济中的个体劳动者，从来不属于资产阶级。但雇工剥削的私营企业主按其性质应该归属到哪一类呢？恐怕除资产阶级以外，没有地方可以归属。当然，同时，按其作用，还可以把他归入"社会主义建设者""新社会阶层"这些不同层次的概念。这是非常实事求是的科学分析，容不得半点虚假。

对于社会主义初级阶段的私有经济，应当从两个方面来正确对待。一方面是不应轻视，不应歧视；另一方面，不应捧抬，不应护短。现在对私营企业轻视、歧视的现象的确是有，特别是前面提到的融资问题和负担问题。例如我国大银行对中小企业（主要是私营企业），除了"重大轻小""嫌贫爱富"外，还存在"重公轻私"的所有制歧视。所谓企业"三项支出"（交费、摊派、公关招待费用）负担加重，某些部门少数官员对企业勒索骚扰，成为企业不得不应付的"潜规则"，当然这里边也有企业借此减轻正规税费之投机心理。而在"吹捧""护短"方面，人民网2006年4月19日有人撰文说，不少地方党政官员将我们党的支持民营企业的政策，错误地执行成"捧—求—哄"，给私营企业主"吹喇叭""抬轿子""送党票"……不一而足。媒体报道，东南某省会城市，在百姓看病存在困难的情况下，拨出专项资金，选定民营企业家享受公费健康体检和疗养休假，"充分体现了党和政府对民营企业家的关爱"。有关部门高层人士为少数企业主确实存在的"原罪"行为开脱，并打不追究的保票。某些理论家则把非公有经济是"社会主义市场经济的重要组成部分"，偷换为"社会主义经济的重要组成部分"，认为"民营经济"（即私营经济）"已经成为"或者"应当成为"社会主义经济的主体，以取代公有制经济的主体地位。这明显地越过了宪法关于我国基本经济制度规定的界线。

对私有经济，既不应当轻视、歧视，又不应当吹捧、护短，那么应当怎样正确对待，才符合坚持社会主义基本经济制度的要求呢？毫无疑问，我们要继续毫不动摇地发展私有经济，发挥其机制灵活，有利于促进社会生产力的正面作用，克服其剥削性产生的不利于社会经济发展的负面作用。如有些私营企业主偷逃税款，压低工资和劳动条件，制造假冒伪劣产品，破坏自然资源环境，借机侵害国有资产，以及其他欺诈行为，都要通过教育监督，克服清除。我想广大私营企业主，本着"社会主义建设者"的职责和良心，也一定会赞成这样做，这对私有经济的发展只有好处，没有坏处。

在鼓励、支持私有经济发展的同时，还要正确引导其发展方向，规定能发展什么，不能发展什么。比如竞争性领域，要允许私有经济自由进入，尽量撤除限制其进入的藩篱。特别是允许外资进入的，也应当开放内资进入。而对关系国民经济命脉的重要部门和关键领域，就不能允许私有经济自由进入，只能有条件、有限制地进入，不能让其操纵这些部门和行业，影响国有经济的控制力。私有经济在竞争性领域有广阔的投资天地，在关系国民经济命脉的一些重要部门现在也可以参股投资，分享丰厚的赢利，他们应当知足了。作为"社会主义建设者"群体和"新社会阶层"，私营企业主大概不会觊觎社会主义经济的"主体地位"。但是确有某些社会"精英"明里暗里把他们往这方面推。要教育他们不要跟着这些"精英"跑。

总之，我们要毫不动摇地发展包括私有经济在内的非公有经济，但这必须与毫不动摇地坚持发展公有制经济并进，并且这种并进要在坚持公有制经济为主体，国有经济为主导的前提下进行，真正实行两个毫不动摇，而不是只实行一个毫不动摇。这样做，才能够保证我国社会主义基本经济制度的巩固发展，永远立于不败之地。

（原载《中国社会科学内刊》2007 年第 6 期）

试用马克思主义哲学方法总结
改革开放经验

　　一个不会反思的民族，不可能成为伟大的民族。一个民族的伟大，与其百折不挠的民族精神息息相关。改革开放历时 30 年，对于这样一场关系全国人民福祉的伟大运动，我们更应该进行全方位的反思。反思就是总结历史的经验教训。然而，总结经验会有不同的立场、观点和方法。马克思主义者从来不掩饰自己的立场、观点、方法。从马克思主义哲学方法论的角度来分析问题，是我们共产党人的一贯做法和宝贵传统。既然改革开放是用马克思主义普遍原理指导中国具体实践的结果，既然是马克思主义普遍原理与中国改革开放具体实践相结合产生了中国特色社会主义理论体系，那么，总结改革开放 30 年的经验，当然可以用马克思主义的哲学方法。我用其中的一些观点方法，对改革开放 30 年作一个总体性的思考。

辩证地看待改革开放三十年

　　对立统一规律，就是说一切事物、现象、过程都可分为两个互相对立和互相统一的部分。一分为二是毛泽东对唯物辩证法对立统一规律的科学简明的表述。

　　中华人民共和国成立后近 60 年的历程极不平凡。前 30 年坎坷曲折，走了许多弯路，但有问题并不能掩盖所取得的伟大成就，更不能像某些人那样将历史成就一笔抹杀。改革开放以后的 30 年，取得了更大的成就，这是有目共睹的事实：经济保持平稳快速发展，经济总量迅速扩大，财政收入连年显著增长，国家经济实力大幅提升。到 1999 年，我国经济总量排名世界第七，此后一路赶超意大利、法国、英国，目前已超过德国，照此速度发展下去，五年内有望赶上日本。如果以购买力平价衡量，现在就已经是仅次于美国的世界第二大经济体。进出口贸易增速、占世界贸易的比重都在稳步提高，成为世界贸易不可忽视的重要力量，在世界贸易中的位次从 2001 年的第 6 位提高到了第 3 位，超过了英国、法国和日本。在迅速发展过程中，城乡居民收入显著增加，人民生活福利整体上有了巨大改善，改革开放和全面建设小康社会取得重大进展。

与过去相比，经济体制变活了。在国家的宏观调控下，市场起到配置资源的基础性作用，大大消除了传统僵化体制的消极影响，初步确立了社会主义市场经济体制。通过转换企业经营机制，大力推进传统产业的技术进步，增强了企业按照市场需求组织生产经营活动的能力，加快推进经济增长方式由粗放向集约的转变，经济增长的质量和效益都有了明显的提高。

总之，我们对这 30 年所取得的成就，无比欢欣鼓舞，成绩应当充分肯定。但同时，也要看到问题和潜在的风险。这就是一分为二。

30 年来，特别是最近一段时期，社会经济面临深刻变化，深层次矛盾逐渐显露，遇到了过去少有的问题；过去即便有，也是很小的问题，不是主要问题，现在则成了主要问题。这里列举几个：（1）贫富差距扩大。尽管基尼系数不足以说明问题，但是，近年来基尼系数上升速度很快，改革初期低于 0.3，现在却接近 0.5，达到了全世界少有的水平。社会阶层贫富悬殊，在世界上也是很突出的。（2）腐败盛行，经济案件越来越多，越来越重。（3）社会道德沦丧，重利轻义，世风渐衰。（4）环境破坏严重，资源越来越紧张。

对于这种发展态势，大家感到担忧，认为如果任其发展下去，后果不堪设想。生产力发展了，国家经济实力增强了，但是，如果生产出来的财富越来越集中在极少数人的手里，这样的改革，不是社会主义的成功，而是资本主义的成功。如果对于改革掌控不好，此种前景也不是没有可能的，不能完全排除。

但是，是不是像一些人说的那样，邓小平同志反复告诫的那些话"如果我们的政策导致两极分化，我们就失败了"① 已经变成了现实呢？我在《关于分配与所有制关系若干问题的思考》② 一文中有个论证：虽然贫富分化的趋势已经相当严重，但还没有达到两极分化而社会无法承受的程度。我这里想强调的是，我们党和政府正在以百倍的努力和高度负责的精神，解决收入差距扩大和其他种种社会民生问题。

总之，辩证地一分为二地看，改革总体上是成功的，有问题并不能掩盖已经取得的伟大成就，不能说社会主义改革已经失败，不能倒退，改革不容否定。

否定之否定——改革在更高层次上的综合

否定之否定规律也是辩证法的普遍规律。简单地说，就是正、反、合。事物是矛盾的，事物矛盾的斗争，从量变到质变，是一重否定；由新的量变再到质变，又是一重否定。矛盾发展，否定了前一个阶段的事物，然后再发展，又否定了上一个阶段的事物。否定之否定，并不是回到过去，而是在更高层次上的综合，由此推动事物向更高阶段发展。

对于中国的改革进程，也要辩证地看。如果说改革开放之前是"正"，改革开放之后的一段时期就是"反"，这是一个否定。这里的"反"是纯粹从方法论上、从逻辑上讲的正反，而不是价值判断，不是要否定改革开放。

改革开放以前和改革开放以后的正、反很清楚地表现在社会经济生活的各个层面、各个方面，主要有：（1）经济运行机制，由社

① 《邓小平文选》第三卷，人民出版社1993年版，第111页。
② 刘国光：《关于分配与所有制关系若干问题的思考》，《开放导报》2007年第5期。

会主义计划经济体制转向社会主义市场经济体制，由计划为主转向市场为主，市场起基础性调节作用。（2）所有制结构，过去是单一的公有制，越大越公越纯越好，一切向国有制看齐，改革后是多种所有制共同发展，个体经济、私营经济、外资经济以及其他各种混合所有制经济都出现了，这是以前没有的新现象。（3）分配制度，过去名义上是按劳分配，实际上是"大锅饭"，即偏于平均主义的"大锅饭"。平均主义遏制了大多数人的勤奋努力，改革后变成了让一部分地区、一部分人先富起来，如邓小平所讲的"先富、后富"已经出现了，收入差距拉开了，这是好现象，对社会进步、经济发展有很大的激励作用。

30 年来，一正一反，才形成现在的局面，也积累了不少新矛盾。经过 30 年的发展，当前正进入一个新的阶段，要对一些新矛盾进行一些新的反正，从而在更高层次上转向新的综合。

关于经济运行机制，在继续坚持市场改革的同时，要重新强调国家宏观计划调控的作用

改革后，经济运行机制逐步由计划经济转向市场经济，市场逐渐取代了计划，向广度和深度进军，占领阵地，推动中国经济生动活泼地向前发展。在全部商品流通总额中，市场调节部分目前已占到 90% 以上。几年前有人估计，市场经济在中国整体上完成程度已达到 70% 左右。现在看来，社会主义市场经济已经初步建立。

目前，社会主义市场经济还不够充分、不够完善，市场经济还有一些不到位的地方，如资源要素市场、资本金融市场等，都还需要进一步发展到位。也有因为经验不足、犯了市场幼稚病，从而导致过度市场化的地方，如在教育、医疗、住宅等领域不该市场化的部分也搞市场化，以至于发展到对市场迷信的地步，带来一系列不良后果。

市场经济初步建立之后，市场的积极方面和消极方面都充分展

现出来。市场经济在发挥激励竞争、优化资源配置等优越性的同时，它本身固有的缺陷，经过30年的演变，也逐步显露出来。特别是在总量综合平衡、环境资源保护以及社会公平分配上引发的问题，在中国不是市场经济本身能够解决的。因此，改革开放30年的结果，一方面，经济发展取得很大成绩，另一方面，社会经济出现新的矛盾，资源环境、分配民生等矛盾越积越多。这与国家宏观计划调控跟不上市场化的进程，有一定的关系。

本来，我们所要建立的市场经济，就是国家宏观调控下的市场经济，这一根本点在1992年就明确地写入了党的十四大文件。这些年来，国家对经济的宏观调控在不断加强，我们在短期经济波动的控制上，先后取得了治理通货膨胀和治理通货紧缩两方面的成功经验。但是，国家计划对短期和长期宏观经济发展的导向作用明显减弱，计划本身多是政策汇编性的，很少有约束性问责的任务，计划的要求与执行的实际效果相差很大，国家计划控制不了地方的盲目扩张行为。总之国家计划失之软弱，变成可有可无的东西。这影响到宏观调控的实效，造成国民经济发展许多方面失衡。

现在是到了在继续坚持市场取向改革的同时，强调加强国家计划在宏观调控中的指导作用的时候了。针对国家宏观计划调控跟不上市场经济发展的现状，党的十七大提出要"发挥国家发展规划、计划、产业政策在宏观调控中的导向作用，综合运用财政、货币政策，提高宏观调控水平"。① 十七大重新强调多年未提的发挥国家计划的导向作用，这有十分重要的意义。

众所周知，宏观调控有以下几种主要手段：财政政策、货币政策和计划手段。至于产业政策，则属于计划手段。规划也是一种计划。所以主要就是上述三种手段。尽管只有少数市场经济国家设有计划机构，并编有预测性计划，一般不用计划手段，但中国作为社会主义国家，有必要在宏观调控中利用计划手段。党的十四大报告

---

① 《中国共产党第十七次全国代表大会文件汇编》，人民出版社2007年版，第26页。

明确指出："国家计划是宏观调控的重要手段之一。"① 在财政、货币、计划三者的关系中，计划应是财政、货币政策的指针，财政、货币政策要有计划的指导。国家计划与宏观调控不可分，计划是宏观调控的主心骨。国家计划有年度计划，还编制五年、十年的中长期发展规划。年度计划包含经济增长速度、投资总额、财政预算、信贷总额、外汇收支、失业率、物价上涨率和人口增长率等指标，每年都由国务院提出、经全国人民代表大会批准，应当是有法律和行政效力的。这些中长期规划和年度计划，都应该在宏观调控中起导向作用，具有约束力，关键之处还应问责和追究法律责任，这样的国家计划才能对宏观调控起到导向作用。

在市场经济初步建立之后，市场的积极作用和消极作用都充分展现了出来。然而，目前在"市场化改革"的口号下，迷信市场成风，计划大有成为禁区的趋向。在这种氛围下，重新强调社会主义市场经济要加强国家计划在宏观调控中的作用，看来是十分必要的。

这次党的十七大重新强调了国家计划在宏观调控中的导向作用，并不是如某些人所歪曲的那样，"要回到传统计划经济模式"。重新强调国家计划在宏观调控中的导向作用，不同于过去的"传统计划经济"，而是计划与市场在更高层次上的新的结合，这主要表现在：（1）现在的计划不是既管宏观又管微观的无所不包的计划，而是只管宏观，微观的事情主要由市场调节。（2）现在资源配置的基础性手段是市场，计划只是弥补市场缺陷与不足的必要手段。（3）现在的计划主要不再是行政指令性的，而是指导性、战略性、预测性的计划，同时要有必要的约束和问责功能。

国家计划导向下的宏观调控，是中国特色社会主义市场经济的应有之义，不能把"计划性"排除在社会主义市场经济含义之外。1992年5月9日，中共中央总书记在中央党校讲话中提到十四大将选择社会主义市场经济体制的时候，强调指出"社会主义市场经济

---

① 《中国共产党第十四次全国代表大会文件汇编》，人民出版社1992年版，第23页。

就是有计划的",① 讲得很明确。我们要在此精神的指导下，努力改进国家计划工作和宏观调控工作，使计划名副其实地起导向作用，指导社会主义市场经济的发展，实现市场与计划的更高层次的结合。

关于所有制结构，在坚持多种所有制共同发展的同时，要重新强调"公有制为主体"

关于所有制改革，现在也到了否定之否定的合的阶段。改革前，是单一公有制形式，越大、越公、越纯，就越好，脱离了生产力而不断改变生产关系。改革后，是多种所有制形式共同发展。这是一个否定。这个正反变化的一般规律是公私比例关系"公"降"私"升。改革以前，中国的私有经济几乎为零，公有制占据绝对主体地位，因此，在相当一段时期中，非公有制经济保持超过公有制经济的发展速度，从而增加非公有制经济在总体经济中的比重，公有制比例下降、私有制比例上升，是合理的变化过程。这个正反变化过程已经持续了 30 年。

现在是不是到了一个新的时期，"公"降"私"升是不是到了一个关头，到了一个关键阶段，需要重新考虑一下，来一个新的否定、新的综合？

关于公有制是否还占据主体地位，现在社会上有三种意见（这三种意见都是有文字可查的）。第一种意见认为，现在还是以公有制为主体。不过，这种计算方法有问题，它将自然资源、行政性资产等都计算在内。几年以前，有同志曾试图解答这一问题，把资源性资产都算作国有资产，那公有制资产当然可观，土地就是一大笔财富，其结论自然会是以公有制为主体。这个回答是远远不够的。我们这里讲的国有资产，应该是指经营性资产，不包括资源性资产。第二种意见认为，公有制地位已经动摇，在一些地区、一些部门，

---

① 江泽民：《论社会主义市场经济》，中央文献出版社 2006 年版，第 6 页。

公有制已不占主体地位。第三种意见认为，公有制优势已经丧失，私有制占据主体地位已经是既成事实了。

持第三种意见的有两种人。一种人是担心这种情况出现会导致严重后果，认为不能这样。现在公有制丧失主体地位，国家应该想办法挽回。另一种人的意见是赞成私有化，认为在中国不宜再提姓"公"姓"私"的问题，既然已经不是公有制为主体，私有化目的已经达到，干吗还要再提？理论界就有人提出，经济改革已经成功，现在应进行政治改革了。这些人所讲的经济改革成功，就是指公有制变成私有制已经基本完成。上述两种人的观点都认为公有制经济在中国已经不占主体地位，只是态度和倾向不同。

以上几种看法，都是各人根据自己的估计得出的。在国家综合部门、统计部门尚未拿出公私结构的正式的全面数据以前，难以准确判断我国的所有制结构现状。

但是，从党的十四大、十五大、十六大一直到现在，党的文件一贯坚持公有制为主体、多种所有制经济共同发展的基本经济制度，没有一个文件不要公有制为主体。党的十七大重申了党的这一主张，确认要"坚持和完善公有制为主体，多种所有制经济共同发展的基本经济制度"。[①] 这当然不是停留在字面上的空话，而是要坚决贯彻落实的经济方针。我国的所有制结构和各种所有制比例现在已经变成什么样，公有制是否还占据主体地位，社会上对此有很多议论，已经有人将这一意见提交到全国人民代表大会，要求我们国家的统计机构和有关部门公布这方面的材料，并希望人大监督这个事情。

现在到了需要进行新的综合的时候，要坚持"两个毫不动摇"，即毫不动摇地坚持公有制为主体，毫不动摇地发展多种所有制形式，不能只强调发展非公有制经济，不能只强调一个毫不动摇。首先要毫不动摇地坚持公有制的主体地位，同时要毫不动摇地发展非公有制经济。

---

① 《中国共产党第十七次全国代表大会文件汇编》，人民出版社 2007 年版，第 25 页。

　　有人攻击公有制效率低，是官僚经济，是权贵经济；不是国家的财富，而是少数人的财富。我在一篇文章中谈到这个问题。① 公有制并非注定效率低，20 世纪 60 年代我国的"鞍钢宪法"有很好的经验，日、美、欧企业管理都吸收了它的经验，这是众所周知的事情。资本主义国家的国有企业也有管理得很好的，并不是一概效率低。改革后，公有制的低效率，是与私有化预期联系在一起的；而且效率越来越低，也是与前几年经济调整、伴随"国退民进"发生的现象，国有企业经营不善，国有资产流失，巧取豪夺、改头换面通过各种渠道流失，一夜之间从地底下冒出千百万家财万贯的财富精英，与刮起来的这股私有化之风有着千丝万缕的内在联系。

　　国有经济的内部管理也存在问题。某些企业管理不善，变国有资产为少数企业高管人员的私有财产；就算没有 MBO，一些国有企业的领导层也在腐化变质，领取几百万年薪的高工资，而普通职工的月薪只有几百、几千元。这些违背了社会主义公有制固有的属性。人家攻击我们的国有经济已经不是公有制，并非完全虚指，也指出了一些问题。

　　国有企业本身应进一步改革，既不能变回到过去"大锅饭"的旧体制，也不能维持现在被扭曲的形象，而是要在社会主义条件下解决目前存在的垄断和腐败问题，解决企业内部的激励机制问题；要使得国有企业真正体现社会公平，同时又有激励机制。这种探索，西方国家不是没有先例。西方国家也有国有企业，也有国家公务员，看看二者的收入比例，差距不会像我们现在拉得那么大。国有企业的领导与国家机关工作人员一样，都是国家的公职人员，不能完全按照私有经济的法则办事。所以，国有企业管理层的腐败一定要治理。

　　农村所有制的"否定之否定"，集中体现在邓小平同志所讲的"两个飞跃"上。第一个飞跃是废除了人民公社，实行家庭联产承包

① 载《开放导报》2007 年第 5 期。

责任制，这是改革开始时的一个否定。家庭联产承包责任制促进了农村经济的大发展，经过了 30 年的发展，农村发生了翻天覆地的变化。现在应当着手实现第二个飞跃，即发展新的集体经济。集体经济也是公有制的实现方式。邓小平同志讲"两个飞跃"时就说，"公有制为主体，农村不能例外"。① 这是又一个否定。但是，这是新阶段的新综合，不是回到过去吃"大锅饭"的人民公社制度和生产队体制，而是要充分考虑保障农民和农户的财产权益，在此基础上鼓励新的集体合作经济，包括专业合作和社区合作。

新型集体合作经济已经在中国大地上萌生，茁壮成长。如江苏的华西村、河南的南街村、山西的皇城村、山东的南山村，等等，还有苏南、浙江、广东一些农村最近兴起的社区股份合作企业，这些集体合作组织带动农民走共同富裕的道路，为加快建设社会主义新农村作出了贡献。对这些新型的集体合作经济，现在社会舆论、宣传部门的重视程度还不够，某些媒体还在找茬挑剔，冷嘲热讽。如果社会舆论和政府决策能给予更多的关心和支持，它们是可以为我国农村走社会主义道路开辟锦绣前程的。

关于分配关系，要从"让一部分人先富起来"转向"更加重视社会公平"

从分配上的平均主义到拉开收入差距，允许一部分人通过诚实劳动先富起来，是完全正确的，是改革后一次最成功的否定。但是，如果收入差距拉得太大，以至于贫富分化造成难以逾越的鸿沟，出现两极分化，就不对了，那就需要来一个新的否定，让先富带后富，缩小贫富差距，走向共同富裕的道路，实现分配领域的更高的综合。

---

① 1992 年 7 月，邓小平同志在审阅党的十四大报告稿时说："我讲过，农业的改革和发展会有两个飞跃，第一个飞跃是废除人民公社，实行家庭联产承包为主的责任制，第二个飞跃就是发展集体经济。社会主义经济以公有制为主体，农业也一样，最终要以公有制为主体。"［参见《邓小平年谱（1975—1997）》（下），中央文献出版社 2004 年版，第 1349 页。］

　　在改革开放后的一段时期内，强调效率优先、兼顾公平，有其正面的积极作用，可以促进效率，促进生产，促进经济发展。但是，过了这个阶段，贫富差距扩大，不能实现先富带动后富，不能实现共同富裕，不能实现公平的目标。这个时候，就必须强调效率与公平二者同时并重，而且更加重视和强调社会公平。我在 2003 年《研究宏观经济形势要关注收入分配问题》① 一文中提出"逐步淡出效率优先、兼顾公平的口号，向实行效率与公平并重的原则过渡"。党的十六届四中全会文件未出现"效率优先、兼顾公平"的提法。2005 年我在《进一步重视社会公平问题》② 一文中，再次阐明了这一主张，还写了《要把效率优先放到该讲的地方去》。③ 这篇短文，除了指出把公平置于"兼顾"的次要位置欠妥外，还认为初次分配也要注重公平。党的十六届五中全会报告征求意见稿中还有"效率优先兼顾公平"和"初次分配注重效率，再分配注重公平"的字样，受到一些同志的非议；但是，五中全会文件最终定稿时，消除了这两种提法，同时突出了"更加重视社会公平"的鲜明主张。党的十七大还将初次分配也要重视社会公平这一原则写入了中央文件。④ 我上述的这些观点主张，与党中央的最终决策精神是一致的。

　　淡化"优先、兼顾"提法，强调"更加重视社会公平"，不是要回到过去，不是回到过去的"大锅饭"，不是回到过去的平均主义，而是在更高层次上的综合与提高。从平均主义到拉开收入差距、先富带动后富，"效率优先、兼顾公平"，然后再转回到"同时注重公平与效率、更加重视公平"，"初次分配和再分配都要重视公平"，这也是明显的正反合的例子。

　　总之，无论是运行机制、所有制结构还是分配制度，都有正反合三个发展阶段。还有其他很多例子，也都经历了这样三个发展阶

---

① 《刘国光文集》第 10 卷，中国社会科学出版社 2006 年版，第 498—513 页。
② 同上书，第 582—594 页。
③ 同上书，第 623—625 页。
④ 《中国共产党第十七次全国代表大会文件汇编》，人民出版社 2007 年版，第 37 页。

段，也都可以运用这个方法总结。

改革过程中否定之否定的"合"的阶段正在开始，能不能坚持正确的发展观，把这个更高层次的综合做好，到了非常关键的时刻。综合得好，社会主义能够坚持，中国经济能够继续发展；综合得不好，经济不能发展，社会主义也不能坚持到底。有人说经济可以照样发展，但是，我可以肯定地说，如果中国社会主义不能坚持，社会不可能稳定，经济就不能持续健康发展。

改革开放由正到反，进一步从反到合，走向更高阶段的过程，向着中国特色社会主义前进，这样的综合，绝不是倒退。倒退没有出路，也不会有回头路。不坚持市场取向的改革，中国没有出路；市场化走过了头，也没有出路。完全市场化，不要国家宏观计划调控；完全私有化，不要公有制为主体；完全的两极分化，不要社会公平，不是我们社会主义的本质要求。这是邓小平同志讲的。不走中国特色社会主义道路，改革开放就会失败，走中国特色社会主义道路，改革开放的前途就灿烂光明。

以上是用一分为二、否定之否定规律，用唯物辩证法的要领和方法来回顾总结这30年。辩证唯物主义中的质量互变规律，也有丰富的内容，在改革开放过程中的例子也非常之多。因为篇幅所限，这里就不做专门论述。以下将用历史唯物主义的概念方法来看这30年的一些问题。

关于生产力与生产关系之间的矛盾

生产力与生产关系这一对矛盾是任何社会发展的根本矛盾，生产力和生产关系的总和构成一个社会的生产方式。改革开放过程也充斥着生产力和生产关系的矛盾。比如"社会主义市场经济体制"，就包含生产力和生产关系两个方面，一方面是"社会主义"，另一方面是"市场经济"，二者是矛盾的，也是统一的。

"市场经济"主要着眼于发展生产力。发展生产力，必须发挥市场在资源配置中的基础性作用，不然很难有效率。这是被实践证明了的正确的结论。"社会主义"主要着眼于强调生产关系，社会主义不同于其他社会的特殊性就在于公有制、共同富裕这些体现社会主义生产关系的主要特征。离开了这些本质特征，就不是社会主义。

第一，邓小平同志讲社会主义的本质是发展生产力，这是专门针对"四人帮"搞"贫穷的社会主义"来说的，不是对社会主义泛指的定义。发展生产力，是一切社会形态都具有的一般特征，是共性的东西，任何一个社会都要发展生产力。

第二，社会主义的目的是要全国人民共同富裕，不是两极分化。单讲发展生产力，不讲生产关系，不讲社会公平，让少数人占有财富，而大部分人不能分享财富和技术进步，产生了两极分化，产生了新的资产阶级，邓小平同志说这是改革的失败。①所谓改革的失败，不是指发展生产力的失败，而是指生产关系的失败，生产力可能上去了，或在一个短暂的时期里上去了，而社会主义生产关系没有了。按资本主义的观点看，则是资本主义生产关系的胜利，是资本主义"改革"的成功。因此，对"社会主义"和"市场经济"一定要统一地看，不可偏废。这是很重要的原则，不然就会变成资本主义市场经济。

第三，不能什么都讲姓"社"姓"资"，生产力就不能讲姓"社"姓"资"，生产关系中一些共性的东西，也不必去问姓"社"姓"资"。要造大飞机，要信息化、高科技、管理现代化，就不能讲姓"社"姓"资"。但是，生产关系中非共性的东西，就不能不讲姓"社"姓"资"。资本主义有益于我们经济发展的东西，如"三资企业"等，也应当拿来"为我所用"，而不是"为资所化"。但是，资本主义腐朽没落的、与人类文明背道而驰的那些东西，必须予以批判。所以，对于姓"社"姓"资"，一定要具体分析，这也

① "如果我们的政策导致两极分化，我们就失败了；如果产生了什么新的资产阶级，那我们就真是走了邪路了。"（参见《邓小平文选》第三卷，人民出版社1993年版，第111页。）

是马克思主义的 ABC。

　　有些人打着邓小平的旗号，反对讲姓"社"姓"资"，说什么思想解放就是要从姓"社"姓"资"的思想束缚中解放出来，这是根本错误的，而且歪曲了邓小平讲话的精神。邓小平不是不讲姓"社"姓"资"，而是在提出计划市场问题时，在讲"三个有利于"原则时讲到不要讲姓"社"姓"资"问题。他说："计划多一点还是市场多一点，不是社会主义与资本主义的本质区别。计划经济不等于社会主义，资本主义也有计划；市场经济不等于资本主义，社会主义也有市场。计划和市场都是经济手段。"① 仅此而已，不是说一般地讲不要姓"社"姓"资"。邓小平同志讲"三个有利于"的时候，特别指出"发展社会主义社会的生产力"和"增强社会主义国家的综合国力"。在这些原则问题上，邓小平同志分明是讲姓"社"姓"资"的。邓小平同志还说自己反对资产阶级自由化最积极，一再强调要坚持社会主义的根本原则，即公有制为主体和共同富裕。说邓小平同志一般地反对区别姓"社"姓"资"是断章取义、恣意歪曲邓小平同志的根本主张。

关于经济基础与上层建筑之间的矛盾

　　经济基础与上层建筑是又一对矛盾。

　　就改革开放来说，经济基础与上层建筑的矛盾主要表现为经济改革与政治改革的矛盾。政治改革属于上层建筑。经济改革与政治改革的矛盾，是 30 年来尖锐的问题。特别是最近几年，有一种议论，说经济改革已经成功了，问题在政治改革，上层建筑不适应经济基础。其意思是说所有制已经基本完成了私有制为主体的变革，但是，政权不适应这种经济基础，政权还要进一步适应私有化，即整个政权的资产阶级化、西方化。境内外都有一些别有用心的势力

---

① 《邓小平文选》第三卷，人民出版社 1993 年版，第 373 页。

主张这种"政治体制改革"，实际上是要我们放弃中国共产党的领导，放弃社会主义制度。

改革开放初期，党的工作重心从阶级斗争转移到经济建设上来，更多地强调经济改革，这是必要的，也是应该的。与此同时，党一贯地强调政治改革。党的十三大提出政企分开、党政分开。1989年以后有所缓进，这是由于国际国内环境有所变化。党政分开、政企分开有所缓步，但是，选举制度、基层民主、行政体制等改革还是稳步推进，民主法制建设逐步改善。这些方面不是没有进展、没有改革，而是不断进步。党的十六大以后，中央又不断强调政治体制改革，党的十七大报告提出要坚定不移地发展社会主义民主政治。[①]

当然，政治领域的改革，相对于经济改革来说是滞后了一些。有些方面大家感觉进展慢了些，要求加快改革。比如权力制衡问题。权力缺乏监督，主要领导干部个人说了算，"人治"代替"法治"的弊端还很严重。我们不提倡西方式的"三权分立"的"普世"模式，但权力制衡总得要有的。没有制衡的权力、缺乏约束的权力一定要腐败。党的十七大提出建立健全决策权、执行权、监督权既相互制约又相互协调的权力结构和运行机制，[②] 就是分权制衡原则的运用，这方面我们需要加大改革的力度。

又比如领导人选举制度改革。列宁所说的领导人从群众中产生，对群众负责，这一点还要逐步逐层推广。目前，差额选举、基层选举放开了许多，淘汰制、竞选制、普选制有些进展，但效果不尽理想。"选举民主"和"协商民主"如何更好地结合，如何在人大和政协的框架内，在社会主义的原则下，在中国共产党的领导下，积极推进这些民主程序，确实需要更大的努力。

与上述正确的改革思路背道而驰的错误思潮，是新自由主义和民主社会主义，两股思潮都反对"四项基本原则"，反对中国特色社会主义，其核心是反对共产党领导，主张多党轮流执政。

---

① 《中国共产党第十七次全国代表大会文件汇编》，人民出版社2007年版，第27页。
② 同上书，第32页。

反对资产阶级自由化，邓小平同志最积极。邓小平同志说："在实现四个现代化的整个过程中，至少在本世纪剩下的十几年，再加上下个世纪的头五十年，都存在反对资产阶级自由化的问题。"① 邓小平强调坚持社会主义基本原则，以公有制为主体，不能出现两极分化，他只提出从政治上解决资产阶级自由化，那时只解决到这一步，没有从经济上解决资产阶级自由化，还没有发展到这一步。但是，不能说经济领域没有自由化，没有资产阶级化倾向。资产阶级自由化，不但政治领域有，经济领域也有。私有化的观点、完全市场化的观点、政府守夜人的观点等，这一系列观点都是经济领域里资产阶级自由化的表现。防止经济领域资产阶级自由化，就是防止经济领域变质，经济领域如果变质，政治领域会跟着变质。这是马克思主义的基本常识。把住这一关口非常重要。有人提出经济（所有制）改革已经"成功"，现在要随势而发，搞与"普世价值"接轨的"宪政改革"，就是这方面的强烈信号。因此，那种认为经济领域没有意识形态问题的观点，是大错特错了。

邓小平同志提出反"左"防右。"左"是带引号的，是极"左"，那是要反的，特别是我国在民主革命时期和社会主义革命时期，都受到极"左"路线的干扰，损失很大，痛定思痛，不能不反。但是不带引号的左，邓小平同志是从来都不反对的。马克思主义、科学社会主义在世界思想潮流中就是左派理论，共产党是左派政党，邓小平也是左派，不能说邓小平是右派、中派。如果不带引号的左也要反，那还有什么马克思主义？那还有什么共产党的领导？见左就避之唯恐不及，是极不正常的现象。共产党要明确自己就是左派政党，态度要鲜明。共产党事实上执行的是中左路线，团结中右，反对极右，防止极"左"。共产党不明确自己是左派的政党，就会迷失方向。

起码在社会主义初级阶段的一百年内，还要坚持中国共产党的

---

① 参见《邓小平年谱（1975—1997）》（下），中央文献出版社 2004 年版，第 1172—1173 页。

领导，坚持"四项基本原则"。只要党的工人阶级先锋队性质不变，坚持科学社会主义方向不变，没有变成像社会民主党那一类的政党，那么，我们仍然会坚持社会主义初级阶段的基本路线，坚持中国特色社会主义道路。坚持社会主义初级阶段的基本路线，没有中国共产党的领导，这条道路是走不通的。换了其他什么政党，都不会有社会主义初级阶段。至于一百年之后，即在社会主义初级阶段以后，会是什么样的政治状况，要根据那时的情况而定。但是，在社会主义初级阶段，在可预见的时期内，必须坚持中国共产党的领导，不能实行多党轮流执政。坚持"四项基本原则"还是我们的基本主张。多党轮流执政，社会主义初级阶段就完结了。换了政权，整个路线就全变了，就不能保证我们向社会主义高级阶段过渡。

关于生产力内部的矛盾

生产力的内部矛盾也很多，其中对经济发展全局最重要的一个矛盾，就是外延与内涵、粗放与集约之间的矛盾。到底是注重速度、数量，还是结构、资源、环境、质量，这是我国生产力发展中的一个突出问题。

由粗放发展方式转向集约发展方式，这是"双重模式转换"中的一重。"双重模式转换"包含体制模式的转换和发展模式的转换。发展模式转换指的就是生产力内部的矛盾。这是非常概括性的内容，也是很重要的实质性问题。过去讲求速度、数量，轻视结构、资源、环境、质量，现在仍然没有完全克服这种倾向，片面追求产值速度的现象还很严重，特别是一些地方还存在 GDP 崇拜，牺牲后代利益加速眼前的发展，这种发展实际上是不可持续的。这是改革开放 30 年来很大的一个问题，积重难返。现在正在大力扭转。特别是按照科学发展观的要求，提出促进经济增长由主要依靠投资、出口推动向依靠消费、投资、出口协调推动转变，由主要依靠第二产业带动向依靠第一、第二、第三产业协同带动转变，由主要依靠增加物质资源消耗向主要依靠科技进步、劳动者素质提高、管理创新转变。这是促使我们的经济发展由片面追求速度向全面协调持续发展转变的正确途径。

"双重模式转换"是 20 世纪 80 年代中期由理论界提出来的，"九五"以后，党的文件正式确定为"两个根本性转变"的方针，党的十六大以后更是非常强调这个方针。党的十七大报告将"增长方式"重新改回到"发展方式"。①

生产力的内部矛盾和生产关系、上层建筑是有联系的。30 年的经验证明，发展方式转变会受到生产关系和上层建筑中一系列关系的制约。地方上片面追求 GDP，与财政体制、考核制度等有关。如有的省份颁布县级领导考核指标，按 GDP 增幅给予奖金，还有些地方层层分解招商引资任务，这样的地方怎么会不片面追求 GDP 呢？资源环境问题，跟价格机制、竞争状况都有关系。这些都需要从体制上解决。

关于生产关系内部的矛盾

生产关系内部的矛盾，也是千头万绪。这里只讲所有制和分配关系。这是我们改革过程中的一个重要问题。

所有制和分配制都是生产关系。按照马克思主义观点，所有制决定分配制。但是，人们常常忽略这个观点。在分析我国贫富差距扩大的原因时，人们举了很多理由，如城乡差别扩大、地区不平衡、行业垄断、腐败、公共产品供应不均、再分配调节落后等，不一而足。这些缘由都能成立，但不是最主要的。造成收入分配不公的最根本原因被忽略了。

财产占有上的差别，是收入差别最大的影响因素。连西方资产阶级经济学家萨缪尔森都承认，"收入差别最主要的是拥有财富多寡

---

① 《中国共产党第十七次全国代表大会文件汇编》，人民出版社 2007 年版，第 15 页。

造成的，和财产差别相比，个人能力的差别是微不足道的"。他又说，"财产所有权是收入差别的第一位原因，往下依次是个人能力、教育、培训、机会和健康"。[①] 改革开放30年来我国贫富差距的扩大，除了以上列举的一系列原因外，跟所有制结构的变化，跟"公"降"私"升和化公为私的过程有紧密的联系。这种关系，被某些学者在分析收入差距原因时，故意忽略掉了。

在调整收入分配差距关系、缩小贫富差距时，人们往往从分配关系入手，特别是从财政税收、转移支付等再分配领域入手，完善社会保障，改善低收入者的民生状况。这些措施都是完全必要的，我们现在也开始这样做了。但是，仅从分配和再分配领域着手是远远不够的，不能从根本上扭转贫富差距扩大的问题。还需要从所有制结构，从财产制度上直面这一问题，从根本上阻止贫富差距扩大向两极分化推进的趋势。这就是邓小平所说的"只要我国经济中公有制占主体地位，就可以避免两极分化"。[②] 本文前面所讲的分配上的新综合，是以所有制上的新综合为前提条件的。所有制发展上要坚持"两个毫不动摇"，要坚持公有制为主体，毫不动摇地发展公私两种经济，不能只片面强调一个毫不动摇；要延缓"公"降"私"升的速度和程度，阻止化公为私的所有制结构转换过程。

社会意识形态与社会存在的关系

意识形态与社会存在的关系，也是历史唯物主义的一个重要问题。

社会存在决定社会意识，反过来，社会意识又反作用于社会存在。先进的社会意识推动社会进步，落后腐朽的社会意识阻碍社会进步。30年来，我们在这方面经历了不少风雨，最重要的莫过于解放思想和改革开放的关系了。

---

① ［美］萨缪尔森：《经济学》下卷，高鸿业译，商务印书馆1979年版，第231页。
② 《邓小平文选》第三卷，人民出版社1993年版，第149页。

邓小平同志很好地解决了解放思想和改革开放二者的关系。"解放思想，实事求是"思想路线的重新确立，与邓小平同志改革开放的思想紧密相关。邓小平同志指出："只有思想解放了，我们才能正确地以马列主义、毛泽东思想为指导，解决过去遗留的问题，解决新出现的一系列问题，正确地改革同生产力迅速发展不相适应的生产关系和上层建筑，根据我国的实际情况，确定实现四个现代化的具体道路、方针、方法和措施。"[①] 他所说的思想解放，是要正确地以马列主义、毛泽东思想为指导，解决我们前进中遇到的一系列问题。思想解放不能离开了这个根本。

我不厌其烦地引用邓小平同志的原话，是因为现在某些人的思想解放早已离开了这一根本，却还在"高举"邓小平的旗帜，高调提倡"进一步思想解放"。他们称当前"新的思想解放"或"第三次思想解放"，是从冲破姓"社"姓"资"，到冲破姓"公"姓"私"，概括起来就是冲破"所有制崇拜"。那就是不要公有制为主体，不要社会主义基本经济制度。所谓"新的思想解放"的实质就在这里，他们的思想解放就是要结束社会主义基本经济制度，从而结束社会主义。

某些观点的精神实质，就是要把中央在党的十七大提出的解放思想说成是"新"的思想解放，特别强调30年改革开放的伟大历史进程在意识形态领域始终贯穿着姓"社"姓"资"、姓"公"姓"私"的争论，而每次改革开放的突破都是以解放思想为先导的。他们讲的"新"的思想解放，其"新"在何处呢？用他们自己的话来说就是，新在从姓"社"姓"资"的束缚中解放出来，不要用社会主义的观念阻碍向资本主义前进。不要提姓"社"姓"资"，那就意味着不要再提社会主义制度与资本主义制度的区别。这些人完全曲解了邓小平同志的原意。邓小平同志明确地把坚持社会主义作为改革开放的前提。他说："我们实行改革开放，这是怎样搞社会主义

①　《邓小平文选》第二卷，人民出版社1994年版，第141页。

的问题，作为制度来说，没有社会主义这个前提，改革开放就会走向资本主义，比如说两极分化。"① 因此，所谓的"思想解放"也分两种情况。一种是以马克思主义、科学社会主义为指导的思想解放，这是促进我们的改革开放向社会主义自我完善的方向前进的；另一种是以新自由主义、民主社会主义为指导的思想解放，这将把我们的改革开放推到一个不是我们党所规划的方向。所以，不能天真地认为凡是思想解放都能正确引导和推动我们的改革开放，要警惕有人想利用思想解放来误导改革开放。

当然，在社会存在、社会利益多元化以后，多种社会思潮的出现，非马克思主义、反社会主义思潮的出现，是不可避免的。历史经验证明，对于多种多样的社会思潮，放任自流不行，简单堵塞也不行。兼容并蓄似乎是和谐社会应有之义。但一切事情都要有一个度，不能让一些非常错误的思潮把人们的思想搞得乱七八糟、六神无主，不能让这些错误思潮像戈尔巴乔夫和雅可夫列夫导致灾难后果的"多元化""公开性"那样，把我国的改革和发展的方向引入歧途。所以，在实行多样化、包容一些非马克思主义、反社会主义思潮存在的同时，一定要强调"主旋律"，强调切实地而不是形式主义地宣传马克思主义，强调宣传科学社会主义，强调宣传坚持四项基本原则和改革开放的中国特色社会主义。用"主旋律"来教育人民，统一思想，筑牢社会团结进步的思想基础。要给宣传正确思想、批判错误思想以更多的话语权。批判与反批判从来就是追求科学真理的必由之路，各种思潮的和平共处并不有利于和谐社会的建构，这一点并不是像某些天真的同志所幻想的那样。当然，我们也要防止利用争鸣来制造社会不和谐的杂音。

30 年过去了，我们仍然要继续解放思想，要与时俱进，但要坚持邓小平同志所倡导的以正确的马列主义毛泽东思想为指导，就是要以马克思主义与当代中国实践相结合的中国特色社会主义理论为

---

① 参见《邓小平年谱（1975—1997）》（下），中央文献出版社 2004 年版，第 1317 页。

指导，解决过去积累以及新出现的问题，正确改革与生产力不相适应的生产关系和上层建筑。传统社会主义思想当中不适应社会主义自我完善的东西，如社会主义与商品市场经济不相容，所有制结构只能是"一大二公"不允许非公有制经济存在等教条，必须加以破除，建立符合社会主义初级阶段、建立社会主义市场经济体制的新观念。今后还要进一步扫除妨碍社会主义制度自我完善的意识形态，树立促进社会进步的新思想新观念。但是，思想解放是有底线的，不是无边无际地胡思乱想，这个底线就是发展了的马克思主义和科学社会主义。忽视了社会主义的底线、突破了社会主义初级阶段的思想解放不是我们所需要的，也不是我们所希望看到的。

（原载《中国社会科学》2008年第6期，原题为《试用马克思主义哲学方法总结改革开放30年》）

计划与市场关系变革三十年

——我在此过程中的一些经历

一　解放思想激发对计划与市场关系问题的探索

党的十一届三中全会邓小平提出解放思想实事求是的思想路线，使经济理论工作者开始摆脱种种教条主义观点的束缚，如何在社会主义条件下按照客观经济规律办事，成为经济理论界探讨的焦点。其中一个有关经济全局的问题是如何认识和处理社会主义条件下计划与市场的关系。

在党的十一届三中全会精神鼓舞下，我和中国社会科学院经济研究所的赵人伟在 1978 年年末 1979 年年初着手研究这个问题，并把研究成果《论社会主义经济中计划与市场的关系》报送中国社会科学院，接着提交于 1979 年 4 月间由薛暮桥和孙冶方领衔在无锡召开的"商品经济与价值规律问题"讨论会。文章突破了过去关于计划与市场在社会主义经济中相互排斥不能结合的传统认识，深入论证社会主义经济中计划与市场的关系，既不是互相排斥，也不是外在的原因所产生的一种形式上的凑合，而是由社会主义经济本质所决定的内在有机结合。为了确保国民经济各部门各地区的协调发展，为了维护整个社会公共利益和正确处理各方面的物质利益关系，必须在计划经济的条件下利用市场，在利用市场机制的同时，加强国家计划的调节。

因为文章触及时下中国经济改革的核心问题，受到国内外各方面的重视，引发了广泛的讨论。时任中共中央总书记胡耀邦在审阅了中国社会科学院《未定稿》发表的该文后批示："这是一篇研究新问题的文章，也是一篇标兵文章，在更多理论工作者还没有下大决心，作最大努力转到这条轨道上的时候，我们必须大力提倡这种理论研究风气。"中央党校、国家计委、中国社会科学院等的内部刊物，国内几家重要报刊都全文刊载。大西洋经济学会通过中国社会科学院胡乔木院长，要求我们将此文改写本送该会年会。该会执行主席 Helmont Shuster 给胡乔木电函称，此文受到年会的"热烈欢迎"，认为"学术上有重要意义"，并决定将此文同诺贝尔奖得主詹姆士·E. 米德的论文一道全文发表于《大西洋经济评论》1979 年12 月号（其他文章只发摘要）。

这篇文章在当时产生重要影响，但现在看来，它还是有时代的局限性的，就是仍然在计划经济的框架下提出计划与市场可以而且必须互相结合。这篇文章发表后，邓小平在 1979 年 11 月 26 日会见美国不列颠百科全书出版公司编委会副主席弗兰克·吉布尼时说："社会主义为什么不可以搞市场经济，这个不能说是资本主义。我们是以计划经济为主，也结合市场经济。"① 邓小平是我们党首先提出市场经济的中央领导，他这一次谈话，直到 1990 年前后才公布出来，长久不为人所知。他讲此话的时候，也还是认为"我们是以计划经济为主"。再联想到 1984 年党的十二届三中全会，划时代地提出"社会主义经济是有计划的商品经济"的同时，也解释说，这"有计划的商品经济"，"就总体上说"，"即我国实行的计划经济"，所以，从"以计划经济为主体"的传统理论框架，转向"社会主义市场经济"新的理论框架，还有很长的路要走。

然而，计划与市场互相排斥，不能相容的传统观念，已经破除。坚冰已经打破，开创了传统计划经济向社会主义市场经济逐步转轨的新时代。这是邓小平领导下中国共产党人在思想解放旗帜下的一

---

① 《邓小平文选》第二卷，人民出版社 1994 年版，第 236 页。

个重大战果。

二　指令性计划与指导性计划的消长缩小行政指令式的管理范围，扩大用经济办法管理经济，中国经济改革最初就是沿着这条思路摸索前进的

坚冰打破以后，人们普遍接受了社会主义经济下计划经济与市场调节可以结合，这在党的十一届六中全会和十二大的文件中都是讲明了的。但是如何在国民经济的管理中实现这种结合，也就是在计划经济中如何运用价值规律，是一个需要解决的问题。缩小行政指令式的管理范围，扩大用经济办法管理经济，中国经济改革最初就是沿着这条思路莫索前进的。

这涉及我国国民经济的具体管理方式问题。过去我们实行的基本上是一套行政指令的计划管理方式。虽然陈云同志早就提出三个主体三个补充的国民经济管理模式，但是这一正确主张后来被"左"的政策思想冲得七零八落，难以实现。为了探索在社会主义经济中计划与市场结合的途径，需要研究国民经济管理方式问题。1982 年 9 月初，我应邀为《人民日报》撰写了《坚持经济体制改革的基本方向》一文。文中提出在处理社会主义经济中计划与市场的关系时，应根据不同情况，对国民经济采取三种不同的管理形式，即对关系国民经济全局的重要产品的生产和分配实行指令性计划；对一般产品的生产和销售实行指导性计划；对品种繁多的日用百货小商品和其他农村产品实行市场调节下的自由生产和销售。并指出，随着经济调整工作的进展，随着买方市场的逐步形成，随着价格的合理化，要逐步缩小指令性计划的范围，扩大指导性计划的范围；指导性计划的实质就是运用市场调节来进行的计划调节。我还指出，在保留和完善国民经济的三种管理形式的同时，我们必须着力研究指导性计划的机制问题，这是社会主义经济的计划与市场关系中难度较大的一个问题，也是我们坚持改革方向必须解决的一个问题。

　　这篇文章在党的十二大前送《人民日报》，正好在十二大期间发表。由于十二大报告中有肯定"指令性计划在重大范围内是必要的必不可少的，是完成与国民生计有关的计划项目的保证"的阐述，同我的文章中主张指令性计划范围在今后的改革中应逐步缩小的意思有出入，因此，党的十二大文件起草组部分同志认为我动摇了计划经济的原则，在权威的报刊上以"本报评论员"名义发表长篇批判文章，针锋相对地提出"指令性计划是计划经济的主要的和基本的形式"，"只有对重要的产品和企业实行指令性计划，我们的经济才能成为计划经济"。

　　当时我并不知道胡乔木同志为我文章的事情曾在1982年9月7日写信给人民日报社领导人提醒说，发表这样的文章是不慎重的。在党的十二大闭幕后，我走出人民大会堂时遇到乔木同志，他对我说，"你有不同观点可以向中央提出，但在报上发表与中央不一致的观点影响不好，要作检查"。我后来在中国社会科学院党组从组织原则上作了没有和党中央保持一致的检查，但思想上并没有认为自己的观点是错误的。

　　中国改革在实践中不断前进。20世纪80年代初中期的总趋势是市场调节的分量逐渐增加，而计划调节的部分，又逐步减少指令性计划的比重，加大指导性计划的比重。两年之后，1984年党的十二届三中全会决定证明了我的观点是正确的。全会提出我国实行的计划经济，是在公有制基础上的有计划的商品经济，同时指出，实行计划经济不等于指令性计划为主，指令性计划和指导性计划都是计划经济的具体形式，要有步骤地适当缩小指令性计划的范围，适当扩大指导性计划的范围。当初批判我的同志也认同了这一论点。这说明认识的前进需要一个过程，差不多每一个人都是这么走过来的，一贯正确的人是没有的。过去我也是主张计划经济为主的。在党的十二届三中全会以前，我对社会主义经济是有计划的商品经济的提法也是有保留的。1982年我曾提出"首先要把社会主义经济定义为计划经济，其次才能说到它的商品经济属性"，用"有商品经济属性的计划经济"这一观念来概括社会主义经济，就反映了我当时的认识水平。

三　计划与市场：孰轻孰重

我们要实行市场取向的改革，但不能迷信市场；要坚持宏观计划调控，但不能迷信计划。

1984年党的十二届三中全会到1992年党的十四大，从确认社会主义经济是有计划的商品经济，到提出建立社会主义市场经济体制，这是关于计划与市场关系认识发展的一个重要阶段。

党的十二届三中全会提出有计划的商品经济概念，但是，对于有计划的商品经济，究竟是计划经济为主还是商品经济为主，理论界多年长期争论，莫衷一是。有的人说，计划经济还是社会主义的主要特征，商品经济只是附属性质；有的人则说，商品经济是社会主义的主要特征，计划经济不是特征，应该从社会主义特征中抹掉。一方面偏重于计划，一方面偏重于市场。因为对有计划的商品经济的概念理解不同，在对政策的掌握上也不大一样。

1987年2月6日，党的十三大之前，小平同志在同几位中央负责人谈话时提出，"不要再讲计划经济为主了"。所以党的十三大就没有再讲谁为主，而提出了"社会主义有计划的商品经济体制应该是计划与市场内在统一的体制"；还提出"国家调控市场，市场引导企业"，把国家、市场、企业三者关系的重点，放在市场方面；同时提出，要从直接调控为主转向间接调控为主。所以，计划与市场的关系，就从党的十二大时以计划经济为主市场调节为辅，到党的十三大转为计划与市场平起平坐，并且逐渐把重点向商品经济市场经济的方面倾斜。

1989年之后，情况有所变化。鉴于当时政治经济形势，小平同志在6月9日讲话中将计划与市场关系的提法，调回到"以后还是计划经济与市场调节相结合"，即党的十二大时的提法。这个提法，从 1989 年后一直用到 1992 年党的十四大。一段时间内，我们的经济工作也转到更多地用中央行政权力来管理经济，市场调节方面稍微差了一些。

由于"计划经济与市场调节相结合"的提法，在理论上还是没有讲清楚到底计划与市场谁为主谁为辅，所以在 1990 年和 1991 年理论界还在继续争论，并对改革的目标模式有不同意见。有的主张市场取向；有的反对市场取向，说联合国统计上分类，都把中央计划经济的国家等同于社会主义国家，而把市场经济国家等同于资本主义国家。1990 年 12 月党的十三届七中全会透露小平说不要把计划与市场的问题跟社会制度联系起来；1991 年，七届全国人大四次会议重新提出要缩小指令性计划、扩大指导性计划的范围，更多地发挥市场机制的作用。在这样微妙气氛下，理论界的争论也发生了变化，大家逐渐地倾向于不再把计划与市场跟社会制度联系起来，更多地看成是资源配置的不同方式。特别是小平同志 1992 年的"南方谈话"，清楚地指出计划与市场不是划分社会制度的标志，而是社会主义和资本主义都可以利用的手段，大多数人都逐渐统一到这一理解上来。

由多年的争论可以看出，在计划与市场关系问题上，经济理论界两种思想情结都是很深刻的。一种是计划经济情结，一种是市场经济情结。双方都不否认对立面的存在，但非常执着地强调自己这一方面的重要性，所以有"为主为辅"的长期争论。其实作为资源配置的手段，计划与市场各有其正面优点与负面缺陷。我们要在社会主义经济中实行两者的结合，其目的就是要把两者的优点长处都发挥出来，避免两者的缺陷和不足。

基于这个信念，在这一段争论的末期，我试图用折中的办法，来解决计划与市场的这一情结纠葛。1990 年 5 月我在《求是》杂志的讨论会上，1991 年 5 月在"全国计划学会"第二次代表大会发言中，1991 年 10 月在中共中央党校学术报告会上，以及其他地方，我都作了这样的努力。

针对计划与市场的两种情结，我提出了两个坚持和破除两个迷信的意见。一是我们要坚持市场取向的改革，但不能迷信市场。二是我们要坚持计划调控，但不能迷信计划。简单说来，计划的长处就是能在全社会的范围内集中必要的财力物力人力，办几件大事，还可以调节收入，保持社会公正。市场的长处就是能够通过竞争，促进技术和管理的进步，实现产需衔接。但是，计划和市场都不是万能的。有这么几件大事不能完全交给市场，而应交给价值规律去管。一是经济总量的平衡，二是大的经济结构的及时调整，三是竞争导致垄断问题，四是生态环境问题，五是社会公平问题。这些问题都得由国家的宏观计划调控来干预。但是计划工作也是人做的，人不免有局限性，有许多不易克服的矛盾，比如主观与客观的矛盾。一是由于主观认识落后于客观发展的局限性，二是由于客观信息不对称和搜集、传递、处理上的局限性，三是利益关系的局限性，即计划机构人员观察问题的立场、角度受各种利害关系的约束，等等。这些局限性都可能使宏观计划管理工作偏离客观情势和客观规律，造成失误。所以要不断提高认识水平和觉悟水平，改进我们的宏观计划管理工作，使之符合客观规律和情势的要求。

总之，我们要实行市场取向的改革，但不能迷信市场；要坚持宏观计划调控，但不能迷信计划。我在1990—1991年提出的这些概念，是符合小平同志关于计划和市场都可以用的思想的，也排除了对计划与市场的片面情结所带来的弊端，从而顺应了十四大关于建立国家宏观调控下社会主义市场经济体制决定的精神。

四　十四大定音：“社会主义市场经济”。“有计划”三字是省略而不是取消

建立社会主义市场经济新体制，要求我们更加重视和发挥市场在资源配置中的基础作用，在这个基础上把作为调节手段的计划和市场更好地结合起来。现代市场经济不仅不排斥政府干预和计划指

导，而且必须借助和依靠它们来弥补市场自身的缺陷，"有计划"三字是省略而不是取消。

1992年10月党的十四大明确提出，我国经济体制改革的目标是建立社会主义市场经济体制。这是我国计划与市场关系演变过程中的一个里程碑。党的十四大报告起草时，我有幸参与工作。小平同志"南方谈话"以后，各方面经过学习，对计划与市场的关系，建立新经济体制问题，有了一些新的提法。起草小组就经济体制改革的目标模式问题，归纳各方面意见，整理成三点。也就是1992年6月9日中共中央总书记在中央党校讲话中讲到的关于经济改革目标模式的三种提法：一是建立计划与市场相结合的社会主义商品经济体制；二是建立社会主义有计划的市场经济体制；三是建立社会主义市场经济体制。

关于这三种提法，总书记在中央党校讲话前，找我谈了一次。他个人比较倾向于使用"社会主义市场经济体制"的提法，问我的意见。我赞成这个提法，说这个提法简明扼要，同时也提出一个意见，如果只用"社会主义市场经济"，不提"有计划的"市场经济，"有计划"这个方面可能容易被人忽略，而"有计划"对于社会主义经济是非常重要的。总书记说："有计划的商品经济也就是有计划的市场经济。社会主义经济从一开始就是有计划的，这在人们的脑子里和认识上一直是很清楚的，不会因为提法中不出现'有计划'三个字，就发生了是不是取消了计划性的疑问。"后来他在中央党校讲话里也讲了这段话。我觉得总书记讲得很好，确实是对的。几十年来大家确实都是这样理解的，社会主义就包括"有计划"。

党的十四大提出建立社会主义市场经济体制，是在国家宏观调控下，让市场在资源配置中起基础性作用。国家宏观调控的手段，除了货币金融、财政税收，还包括国家计划。党的十四大报告明确指出"国家计划是宏观调控的重要手段之一"；并且货币政策和财政政策，也离不开国家宏观计划的指导。宏观调控本身就是广义的国家计划调控。我们要建立的社会主义市场经济，不是资本主义的市场经济，也不是一般的市场经济，而是社会主义的。社会主义有很丰富的内容，包括公有制为主体，共同富裕的内容，也包含"有计划"的内容。所以说我们的社会主义市场经济是有计划的市场经济，是完全正确的。

为了给党的十四大提出建立社会主义市场经济体制作理论宣传准备，中共中央几个部门于1992年9月19日在怀仁堂联合召开干部大会，举办系列讲座。我在讲座的开篇讲演"社会主义市场经济理论的若干问题"中，回顾了对计划与市场认识的曲折演变过程，阐明了若干焦点问题。我说，建立社会主义市场经济新体制，要求我们更加重视和发挥市场在资源配置中的基础作用，"在这个基础上把作为调节手段的计划和市场更好地结合起来。在配置资源的过程中，凡是市场能解决好的，就让市场去解决；市场管不了，或者管不好的就由政府用政策和计划来管。现代市场经济不仅不排斥政府干预和计划指导，而且必须借助和依靠它们来弥补市场自身的缺陷，这是我们在计划经济转向市场经济时不能须臾忘记的"。这也算是我在向市场经济转轨的关口，对于不要忘记"社会主义也是有计划的"一个呼应吧！

五　党的十七大重申发挥国家计划在宏观调控中的导向作用

由计划经济向市场经济过渡，再到重新强调国家计划在宏观调控中的导向作用，这合乎辩证法的正—反—合的规律。这不是回到过去传统的计划经济的旧模式，而是计划与市场关系在改革新阶段更高层次上的结合。

三十年来，我国经济运行机制，由传统计划经济逐渐转向社会主义市场经济。市场调节的范围不断扩大，推动了中国经济生动蓬勃地向前发展。现在商品流通总额中，市场调节的部分已经占到90%以上。前几年有人估计，中国市场经济在整体上完成程度已经达到70%左右。所以说社会主义市场经济已经初步建立。当然，目前市场经济还有一些不到位的地方，比如资源要素市场，资本金融市场，等等，需要进一步发展到位。但是也有因为经验不成熟，犯了市场幼稚病，而发生了过度市场化的地方，如教育、医疗、住宅等领域，不该市场化的部分，都要搞市场化，发展到对市场的迷信，带来十分不良的后果，造成民众的一些痛苦。市场经济在发挥激励竞争、优化资源配置等优越性的同时，它本身所固有的缺陷，特别在总量平衡上，环境资源保护上，及社会公平分配上引发的负面效果，经过三十年的演出，已经充分地显露出来了。一方面经济发展取得了空前的成绩，另一方面社会经济出现了新的矛盾，如资源环境、分配民生等，越积越多。这与国家的宏观计划调控，跟不上市场化的进程，有很大的关系。

如前所述，本来我们要建立的市场经济，就是国家宏观调控下的市场经济。这些年国家对经济的宏观调控在不断完善前进。特别是党的十四大以来，我们在短期宏观调控上，先后取得了治理通胀和治理通缩的成功经验。但国家计划对短期和长期的宏观经济导向作用明显减弱。计划本身多是政策汇编性的，很少有约束性、问责性的任务。中央计划与地方计划脱节，前者控制不了后者的GDP情结。计划的要求与实际完成数字相差甚远。所有这些，影响到宏观经济管理的实效，造成经济社会发展中的许多失衡问题。

正是基于这种情况，党的十七大重新提出"发挥国家规划、计划、产业政策在宏观调控中的导向作用，综合运用财政、货币政策，提高宏观调控水平"。十七大明确提出这个多年没有强调的国家计划的导向性问题，我以为是极有针对性的。它再次提醒我们，社会主义市场经济应该是"有计划"的。

前面已经讲过，宏观调控的主要手段有计划手段、财政手段和货币手段。产业政策属于计划手段，规划也是一种计划。所以主要是三种手段。财政政策、货币政策要有国家计划的指导。所以国家计划与宏观调控是不可分的，可以说前者是后者的主心骨。

在市场经济初步建立之后，市场的积极方面和缺陷方面都充分展现之后，在目前"市场化改革"口号下迷信市场成风，计划大有成为禁区的氛围下，重新强调一下社会主义市场经济也要加强国家宏观计划的作用，如这次党的十七大重新强调国家计划在宏观调控下的导向作用，是十分必要的。这不是如同某些人歪曲的要"回到传统计划经济模式"，而是计划与市场在改革的更高层次上的结合。

鉴于党的十七大重新提出的这个重大问题，在许多学习党的十七大报告的宣传文章中没有引起足够的注意，我在去年写了《对十七大报告论述中一些经济问题的理解》一文，其中第一条就是阐发"强调国家计划在宏观调控中的导向作用的意义"。最近我又写了《试用马克思主义哲学方法总结改革开放三十年》一文，其中指出，由计划经济向市场经济过渡，再到重新强调国家计划在宏观调控中的导向作用，这合乎辩证法的正—反—合的规律。这不是回到过去传统的计划经济的旧模式，而是计划与市场关系在改革新阶段更高层次上的结合。

我这样说是有根据的。现在重新强调国家计划在宏观调控中的导向作用，不同于过去的"传统计划经济"，第一，现在的国家计划不是既管宏观又管微观，无所不包的计划，而是只管宏观，微观的事情主要由市场去管。第二，现在资源配置的基础性手段是市场，计划是弥补市场缺陷不足的必要手段。第三，现在的计划主要不再是行政指令性的，而是指导性的、战略性的、预测性的计划，同时必须有导向作用和必要的约束、问责功能。

这样的国家计划导向下的宏观调控，是中国特色社会主义市场经济所必备的内涵。所以不应把"计划性"排除在社会主义市场经济含义之外。我们要本此精神，努力改进国家计划工作与宏观调控工作，使之名副其实地起导向作用，指导社会主义市场经济的发展，实现市场和计划在更高层次上的结合。

（原载《财贸经济》2008 年第 11 期）

进一步清理新自由主义经济思潮[*]

——刘国光与杨承训的对话

一

杨： 四年前您发表《对经济学教学和研究中一些问题的看法》[①]一文，当时就提出，在我国改革开放中什么是经济学的主流？到底是中国化马克思主义经济学，还是新自由主义的西方经济学？经过三年多的实践，国际国内的事实，特别是美国引发的世界性金融危机，使大家有了更清醒的认识。现在是进一步清理新自由主义的时候了。

刘： 党的十七届三中全会提出，意识形态领域并不平静，特别是渗透和反渗透斗争仍然十分尖锐，多种敌对势力正加紧在意识形态领域对我国进行渗透破坏活动，同时国内也出现一些噪音和杂音。新自由主义和社会民主主义都属于噪音、杂音之列，它们都是搅乱中国特色社会主义，与其格格不入的意识形态。

新自由主义是近二三十年西方经济学的主要流派，也是美国几任执政者的主体意识，在我国渗透流行，自称为中国的"主流经济

---

[*] 本文以《关于新自由主义思潮与金融危机的对话》为题，节要在《红旗文稿》2008年第4期发表。又以《谈谈新自由主义思潮——一个与中国特色社会主义格格不入的意识形态》为题全文在中国社会科学院当代中国研究所内部学习资料《学习参阅》2009年第1期发表。现经过调整，以此题发表。

[①] 刘国光：《对经济学教学和研究中一些问题的看法》，《高校理论战线》2005年第9期；《经济学教学和研究中的一些问题》，《经济研究》2005年第10期。

学"，影响到学界、媒体以至一些执政官员，现在确实需要认真清理，这关系我国社会主义的命运。简单说，新自由主义是古典自由主义的复活，针对凯恩斯国家干涉主义不能应付 20 世纪 70 年代以来的滞胀问题而崛起，在英美等发达国家一时兴盛，随着"华盛顿共识"的形成与推行，嬗变为国际垄断资本的经济范式和政治纲领。其主要观点是自由化、市场化、私有化；否定公有制，否定社会主义，否定国家干预；在战略政策方面则极力鼓吹、推行以超级大国为主导的全球经济、政治、文化一体化，即全球资本主义化。新自由主义作为一种经济学理论和研究方法，它对市场经济运作具有一定的说明作用，可以批判地借鉴吸收，但作为当代资本主义主流意识形态，作为国际垄断资本集团的核心理论体系和价值观念，则必须坚决地反对抵制。

杨：新自由主义在中国流行的一个明显表现，就是一些人认为中国应学习模仿"欧美自由市场经济模式"。一位著名经济学者说，1984 年后我国党政领导机关文献在对改革目标模式作理论论述时，就采用了"欧美自由市场经济模式"的"语言"①。现在由美国的次贷危机引发的金融危机和经济衰退，殃及世界，充分表明新自由主义的破产、欧美模式的残畸。这一点，连西方有良知的经济学家都承认了。但国内有些经济学家还在那里辩解，继续宣扬自由市场的迷信。

刘：我想那些人很难改变立场。不仅社会主义者，而且从凯恩斯到斯蒂格利茨，所有资本主义社会的有识之士一直在强调经济自由放任之危害，但忠言逆耳终究敌不过资本积累的无节制欲望，只要社会危机稍有缓和，自由市场的卫道士就会第一时间卷土重来，举起自由放任的旗帜。但其结局终究是一次一次的失败。

放眼世界，追思历史，新自由主义思潮真是给人类带来一场又一场的灾难。拉丁美洲是美国的后院，本来发展得还可以，20 世纪

---

① 吴敬琏：《论中国改革的市场经济方向》，载《吴敬琏改革论集》，中国发展出版社 2008 年版。

90 年代美国推行新自由主义来了个"华盛顿共识",让拉美各国搞自由化、私有化、放松国际金融管制等,出现了十年倒退,许多国家都出了大问题,政治上出了大动乱。后来,拉美国家觉悟了,纷纷抛弃"欧美自由市场经济模式",向左转。

苏联的和平演变与美国推行新自由主义分不开,戈尔巴乔夫实际上是向新自由主义急转弯。"大爆炸"后的俄罗斯完全听信新自由主义"休克疗法"的药方,结果造成近十年的大灾难,其损失比第二次世界大战还大,后来开始觉醒。还有一些"转型"国家实际上变成了西方的附庸国,银行等国民经济命脉被欧美操纵,这次金融危机一来,有几个国家几乎是"国家破产"。欧美自顾不暇,哪有力量救它们。同时,受危害的还有亚洲一些国家,十年前东南亚金融危机,就使不少国家和地区遭了殃。

新自由主义在世界各地表演的结果究竟如何,美国纽约大学教授塔布(William K. Tabb)有一个很好的总结。他说:"新自由主义就其所许诺的目标而言,已经失败了。它没有带来快速的经济增长,没有消除贫困,也没有使经济稳定。事实上,在新自由主义霸权盛行的这些年代里,经济增长放慢,贫困增加,经济和金融危机成为流行病。"[1] 如今火烧到欧美自己国内了,又使全世界都跟着蒙受灾难。

二

杨:新自由主义在中国的影响有一个奇怪现象:一些宣扬新自由主义的人不敢承认自己是新自由主义者,有一位头面人士竟说他自己从来不知道什么是自由主义。但是他的同壕战友,一位自居"主流改革派"的人却坦言:主流改革派的指导思想就是西方经济学。中国改革以市场为取向,从计划经济转向市场经济,自然以西

---

① [美]威廉·K. 塔布:《新自由主义之后还是新自由主义?》,吕增奎编译,《当代世界与社会主义》2003 年第 6 期;美国《每月评论》2003 年 6 月号。

方的市场经济为参照，以西方的经济理论为指导。改革主流派用的词语、概念、定义、方法都来自西方经济学，就其核心理念来说受了新自由主义的影响，也没有说错。这就把前一个头面人士的话打翻在地了。新自由主义通过对"主流改革派"的影响，插手中国的经济改革，这一点，连"主流派"要员自己也大言不惭地认账了。但是，他们认为新自由主义带给中国的是好的影响。对此，您有什么评价？

刘：这要分几层来讲。

第一，我国经济改革以市场为取向，需要借鉴学习包括新自由主义在内的西方经济学中关于市场机制一般运行机理的理论，但不能按照他们的意识形态作为改革路线选择的依据，即不能照抄西方模式。中国经济改革的路线是邓小平说的社会主义自我完善，主要依据中国自己的情况，在与时俱进的马克思主义指导下，形成有中国特色的社会主义市场经济模式，而绝不是一般的、抽象的，或资本主义市场经济模式。由此区别目标模式的社会性质，是十分重要的。但是一些受到新自由主义影响的人士却无视这种区别，主张中国改革突破姓"社"姓"资"的束缚，把中国改革简单化为"市场化改革"，或者说模仿欧美自由市场经济模式①，只字不提社会主义，借此糊里糊涂地把中国改革引导到资本主义自由市场经济的道路上去。这显然与中国改革是社会主义自我完善的宗旨不符合。

第二，由于社会主义在人们心目中有崇高地位，有些人士在阐述"市场化改革"的观点时，有时也不得不说说"社会主义"，但同时又说对"社会主义"有不同的理解，以此来篡改"社会主义"的科学内涵。社会主义有确定的科学内涵，是不能改变的。拿社会主义市场经济来说，党的十四大和《中华人民共和国宪法》都明确规定社会主义市场经济是与社会主义基本经济制度结合在一起的，即公有制为主体、多种所有制共同发展，是社会主义市场经济必有

---

① 张剑荆：《市场化改革：从哪里来，到哪里去?》，《中国经济时报》2008 年 9 月 1 日。

的内涵。这与新自由主义反对公有制、主张私有化的观点是不相容的。有一位人士倡议所谓"人民社会主义"或"社会主义新模式"中，根本不提公有制为主体，他在许多文章中把我国公有制经济贬称为"官本经济"，主张以"民本经济""民营经济"为主体来代替"官本经济"，宣称"经济体制转轨的过程本质上是由原来的官本经济转向民本经济的过程"，实际上就是以私有经济为主体来代替公有经济为主体，完全抽掉了社会主义的经济基础。还有一些人士鼓吹不但要突破姓"社"姓"资"，还要突破姓"公"姓"私"，破除"所有制迷信"。这类主张，无论用什么华丽辞藻来包装，揭开画皮，都是与中国特色社会主义市场经济的内涵格格不入的。

第三，我国宪法第六条不仅规定了"国家在社会主义初级阶段坚持公有制为主体、多种所有制共同发展的基本经济制度"，还规定了"坚持按劳分配为主体、多种分配方式并存的分配制度"。这不仅在所有制关系上而且在分配关系上确立了社会主义原则。但是，上述"社会主义新模式"中，只提"按劳分配与按要素分配互相结合"，不提"按劳分配为主体"。这是同他们在所有制问题上的主张相并连的。因为按劳分配为主体与公有制为主体是相匹配的。如果不讲公有制为主体，自然也不会有按劳分配为主体。那只好是按要素（主要是资本）分配和劳动力按市场价格来分配。所以，提出"新模式"的作者，同时也是竭力主张劳动力商品化、市场化的始作俑者。他把马克思早已批臭了的萨伊的要素创造价值论来代替劳动创造价值论，把按要素分配这一社会主义初级阶段的历史性政策，变为要素价值论决定的永恒分配政策，把推动私有化的理由建立在要素价值论的基础上，否定世间还有剥削一事，这更是与新自由主义的分配理论一气相通的。

杨：他们何止不准问姓"社"姓"资"、姓"公"姓"私"，新自由主义思潮还有一个特点，就是只要市场自由，不要政府干预，使政府"守夜人化"，这个主张在中国还颇有影响呢。

刘：这正是我要说的第四点。"自由化"是新自由主义"三化"

主张（市场化、私有化、自由化）中的一化，主张一切由"看不见的手"来指挥，反对政府对市场的干预与管制。这种观点人们称之为"市场原教旨主义"。这次西方金融危机已经充分证明，这种观点是根本站不住脚的。我国经济改革本来要转变政府的经济职能，减少政府对微观经济的干预，让市场在资源配置中起基础性作用。同时政府对经济的宏观调控本来就是社会主义市场经济的组成部分，国家计划又是宏观调控的重要手段，这些都是写在党的十四大文件之中的。而我们有些经济学人力倡把政府职能压缩到提供市场环境和维护市场秩序，要政府从一切经营性领域抽出，从全部竞争性乃至垄断部门退出，并且竭力贬低和削弱国家计划在宏观调控中的作用，使之跟不上市场化的进程，这是造成近年来我国社会经济多种失衡的重要原因之一。目前在"市场化改革"口号下，迷信市场成风，计划大有成为禁区的趋向。在这种氛围之下，党的十七大重新强调社会主义市场经济下也要加强国家计划在宏观调控中的导向作用①，看来是十分必要的，是对新自由主义影响的一个矫正。

在这次世界经济大动荡中，我国政府对稳定经济所采取的种种重大措施，许多都是计划手段，证明了社会主义市场经济是不能离开国家计划指导下的宏观协调的。国民经济许多重要领域都不能完全交给"看不见的手"的市场去管。教育、卫生、住宅、社会保障、收入分配等民生领域，交通运输、资源开发、环境保护、农村设施等基本建设领域，以及扩大内需和调整结构，乃至宏观总量平衡等问题，都不能完全交给自由市场去调节，而不要国家计划的协调和安排。计划与市场都是手段，都可以用，这是邓小平讲过的。那种唯市场是崇，见计划就损，迷信市场自由放任万能的新自由主义神话，所有神经正常、立场也没有问题的人，都不会再相信了。

杨：新自由主义主要观点在中国经济学文坛、论坛上流行以及对中国经济改革的干扰，您讲得很清楚。作为国际垄断资本的经济

---

① 《中国共产党第十七次全国代表大会文件汇编》，人民出版社 2007 年版，第 263 页。

范式和政治纲领的"华盛顿共识",是从新自由主义嬗变而来的,它在中国有什么反响呢?

刘:美国在全世界推行"华盛顿共识"的实践表明,无论是拉丁美洲、东欧地区和亚洲,都没有取得成功,受到各方广泛的抨击,包括我国在内,多数学者均持批判态度。可是,随着新自由主义的渗透,我国也有少数人为"华盛顿共识"捧场。比如有人说,"华盛顿共识所包括的一些经济学原理,在中国改革中起了作用,也是取得成功的基本因素",把中国改革的成就归功于"华盛顿共识"。他所言"华盛顿共识包括的经济学基本原理",其实每一项都有新自由主义的质的规定性,"华盛顿共识"实质上是以市场的非调控化、国有企业的私有化、贸易和资本的无限制开放自由化等,损害发展中国家和社会主义国家利益的工具,怎么可能是中国改革取得成功的基本因素呢?正是在一位中国人吹捧"华盛顿共识"之前,有一位外国人提出"北京共识"①,"它代表了试图寻找某种与'华盛顿共识'不同的中国经验、中国模式、中国道路的努力,并且承认中国的成功已经表明了中国这种独特的经验、模式和道路之存在"②。怎么能够把中国改革成功的原因归于"华盛顿共识"呢?

值得注意的是,在中国经济学论坛和文坛上传播新自由主义观点的,不少都不是轻量人物。上面所举言论,有的出自大经济学家,有的是"改革之星",有的是财界领袖,有的是党校精英。他们中一些人,在非意识形态的、中性问题上的某些观点,也许是可取的。他们附和新自由主义的主张,也许是不自觉的。他们也许没有意识到,新自由主义将会把中国带向财富集中于少数人而多数人享受不到果实的"改革成功"的道路上去。鉴于他们在社会上、在媒体上的强势地位所造成的影响,不能不引起人们的关注。

---

① 乔舒亚·库珀·拉莫:《"北京共识"研究报告》,英国外交政策研究中心,2004年5月。

② 《从应对世界金融危机看中国特色社会主义的生命力》,《光明日报》2008年12月19日。

三

杨：那么，在社会主义中国，为什么新自由主义思潮也能够传播流行呢？

刘：这也要分几层来看。

第一，中国改革从一开始就具有市场取向的性质，需要向市场经济的国家学习。对外开放给了我们这样一个学习机会。不过也有另一面，邓小平说得很形象：打开窗子透透新鲜空气，也会有苍蝇、蚊子进来。一些西方意识扑面而来。新自由主义经济思想正是这样一种混合物。一方面作为经济学术理论，它对市场经济运行机制不乏科学的分析，对我们市场取向的改革可供参考；另一方面，它充满了资产阶级的偏见，演变为国际垄断资本的思想理论体系，维护私有制和资本主义制度，反对公有制和社会主义，这是我们要坚决抵制的。中国对外开放的时期正是新自由主义在西方方兴未艾的时候，无论是出国考察的学者和官员，还是在西方留学的学生，大多在一定程度上接受了新自由主义的影响。这些人回国后把新自由主义思想带到了中国。缤纷杂陈的生活方式和思想潮流传入中国，对比落后的中国，有一些人不加分析地看到欧美比中国富得多，就一味向往以至敬慕；加上东欧剧变，世界社会主义运动处于低潮，这些人实际上丧失了对社会主义的信心，在吸取西方有益东西的时候，对西方糟粕失去抵抗力，盲目信奉，成为崇拜者、宣传者，叫做"兼收并蓄"。这样，新自由主义得以在中国蔓延。

第二，从国内背景看，如同在其他任何社会，中国也不乏"市场原教旨主义"的新自由主义信徒。这与改革开放后中国社会阶层的变化有很大的关系。中国改革要求从单一的公有制变为公有制为主体、多种所有制并存。在这个过程中，"公"降"私"升在一定时期是不可避免的。但是随着非公经济的发展、壮大和公有制经济的相对式微，中国社会阶层发生了显著的变动。拥有资本、财富和知识的阶层地位上升，而工农劳动群众的地位下降，这是不争的事实。在这种情况下，新自由主义以其强调"效率就是一切"，而"资本是达到效率的至高无上的手段"，力图使政府政策为资本利益最大化开路，忽视普通人民的权利。这一整套学说，是中国社会的新兴强势集团所乐于接受的。从这个群体中天然会产生"市场原教旨主义"的新自由主义信徒。以上谈到传播新自由主义言论的代表人物大多来自这个阶层，就可以看出一些端倪。

第三，从意识形态工作来说，我们党一贯反对右的和"左"的机会主义，有右反右，有"左"反"左"。新时期的右倾主要是资产阶级自由化。邓小平自己称反对资产阶级自由化最积极，21世纪头50年都要反①。反对资产阶级自由化理应包括反对新自由主义的经济思想，这方面邓小平当时没有专门多说，这是因为他的注意力首先是在政治方面，在提出反资产阶级自由化的时候，总是同时提出"坚持四项基本原则"②，就是在政治层次上提出来的，着眼于解决更高层次的政治问题，这是非常英明、非常必要的。改革开放才不久，经济上要向市场、向非公经济、向外向型经济开放，不可过于拘泥，强调要思想解放，要大胆地闯，是非常必要的。但是与此同时，对于警惕经济领域的资产阶级自由化，即新自由主义经济思潮，相对地强调不够，注意不够。比如，邓小平曾说，有些人"把改革开放说成是引进和发展资本主义"③，以此来反对改革开放，这当然是不对的。但是，确实也有人"打着拥护开放、改革的旗号，想把中国引导到搞资本主义"④，这也是邓小平说的。他还说，"某些人所谓的改革，应该换个名字，叫做自由化，即资本主义化。……我们讲的改革与他们不同，这个问题还要继续争论的"⑤。所以，不能说经济领域没有资产阶级自由化的问题。资产阶级自由

① 《邓小平文选》第三卷，人民出版社1993年版，第181、211页。
② 同上书，第299页。
③ 同上书，第375页。
④ 同上书，第229页。
⑤ 同上书，第297页。

化不但政治领域有，经济领域也有。私有化、自由化和市场化，反对公有制、反对政府干预、反对社会主义，这一系列观点都与经济领域有关。反对资产阶级自由化，政治上反经济上不反，这是不够的。防止经济领域资产阶级的自由化，就是防止经济领域变质。经济领域如果变质（变成私有化、资本主义化），政治领域也会跟着变质。这是马克思主义的基本常识。过去某位中央领导就认为经济领域没有资产阶级自由化问题，至今仍有一些领导干部这样认为，以至于放松这方面意识形态的斗争。这是极糊涂的。新自由主义经济思潮之所以能够在中国渗透、流行、泛滥，同这个情况有很大的关系。

四

杨：您分析了新自由主义在中国渗透、流行的情况和原因。确实不能小视这些噪音、杂音。它自居中国主流经济学，有控制相当一部分舆论和影响相当一部分人群的能量。您认为应该采取怎样的措施来扭转这个现象，坚持马克思主义在经济学中的主流地位？

刘：这是一个大题目。我在 2005 年 7 月 15 日关于经济学教学与研究问题的谈话中，已经谈了几点意见，得到有关领导的重视，问题在于落实执行。这里我再补充几点意见。

第一，要重视经济领域反对资产阶级自由化即反新自由主义经济思潮的斗争。在理论上要把新自由主义经济学中关于市场机制运行一般规律的科学成分同作为资产阶级意识形态区别开来。对前者，可以批判地选择吸收；对后者，要明确宣布，新自由主义的私有化、自由化、市场化，反公有制、反政府干预、反社会主义等系统主张，是与有中国特色的社会主义市场经济不相容的，要坚决反对，坚持科学的社会主义和中国特色的社会主义。

第二，对从事经济学教学、研究和在财经部门工作的海外归来的爱国人士，欢迎他们为社会主义祖国服务，帮助他们进行科学社会主义和有中国特色社会主义的思想教育或再教育。

第三，对各级党政领导，特别是高层干部进行马克思主义基本原理的教育、再教育，主要经典著作的选读，批判敌对思潮和反社会主义的杂音和噪音（包括新自由主义、社会民主主义等），防止上理论骗子的当。

第四，对媒体舆论。在社会利益多元化、复杂化以后，各种社会思潮的出现，以及非马克思主义、反社会主义思潮的出现是不可避免的。历史经验证明，对于多种多样的社会思潮，自由放任不行，简单堵塞也不行，包容并蓄似乎是和谐社会题中应有之义。但一切事物总要有一个"度"，一个"边"，不能让一些非常错误的思潮横行，把人们的思想搞得乱七八糟、六神无主，不能让这些思潮把我国改革和发展的方向引入歧途，像戈尔巴乔夫、雅科夫列夫的"多元化""公开化"那样。所以，在实行多样化，包容各种思潮存在的同时，一定要强调"主旋律"，强调切实地而不是形式主义地宣传马克思主义、科学社会主义，坚持四项基本原则和改革开放的中国特色社会主义，用主旋律来教育人民，筑牢社会团结进步的思想基柱。批判与反批判是追求科学真理的必由之路，不争论在现时条件下只有利于反社会主义思潮向我们争论，而不利于我们对反社会主义思潮的反驳。在社会主义国家，公正合理的思想斗争，必将有利于错误思潮的清除和马克思主义的胜利。

（写于 2008 年）

当前世界经济危机中中国的表现与
中国特色社会主义模式的关系[*]

当前世界经济危机是20世纪30年代世界经济危机以来最严重的一次世界经济危机，我们不能仅仅从体制运作层面来寻找危机的原因，还要从资本主义制度的本质层面，寻找它的深刻根源。这次危机表面上是金融危机，但本质上同历次资本主义经济危机一样，是生产过剩的周期性危机。这次生产过剩的特点，即由于经济全球化的发展，除了发达国家自身一些产品，如房屋、汽车等生产过剩外，还包括流通领域各种金融产品的过剩，形成虚假的购买力，刺激了发展中国家为发达国家提供廉价产品，造成一些发展中国家严重的生产过剩。这次危机的根本原因是资本主义的基本矛盾，即生产的社会化与生产资料的私人占有之间的矛盾。它表现为各个企业内部的有组织性与整个社会生产的无政府状态之间的矛盾，生产无限制的扩大趋势与劳动人民有支付能力的需求相对不足之间的矛盾，从而引发周期性生产过剩的危机。

社会主义经济体受到为满足人民需要而生产的目的和有计划按比例发展等规律的支配，本质上没有资本主义经济那样的矛盾，所以理论上不会发生周期性的生产过剩危机。20世纪30年代世界经济危机发生的时候，第一个社会主义国家苏联就是一个例子。那时候苏联与美国等资本主义国家的贸易交往不少，主要是以资源换取装

* 本文是2009年3月3.日在中华外国经济学说研究会、中国《资本论》研究会、首都经济学家论坛、教育部社科中心联合召开的"国际经济危机与发展中国特色社会主义"学术研讨会上的发言。

备和技术，利用这个来进行五年计划的建设，蓬蓬勃勃地发展经济，并没有受到当时世界经济危机很大的影响。为什么会这样呢？就是因为两种社会制度，受到两种社会经济规律的支配。所以，社会主义的苏联没有被卷入上次资本主义的世界经济危机。

这次世界经济危机一个不同于上次的景观，是社会主义的中国被卷进去了，受到危机的严重冲击。GDP 的增长速度由 2007 年的 13%，一下子降到 2008 年的 9%，第四季度更降为 6.8%，2009 年第一季度降为 6.1%，使我国的经济遭受到极大的困难。这种情况与苏联在上次世界经济危机中遇到的情况全然不同。这又是什么原因呢？

中国进入改革开放，正与发达资本主义国家随着新技术革命和经济全球化进入高涨阶段的长周期相适应。此时中国经济建设适应社会主义初级阶段的要求，实行了允许私有制经济和市场经济的发展，使资本主义因素得以在社会主义条件和框架下，大量生长起来，形成了有中国特色的社会主义市场经济模式。同时，中国加速对外开放，逐渐主动地参加经济全球化的潮流。这一方面为中国经济的迅速发展创造了条件，另一方面使中国经济逐步地卷入资本主义发达国家主导的市场经济的轨道，受到资本主义市场经济规律的作用越来越大的影响。

我们多年来实行出口导向型的经济发展战略。十三亿人口的大国，对外贸易依存度达到了 GDP 的 70% 以上，出口依存度接近 GDP 的 40% 的空前高度，致使我国经济的相当大部分与发达资本主义国家的经济紧密地联系在一起。发达国家发生了周期性危机，需求下降，中国经济就会受到极大的冲击和损害。这不能不说是我国经济这次急剧下滑的重要因素之一。但这只是造成我国经济困难的外部因素，我国多年来自己的内部因素才是根本原因。内部的因素，除了在经济发展方面，投资消费比例的扭曲，房市、股市的周期波动等影响外，主要是在经济体制方面，生产资料私人占有制比重的迅速上升和公有制的相对下降、市场化改革的突进和国家计划调控的相对削弱等,使得资本主义市场经济规律在中国经济中起作用的范围越来越大。这样,在资本主义发达国家主导的经济全球化过程中,中国就很自然地不可避免地被资本主义世界的周期经济危机卷进去。

中国这次实体经济遇到的困难,性质其实与世界各国基本是一样的,就是产能过剩和需求不足。中国因"内需"不足,多余的生产能力要靠外需消化;一旦外需遇阻下滑,就要回过头来找内需补上。"内需"有投资需求和消费需求。事实上,这些年投资一直上升得快,消费上升很慢,这种趋势是不能长久持续的。因为,投资需求除了转化为工资的少量部分,其余部分都是对生产资料的中间性需求,投资最后的产出供应能力,要靠最终消费需求来消化。这次扩大内需,仍主要是靠投资需求。但是,如果居民的最终消费需求上不去,单靠投资需求是补不了外需的下降的,内需不足问题还是难以解决。

所谓"内需不足",换一个角度说就是"产能过剩"。需求不足和生产过剩,是资本主义经济的剥削制度和积累规律,导致两极分化和人民大众有支付能力需求不足带来的不治之症,只能通过周期性的经济危机的爆发来解决。我国这些年来,过度追求市场化的快速发展和鼓励私人逐利,使贫富差距不断扩大,基尼系数从改革开放之初的 0.28,上升到近年的 0.47,超过国际警戒线,这是居民最终消费需求不足的一个非常重要的原因。因为,富者的边际消费倾向低,而贫者消费倾向虽高,但由于没有钱,不能多消费。而低收入的贫者在居民中又占多数,于是把总的社会平均消费倾向拉下来,把最终的有效消费需求拉低。所以,中国当前遇到的问题和资本主义世界的问题,实质上是类似的,就是受资本主义经济规律作用的影响,人民大众有购买能力的消费需求不足,不能消化过剩的生产能力。

其实,过去中国并不存在需求不足的问题。传统计划经济下的主要问题是供给不足,是"卖方市场",科尔奈称为"短缺经济"。这是传统计划经济的一个缺陷。改革开放初期,我们提出要以市场取向的改革来矫正供给不足的"卖方市场"的现象,使我国经济逐渐转变为供给略大于需求(差额为储备和机动)的有限"买方市场",这当然是在国家计划调控下,才有可能做到的。当初设定供给略大于需求的有限买方市场目标,绝不是"需求不足、产能过剩"的市场。"需求不足、产能过剩",只能是资本主义经济规律作用的表现。

现在回过头来说,中国虽然卷入了这次世界经济危机,受到严重的损失,但相对说来,还是比较轻的。主要发达资本主义国家,如美国、欧盟国家、日本的经济增长率变为负数,其他国家的经济增长率下降幅度比中国都大,只有中国还保持了相当不错的正增长速度,虽然增速的下降幅度也相当猛,但是运行水平表现不俗,可说是一枝独秀。外国有不少人也相信中国经济可以率先复苏,甚至期望"中国救世界""中国救资本主义"。那么,为什么在危机中中国能有这样的业绩?

这与中国实行的有中国特色的社会主义模式有关。因为,中国特色的社会主义经济模式中,既有社会主义经济因素,也容许资本主义因素存在。简单来说,中国容许市场化、私有化的发展,不是很彻底,还有一些保留。比如,在关键重要领域保持了相当强大的国有实力。又比如,这些年的财政税收金融政策,大大增强了国家控制的财政金融资金实力,包括保持大量外汇存底等。又比如,在建立市场经济体制的同时,加强宏观调控,特别是保持了国家计划调控的余地,如继续编制执行年度计划,五年、十年中长期规划,保留发改委这样庞大的计划机构等。这次应对危机所采取的种种重大措施,就展示了这种出手快、出拳重、集中力量办大事的计划调控的能力,为一些资本主义国家所羡慕称道。另外,中国在融入经济全球化过程中比较谨慎,如资本账户没有完全放开、银行运作尚未完全与外国接轨等。这些都使得中国经济在世界经济危机中受到冲击的影响较少,处置的表现也较好。总之,中国的经济并没有照抄欧美自由市场经济模式,没有遵循新自由主义的"华盛顿共识",

没有如同某些"主流"经济学者所竭力主张的那样。虽然我国经济中有资本主义成分，人家还歪称为"中国特色的资本主义"，但我们实际上还在坚持中国特色的社会主义模式，这是我们在这次危机中的表现相对出色的主要原因。

结论是什么呢？

在中国现时的社会经济中，两种社会制度的经济规律，社会主义的经济规律和资本主义的经济规律都在起作用，两者一方面水乳交融在一起，另一方面交织着复杂的矛盾和斗争。因为执政党已经明确表示不改旗易帜，庄严宣称坚持中国特色社会主义，所以社会主义社会经济规律还有起作用的广阔余地，保证改革开放沿着社会主义的方向发展。

为了坚持改革开放的社会主义方向，我们一方面要在社会主义初级阶段，把允许用市场经济和私有制经济发展来协助推动我国社会生产力发展的作用发挥尽致；另一方面更要防范陷入资本主义社会经济规律作用消极后果的泥淖。我们要以我为主地参加公正的经济全球化进程，自主掌握对外开放的广度和深度，摆脱资本主义世界经济周期的陷阱。我们必须坚持中国特色的社会主义道路，反对把中国特色社会主义歪曲为"中国特色的资本主义"。我们必须坚持公有制为主体和多种所有制经济共同发展；坚持在国家宏观计划导向下，实行市场取向的改革；坚持按劳分配为主，更加重视社会公平；用社会主义的基本原则来反对资本主义的私有化、市场化、自由化以及两极分化，把资本主义社会经济规律的作用限制在一定范围。只有这样，我们才能在资本主义周期性经济危机的浊流中，高举社会主义的红旗不断前进。

（原载《高校理论战线》2009 年第 5 期）

改革开放新时期的宏观调控^①

    宏观调控是社会主义市场经济体制的重要组成部分。改革开放以来，宏观调控政策对促进经济实现平稳较快增长，发挥了积极作用。我在这方面写过一些东西，在一些场合讲过一些看法。现在以此为主要线索，谈谈这个问题。先谈一个概要，再具体分几个阶段说说。

宏观调控是一个动态的中性概念

    改革开放以来，对宏观调控政策，社会上有种种看法，其中不乏对宏观调控政策的误解，把宏观调控的概念搞得面目全非，需要加以厘清。

    一种似是而非的看法，是把宏观调控和经济发展对立起来，好像宏观调控的功能只在收缩和限制，而不管发展了。比如，前些年一篇报道讲"去年下半年，中央开始实施宏观调控，当时一些地方的企业，认为这会丧失加快发展的难得机遇"。一篇文章讲"一方面要宏观调控，一方面要注意经济发展"。实际上，宏观调控本身就包含了限制与发展、紧缩与扩展、后退与前进几方面的内容。宏观调控与发展的关系，体现在宏观调控既有刺激促进经济发展的措施，也有通过限制一些领域的过度扩张为整个经济创造良好发展环境的措施。所以，有人说"宏观调控的立足点是为了发展，为了更好的

---

① 刘国光口述，汪文庆、文世芳整理。

发展"，这个说法是不错的。

　　在宏观调控的时限上也有误解。浙江杭州萧山区一位民营企业主，大概觉得宏观调控妨碍他的企业发展，提出"国家宏观调控到底会调多久"的问题，这就把宏观调控仅仅当作临时性政策措施了。其实，宏观调控的目的是熨平经济波动，促进经济平稳发展。而经济波动是永远存在的，因此宏观调控也是随时随地进行的，没有停下来的时候。

　　宏观调控依宏观经济形势变化而异，一般来说有三种情况：一是在总需求小于总供给，或实际经济增长率低于潜在经济增长率，或物价总水平一路走低时，要进行扩张性的宏观调控；二是情况与上面相反，当总需求大于总供给，或实际增长率高于潜在增长率，或发生通货膨胀时，就要实施从紧收缩的宏观调控；三是中间状态，当总需求与总供给大体相当，物价总水平在正常区间移动，宏观调控就要采取中性的政策。中间状态下经济也会存在不平衡不稳定因素，多起因于经济结构的不协调，宏观调控就要采取有保有压、有紧有松、松紧适度、上下微调的方针，来维护经济的持续协调发展。

　　以上是市场经济下经济波动和宏观调控政策变化的一般情况。我国 1978 年以前是计划经济，1978 年到 1992 年是计划经济向计划商品经济过渡，基本上还是计划经济，1992 年以后到现在是初步建立和进一步完善社会主义市场经济体制阶段。经济波动在计划经济条件下和市场济条件下都会周期发生，虽然规则不尽相同。计划经济时期也有宏观调控，但不叫"宏观调控"，它从属于政府的宏观、微观无所不包的计划管理和综合平衡。计划平衡具有行政手段约束经济过度扩张的功能，但更多时候抵不过公有制下的财务软约束和投资扩张冲动，而且计划平衡的周期放松往往成为发动过度扩张的根源，致使经济陷入长期波动中。这个情况随着向有计划的商品经济体制过渡趋于缓和，但在卖方市场消失前，计划平衡（80 年代后期开始称作"宏观控制"）基本上是以通货膨胀为斗争对象，以周期性的紧缩为特征；但随后又往往自动放松，让位于扩张过程。

1992 年正式提出向社会主义市场经济体制过渡以后，市场经济意义的宏观调控逐渐走上历史舞台。1993 年到 2007 年，中国宏观调控经历了三轮不同的政策：一轮是针对 1992 年的经济过热，从 1993 年起实施的紧缩型的宏观调控，大约持续到 1997 年；一轮是针对 1997 年的经济偏冷，从 1998 年开始实施扩张性的宏观调控，大约持续到 2002 年；另一轮是 2003 年到 2007 年经济平稳较快增长，实施了财政、货币政策双稳健的宏观调控，即中性的宏观调控。近两年，经济形势波动剧烈，中国宏观调控政策也经历了从稳中适当从紧向扩张性的宏观调控政策的转变。

80 年代稳中求进的改革思路

1987 年 10 月至 1988 年 6 月，国家体改委组织了九个课题组，来自中国社会科学院、北京大学、中共中央党校、中国人民大学等单位的经济学家，对中期改革（1988—1995 年）思路规划展开热烈讨论。讨论中，围绕着经济改革需不需要一个比较宽松的经济环境，实际上就是如何看待通货膨胀的问题，当时主要有两种意见。

一种意见认为，经过 9 年多的改革，中国经济的生机和活力大大增强，虽然现在经济环境仍然偏紧，但是仍朝着好转的方向发展。中国经济改革只能在经济紧张的环境下进行，而相对宽松的环境只是改革的结果，不是改革的前提。因此，他们认为通货膨胀、物价高一点不可怕，主张以适度的通货膨胀政策，来加速经济增长。"把蛋糕做大"，这种"通货膨胀无害论"的意见，1988 年达到顶峰，在当时实际上占优势地位，中央一些领导都赞同。

另一种意见在承认 9 年多的改革取得了重大成就的同时，认为经济形势比较严峻。反对"适度通货膨胀，支持高经济增长"的论点，认为通货膨胀不利于改革也不利于发展。改革只能在一个比较宽松的环境中进行，具体来讲就是总供给要略大于总需求，物价比较平稳。在总需求大大超过总供给，物价节节上涨的紧张情况下，容易导致市场秩序混乱，改革很难进行，甚至出现抢购的情况。

如何治理通货膨胀。也有两种思路。一种思路主张首先采用直接的行政手段紧缩社会总需求，实行严格的宏观控制，进而在此基础上，进行以价格改革为中心的配套改革。另一种思路是我们中国社会科学院课题组的意见。我们不赞成治理经济用"猛药"，提出"双向协同，稳中求进"的主张，即以稳定经济的措施保证改革的继续推进，同时用有计划有步骤的改革措施推进经济的持续稳定发展，具体来讲，中期改革前三年以"稳"为主，主要着力于治理通货膨胀，同时有选择地进行改革；后五年从"稳"转"进"，改革的步伐可以大一点。

事实上，从 1984 年开始，围绕着经济是否过热和是否应当采取紧缩政策，经济学界和决策者就展开了研讨，但因为意见一直存在较大分歧，迟迟未能做出政策决定。我把从 1984 年到 1988 年这几年的经济比作是"空中飞人"，因为长期处于将要着陆又重新起飞的状况，很难实现"着陆"。

1988 年 2 月，党的十三届二中全会在北京召开。当时我是中央候补委员，在会上作了一个题为"正视通货膨胀问题"的发言，强调"稳定物价"的方针口号不能放弃，引起广泛共鸣。中央政治局常委胡启立和我一个小组，他听了我的发言表示赞同。我对他说，治理通货膨胀现在就要抓紧，不抓紧很危险，要出问题。薛暮桥看了发言纪要后来信说："要下决心在两三年时间解决通货膨胀问题，那种认为停止通货膨胀会引起经济萎缩的观点，无论在理论上或者实践上都是无根据的。"

1988 年 5 月，中央政治局常委会决定在此后五年内实现工资和价格改革"闯关"。5 月末，在讨论如何执行这一决策的高层会议上，我和吴敬琏提出"先治理，再闯关"的主张。我们认为，从农产品开始的涨价风正向其他领域扩散，各地零星抢购已经发生，且正在此起彼伏地蔓延开来，通货膨胀预期正在形成。但是，另外一些经济学家的意见得到首肯。这些经济学家根据他们对拉美经济的考察，认为百分之几千的通货膨胀都不至于对经济繁荣造成障碍，由此得出了在高通胀、高增长下实行物价改革"闯关"的结论。

但是，事态并没有像乐观估计的那样发展。6月初正式决定进行物价和工资政策闯关以后，物价迅速上涨，全年居民消费价格指数高达18.8%，城市普遍出现抢购风潮，人们纷纷到银行挤兑，搞得许多银行没有现金，不敢开门了。

为了抑制爆发性的通货膨胀，中央决定进行治理整顿，采取强行着陆的宏观调控政策。由此，物价迅速下降，然而付出的代价虽然没有"大跃进"那么大，但也确实不小，经济出现了过冷的局面，GDP增长速度由1988年的11%降到1990年的4.1%。

90年代中期治理通货膨胀和"软着陆"

从1991年开始，经过治理整顿，我国经济开始复苏，GDP从1990年的4.1%上升到1991年的9.1%。1992年年初，邓小平发表著名的"南方谈话"，极大地激发了广大干部群众发展经济的热情。各地政府、部门、企业都表现出很高的积极性，但是主要注意力却放在搞经济开发区，铺基本建设摊子上。1992年全国各地层层搞开发区，甚至乡一级政府都搞，到处都大兴土木、挑灯夜战，建设规模远远超出了国家和地方的承受能力。各地出现了投资热、房地产热、股票热、开发区热等现象，全年GDP增长14.2%，已经显示出过热的迹象。1993年一部分地区发生了抢购、挤兑现象，但没有1988年那么厉害。

但是，从1992年中期到1993年中期将近一年左右的时间，各方面对宏观经济形势的认识和主张很不一致。当时主要有三种意见：第一种意见认为经济过热的迹象已经十分明显，主张采取过去使用的老办法，用行政命令的办法进行整顿，全面压缩需求，基建项目下马，进行急刹车。第二种意见认为国民经济发展的势头很好，主张继续采取扩张性的政策，保持这种好的势头，防止经济下滑。第三种意见是审时度势，研究采用新的举措，使经济逐步降温。最终实现"软着陆"。

我赞成第三种意见。我认为，当时的高速增长，有正常的因素，从治理整顿时期过冷的经济状况中逐渐恢复，也有过热的因素，而且过热的因素正在积累。应该采取果断措施解决经济过热，但不应该采取1988年"急刹车"、严厉紧缩的宏观调控政策。1993年，我在一篇文章中比较早地提出，要采取"微调、降温、软着陆"的办法。1994年5月，在求是杂志社召开的一次座谈会上，我进一步把"微调、降温、软着陆"表述为顺应当时经济形势唯一可行的宏观调控思路。"微调、降温、软着陆"，具体来讲就是把住财政货币投放和信贷货币投放两个正门，国民经济总量保持一个偏紧的盘子，审时度势进行微调，有松有紧，时松时紧，争取通过几年的努力来抓紧深化改革和结构调整，把经济增长和物价上涨控制在比较好的目标范围内，以平稳地过渡到下一个经济周期。

到1993年第二季度，通货膨胀的形势已经十分明显，零售物价指数较上年同期上涨了10%。这时，各方面的意见才趋于一致。1993年6月，国务院出台了加强宏观经济调控的16条措施。包括财政、金融和投资等几个方面。这16条措施是适应当时的经济情况，实行一个适度双紧的政策。所谓"双紧"，就是指适度紧缩的财政政策和适度紧缩的货币政策。16条措施起到了釜底抽薪的作用，经济过热很快得到遏制。同时中央又注意对经济适度微调，有松有紧，国民经济保持了平稳运行。从1993年到1997年，经济增长速度从13.5%降到9.6%，每年大约降低一个百分点，比较和缓，既克服了经济过热，又避免了用急刹车的办法来全面紧缩，带来各方面的滑坡，使中国经济能够在平稳的回落当中仍然保持较快的速度。

物价走势相对于GDP增长而言，总是滞后一些。在1993年、1994年经济增长速度持续回落时，居民消费价格指数仍继续上涨。1994年达到24.1%，比1988年还要高，是改革开放以来最高的。社会反响强烈，有的人大常委甚至提出，如果物价上涨仍然控制不住，要对政府进行弹劾。中央对此高度重视，1995 年提出把抑制通货膨胀作为宏观调控的首要任务，继续坚持适度从紧的财政政策和货币政策，同时采取了一系列政策措施。此后，居民消费价格指数 1995 年降到 17.1%，1996 年降到 8.3%，1997 年降到 2.8%，总体上来讲降得比较快。

到 1996 年年底，宏观调控"软着陆"的趋势已经很明显，当年 GDP 增长率 9.7%，居民消费价格指数 8.3%。这既避免了"大跃进"前后那样的大起大落，也避免了 20 世纪 80 年代中期那样的"空中飞人"，非常成功。《人民日报》的同志找到我，说根据国务院领导同志的意见，请我写一篇文章，从理论上总结"软着陆"的成功经验。1997 年 1 月 7 日，我和刘树成合写的《论"软着陆"》在《人民日报》上发表。这篇文章阐述了什么是"软着陆"，为什么要进行"软着陆"，怎么样进行"软着陆"等问题。怎么样进行"软着陆"，实际上就是讲这几年中央实行适度从紧的财政政策和适度从紧的货币政策的经验，我概括为四条：一是及时削峰。1993 年国务院出台的 16 条措施非常及时，有效地控制了扩张的强度和峰位。二是适度从紧。不是全面紧缩，而是该紧的紧，该松的松，把握调控的力度。三是适时微调。在适度从紧的总原则下，根据实际情况，审时度势进行微调和预调，以缓解"降温"中的实际困难，防止出现过度滑坡。四是抓住主线。治理通货膨胀和保持经济的相对快速增长。当时，宏观调控是以治理通货膨胀为首要任务，还是以继续加快经济增长、实现就业为先，曾一度是经济学界争论的焦点。中央明确把治理通货膨胀作为宏观调控的首要任务，同时又很好地把握了调控力度，做到了两者兼顾。国务院领导同志对这篇文章予以肯定，在《人民日报》编者按中说"这是迄今为止关于宏观调控经验的一篇最好的文章"。

世纪交替治理通货紧缩

以 1997 年 7 月亚洲金融危机爆发为契机，无论是中国还是世界，宏观经济形势都发生了戏剧性的变化。各国所面对的主要问题，不再是通货膨胀，而是经济衰退带来的通货紧缩。从 1998 年到 2002 年，中国政府用 5 年的时间治理通货紧缩，成效显著。

通货紧缩的具体定义学术界尚有分歧，简单来讲就是物价总水平持续下跌。当时中国经济出现了市场疲软、经济增长率下降、物价负增长等情况。GDP 1997 年增长 9.3%，1998 年下滑到 7.8%，1999 年又进一步下滑到 7.6%。物价从 1997 年 10 月开始负增长，持续两年多呈下降趋势。

中国通货紧缩的具体原因，和世界上其他国家相比更为复杂，既有消费需求、投资需求不足，出口需求骤减的原因，也有过去盲目投资带来的供给过剩和供给刚性等方面的原因。简单来讲，直接原因有两个：一是"软着陆"政策的惯性作用。1997 年成功实现了"软着陆"，通货膨胀率趋向于零，但治理通货膨胀的政策措施有滞后效应，经济增长率下降和物价下降不可能一下子停下来。1997 年 10 月初，在中国社会科学院经济形势分析与预测课题组召开的秋季座谈会上，我提出现在有轻度通货紧缩的危险，建议为防止经济回落的惯性可能带来的后续经济持续下滑，需要适时适度地做一些必要的松动微调。二是亚洲金融危机的影响。我国对临近一些国家、地区的出口大幅度减少，同时这些国家、地区在我国的直接投资也大幅度下降。这时候有人提出，适度从紧的政策推行时间长了一些，力度也未能适时递减。这个观点有道理，但这是事后诸葛亮。亚洲金融危机影响到我们有一个过程。中央不是神仙，对这个问题的认识也有一个过程。有些人借此说根本就不该搞适度从紧的政策，早就应该宽松，那就没有道理了。如果按照他们的思路搞，我们的经济会更糟糕。

1998 年，亚洲金融危机的影响慢慢显露。中央审时度势，调整政策，做出了扩大内需的重大决策，提出了一系列宏观调控措施。其中最主要的是从 7 月开始实施积极的财政政策，利用政府发行国债进行基础设施建设投资，并以此带动地方政府、企业配套投资和银行贷款、社会投资。金融政策方面也进行了微调、采取多种措施扩大货币供给，这实际上从"软着陆"后期就已经开始了，但一直没有明确究竟具体是什么政策，到 2000 年才提出是实行稳健的货币政策，实际上是由适度从紧转为稳中适度宽松的政策。那时候刚刚经历了亚洲金融危机，国家非常强调金融安全，货币政策不能够大松，只能是微松，但方向是同积极财政政策一致的。

当然，治理通货紧缩，单靠宏观调控是不够的，因为无论如何都要受到体制的限制。中央在加强宏观调控的同时，抓紧推进以国有企业改革为中心的一系列改革，这对于为促进需求和改善供给而扫除制度障碍，建立必要的体制环境至关重要。

到 2000 年年初，经济增长速度下滑的趋势得到遏制，当年 GDP 增长率为 8%，居民消费价格指数由负转正，当年为 0.8%，而 1999 年是 1.3%，经济开始出现重大转机。此后两年，即使出现了外部经济环境不利、国内财政投资在总投资中的比重逐渐下降的情况，GDP 增长仍然达到了 7.3% 和 8% 的好成绩，居民消费价格指数也保持正数，2001 年为 0.7%，2002 年为 1.2%。这表明了中央治理通货紧缩政策的有效性。

2000 年年初，《人民日报》的同志又来找我，说根据国务院领导同志的意见，让我写一篇文章，总结一下这几年治理通货紧缩的经验。我又和刘树成合作，写了《略论通货紧缩趋势》一文，发表在 2000 年 2 月 22 日的《人民日报》上。这篇文章讲了通货紧缩的特点、成因和治理对策。我们在文章中还提出，从前几年成功治理通货膨胀到近两年积极地抑制通货紧缩，说明党中央驾驭经济全局的能力更加成熟，宏观调控的经验更加丰富了。

这篇文章得到国务院领导同志的肯定，并在标题上加上原本没有的"趋势"二字。我理解他这样做是有用意的。当时社会上特别是银行界不认为我们有通货紧缩，还有一些人怕讲通货紧缩。他加"趋势"二字，有一点淡化通货紧缩的意思。其实，从统计学的角度来讲，数字的"时间序列"就表明了趋势，所以加不加关系不大，因此我也没有反对。

向中性的宏观调控政策过渡

积极的或扩张性财政政策，对于很快增加需求，迅速遏制投资下滑的势头，具有独特的优势，但是也有它比较消极的方面，比如相对而言投资效益不一定高、政府所发的国债最终要通过税收来偿还。因此，从2000年起，经济学界就有积极的财政政策逐步淡出的呼声。

我当时也是这个意见。2000年10月，我在两个研讨会上都提出，要做好准备，适时逐步停止扩张性的宏观调控政策，但不能走到紧缩性的宏观调控政策，要向中性的财政、货币政策过渡。我还提出要"双防"，既要防止通货紧缩，又要警惕通货膨胀。当然，那时候经济形势只是有趋稳回升的迹象，整个国内需求增长乏力的问题没有解决，而且2001年、2002年国内经济又有所波动，因此仍要坚持积极的财政政策和稳健的货币政策。我当时估计，积极的财政政策淡出可能是2002年或者2003年。

2003年，中国尽管遭受了SARS的袭击，但经济保持了较快增长，GDP增长率达到9.1%，居民消费价格指数也上升到1.2%，中国经济进入新一轮快速增长周期。宏观经济政策的调整提上了议事日程。

2003年10月、12月，我分别在中国社会科学院经济形势分析与预测课题组秋季座谈会和中国经济高级论坛上，指出现在通货紧缩趋势已经淡出，严重的通货膨胀尚未形成，宏观调控宜采用中性的政策，财政、货币政策适当收紧。

2004年2月、5月，我两次在温家宝总理主持召开的经济专家座谈会上发言，提出当前总需求与总供给大体相当，物价总水平在正常区间移动，宏观调控应采取中性的政策，实行有保有压、有紧有松、松紧适度、上下微调的方针，来维护经济的持续稳定协调发展。

我的这些意见同后来 2004 年中央经济工作会议和 2005 年十届全国人大三次会议的决策是一致的。这两次会议都提出实行双稳健的宏观调控政策，即稳健的财政政策和稳健的货币政策。这在中国的宏观调控历史上还是第一次。中央文件中没有提"中性"两个字，但是我理解，意思是一样的。当时财政部部长金人庆解释说，稳健的财政政策就是经济学中讲的中性的宏观政策。至于稳健的货币政策，中国人民银行没有解释是不是中性的。但是，前一阶段应对通货紧缩的时候，货币政策也叫稳健的货币政策，当时的稳健是稳中从松，现在是稳中从紧。这就表明，稳健的货币政策实际上是中性的，可以从松，也可以从紧，视具体情况而定。

从 2003 年到 2007 年，在双稳健的宏观调控政策下，中国经济实现了平稳较快增长。GDP 增长率 2003 年 9.1%，2004 年 10.1%，2005 年 10.4%，2006 年 11.1%，2007 年 13%，总体上比较好，到后期高了点。居民消费价格指数 2003 年 1.2%，2004 年 3.9%，2005 年 1.8%，2006 年 1.5%，2007 年 4.8%，还是比较平稳的。这 5 年可以说是改革开放以来乃至中华人民共和国成立以来经济发展最好的一段时间。

近几年经济波动中的宏观调控政策

2005 年以后，我年纪大了，不再主持中国社会科学院经济形势分析与预测课题组的工作，国务院经济专家座谈会也没有再找我。同时，我的研究方向变了，有两三年时间没有再关注宏观经济政策问题，没有发表什么意见。

2007 年年底 2008 年年初，宏观经济形势发生了较大变化。2007年 GDP 增长率达到 13%；居民消费价格指数达到 4.8%，而且继续上涨，2008 年 4 月达到 8.7%，经济呈现明显的过热。2007 年 6 月国务院常务会议确定货币政策稳中适度从紧。2007 年 12 月中央经济工作会议提出 2008 年货币政策要从紧，并提出"双防"，即防止经济过热、防止明显的通货膨胀，这和以前所讲的"双防"含义不一样了。2008 年 3 月全国人大会议再次提出要"双防"。

2008 年 4 月，中国宏观经济协会召开会长顾问会，研讨经济形势。我是这个协会的副会长，在会上发言，提出宏观经济政策既要有短期目标也要有中长期目标。要在两三年时间内实现两个中期目标：一是 GDP 增长率从 2007 年的 13% 降到潜在经济增长率 9% 以内；二是物价，我认为当时已经出现了明显的通货膨胀，居民消费价格指数要从 8% 以上调整到 - 2% —3% 的区间。物价不可能不波动，在这个区间内的物价波动是正常的，无须惊慌。从中长期来讲，要坚持中央已定的稳中适度从紧的货币政策，同时也要实行稳中适度从紧的财政政策，以避免我国经济周期性的过热。

我没有想到，由于美国次贷危机引发的国际金融危机的影响，经济形势变化很快。不是我设想的两三年，而是只经过八九个月，2008 年 GDP 增长速度就从上年的 13% 降到了 9%，下滑了 4%，2009 年第一季度进一步降到 6.1%，这是现在看到的最低谷。消费价格指数也很快从 2008 年 2 月的 8.7% 降到 2009 年 1 月的 1%。

2008 年 11 月，针对经济下滑的态势，中央又对宏观经济政策进行了一个大调整。稳健的财政政策转变为积极的财政政策，提出 4 万亿的投资和 10 个行业的振兴计划。同时，稳健的货币政策转变为适度宽松的货币政策。这样一个大变动，实际上就把稳健的宏观调控政策转变为扩张性的宏观调控政策。货币政策和财政政策两个方面都很积极，并且力度都很大，这是历史少有的。应该说，这个宏观政策的大调整，对应对国际金融危机，推动我国经济从下坡到趋稳，是起到了积极作用的。

2009 年 2 月 7 日，中国宏观经济协会再次召开会长顾问会，讨论经济形势问题。我在会上讲，现在经济形势往下走虽然急了一点，但是符合我国宏观调控的大方向。我们的大方向，就是要把超过资源、环境和民生所能承载能力的过高增长速度逐渐降到潜在增长速度以内，把明显的通货膨胀降到正常的物价波动区间。这个方向是对的，2009 年这么下来也不错。从中长期来看，今后怎么办？我提出，经济走势不宜采取 V 形或者 U 形。V 形和 U 形有一定差别，V 形是从底部一下子上去了，U 形是慢慢上去。但是这两种走势，都是希望重新迅速起飞，最后又要走到 GDP 增长率超过两位数，经济明显过热的老路上去。我主张经济应取 L 形走势，但 2009 年第一季度我们的 GDP 增长率已经降到了 6.1%，偏低了一点，因此 L 形的底部横线要上翘一段、曲折转平，回到我们潜在的经济增长率8%—9%上下波动的正常区间。从现在的形势看，2009 年经济增长率保八是很有希望的。

我想，如果能达到这样的调控结果，我们就能够争取到从容调整经济结构和转变增长方式的时间和空间，从而为实现经济长期较快平稳发展创造条件。这是我们当前经济工作中最重要的问题。我们需要真正把中央扩大内需的决策落到实处，切实改变目前消费需求偏低，过于依赖投资和出口拉动的局面；第三产业多发展一点，劳动密集型产业多发展一点，中小企业多发展一点，实现技术的升级换代，转变经济增长方式。这个问题的解决，我们已经启动不少年了，解决起来确实非常有难度。我想，如果我们能争取到中速发展，有一个比较宽松的环境，解决这两个难题比较容易一些。

由于经济回稳的基础还不稳固，国际经济危机的影响还没有减弱，因此 2009 年中央领导多次讲话，坚持积极的财政政策和适度宽松的货币政策不动摇。但是因为货币投放量过大，通货膨胀预期已经出现，需要密切注意。当然现在物价还不高，但我们要看到，物价的走势往往是相对滞后的。

6 月，我在两个公开场合和一个内部场合发言，继续发表对宏观经济形势的看法，再次强调不希望中国经济中长期走势重复出现 V 形或者 U 形走势。这种走势往往导致经济的大起大落，而不能平稳发展。中华人民共和国成立后经济实践表明，不出现 V 形或者 U 形走势，很重要的一条，是要防止出现片面追求 GDP 增长速度的倾向。这方面我们的教训太多太深刻了。追求速度是个好事情，谁不想快，我也想快，但是我们必须尊重客观经济规律。我认为，中长期的宏观调控，应该以经济潜在增长速度，也就是以中速为目标，不要追求过高的速度。经济潜在增长速度各个时期不一样，根据具体情况而定，现在中国大概是在8%—9%。8%—9%在中国是一个中速，8%以下是低速，10%以上是高速。但在世界上，8%—9%是一个非常高的速度。我们应该珍惜这个速度，不要以两位数以上的增长速度为正常现象，好像不到两位数就不过瘾。这不是我一个人的意见，很多同志也是这个意见，只是不像我这么强调，这么明确地提出来。

我国这次经济波动，看来2009年第一季度已经见底，第二季度开始回升。宏观经济形势面临新的变化，宏观经济政策需要先行一步，相应调整。最近（2009年10月）《人民日报》记者来采访，我本着上述精神，谈了以下三点看法：

（1）国际金融经济危机使许多国家采取过度宽松的宏观政策，我国也不例外，如4万亿元投资的积极财政，等等，已经带来经济止降回升的效果，并且收效在各国的前面。随着形势转缓，过度宽松政策的退出迟早要提上议事日程，各国已开始考虑。我国率先复苏，恐怕也要在这方面先走一步，将宏观调控由宽松转向适度宽松再转向中性稳健的政策。

（2）目前我国实际经济增长率仍略低于潜在增长率，为维持复苏振兴势头，仍需继续一段适度宽松的宏观政策。一旦达到潜在增长率水平，就要考虑实现宏观政策由宽松向中性稳健的转变。到2009年年底2010年上半年实际经济增长率肯定可以达到8%以上，进入潜在增长率的区间，时间大约在经济工作会议至2010年春季两会前后，在此期间宣布宏观调控逐步由适度宽松向中性稳健过渡是适宜的。考虑到物价变动与货币信贷变动之间大约有半年多的时滞，在冬春之交开始政策调整，将有助于抑制2010年后期（第四季度）物价继续向比较深度通胀发展的后果。

（3）宏观政策转向中性和稳定，不但有助于抑制通胀的发展，有助于物价稳定，而且也有利于我国发展思路由高速增长转向中速增长的目标。我国经济增长即将进入潜在增长率的区间，在此区间将宏观政策调整到中性，是一个大机遇。危机前两位数的高速发展，超过资源环境和人民承受能力，调整结构和转变发展方针都遇到不可克服的困难。只有中速增长才能使我们摆脱这些困难，从容进行结构调整和发展方式的转变，才能保持经济的持续协调较快的增长。而片面追求过高速度是不能持续的。不能指望 V 形走势右方一直上去，走向高速，而要曲折转平，走向平稳中速。所以"保增长"和"调结构""转变发展方式"的次序安排，要把"保增长"放在"调结构"和"转变发展方式"的后面，这样才能真正地保增长——这里讲的是持续协调稳定的增长，而不是忽高忽低的不可持续的高增长。这也算是我的一个政策建议。

（原载《百年潮》2010 年第 1 期）

关于社会主义政治经济学的若干问题

一 社会主义政治经济学的阶级性和科学性

人们通常讲，马克思主义政治经济学体现了科学性和阶级性的高度统一，它代表无产阶级的利益，具有鲜明的阶级性，这是不错的。人们又通常讲，坚持马克思主义立场，就是要始终代表最广大人民的根本利益。一般地讲，这也不错。但是要分析，广大人民是划分为阶级的。社会主义初级阶段也是这样。现阶段，广大人民除了广大工农劳动人民外，还包括小部分剥削阶级。应当说，马克思主义和共产党不能代表剥削阶级的利益，只能在一定历史条件下，如民主革命时期、社会主义初级阶段，关怀和照顾一部分剥削阶级（民族资产阶级、合法私营企业主阶层）的正当利益，以团结他们为革命和建设而努力。不能无条件地毫不动摇地毫无限制地支持剥削阶级。绝对不能为了迁就或成全他们的利益而损害劳动人民的利益。贫富差距的扩大，两极分化趋势的形成，就是这种损害的表现。这是同马克思主义的立场与共产党的宗旨格格不入的。政治经济学的社会主义部分，也要贯彻这个立场，处处不要忘了这个问题。

马克思主义政治经济学的科学性在于它揭示了经济社会发展的客观规律，运用的基本方法是辩证唯物主义和历史唯物主义的方法，把历史方法和逻辑方法统一起来。过去对于社会主义经济的研究，一般采用规范方法。学者的注意力集中在社会主义经济"应该怎样"，从给定的前提中合乎逻辑地推出结论。现在研究社会主义经济改革时，当然也不能不关心社会主义初级阶段的经济"应该怎样"的规范，但首先要分析清楚初级阶段的经济"实际上是怎样"的问题，即对客观存在的事实及其内在联系和规律表现予以实事求是的分析和说明。没有这种分析说明，就不可能对它面临的问题有明晰的概念和提出可行的方案。我们要注意经济学教学中的一个现实，即实事求是的实证分析，要比规范原理的说教更能够唤起学习热情和探索兴趣。为什么某些西方资产阶级教材能在社会主义国家大行其道，吸引了不少学生，而马克思主义政治经济学却在课堂里被边缘化，甚至被学生们嘲笑？我想，这与研究方法和叙述方法上存在的缺点，可能有一定的关系。我希望有关教材能在这方面有所改进，比如说增加一些定量分析，用方块事例解说一些经济原理等，以达到更有效地宣传马克思主义的目的。

二　社会主义初级阶段的矛盾

按党的文件论述社会主义初级阶段的主要矛盾，就是人民日益增长的物质文化需要同落后的社会生产之间的矛盾。这一主要矛盾，首先是 1956 年八大明确宣布的。当时刚完成社会主义改造，把这一矛盾当作进入社会主义建设时期的主要矛盾。十一届三中全会以来，重新确认这一主要矛盾，后来引入了初级阶段概念，就把它当作"社会主义初级阶段所面临的主要矛盾"。由于人民日益增长的物质文化需要大于落后的社会生产，才迫切要求我们聚精会神加紧经济建设，所以作为十一届三中全会全党重点工作转移决策的理论依据，初级阶段主要矛盾的提法是非常重要的。

不过，当前有一个理论上的疑难问题，就是出现了"内需不足""产能过剩"的现象，即国内生产能力大于国内需求，这好像同社会生产落后于社会需要的主要矛盾有点脱节，很需要政治经济学从理论上解释一下。

　　人民日益增长的"需要"，是指生理上和心理上的欲望，还是指有购买能力的需求？如果是前者，即主观欲望，那么社会生产总是赶不上欲望的需要，由此推动社会的发展和人类的前进。如果"需要"是指后者，即有购买能力的需求，那么社会生产和人民消费需求的关系，就要看是什么社会制度了。在资本主义社会制度下，社会生产与有效需求的关系受到资本主义经济基本矛盾的制约，人民有效需求总是落后于不断扩大的社会生产，因此经常发生生产过剩并爆发周期性经济危机。在社会主义社会制度下，公有制经济和按劳分配制度，再加上有计划的调节和综合平衡，一般不应发生有效需求不足和生产过剩问题。但在过去传统计划经济下，因大锅饭、软预算体制，导致短缺经济现象，往往出现有效需求过多而生产供应不足。这是传统计划经济的一个缺陷。但无论如何社会主义社会一般不应发生有效需求不足和生产过剩的与社会主义本质宗旨相扭曲的现象。问题在于现在初级阶段不是完整的社会主义。除了社会主义经济成分外，还允许私企外企等资本主义经济存在和发展，因此资本主义经济规律的作用就渗透到初级阶段社会主义经济中来，发生局部的生产过剩和为需不足的问题。对于这次世界资本主义周期性经济危机过程中，中国为什么被卷进去，为什么中国在这个危机中表现得比资本主义国家好些，也要从上述道理来解释，才讲得通。我在《求是内参》2009 年第 14 期发表的《当前世界经济危机中中国的表现与中国特色社会主义模式的关系》一文中，讲了这个问题。

　　初级阶段的主要矛盾，决定了党的十一届三中全会以来我党工作重点转移到以经济建设为中心，这是万分正确的。"经济建设"或"经济发展"要做什么事情？简单地说主要是两件事情，一是把 GDP（或蛋糕）做大，经济实力做强；二是把 GDP（蛋糕）分好，让人民共享发展成果。从全局来看，当然要两者并重；但在初级阶段确有先后次序，先做大蛋糕，然后分好蛋糕，也说得通；但到一定时候就要两者并重，甚至把分好蛋糕放在"更加注重"的地位，因为不这样做就难以进一步做大蛋糕。政治经济学应该强调现在我们已经到了这个时期。按照邓小平的意见，在 20 世纪末初步达到小康水平的时候就要突出地提出和解决贫富差距问题，① 就是说，从世纪之交开始，我们就应在做大蛋糕的同时，开始注意分好蛋糕，并把后者放在经济工作的突出地位。现在，两极分化的趋势比 2000 年时严重得多，更应把这方面的工作作为经济工作的重点，即中心的重点。当然，做大蛋糕还是很重要的，现在我国经济总量已超过日本居世界第二，但是人均还不到日本的十分之一，所以还要继续做大蛋糕，仍然包含在这个中心里面。不过中心的重点现在应当是分好蛋糕，更加重视社会公平。这是全体人民切身关心的问题，也符合社会主义的本质、宗旨。邓小平说，"分配问题大得很"，"解决这个问题比解决发展起来的问题还困难"。② 就是说，分好蛋糕比做大蛋糕更难，所以需要我们全党高度重视，悉心研究这个中心之中的重点的大难题，解决这个大难题。

社会主义初级阶段的主要矛盾不是阶级矛盾。但是不能否认社会主义初级阶段还存在着阶级、阶级矛盾和阶级斗争，在某种条件下还可能激化。当前的许多论述根本不提阶级、阶级矛盾和阶级斗争，变相宣扬阶级消亡和阶级斗争熄灭，这是不正确的。阶级矛盾和阶级斗争仍将"在一定范围内"长期存在。在哪些范围？首先，在政治思想领域和意识形态领域存在，这是很明显的，毛泽东早已指出过了。现在在我国很时髦的新自由主义思潮、民主社会主义思潮、历史虚无主义思潮、普世价值思潮……还有 1989 年春夏之交的政治风波、西山会议等事件，不都是阶级斗争在意识形态和政治思想领域的表现吗？其次，在经济领域，不仅在私有企业存在着劳动和资本的矛盾、劳动人民受中外私人资本的盘剥压榨、此起彼伏的劳资纠纷；而且在某些异化了的国有企业中，随着工人阶级重新被雇佣化，也可以看到高管阶层与普通职工的对立。如果政治经

① 参见《邓小平年谱（1975—1997）》（下），中央文献出版社 2004 年版，第 1343 页。
② 同上书，第 1364 页。

济学回避对中国新资产阶级客观存在的两面性做科学的分析，只讲他们是"社会主义建设者"的积极一面（这是对的），不讲他们具有剥削性的一面，甚至回避"新资产阶级"的名称，那还称什么科学？客观地分析初级阶段中的阶级、阶级矛盾和阶级斗争，是马克思主义政治经济学这门科学义不容辞责无旁贷的事情。不错，我们需要社会和谐，社会主义社会基本矛盾的性质是非对抗性的，它的解决不需要像资本主义社会那样采取剧烈的阶级斗争方式，而是可以依靠社会主义制度自身的力量，在社会主义制度的自我完善中得到解决。但是如果根据这一点，就淡化阶级、阶级矛盾和阶级斗争，默默地变相地宣扬阶级消灭论和阶级斗争熄灭论，这种理论只能掩盖和纵容别人明目张胆地不断地发动对劳动人民的阶级斗争，并使得代表劳动阶级的共产党在这种客观存在的阶级斗争面前陷于被动无力的地位。实际情况不是这样的吗？但愿不是。

三　不同于其他社会制度的社会主义本质特征

社会主义本质是指社会主义制度不同于封建主义和资本主义制度等社会制度的最根本的特征。这个定义就生产关系来说，是正确的，但不能完整地解释邓小平1992年"南方谈话"提出的社会主义本质。① 邓小平那次讲的社会主义本质包含生产力和生产关系两个方面。生产力方面的特征是"解放生产力、发展生产力"。生产关系方面的特征是"消灭阶级、消除两极分化，最终达到共同富裕"。生产关系方面的社会主义特征确实是不同于资本主义等社会制度的特征。而生产力方面的特征则不能这么说，因为其他社会制度在成立的初期也是"解放生产力、发展生产力"。马克思和恩格斯在《共产党宣言》中，就描述过资本主义制度初期发展生产力的巨大功绩，说：

---

① 参见《邓小平年谱〔1975—1997〕》（下），中央文献出版社2004年版，第1343页。

"资产阶级在它的不到一百年的阶级统治中所创造的生产力，比过去一切世代创造的全部生产力还要多，还要大。"①

邓小平这次谈话之所以把"解放生产力发展生产力"包括在社会主义的本质特征中，是针对当时中国生产力发展还极其落后，而"四人帮"又在搞什么"贫穷的社会主义"，阻碍着中国生产力的发展，提醒人们注意中国的社会主义更需要发展生产力，以克服贫穷落后的紧迫性。这样讲是必要的。如果设想社会主义革命在生产力高度发达的资本主义国家取得胜利，就不会有把"解放和发展生产力"当作社会主义的本质特征和根本任务的说法，而只能是"消灭剥削，消除两极分化，最终达到共同富裕"。

邓小平还有一篇讲话涉及社会主义"本质"问题。1990 年 12月 24 日他同江泽民、杨尚昆、李鹏谈话时指出，"社会主义最大的优越性就是共同富裕，这是体现社会主义本质的一个东西"。② 这是与"南方谈话"中讲的"消灭剥削、消除两极分化"是相通一气的，讲的都是生产关系，但是不包括生产力方面的东西。

邓小平讲社会主义"本质"的地方并不多，只找到上面两例。他大量讲的是社会主义的"性质""原则""两个最根本的原则""最重要的原则""两个非常重要的方面"。③ 概括起来，一个是公有制为主体，一个是共同富裕，不搞两极分化。他反复地讲这两点，而这两点同 1992 年"南方谈话"所谈社会主义本质的生产关系方面，又是完全一致的。

邓小平之所以反复强调社会主义本质、性质、原则的生产关系方面的东西，就是因为不同社会制度相区别的本质特征是在生产关系方面，不是在生产力方面。马克思主义政治经济学的研究对象是，联系生产力和上层建筑，来研究生产关系；着眼于完善生产关系和

---

① 《马克思恩格斯选集》第一卷，人民出版社 1995 年版，第 277 页。
② 《邓小平文选》第三卷，人民出版社 1993 年版，第 364 页。
③ 参见《邓小平年谱（1975—1997）》（下），中央文献出版社 2004 年版，第 1033、1069、1078、1075、1091 页等。

上层建筑，来促进生产力的发展。所以在社会主义本质问题的研究和阐述上，主要的功夫应该下在生产关系方面，强调社会主义区别于资本主义的本质在于消灭剥削和两极分化，它的根本原则在于公有制为主体和共同富裕。

事实上，目前的许多教材在社会主义性质问题分析上，对于发展生产力方面阐述比较周详，这当然是必要的；但对于生产关系方面的阐述偏弱，这是不足之处。为什么会有这种偏向？其原因大概是由于社会主义初级阶段的实践，实际上不能消除一切剥削，并且出现两极分化的趋向。一些就其性质来说不是社会主义的生产关系，只要适应社会主义初级阶段的生产力水平，能够推动生产力的发展，也应该存在和发展。这是容许资本主义剥削因素存在于初级阶段社会主义的理论依据。这样，为了发展生产力，我们必须容忍剥削关系和它所带来的两极分化后果，甚至回避谈论剥削关系和两极分化趋势的存在。但这同社会主义本质论是不相容的。社会主义本质论同社会主义初级阶段实践的矛盾，使得这个理论的阐述者只好强化它的生产力方面，弱化它的生产关系方面。但是，邓小平社会主义理论的重点核心，还是在生产关系方面。不然，为什么他说"如果我们的政策导致两极分化，我们就失败了"①？这个理论上的假设，也是就生产关系来说的。"失败"是指在假设的情况下，社会主义生产关系就要遭受挫折，并不是指生产力。即使在那样假设的情况下，生产力短期内可能有很大的发展。

我们怎样才能解决社会主义本质论和社会主义初级阶段实践之间的矛盾呢？这是需要政治经济学来研究和解答的问题。

政治经济学对社会主义本质的内涵，应根据前述邓小平在众多场合所讲的精神，恢复其不同于其他社会制度的最根本特征，即生产关系方面的含义，而淡化他仅仅在一处（"南方谈话"）顺便提及的生产力方面的含义。当然发展生产力不论对于贫穷落后的中国建

---

① 《邓小平文选》第三卷，人民出版社 1993 年版，第 111 页。

立社会主义来说，还是对于准备为未来共产主义社会奠定物质基础来说，都是非常非常之重要的，邓小平对这些问题也有丰富的论述。①可以另辟一个范畴，用邓小平自己概括的"社会主义的根本任务是发展生产力"，来专述发展生产力的重要性方面的问题，而让"社会主义本质论"专论生产关系的内涵。

在明确了社会主义本质就是区别于资本主义的特征即"消灭剥削，消除两极分化，最终达到共同富裕"之后，就可以进一步解决本质论与初级阶段实践之间的矛盾。社会主义本质是适用于整个社会主义历史时期的，包括初级阶段。在社会主义初级阶段，除了社会主义的主导因素包括公有制和按劳分配，还必须容许资本主义因素，如私有制和按资分配存在。因为有资本主义私有制和资本积累规律发生作用，所以必然有剥削和两极分化趋势的出现。社会主义就其本质来说是不容许这些东西存在的，但在初级阶段一时还做不到，为了发展生产力，只能兼容一些资本主义因素。社会主义就其本质来说，又是不能让剥削和两极分化过分发展的。所以要对资本主义因素加以适当的调节和限制。如果我们细心考察我国的根本大法就会发现，宪法已经对这个事情有了规定和对策。就是对基本经济制度规定了公有制为主体，对分配制度规定了按劳分配为主。这些规定就是为了节制私有经济和按资分配的资本主义因素的过度发展，使其不至于超过公有制为主体和按劳分配为主的地位，并演变为私有化、两极分化和社会变质。只有认真、坚决、彻底贯彻实行宪法的这两条规定，我们才能够在社会主义初级阶段保证社会主义本质的逐步真正实现。不然的话，就会发生前述邓小平假设的前景后果，那是我们必须防止出现的。

---

① 参见《邓小平文选》第三卷，人民出版社 1993 年版，第 137、199、157、225、227 页等。

四　社会主义市场经济是有计划的

马克思主义认为，在共同的社会生产中，国民经济要实行有计划按比例的发展。"有计划按比例"并不等于传统的行政指令性的计划经济。改革后，我们革除传统计划经济的弊病，适应初级阶段的国情，建立了社会主义市场经济体制。但是不能丢掉公有制下有计划按比例的经济规律。政治经济学尤其不能忘记这一点。

1992 年党的十四大提出建立社会主义市场经济体制的改革目标，是在邓小平"计划与市场两种手段都可以用"的南方谈话精神下制定的。江泽民十四大前在党校讲话，举了改革目标的三种提法：（1）社会主义有计划的市场经济；（2）计划与市场相结合的社会主义商品经济；（3）社会主义市场经济。这三种提法当时并无高下之分，都可以选择。当时中央总书记选择了"社会主义市场经济"，把"有计划"三个字去掉了。但是总书记随即说："有计划的商品经济，也就是有计划的市场经济。社会主义经济从一开始就是有计划的，这在人们的脑子里和认识上一直是很清楚的，不会因为提法中不出现'有计划'三个字，就发生是不是取消了计划性的疑问。"[①]党的十四大之所以在改革目标的文字上取消了"有计划"三个字，而由会前的口头解释中讲明这并不意味着取消社会主义的"计划性"，这与当时传统计划经济的影响还相当严重，而市场经济的概念尚未深入人心的情况有关；为了提高市场在人们心中的地位，推动市场经济概念为社会公众所接受，才这样提出来的——删掉了"有计划"三个字，加上"社会主义"四个字极有分量的定语，而"社会主义从一开始就是有计划的"！这样，党的十四大改革目标的精神就很完整了。我当时就认为党中央这样做用心良苦，非常正确。可是今天对党的十四大改革目标提法的精神能够真正理解的人却

---

① 《改革开放三十年重要文献选编》（上），中央文献出版社 2008 年版，第 647 页。

不多了。

　　现在市场经济在我国已实行将近二十年，计划离我们渐行渐远。由于历史原因，我们过去过于相信传统的计划经济，时过境迁，一些同志从迷信计划变成迷信市场，从一个极端走到另一个极端。"十一五"计划改称为"规划"，一字之差就大做文章，说我们离计划经济更远了。我并不反对"计划"改称"规划"，反正都是一样，但是难道只有"规划"才有指导性、战略性、灵活性，"计划"不是也有指令性计划、指导性计划、战略性计划、预测性计划吗？

　　本来我们要建立的市场经济，如党的十四大所说，就是国家宏观调控下的市场经济。这些年国家对经济的宏观调控在不断完善。特别是十四大以来，我们在短期宏观调控上，先后取得了治理通胀和治理通缩的成功经验。但在宏观调控工作中，国家计划对短期和长期的宏观经济的指导作用明显减弱；计划本身多是政策汇编性的，很少有约束性、问责性的指标任务；中央计划与地方计划脱节，前者控制不了后者追求 GDP 情结；计划的要求与实际完成的数字相差甚远，完全失去了导向的意义。所有这些，影响到宏观经济管理的实效，造成社会经济发展中的许多失衡问题。

　　在这样的情况下，政治经济学教材重申社会主义市场经济也有"计划性"，很有必要。党的十七大重新提出"发挥国家规划、计划、产业政策在宏观调控中的导向作用"，[①] 就是针对我国经济实践中计划工作削弱和思想意识中计划观念的淡化边缘化而提出的。我们不仅要在实践中切实贯彻党的十七大这一方针，而且要在理论宣传工作中重新强调社会主义市场经济的计划性，恢复前述党的十四大关于改革目标的整体精神。这首先是政治经济学教材的任务。

　　社会主义市场经济必须有健全的宏观调控体制，这当然是正确的。但是 1985 年"巴山轮"会议上，匈牙利经济学家科尔奈建议我国建立宏观调控下市场经济体制的时候，法国经济学家阿尔伯特说

---

① 《改革开放三十年重要文献选编》（下），中央文献出版社 2008 年版，第 1726 页。

他们法国就实行这种体制。所以宏观调控下市场经济并非社会主义国家经济体制独有的特色，资本主义国家也有。那么我们社会主义国家宏观调控下的市场经济怎样区别于资本主义国家呢？除了基本经济制度的区别外，就在于社会主义市场经济还有计划性，还有国家计划的指导。少数市场经济国家如日、韩、法曾设有企划厅之类的机构，编有零星的预测性计划，英美等多数市场经济国家只有财政货币政策等手段，没有采取计划手段来调控经济。但我们的公有制经济为主体的社会主义大国，有必要也有可能在宏观调控中运用计划手段，指导国民经济有计划按比例发展。这也是社会主义市场经济的优越性所在。

宏观调控有几项手段，最重要的是计划、财政、货币三者。党的十四大报告特别指出"国家计划是宏观调控的重要手段之一"，①没有指财政、货币政策。不是说财政、货币政策不重要，而是财政、货币政策是由国家宏观计划来导向的。党的十七大也强调国家计划在宏观调控中的导向作用。所以，国家计划与宏观调控不可分，是宏观调控的主心骨。宏观调控下的市场经济也可以称为国家宏观计划调控下的市场经济，这就是社会主义有计划的市场经济，不同于资本主义在宏观调控下的市场经济的地方。

国家计划在宏观调控中的导向作用，不同于"传统计划经济"。现在我们在理论上说明了社会主义市场经济是有计划性的，实践上党的十七大又重新强调国家计划在宏观调控中的导向作用，这是不是如同某些人责难说的，"又要回到传统的计划经济去呢"？我认为不是这样的，这是计划与市场在改革更高层次上的结合。第一，现在的国家计划不是既管宏观又管微观，无所不包的计划，而是主要管宏观，微观的事情主要由市场去管。第二，现在资源配置的基础性手段是市场，计划是弥补市场缺陷的必要手段。第三，现在的计划主要不再是行政指令性的，而是指导性的、战略性的、预测性的

---

① 《改革开放三十年重要文献选编》（上），中央文献出版社2008年版，第660页。

计划，同时必须有导向作用和必要的约束、问责功能。就是说，也要有一定的指令内容，不是编制了以后放在一边不闻不问了。

"十二五"规划是党的十七大后第一次编制和执行的中长期计划，对扭转我国发展方式和社会关系存在的问题有十分重大的意义。要在规划的制定和执行过程中，真正落实党的十七大和党的十七届五中全会精神，在"十二五"期间，努力改进国家计划和宏观调控工作，使其名副其实地对国民经济社会发展起指导作用。我们要在转变发展方式的前提下保持经济的适度增长；在巩固社会主义基本经济制度的前提下促进公私经济的发展；在更加重视社会公平的原则下扭转贫富差距两极分化的趋势。实现这些目标，单靠市场经济是做不到的，要借助于国家宏观计划调控。宏观计划调控的权力必须集中在中央手里，地方计划必须服从全国统一计划。我赞成一些同志的建议，地方不再制定 GDP 为牵头和无所不包的地方国民经济计划，而以地方财力和中央转移支付的财力为主，编制地方经济社会建设计划，加强地方政府的市场监督、社会管理、公共服务的功能。政府配置资源的作用仍要有，尤其是重大的结构调整、基础建设等。资本主义国家在危机时刻，也不排除暂时实行所谓"社会主义的政策"，如国有化，何况社会主义国家更不能把一切交给市场，还要讲市场与计划两种手段相结合。

五　关于社会主义基本经济制度问题

社会主义市场经济与资本主义市场经济的又一个根本区别在于基本经济制度不同。前者以社会主义初级阶段的基本经济制度为基础，不同于资本主义私有经济制度。社会主义初级阶段的基本经济制度是公有制为主体、多种所有制经济共同发展的经济结构。坚持这一基本经济制度是维系社会主义市场经济的前提。十七届五中全会重申"要坚持和完善基本经济制度"。坚持这一基本制度必须既不能搞私有化，也不能搞单一公有制。这是十七届四中全会提出要划清四个重要界限里面的一条，十分重要。不过要进一步研究，"私有化"和"单一亿"这两个错误倾向，哪一个目前是主要的。单一公有制是过去片面追求"一大二公三纯"时代的产物，现在似乎没有人主张那一套，有也是极其个别的极"左"人士。当前主要错误倾向不是单一公有制，而是私有化。有大量的言论和事实证明，当前私有化的危险倾向确实严重存在。马克思主义的政治经济学不能不看到这些大量的言论和事实。对私有化和单一公有化两种倾向各打五十大板，不中要害，实际上是把私有化错误倾向轻轻放过。

马克思主义评价所有制的标准，并不只看所有制成分的比重。这是对的。但是马克思主义也不主张不看比重。公有制在国民经济中的比重不断降低，降得很低，以致趋近于零，那还算是什么社会主义？现在连国家统计局局长都在讲我国的经济成分一直是公降私升，国有经济比重不断下降，宏观上并不存在右派精英攻击的所谓"国进民退"；微观上"有进有退"，案例多是"国退民进"，局部个别案例中的所谓"国进民退"，也并非没有道理。总之，客观上我国经济这些年来一直是公降私升，"国退民进"究竟要退到什么地步，才算合适？记得江泽民讲过，公有制比重的减少也是有限制有前提的，就是不能影响公有制的主体地位。现在有不少人对公有制是否还是主体有疑虑。解除人们疑虑的办法之一就是用统计数字来说明。马克思主义政治经济学应当负起这个责任，解除公众的疑虑，坚定人们对社会主义初级阶段基本经济制度的信心。

基本经济制度不仅要求公有制经济占主体地位，而且要求国有制经济起主导作用。而要对经济起主导作用，国家应控制国民经济命脉，国有经济的控制力、影响力和竞争力得到增强。在社会主义经济中，国有经济的作用不是像资本主义制度那样，主要从事私有企业不愿意经营的部门，补充私人企业和市场机制的不足，而且是为了实现国民经济的持续稳定协调发展，巩固和完善社会主义制度。为了实现国民经济的持续稳定协调发展，国有经济就应主要集中于能源、交通、通信、金融、基础设施和支柱产业等关系国民经济命脉的重要行业和关键领域，在这些行业和领域应该有"绝对的控制力""较强的控制力"，"国有资本要保持独资或绝对控股"或"有条件的相对控股"，国有经济对这些部门保持控制力，是为了对国民经济有计划地调控，以利于它的持续稳定协调发展。

除了帮助政府实行对国民经济有计划的协调外，国有经济还有另一项任务，即保证社会正义和公平的经济基础，对那些对于政府调控经济不重要，但是对于保障正义和公平非常重要的竞争性领域的国有资产，也应该视同"重要"和"关键"的领域，要力争搞好。所以，不但要保持国有经济在具有自然垄断性的关系经济命脉部门领域的控制力，而且同时要保障国有经济在竞争性领域的发展，发挥它们在稳定和增加就业、保障社会福利和提供公共服务中的作用，增强国家转移支付和实行公平再分配的经济能力和实力。有竞争力的国有企业为什么不能在竞争性领域发展，利润收入只让私企独占？所以，中央对竞争性领域的国有经济一向坚持"有进有退"，发挥其竞争力的政策，而绝不是"完全退出"竞争性领域的政策，像一些新自由主义的精英们和体制内的某些追随者喋喋不休地叫嚷的那样。当然，竞争性领域应当对私营企业完全开放，尽量让它们相互竞争并与国企竞争。这些都要在政治经济学教科书中斩钉截铁地讲清楚。

私有化的主张者不仅要求国有经济完全退出竞争领域，他们还要求国有经济退出关系国民经济命脉的重要行业和关键领域。他们把国有经济在这些行业领域的控制和优势地位冠以"垄断行业""垄断企业"，不分青红皂白地攻击国有企业利用政府行政权力进行垄断。有人主张垄断行业改革措施之一就是创造条件鼓励私有企业进入这些"垄断行业"，这正是私有化主张者梦寐以求的。因为这些垄断行业一般都是高额利润行业。应当明确，在有关国家安全和经济命脉的战略性部门及自然垄断产业，问题的关键不在于有没有控制和垄断，而在于由谁来控制和垄断。一般来说，这些特殊部门和行业，由公有制企业经营要比私有制企业能更好地体现国家的战略利益和社会公众利益。

行政性垄断的弊病是应当革除的。革除的办法与一般国企改革没有太大的差别，就是实行政企分开，政资分开，公司化改革，建立现代企业制度，收入分配制度的改革，健全法制和监管制度，等等。恢复企业利润上缴国库和调整高管薪酬待遇，是当前国企收入分配改革中人们关注的焦点。另外还有一个完善职工代表大会制度的改革，使之成为真正代表劳动者权益的机构。如果职工真正有权监督国企重组，像吉林通钢那样的悲惨事情也不会发生了。

私有经济在社会主义初级阶段的基本经济制度中有其地位，应当充分重视包括私有经济在内的非公经济对促进我国生产力发展的积极作用。但是，私营经济具有两面性。即除了有利于发展生产力的积极一面外，还具有剥削性消极的一面。这后一面在初级阶段是容许的，但它应当受到社会的约束。由剥削追逐私利这一本质所带来的一系列社会后果，如劳资纠纷、两极分化等，不可不研究。

针对私营经济和私营企业主客观存在的两面性，除了引导它们在适当的行业合法经营，健康发展外，还要对其不合法不健康经营的行为进行限制，对其经营的领域进行节制，如不允许控制命脉重要部门，不允许进入垄断部门。这些部门天然是高利润部门，而且关系国家和公众利益，应当由公有制经济来承担，不能让私人资本来发财。孙中山还有节制资本的口号呢。

六　关于收入分配

生产决定分配，不同的所有制关系决定不同的收入分配制度，只有在生产资料社会占有的基础上，才能形成按劳分配为主体的分配关系。这是马克思主义政治经济学的原理。个人收入划分为"劳动收入"和"非劳动收入"，这一对概念的引入很重要，它是与另一对概念"按劳分配收入"和"按要素分配收入"相对应的，但有些交叉。人们讲按生产要素分配时，生产要素包括了资本、知识、技术、信息、管理、土地等项。但马克思主义政治经济学是把技术和管理当作"复杂劳动"来看待，其所得收入也应看作"劳动收入"或"复杂劳动的收入"。知识、信息、专利等可以是资本化的产权，可以转让，属于资本的范畴，其所得收入也应视为资本收入。房地租收入也可以资本化，其性质可以等同视之。所以，个人收入划分为劳动收入和非劳动收入，按要素分配收入实质上是按资本分配收入。这一概念的澄清十分重要。它立刻把初次分配的核心，带到劳动与资本的关系，即 V∶M 的关系问题上来。由于国民收入初次分配中不同经济主体的收入获得是与生产要素的占有状况相联系的，尤其是非劳动生产要素（主要是资本）参与分配，在个人拥有非劳动生产要素的差异逐渐扩大，少数人财产性收入不断叠加累积的情况下，初次分配的结果必然产生越来越大的收入差距，出现分配的不公平现象。

在分析我国贫富差距不断扩大的原因时，人们列举了很多理由，诸如城乡差异扩大，地区不平衡加剧，行业垄断，腐败，公共产品供应不均，再分配措施落后，等等，不一而足。这些理由都言之有理，也是必须应对的。但这些原因不是最主要的。收入分配差距扩大的根本原因被有意无意地忽略了。

收入分配不公源于初次分配，而初次分配中影响最大的核心问题在于 V∶M 的关系，即劳动收入等资本收入的关系。这就涉及生产关系和财产关系问题了。财产占有上的差别往往是收入差别最重大的影响因素。即使西方资产阶级经济学家萨缪尔森都承认，"收入差别最主要的是拥有财富多寡造成的，和财产差别相比，个人能力的差别是微不足道的"。又说"财产所有权是收入差别的第一位原因，往下依次是个人能力、教育、培训、机会和健康"①。西方经济学大师的这一说法是科学的。如果用马克思主义政治经济学语言，可以说得更加透彻。分配决定于生产，不同的生产方式、生产关系，决定了不同的分配方式、分配关系。与资本主义私有制生产方式相

① ［美］萨缪尔森：《经济学》下卷，高鸿业译，商务印书馆 1979 年版，第 231 页。

适应的分配方式是按要素（主要是按资本）分配，而与社会主义公有制生产方式相适应的分配方式则是按劳分配。马克思主义政治经济学历来是这样讲的。在社会主义初级阶段，由于我们在坚持社会主义道路前提下允许一些资本主义因素在一定范围内存在，所以允许同时实行按资本和其他非劳动要素分配，但这种分配方式只能处于从属地位，为主的应是按劳分配。这是由所有制结构以公有制为主决定了的。

以上是规范的政治经济学所论。但实证的政治经济学发现，"现在我国国民收入分配已由按劳分配为主转向按要素（即资本）为主"[1]。另一篇文章提出，"从资本主义市场经济一般规律和我国市场经济发展的实际进程可以知道，这一分配方式的变化所带来的后果，就是随着私人产权的相对扩大，资本的收入分配也相应扩大，劳动收入的份额相对缩小，从而扩大收入差距。绝对富裕和相对贫困的并行，秘密就在这里"[2]。我国贫富差距的扩大，除了前述的一系列重要原因外，跟所有制结构的变化，跟公降私升，跟化公为私的私有化和过度市场化过程，有着解不开的紧密联系。这已是不争的事实。

讲清了收入差距扩大形成的原因，就可以找到治理途径和政策措施。今年以来，调整收入分配一词以前所未有的密集度出现在我国官方表述中。政府领导人多次讲了改革分配制度的决心和方案思路。总的来看，在考虑调整收入分配关系和缩小贫富差距时，人们往往倾向于从分配领域本身着手，特别是从财政税收转移支付与再分配领域着手，改变低收入者的民生状况，完善社会保障公共福利等。这些措施是完全必要的，我们现在也开始这样做了，但做得还很不够，还要加多措施加大力度。如个人所得税起征点和累进率的调整，财产税、遗产税、奢侈品消费税的开征，并以此为财源，增强对社会保障、公共福利和改善低收入者生活的支付等。但仅仅从

---

① 武力、温锐：《1992 年以来收入分配变化刍议》，《中国经济时报》2006 年 5 月 26 日。

② 刘国光：《关于分配与所有制关系若干问题的思考》，《红旗文稿》2007 年第 24 期。

分配和再分配领域着手，还是远远不够的，不能从根本上扭转贫富收入差距扩大的问题，还要从所有制结构，从财产关系上直面这一问题。也就是说，我们要从巩固社会主义初级阶段基本经济制度的角度来接触这一问题，强化公有制的地位，发展多种经济成分，同时弱化私有趋势来解决这个问题，才能最终地阻止贫富差距继续扩大且向两极分化推进的趋势，实现共同富裕。这就是邓小平所说的"只要我国经济中公有制占主体地位，就可以避免两极分化"，又说"基本生产资料归国家所有，归集体所有，就是说归公有"，"就不会产生新资产阶级"。这是非常深刻的论断。政治经济学教科书不能丢了这个论断。它指明社会主义初级阶段容许私人产权的发展，容许按要素（主要是资本）分配收入，但这一切都要以公有制和按劳分配为主体为前提，不能让私有制代替公有制为主体，也应该扭转按资分配代替按劳分配为主体的趋势。那种让私人资本向高利行业渗透（关系国民经济命脉的重要部门和关键领域，连孙中山节制资本口号也反对这样做），那种突出鼓励增加"财产性收入"（只能使富人财产越来越多，而大多数工农大众只能从微薄财产中获得蝇头小利）之类的政策，只能促使收入差距和财富差距进一步扩大，都应该调整。只要保持和强化公有制这个主体，贫富差距就不会恶性发展到两极分化的程度，可以控制在合理的限度以内，最终走向共同富裕的目标，否则，两极分化、社会分裂是不可避免的。

（原载《政治经济学评论》2010 年第 4 期，2010 年 12 月补充修订）

改革开放新时期的收入分配问题[*]

进入 21 世纪，随着收入差距扩大的趋势日益明显，收入分配问题受到关注。在继续做大社会财富这个"蛋糕"的基础上，如何通过合理的收入分配制度，把"蛋糕"分好，让全体人民共享改革发展的成果，成为中国面临的一个重大命题。我曾发表几篇文章，研讨收入分配问题，为"效率优先，兼顾公平"逐渐淡出，进一步重视社会公平鼓与呼。现在来看，我的观点和中央在这一问题上最终决策的精神是一致的。这里我想梳理一下改革开放新时期收入分配政策的演变，侧重谈谈对效率与公平关系的认识，并对今后改革收入分配制度提出一点思路。

收入分配政策的演变

改革开放新时期的分配政策，从最初打破平均主义，为按劳分配恢复名誉，到现在继续坚持以按劳分配为主体、多种分配方式并存，经历了一个渐进的变化过程。

1956 年社会主义改造完成以后，社会主义制度建立，按劳分配成为中国最基本的收入分配制度。即使在"文化大革命"期间，1975 年宪法也规定要实行按劳分配制度。但是，党的十一届三中全会之前，中央一些高层领导，误读了马克思关于按劳分配中等量劳动相交换的原则仍然是资产阶级式的"平等的权利"的论述，把战

---

* 刘国光口述，汪文庆、邓尚整理。

争环境中实行过的带有平均主义色彩的供给制度理想化了。在"文化大革命"中，张春桥等人又把这种认识推向极端，把按劳分配视为资产阶级法权进行批判，把八级工资制等社会主义政策看成是产生新的资产阶级的基础和温床。因此，平均主义盛行。这种平均主义的分配制度是对按劳分配原则的歪曲，带来的不是普遍的富裕，而是共同的贫困，这个现在大家都很清楚。

因此，粉碎"四人帮"以后，经济学界拨乱反正，最早就是从为按劳分配正名开始的。1977—1978年，由于光远同志倡议，先后召开了四次全国按劳分配理论研讨会。通过讨论，大多数同志认为，按劳分配不但不产生资本主义和资产阶级，而且是最终消灭资本主义和资产阶级的必由之路。我国不存在按劳分配贯彻过分的问题，而是贯彻不够。

从中央的政策来讲，当时也是强调坚持按劳分配的社会主义原则，我手头有几份材料，可以说明这个问题：一是1977年8月，党的十一大报告提出："对于广大人民群众，在思想教育上大力提倡共产主义劳动态度，在经济政策上则要坚持实行各尽所能、按劳分配的社会主义原则，并且逐步扩大集体福利。"二是五届全国人大政府工作报告，也专门就这一问题进行了论述："在整个社会主义历史阶段，必须坚持不劳动者不得食、各尽所能、按劳分配的原则……在分配上，既要避免高低悬殊，也要反对平均主义。实行多劳多得，少劳少得。"三是1978年5月5日，在邓小平的鼓励和指导下，国务院政治研究室的同志撰写了《贯彻执行按劳分配的社会主义原则》一文，以"特约评论员"名义在《人民日报》发表，使按劳分配的名誉得到了正式恢复。

1978年12月13日，邓小平在党的十一届三中全会前夕召开的中央工作会议上，提出了允许一部分人、一部分地区先富起来的思想："在经济政策上，我认为要允许一部分地区、一部分企业、一部分工人农民，由于辛勤努力成绩大而收入先多一些，生活先好起来。一部分人生活先好起来，就必然产生极大的示范力量，影响左邻右舍，带动其他地区、其他单位的人们向他们学习。这样，就会使整个国民经济不断地波浪式地向前发展，使全国各族人民都能比较快地富裕起来。"① 邓小平说："这是一个大政策，一个能够影响和带动整个国民经济的政策，建议同志们认真加以考虑和研究。"②

当时，很多人有顾虑，一部分人、一部分地区先富起来，会不会导致两极分化呢？1984 年党的十二届三中全会《中共中央关于经济体制改革的决定》里面讲了一句话："只有允许和鼓励一部分地区、一部分企业和一部分人依靠勤奋劳动先富起来，才能对大多数人产生强烈的吸引和鼓舞作用，并带动越来越多的人一浪接一浪地走向富裕。"这句话中"依靠勤奋劳动"很重要，是避免两极分化的关键所在，邓小平也多次说，"坚持社会主义，实行按劳分配的原则，就不会产生贫富过大的差距。再过二十年、三十年，我国生产力发展起来了，也不会两极分化"。③

1987 年 1 月 22 日，中共中央政治局通过《把农村改革引向深入》，这是当年的中央一号文件。该文件提出，"在社会主义社会的初级阶段，在商品经济的发展中，在一个较长时期内、个体经济和少量私人企业的存在是不可避免的"，这是在中央文件中第一次肯定了发展私营经济。到 1988 年，宪法修正案加了一条，允许私营经济存在发展。当然，个体经济的合法地位早在 1982 年宪法当中就已经得到确认了。

按照马克思主义理论，分配关系是由生产关系决定的。上述生产关系的变化，必然带来分配关系的变化。因此，1987 年党的十三大报告明确提出，"社会主义初级阶段的分配方式不可能是单一的。我们必须坚持的原则是，以按劳分配为主体，其他分配方式为补充"，"在共同富裕的目标下鼓励一部分人通过诚实劳动和合法经营先富起来"。"其他的分配方式"，党的十三大报告中列举了好几种，

---

① 《三中全会以来重要文献选编》（上），人民出版社 1982 年版，第 31 页。
② 《邓小平文选》第二卷，人民出版社 1994 年版，第 152 页。
③ 《邓小平文选》第三卷，人民出版社 1993 年版，第 64 页。

包括债券利息、股份分红、企业经营者部分风险补偿、企业主因雇佣带来的部分非劳动收入。这和以前就有了很大不同，既有"诚实劳动"带来的收入分配，又有了"合法经营"带来的收入。

1997 年，党的十五大报告提出"坚持按劳分配为主体、多种分配方式并存的制度。把按劳分配和按生产要素分配结合起来"，"允许和鼓励一部分人通过诚实劳动和合法经营先富起来，允许和鼓励资本、技术等生产要素参与收益分配"。这个提法和党的十三大相比又有较大变化，主要是两点：一点是"多种分配方式并存"，而不再是"其他分配方式为补充"。这是在此之前 1994 年党的十四届三中全会第一次提出来的。另一点是"允许和鼓励资本、技术等生产要素参与收益分配"。我觉得，从一定意义上讲，经营收入、技术作为生产要素参与收益分配都可以看作是一种复杂劳动收入，应当包括在按劳分配的范围内。但资本收入作为一种财产性收入，情况就与劳动收入不一样了。由此，在收入分配中，形成了一个劳动与资本相互逐利的关系，近些年来呈现国民收入分配中劳动收入份额相对缩小、资本收入份额相对扩大的趋势。收入分配政策的变化大致就是这么一个过程。

"效率优先，兼顾公平"口号的由来

从学理上说，公平与效率这一对概念，是一个矛盾统一体。常识告诉我们，收入分配越平均，人们的积极性越削弱，效率自然会低；适当拉开收入差距，只要分配程序、规则公正，就会有助于提高效率。从另一角度说，不提高效率，"蛋糕"做不大，难以实现更多的公平措施，解决社会增多的矛盾；但是，如果不讲公平，收入差距拉得过大，特别是分配程序、规则不公，也会导致效率的下降，甚至影响社会稳定。所以，收入分配差距过大和过小都不利于提高效率。处理好这两者的关系不容易，要辩证统一地考虑。

我国改革开放前，"大锅饭"的分配体制使效率大受影响。实行市场取向的改革后，逐渐讲求效率，拉开收入差距，"让一部分人先富起来"。从农村到城市，经济活跃起来，非常见效。于是经过十多年，就把"兼顾效率与公平"作为经验总结，写进了 1992 年党的十四大决议。据我所知，这是中央文件中第一次明确提到效率与公平关系的问题。在此之前，无论是中央文件，还是学术界，都没怎么谈这个问题。

1993 年，从党的十四届三中全会开始，在效率与公平关系问题的提法上有一个新的变化，即把以前的"兼顾效率与公平"，改为"效率优先，兼顾公平"，使这两者关系，由效率、公平处于同等重要地位，改为效率处于"优先"的第一位，公平虽然也很重要，但处于"兼顾"的次要地位。这两次会议的两个"兼顾"意义很不相同。所以说，这是一个很重要的变化。"效率优先，兼顾公平"的提法，从党的十四届三中全会决议开始，一直到 2003 年党的十六届三中全会，每次中央重要会议的文件都这么提。所以，在相当长的时间里，它是我国在收入分配政策领域的正式精神。在党的十六大报告中，又补充了一句，提出"初次分配注重效率……再分配注重公平"，这也是很重要的分配政策。

共产党向来主张社会公平和公正。为什么一个共产党领导的国家，在分配政策上要把公平与效率相比放在"兼顾"的次要地位呢？这与我国经济长期落后，难以迅速提高人民生活水平和解决众多社会矛盾有密切的关系；也与我国在 20 世纪 90 年代到 21 世纪初面临的国内外形势的深刻变化和发展趋势，及其带来巨大机遇与挑战，有密切关系。这种情势迫使我们积极进取，尽一切努力增大我国的国民财富和综合实力。所以，邓小平"南方谈话"要求，"思想更解放一点，改革与开放的胆子更大一点，建设的步子更快一点，千万不可丧失时机"，强调"发展是硬道理，是解决中国所有问题的关键"。这样就把增加国民财富总量和国家经济实力即"做大蛋糕"的问题突出地提了出来，效率成为第一位的问题。另外，制约我国提高效率的主要因素，当时仍然是过去计划经济时代遗留下来的平均主义的影响，比如奖金人人有份，奖励先进轮流坐庄，特别是脑体倒挂很严重，知识分子常常感叹"搞导弹的不如卖茶叶蛋的"。因此，为了更快提高效率，增加国民财富总量，就必须进一步"打破平均主义，合理拉开差距，坚持鼓励一部分地区一部分人通过诚实劳动和合法经营先富起来的政策"。这句话也正是党的十四届三中全会文件中提出"效率优先、兼顾公平"时所作的说明。

因此，党的十四届三中全会关于效率与公平关系的新提法，把"做大蛋糕"放在经济工作的第一位，而把"分好蛋糕"放在第二位，这是适合我国当时实际情况和发展需要的，当时是完全正确的。在这一时期，中央文件中一再强调，"先富要带动和帮助后富"，"要注意防止两极分化"，主观上并没有忽视社会公平的意思。

淡出"效率优先，兼顾公平"，突出社会公平

长期以来，我研究宏观经济问题多一些，不大研究收入分配问题。但是进入 21 世纪以后，收入差距问题日益显露，国际公认的公平分配指标基尼系数从改革开放之初的 0.2—0.3，已提高到 0.4 国际警戒线以上，从而引起广泛关注。这时候，我开始思考，"效率优先，兼顾公平"是不是该淡出了？

我通过研究认为，"效率优先，兼顾公平"是我国一定时期收入分配的指导方针，而不是整个市场经济历史时期不变的法则。许多同志把这一方针视为市场经济不变的法则，这是与历史事实不符的，一些成熟的市场经济国家，就没有这个提法。现代资本主义国家为了缓和社会阶级矛盾，吸收了社会主义思潮，推行了社会保障、福利的措施。现代自由主义国家既强调效率，也不得不讲公平；现代福利主义国家很强调公平，但也讲效率。他们的效率和公平，都达到相当的水平。有的资本主义国家实施社会公平、福利的一些措施，实比我们这个社会主义国家还要完备得多。当然这有历史发展的背景，不好简单地类比。

经过改革开放二十多年的发展，经济总量发展、效率问题逐步得到相对的解决，"蛋糕"是逐渐做大了。而分好"蛋糕"即社会公平的问题已逐步上升为突出的问题。不能忘记，邓小平临终前就提出了中国"富裕起来以后财富怎样分配"这个"大问题"，他在1992年就对突出解决贫富差距问题作出前瞻性的论断。他曾设想，在20世纪末达到小康水平的时候，就要突出地提出和解决这个问题。

基于上述考虑，2003年，我写了一篇题为《研究宏观经济形势要关注收入分配问题》的文章，提出"逐步淡出效率优先，兼顾公平的口号，向实行效率与公平并重的原则过渡"，并将这一意见在党的十六届三中全会文件起草组提出（当时我是起草组成员之一）。

当时我认为，我国基尼系数尚处于倒"U"形曲线的上升阶段，收入差距客观上还有继续扩大的趋势，一时掉不下来，邓小平的预言可能乐观了一点；看来要到2010年人均收入达到1500美元左右，基尼系数才有可能倒转下降，那时才有可能开始突出解决这一问题，实现"效率优先，兼顾公平"向"效率与公平并重"或"效率与公平优化结合"的过渡。因此，当前应该逐步淡出"效率优先，兼顾公平"，增加公平的分量，降低基尼系数增高的速度、幅度。

应该讲，我的主张是非常缓和的，不像有些同志提出的马上采取措施把基尼系数强行降下来，比如降到0.3，很好啊！但做不到。即便如此，在党的十六届三中全会时，大家的认识还不一致，没有接受我的意见，还是坚持写进了"效率优先，兼顾公平"的字样。

这次会议之后，我没有停止对收入分配问题的思考。学术界也有一些同志针对我的意见，提出批评。比如有人认为不能把突出解决贫富差距和改变效率公平关系推迟到2010年以后。因为"中国人对贫富差距的承受能力已达到极限，目前改变适当其时"。也有人发表文章指出，10年前就有人惊呼我国收入差距已经过大，这不符合我国发展的实际。中国作为发展中国家，在建立市场经济体制过程中基尼系数上升是自然现象，真正解决需要长期等待，现在不要去管。

经过反复考虑，我的观点有所改变。收入差距扩大是否到达承受极限的问题，同校正效率公平的关系、进一步重视社会公平问题，不是同一层次的问题。收入差距扩大到承受极限，很可能与到达两极分化相联系。我们那时还不能说已经到达两极分化（这是邓小平说改革失败的标志），也不能说到达承受极限。但基尼系数客观上还处在上升阶段，如不采取措施，则有迅速向两极分化和向承受极限接近的危险。所以，我们必须从现时起进一步重视社会公平问题，调整效率与公平的关系，加大社会公平的分量。第一步可以逐步减小收入差距扩大的幅度，以后再逐步降低基尼系数的绝对值。所以"效率优先，兼顾公平"的口号现在就可以淡出，逐渐向"公平与效率并重"或"公平与效率优化结合"过渡。

为什么现在就应加大社会公平的分量，进一步重视社会公平问题呢？

经过二十多年的改革与发展，我国经济总量、国家综合经济实力大大增强。已完成 GDP 第一个翻番和第二个翻番，正处在进行第三个翻番阶段，已有一定的物质基础和能力，逐步解决多年来累积形成的贫富差距。也就是说，突出提出和解决邓小平提出的收入分配问题的时机条件，已基本成熟。

收入差距扩大迅速，已成为影响社会和谐与社会稳定的重大问题。二十多年来基尼系数几乎倍增，速度之快，举世无双。基尼系数超过资本主义发达国家如英、美、法（基尼系数 0.3—0.4）和资本主义福利国家如挪威、瑞典（基尼系数 0.2—0.3）。国内外一些机构和专家，指出这已经超过国际警戒线，不管这些论断是否符合我国情况，都应引起警惕。尤其需要注意的是，已公布的基尼系数，难以计入引发人们不满的不合理、非规范、非法的非正常收入，如果把这些因素计算在内，则基尼系数又会加大，在原来 0.4—0.5 的基础上又升高 0.1 左右，即比现在公布的基尼系数增大 20% 以上。社会不公平造成许多矛盾紧张与社会不和谐现象，潜伏隐患，说不定什么时候就会爆发。

我国改革之初，各阶层人民受改革之惠，生活改善，没有分化出明显的利益集团，普遍积极支持改革。但 20 世纪 90 年代以后，不同利益人群逐渐形成，有的在改革中受益较多，有的受益较少，有的甚至受损，对改革支持的积极性也有所变化。各阶层居民对改革都有自己的诉求。比如，得益较多的利益集团中有人说：改革必须付出代价，必须牺牲一代人，这一代人就是几千万老工人。同时，也就有另一种对应的声音说：为什么就是我们，不是你们。对立的情绪可见。为了使改革获得更广泛的支持，今后要长期强调有利于社会和谐和稳定的社会公正和公平。

导致收入差距迅速拉大、社会分配问题丛生的因素十分复杂。广大干部经验不足，特别是一部分干部误解，过于强调"效率优先"，把公平放在兼顾从属地位，是重要原因之一。"效率优先"不是不可以讲，但应放到发展生产的领域去讲，非常合适，而不是放在收入分配领域，我党转变发展方式的重要方针要求把质量、效益、效率作为经济发展的最主要因素，而把投入、数量和速度放在适当重要地位，这符合正确的"发展是硬道理"的大道理。

我还考虑，初次分配里不仅仅是一个效率的问题，同样也有公平的问题。资本与劳动的收入比例关系就是在初次分配里面形成的，垄断企业和非垄断企业的收入差距也是初次分配的问题，企业的高管与一般劳动者收入悬殊仍是初次分配的问题。还有说不清道不明的许多不合理、不合法、不规范的黑色收入和灰色收入，不是初次分配中产生的。因此，收入差距问题必须要从源头、初次分配环节着手解决，光靠财税等再分配杠杆来调节，这在中国是远远不够的，是解决不了分配不公问题的。

至于有人提出，现在这样强调社会公平，会不会回到传统体制固有的平均主义的忧虑，我倒是不担心。我国改革发展到现在这一步，很少有人想回到"大锅饭"的旧体制。引发不满的是体制外的灰色收入、法制外的黑色收入，以及体制内由于法律不健全、政策不完善造成的非规范的过高收入。人们希望的无非是调整和纠正这些不公平现象，并改进运用再分配杠杆适当调整贫富差距，而绝不是想触动那些合理合法的高收入。在目前实际生活中，平均主义的残余已限制在一些国有机构、产业部门中越来越少的部分，而且国有部门单位之间也出现了相当大的收入鸿沟。残余的平均主义要继续清理，但目前矛盾的主要方面已在分配天平的另一端，需要适当地校正。

我倒有另一种忧虑。在我国这样一个法制环境和人治环境下建立的市场经济，如果忽视共同富裕的方向，建立起来的市场经济必然是人们所称的坏的市场经济、权贵市场经济、两极分化的市场经济。按照邓小平的提法，改革就失败了。我们要避免这种情况，我们一定能够避免这种情况，那就只有一个办法，要更加重视社会公平的问题。

基于上述考虑，2005 年，我发表了《进一步重视社会公平问题》一文，后来又写了一篇短文《把效率优先放到该讲的地方去》，提出"效率优先，兼顾公平"要淡出，把公平置于"兼顾"的次要地位不妥，初次分配也要注重公平。

我的文章发表以后，社会反响比较强烈。很多同志发表意见。多数同志还是赞成我的看法的。但是，也有同志很激烈地反对，批评我的主张是民粹主义，效率仍应放在第一位，社会公平放在兼顾地位。对这种批评意见，我的看法很简单，照他说的搞下去，中国的改革就要走向权贵资本主义的道路，就要失败了。当然，这是我个人的看法，可以讨论。

2005 年以后，我年纪大了，参加社会活动少了，中央文件起草工作也没再参加，我把文章的原稿呈送给了中央。中央主要负责同志很重视，批给了党的十六届五中全会文件起草组。但是，党的十六届五中全会报告征求意见稿当中又出现了"效率优先，兼顾公平"和"初次分配注重效率，再分配注重公平"的字样，遭到各方面很多同志的非议。我在中国社会科学院也提了反对意见。十六届五中全会文件最终定稿时，勾掉了这两个提法，同时突出了"更加重视社会公平"的鲜明主张。据我所知，这是中央文件中第一次提"更加重视社会公平"，毫无疑问，这符合改革的大势所趋和人心所向，也有利于调动大多数人的改革积极性，无疑是我们收入分配理论和政策领域的一个重大进步。

实现收入分配公平的基本思路

党的十六届五中全会是一个重大转机。"更加重视社会公平"表明，中央从着重重视发展和效率问题转向同时关注更加重视分配公平问题。2006 年中央政治局专门召开会议研究解决贫富差距问题。党的十六届六中全会又强调了要更加重视社会公平。2007 年党的十七大报告进一步提出了"合理的收入分配制度是社会公平的重要体现"，并将初次分配也要实行社会公平这一原则写进了中央文件。

近年来，国家高层不断表达"调整收入分配结构"的政治决心，进入 2010 年，"调整收入分配"一词以前所未有的密集度出现在官方表述中。温家宝总理在与网民对话时，也承诺了政府不仅有"做大蛋糕"的"责任"，而且有"分好蛋糕"的"良知"，这些都是基于忧患严重的收入分配不公和贫富差距拉大而表达出的深化改革的信号，深得人民群众的欢迎，希望由此得到共享改革发展的成果。

如何缩小贫富差距，实现收入分配公平，目前政府正在研究解决途径和采取适当措施。今年 2 月 4 日，在中央举办的省部级主要领导干部专题研讨班上，温家宝总理把改革分配制度、逐步扭转收入差距扩大趋势，归结为三条：一是加快调整国民收入分配格局，逐步提高居民收入在国民收入分配中的比重、劳动报酬在初次分配中的比重；二是加大税收对收入分配的调节作用；三是对城乡低收入困难群众给予更多关爱。3 月 5 日在本届人大政府工作报告中，又将改革收入分配制度，分好"蛋糕"的原则措施，概括为三个方面：一是抓紧制定调整国民收入分配格局的政策措施；二是深化垄断行业收入分配制度改革；三是进一步规范收入分配秩序。两次提法略有不同，互为补充，都是切合当前我国收入分配改革的要求，有助于遏制贫富差距扩大的趋势，迫切需要制定切实可行的具体措施，加以贯彻。

我考虑，扭转收入分配不公，由收入差距不断拉大转为差距缩小，直到合理分配的程度，涉及许多方面关系的调整，是一个非常复杂的改革过程，需要深入研究分配问题的机理，选择改革收入分配制度的思路，方能取得预期的社会共富的效果。

在调整收入分配关系，缩小贫富差距时，人们往往从分配领域本身着手，特别是从财政税收、转移支付等再分配领域着手，完善社会保障公共福利，改善低收入者的民生状况。这些措施是完全必要的，我们现在也开始这样做了，但是做得还很不够，还要加大力度，特别是个人所得税起征点和累进率的调整，财产税、遗产税、奢侈品消费税的开征，并以此为财源来增强对社会保障、公共福利、消除"新三座大山"的医改、教改、房改和改善低收入者民生状况的支付等。但是，仅仅从分配和再分配领域着手，还是远远不够的，不能从根本上扭转贫富收入差距扩大的问题。还需要从所有制结构，从财产制度上直面这一问题，这就是邓小平所说的"只要我国经济中公有制占主体地位，就可以避免两极分化"。所以改革收入分配制度，扭转贫富差距扩大趋势，应采取必要的政策措施，保证公有制为主体、按劳分配为主的两个为主原则的真正落实。

（原载《百年潮》2010 年第 4 期）

关于国富、民富和共同富裕问题的一些思考

2010年年底到2011年年初，"十二五"规划制定讨论期间，一个很热烈讨论的话题，是"国富"和"民富"的问题。有人说，过去我们长期实行的是"国富优先"而不是"民富优先"的政策导向，这造成现在我国"国富民穷"或"国富民不富"的现象。有人说，"国富优先"的政策导向，使国家生产力大大快于民众消费的增加，导致总需求不足。因此要从"十二五"起，把"国富优先"的政策导向转变为"民富优先"。

在研究制定"十二五"规划建议的时候，虽然有国家发改委个别官员讲，"十二五"规划与前面十一个五年规划的"本质差别是由追求国富转为追求民富"，但"十二五"规划好像并没有明确提出"国富转民富"的方针和字样。我认为有些学者和媒体把"国富"与"民富"并立和对立起来的提法，并不确切。就"国富"来说，经过改革开放，我国的经济实力也就是"国富"确实大大增强了，经济总量已超过日本，排到世界前二位。但是人均国民总收入仍列世界第121位①，所以不能说国家已经很富。就"民富"来说，也不能简单地讲现在是"民不富"或"民穷"。我国人民生活水平总体上比过去有很大提高，部分人群已经很富很富，甚至富得冒油，堪比世界富豪。有报告显示，2010年我国内地资产在百万美元以上的富人总数已达53.5万②；2011年我国内地资产超十亿美元的富翁

---

① 参见《中国统计年鉴2011》附录2—13。
② 参见 http：//news. cntv. cn/20110626/101326. shtml。

有 146 人。① 但是大部分国民确实富得不够，甚至很穷。所以一方面内需不足，消费率低；一方面奢侈品市场热销，居世界第二。一方面"朱门酒肉臭"，一方面在菜市场、超市旁边可以见到拣拾菜帮子过日子的群众。所以说，国民有富有穷，不能一概而论，说什么"民穷"或"民不富"。

再说消费率低和内需不足的原因。这不是什么"国富优先""民富滞后"的结果。而是"让一部分人先富起来"，而多数群众未能跟着走上"后富"，反而陷于相对贫困，甚至绝对贫困的结果。按照联合国标准，每日收入一美元以下为绝对贫困，二美元以下为低收入，都属穷人之列。2010 年中国估计有 1.5 亿人口的每日收入不足一美元，② 属于绝对贫困。这些人群收入低，买不起东西，才是消费率低和内需不足的主要群体。而居民之中另一部分特别富裕人士，他们之中有人可以花 400 万元买只藏獒，再用 30 辆奔驰车去机场接这个宠物；有人可花数百万元买一辆宾利豪华敞篷车，或者花更多的钱置办私人飞机。看来他们不是提高消费率和扩大内需的对象。

再说政策导向。究竟我国过去有没有所谓"国富优先"的政策导向？按我的印象，过去从来没有明确宣布过或者实行过什么"国富优先"的政策，倒是明确宣布过并实行了"让一部分人先富起来"的政策。如果说这也算是"民富优先"，那也只是让一部分人优先富起来的政策。这一部分人主要是私人经营者和有机遇、有能力、有办法、有手段积累财富的人群。应当说，这一政策实行得非常成功。它导致中国经济结构发生了巨大变化，宏观经济上国退民进、公退私进的结果，使得民营经济在 GDP 中的比重，由改革开放前的近乎为零，上升到 2005 年的 65%。民营经济的增长大大超过国有、公有经济的事实，证明了我们这些年实际上实行的，不是什么"国富优先"，而是"民富（当然是一部分'民'）优先"的政策。在社会主义初级阶段，需要放开一些个体、私营经济，以促进生产

---

① 参见 http：liftnance. people. com. cn/money/GB/15625212. html。
② 参见 http：//news. qq. com/a/20100818/000255. htm。

力的发展。这种借助让一部分人先富起来以推动经济发展的政策，本来也可以说得过去，是可以尝试的。当初宣布实行这一政策的时候，就曾提出"先富带后富，实现共同富裕"的口号。但是多年的实践证明，"让一部分人先富"的目标虽然在很短的历史时期中迅速完成，但"先富带后富，实现共同富裕"，却迟迟不能够自动实现。在市场化的大浪淘沙下，这也不大可能实现。相反地，随着市场化的发展，贫富差距越来越大，两极分化趋势"自然出现"。反映贫富差距的基尼系数向着高危方向发展，我国已成为两极分化比较严重的国家之一。

　　为什么我们在实行让一部分人先富起来的同时，长时间地不能解决先富带后富实现共司富裕呢？光用"先做大蛋糕后分好蛋糕要有一个时间过程"来解释，是不足以充分说明的。邓小平早就指出，先由贫富差距的扩大，再到贫富差距缩小的问题，要在 21 世纪之初基本达到小康的时候，就应该着手解决。中国经济发展的实际进程表明，由于中国资本原始积累过程中财富来源路径的特殊性，中国富豪积累财富时间超短。从事财富研究的胡润曾说，在国外，挣一个亿的财富要 15 年，把一个亿的财富变成十个亿要 10 年时间，而中国只要 3 年，比外国短了很多。在中国，成功地完成一部分人先富起来的任务所花的时间极短，而先富带后富，实现共同富裕的任务却遥遥无期。一些为财富为资本辩护的精英们常常以分配问题复杂为借口，预言需要等待很长很长的时间才能解决分配的公平问题，要大家忍耐再忍耐，这真是奇怪的逻辑。要知道这是连邓小平也不能容忍的，因为他早就多次要求适时解决贫富差距扩大的问题，并警告说两极分化趋势将导致改革失败的危险后果。

　　为什么社会主义的中国会发生一部分人先富起来很容易，实现社会公平克服两极分化反而非常困难？我认为主要原因之一，在于我们集中精力进行以经济建设为中心的伟大事业以来，把主要的注意力放在效率优先做大 GDP 规模上面，而把社会公平和分配好社会产品的问题放在"兼顾"的次要地位，以至于一些同志逐渐把马克思主义关于社会经济发展规律的一些基本常识也模糊淡忘了。比如说社会主义初级阶段，对于个体、私营经济是应该允许发展的，但不能忘了列宁指出的小生产时刻不断产生资本主义的规律；又比如说，私人资本是应该允许存在的，但不能忘了马克思早已指出的资本积累必然引起两极分化的规律；又比如说，私营企业主对社会经济发展的贡献是应当承认的，但不能忘了他们作为资产阶级的两面性，特别是其嗜利逐利的本性，这一本性迫使他们不断为占有更多的剩余价值而奋斗，推动社会走向两极分化。"两极分化自然产生"，这是邓小平的又一个至理名言。但我们的一部分同志却竭力回避"两极分化"的字眼。党内一部分有影响的同志淡忘了上述一系列马克思主义关于社会经济发展规律的 ABC，所以在改革开放后实行让一部分人先富起来政策的时候，对于私人资本经济往往偏于片面支持刺激鼓励其发展社会生产力的积极方面，而不注意节制和限制其剥削和导致两极分化后果的消极方面，即与社会主义本质不相容的东西。先富带后富和共同富裕长期难以实现，贫富差距的扩大和两极分化趋势的形成，根本原因就在这里。

目前我国收入分配领域最核心的问题，是贫富差距急剧扩大，两极分化趋势明显。中心的问题不是什么"国富"与"民富"的矛盾，而是一部分国民先富、暴富与大部分国民不富或贫穷的矛盾。要克服和扭转贫富差距扩大和两极分化的趋势，需要的政策转向，不是什么"国富优先"转变为"民富优先"，而是明确宣布"让一部分人先富起来"的政策已经完成任务，今后要把这一政策转变为逐步"实现共同富裕"的政策，完成"先富"向"共富"的过渡。

再说，把"国富"与"民富"对立并提，是缺乏科学依据的。"国富"和"民富"是一双相对的概念，二者之间并非完全互相排斥，而是矛盾统一的关系，在一定意义上也可以水乳交融。什么叫"国富"？严复最早翻译亚当·斯密 *The Wealth of Nation* 一书，中文译名为《国富论》。但斯密在这本书里不但讨论了君主或政府（相当于国家）的收入和财富问题，也讨论了工、农、商子民（相当于国民）的收入和财富问题。后来郭大力、王亚南重译此书，书名改称《国民财富的性质和原因的研究》，这样"国富"的含义就推广为"国民的财富"了。但是书里面并没有删掉政府或国家的收入和财富问题，可见"The Wealth of Nation"的含义，可以是国家的财富，也可以是国民的财富。国富和民富并不完全是非此即彼的东西。

现在我国流行语汇中的"国富"，是什么含义呢？大体上是指政府直接掌握和可分配的收入，相当于斯密书中的第五篇所说君主或国家的收入。斯密讨论了各类名目繁多的税负的利弊，其目的在于说明，君主（政府）的收入和国民的收入并非一直是矛盾。交给国家的收入多了，并不意味着国民的收入就减少了。因为君主和国家需要必要的费用，以保护和增加国民财富。《国富论》用大量篇幅论证了国家的三项基本职能，即保护社会、保护社会里的每一个人、建设公共事业和公共福利设施。如果我们把国家和政府所代表的统治阶级利益和官员的挥霍浪费暂时存而不论，可以说这大体上也是现代国家与国民、政府与人民之间财富与收入关系的写照。

现代国家政府可支配收入转化为居民可直接支配的收入，只是其用于民生支出中的一部分（如补贴、救济、社保等）。其用于公共福利（教育、文化、卫生等）、基础设施、经济建设、安全保卫、行政管理等费用，其效益虽然是全民共享，但不直接由居民支配而由政府支配。政府可支配收入与居民可支配收入毕竟不是一码事。有些同志把居民可支配收入占国民收入之比与政府可支配收入占比的升降，作为"国富"与"民富"对比的评价标志。这一对比有它本身的分析意义，但不能反映收入分配关系的根本问题，即贫富差距和两极分化问题。如前所述，"居民收入"是一个混合概念，居民中包括富民与贫民。从居民收入占比和政府收入占比的对比中，完全看不出贫富差距。贫富差距和两极分化，首先要在居民内部，划分为劳动报酬（劳动力要素所有者的收入）和非劳动报酬（其他非劳动要素特别是资本要素所有者的收入）的对比中表现出来。这才是当今社会分配的核心问题。

若干年来，随着所有制结构的公降私升，随着市场化大潮中"拥抱资本、疏远劳动"的风气盛行，宪法中规定的"按劳分配为主"，事实上逐渐被"按资本分配为主"所代替。因此劳动者报酬占比不断下降，而资本所得占比不断上升。由于劳动者报酬在居民收入中占最大份额，劳动者报酬在 GDP 中占比的下降，就决定了居民可支配收入在 GDP 中占比的下降。居民可支配收入占比的下降，主要是由劳动者报酬占比下降和企业利润所得占比上升造成的，主要不是由政府收入上升所造成的。所以，要扭转居民收入占比的下降趋势，核心问题在于提高劳动者报酬和中低收入者的收入，关键在于调整劳动收入与资本所得的比重，而不在于调整政府收入的比重。

政府收入在 GDP 中所占比重，或者所谓"宏观税负"问题，曾是"国富"与"民富"争议中热议的话题。目前我国宏观税负水平是不是过高，肯定的和否定的意见都有。现在以既包括纳入一般预算管理的公共财政收入，又包括政府基金收入、国有资本经营预算收入、社会保险基金收入等宽口径的政府收入来说，财政部业务部门按我国全口径财政收入计算，政府收入占 GDP 比重 2007 年为 27.6%，2008 年为 27.9%，2009 年为 30.0%。中国社会科学院财贸所也按 IMF《政府财政统计手册》标准，计算了中国全口径政府收入占 GDP 之比，2007 年为 31.5%，2008 年为 30.9%，2009 年为 32.2%，比财政部的数字稍高。按 IMF《政府财政统计年鉴》对 2007 年 53 个国家宏观税负的计算，这些国家实际宏观税负平均为 39.9%，其中 24 个工业化国家实际宏观税负平均为 45.3%，29 个发展中国家实际平均税负为 35.5%。同这些实际数字比较，我国平均宏观税负即使用社科院 2009 年 32.2% 的较高数字，也大大低于工业化发达国家的平均水平，与发展中国家相比也不过高。根据国际经验，随着生产力向发达水平发展，政府承担的社会民生、公共福利和收入再分配等任务越来越重，我国政府收入占比或所谓宏观税负水平，还有继续提升的必要和空间。

　　所以，目前我国宏观税负问题，主要并不在于政府收入占比高低，而在于财政收支结构是否合理，是否能够通过政府收支的运作，一方面实现"国富"与"民富"的良性交融，另一方面推动"民富"中"先富"向"共富"的转化。目前我国国家财政收支结构上的主要问题，在于财政收入的负担偏重由中低收入者或劳动阶层来承担，而在财政支出的使用上，用于社会民生和公共福利方面的开支偏低。

　　我国现行税制的格局是以间接税为主，其在税收总额中占七成以上。间接税包括增值税、营业税等税额，隐藏在商品和服务的价格之内，最终由消费者埋单。即使消费者因收入低而免于缴纳所得税，他也不能摆脱生活所需的米、油、盐、服装、餐馆用餐、水电煤气等价格与付费中内含的间接税负担。由于低收入者需要将可支配收入的很大部分用于基本生活开支，因此他们承担的间接税负与其收入之比，要比高收入者为基本生活所承担的税负与其收入之比大得多。个人所得税收入结构也存在明显的不合理。个税征收对象主要是工薪阶层的劳动收入，而对股息、红利、财产租赁等资本所得征收甚少，占有大量财富的富人只负担了少量税收份额；没有被统计到城镇居民收入口的数额巨大的隐性收入，主要发生在高收入富户，这也严重影响了税负公平。在我国财政支出结构上，一方面行政管理开支过高，占国家整个财政支出的比重，远高于英、日、美等发达国家，每年公车、公款吃喝、公费出国即"三公"费用惊人；另一方面用于教育、医疗和社会保障的公共服务支出占财政总支出的比重，明显低于人均 GDP 超过 3000 美元的国家。

　　以上情况表明，如果像一些人士所说，我国宏观税负过高，那也只是对中低收入的劳动阶层负担偏重，而他们应当得到的补偿或该分享的社会福利却感到不足；以资本和财产所得为主的富裕阶层的财富的收入，则大都游离于国家财政税收调节的国民收入再分配过程之外。这种逆向调节的机制，只能助长贫富差距的扩大，迫切需要扭转。对此一些学者专家都有共识，主张改弦易辙。在财政收入方面，提高直接税收的比重，降低间接税收的比重；在直接税方面，提高资本财产与非劳动所得的税负，考虑家庭负担，降低中低收入者的所得税负；开征遗产税、赠与税等财产税种。在财政支出方面，厉行节约，大力减小行政费用占比，增大社会民生、公共福利、再分配转移支付占比，等等。这些主张集中起来就是要国家财政重回"调节收入分配、促进社会公平"这方面的职责，问题在于决策决心和实施步骤，需要抓紧进行。

应当指出，缩小贫富差距，扭转两极分化趋势，不能单纯靠国家财政调节手段。贫富差距扩大的原因甚多，如城乡差距、地区不平衡、行业垄断、腐败、公共产品供应不均、再分配调节滞后等，必须一一应对。但这不是最主要的，按照马克思主义观点，所有制决定分配制，财产关系决定分配关系。财产占有上的差别，才是收入差别最大的影响因素。30 多年来我国贫富差距的扩大和两极分化趋势的形成，除了前述原因外，所有制结构上和财产关系中的"公"降"私"升和化公为私，财富积累迅速集中于少数私人，才是最根本的。

我国社会主义初级阶段的经济结构，随着让一部分人先富起来和效率优先政策的执行，非公有经济的增长必然超过公有经济和国有经济，从而形成了多种所有制经济共同发展的局面。这是有利于整个经济发展的。但这种非公有经济超前发展和公降私升、"国"降"民"升的势头一直延续下去，"到一定时候问题就会出来"，"两极分化自然出现"（邓小平语）。[1] 随着私人产权的相对扩大，资本财产的收入份额会相对扩大，劳动的收入份额则相对缩小，从而扩大贫富差距，促成两极分化趋势。

在调整收入分配关系，缩小贫富差距时，人们往往从分配领域本身着手，特别是从财政税收、转移支付等再分配领域着手，完善社会保障公共福利，改善低收入者的民生状况。这些措施是完全必

---

[1] 《邓小平年谱（1975—1997）》（下），中央文献出版社 2004 年版，第 1364 页。

要的，我们现在也开始这样做了，还要加大力度。但是，仅仅就分配谈分配，仅仅从分配和再分配领域着手，还是远远不够的，不能从根本上扭转贫富差距扩大的问题。还需要从所有制结构上直面这一问题，需要从强化公有经济为主体，国有经济为主导着手，扭转生产资料所有制"公"降"私"升和"国"退"民"进的趋势，阻止化公为私的所有制结构转换过程。这也是调整"国富"同"民富"关系的一个重要方面。小平同志强调："只要我国经济中公有制占主体地位，就可以避免两极分化。"① 又说，"基本的生产资料归国家所有，归集体所有，就是说归公有"，就"不会产生新资产阶级"。② 这是非常深刻的论断。这表明，社会主义初级阶段容许私人产权的发展，容许非劳动要素（主要是资本）参加分配，但这一切都要以以公有制为主体和以按劳分配为主为前提。那种让私人资本向高利行业渗透（关系国民经济命脉的重要部门和关键领域），那种盲目地鼓励增加"财产性收入"之类的政策，只能促使收入差距和财富差距进一步扩大，都应该调整。只要保持公有制和按劳分配为主体，贫富差距就不会恶性发展到两极分化的程度，一定可以控制在合理的限度以内，最终向共同富裕的目标前进。否则，两极分化、社会分裂是不可避免的。

（原载《经济研究》2011 年第 10 期）

---

① 《邓小平文选》第三卷，人民出版社 1993 年版，第 149 页。
② 同上书，第 91 页。

关于混合所有制改革的一些看法

　　党的十八届三中全会突出用混合所有制的办法进行国企改革，但混合所有制不是新事物，中华人民共和国成立初期我们就有公私合营，这其实就是混合所有制的一种方式。那是以公营经济渗进私有经济，逐步将私有经济改造成国有经济，是一种向社会主义过渡的所有制形式，时间很短，很快便完成改造。这次的混合所有制形式上类似以前的"公私合营"，实质上完全不同。它是倒过来，让私有经济参与国有经济的改革，那么是否意味着也倒过来，逐步把国有经济改变为私有经济，成为向资本主义过渡的一种短暂的所有制形式呢？笔者觉得不是这样的。党的方针意不在此，混合所有制经济是社会主义初级阶段基本经济制度的重要实现形式之一，不是短时间的，初级阶段要向社会主义高级阶段过渡，时间很长，所以混合所有制经济不应当是向私有制经济过渡的一种短暂的所有制形式。社会主义初级阶段的基本经济制度是以公有制为主体，多种所有制经济共同发展，公有经济和私有经济都是重要组成部分，必须坚持"两个毫不动摇"，无论在宏观国民经济层面，还是微观混合经济实体方面，我们都要公进私进，国进民进，不能只是国退民进。混合所有制要国有控股，国有经济占主导地位，要守住公有制为主体以及国有资本控股的底线。

　　发展混合所有制经济的目的是什么？习近平同志说国企在深化改革中不仅不能削弱，而且要加强，党的十八届三中全会的文件也说：混合所有制经济要有利于放大国有资本的功能，实现国有资本的保值增值。我们不能随着混合所有制经济的发展，使国有经济越来越萎缩，非公有经济越来越扩张，国有经济不但不能放大功能，而且混合到最后反而把国有资产都混没有了。这是国资委研究中心主任楚序平在"2013上海国资高峰论坛"上的讲话中，针对有人有这样的想法而提出的，这种想法与我国改革发展混合所有制经济的目标背道而驰。持这种把混合所有制看成是国退民进、公退私进、国有企业私有化形式的主张，的确大有人在。发改委某副主任在达沃斯世界经济会议上讲，政府大力提倡混合所有制经济，意味着地方政府可以将国有企业私有化，将国有企业卖来的资金还债，这与党的十八届三中全会精神风马牛不相及。

在发展混合所有制经济中，有些人只注意外资或私资进入国企的单边关系，夏小林最近写了一篇文章提到，任何企业都有独大问题，为什么只强调国有股要减持，强调要让私有资本掺进控股？有民营企业的大佬甚至公开宣称，若不能取得控股权，将不参与国企改革，其对国企改革的野心昭然若揭。凡此种种，都不符合党的十八届三中全会关于国资、私资、外资等交叉持股、互相融合等混合所有制改革的精神。

党的十八届三中全会文件起草时征求意见，笔者对原稿中经济部分第六点"积极发展混合所有制经济"这一段以及"合理减持现有国有股份"内容的表述提出意见：目前国有经济在国民经济中占比已经大大缩减的情况下（已经缩减到20%），如果继续对所剩不多的大中型国企进行国有股减持和私有股掺进私有股份化改制，世界银行甚至提出到2020年、2030年要把国企股份比例降低到10%，或者实行"黄金股"，那么我国公有制为主体的基本经济制度将更加难以维持，社会主义市场经济将摇摇欲坠，就会变成资本主义市场经济。

笔者又对原稿中第八点提到的"鼓励非公有制经济参与国企改革，鼓励发展非公有制经济控股混合所有制企业"的表述，提了意见：当然可以这样鼓励，反过来也可以鼓励公有制经济参与非公有制改革，公有制经济控股混合所有制企业。原稿的表述使人认为混合所有制企业似乎只能是私有控股，到底哪个控股好要看具体情况而定。还要加上一个意思，如果国有控股转变为私有控股，那么混合所有制企业整体的性质也就起了变化。以上两条意见，至今仍可以研究参考。

　　经过二十多年的发展，我国混合所有制改革起步已经多年，不少国企的股权结构已经多元化，上市公司当然如此，在中央地方国有控股上市公司内部，已经占据压倒性的优势。据楚序平的材料统计，在这些上市公司之间，非国有股权比例已经平均超过53%。在这个基础上，进一步尽可能降低国有股权比例，将其缩减到20%以下，或者政府持有1%的"黄金股"，甚至放弃"黄金股"的极端水平，连同地方出售大批中小型企业，将涉及巨额国有资产以及相应的巨额利润重新组合到私人手中，促使中国财富结构和收入结构进一步向中外私人资本富豪大倾斜，而国家财政收入减少，社会福利保障也相应减少。国家所掌握的财富、社会福利的财富，民生、社会建设的财富减少，富豪财富增加，这就是所谓的"马太效应"，后果极其严重。夏小林在《2014年国企与改革——兼评被污名化的"国资一股独大"》一文中分析了国有股私有化带来的恶果，应当受到重视①。所以，国企改革和发展混合所有制经济，一定要坚持社会主义的方向，坚持社会主义基本经济制度的根本原则，防止财富和收入分配通过所有制结构的变化向两极分化进一步推演。笔者曾在一篇文章中也提到所有制结构与分配关系②。所以要围绕习近平同志所讲的"不仅不能削弱国企，而且要加强"改革，不能让其蜕变为民营、外企进入国企的单边关系，以至于如习近平所警告一些人在"一片改革声中把国有资产变成牟取暴利的机会"，重演过去国企改革的悲剧。中央已经意识到这一点，部门和地方执行政策就很难说，有的方面思想上根本意识不到。可采取的措施很多，比如《环球时

---

　　①　载《管理学刊》2014年第3期。

　　②　刘国光：《关于分配与所有制关系若干问题的思考》，《中国社会科学内刊》2007年第6期。

报》刊载昆仑岩的文章《决不能让疯狂卖国企重演》中举了一些办法，如混合经济可以合资合股，增资增股，而不是变相出卖国企，减持国股，等等，可以参考。有利于巩固社会主义基本经济制度的好的国企改革意见多得很，希望国企改革的决策和执行部门择优吸收。

（写作于2012年，原载《刘国光经济论著全集》第17卷，知识产权出版社2017年版）

我的经济学探索之路

一

走上经济学求索之路，是我自己的选择，但仔细想想，却应该说是时代引导了我的人生之路。

1941 年高中毕业报考大学时，父亲希望我学理工科，成为一个工程师。但我却选择了经济学，考取了西南联大经济系。我生长在我们国家危难的时期，1923 年 11 月 23 日出生于江苏省南京市，考进江宁中学正是"一二·九"运动爆发的 1935 年，抗日救国浪潮已在全国兴起，1936 年日本帝国主义以成都事件为借口，派军舰横闯长江，炮轰长江沿岸各大城市，我和同学们义愤填膺，上街游行示威。流亡重庆后，进入国立第二中学，高中时，读了一些进步书籍，也通读了郭大力、王亚南翻译的《资本论》第 1 卷，逐渐形成了对马克思主义经济学理论的兴趣和信仰。在西南联大学习了 5 年，毕业论文是《地租理论纵览》。1946 年从云南昆明国立西南联合大学经济系毕业后，考取了清华大学经济系的研究生，但因家庭经济状况难以坚持学业，由导师荐举旋到天津南开大学经济系任助教。1948 年 9 月转到南京中央研究院社会研究所任助理研究员。

中华人民共和国成立后，1950 年春被选拔到华北人民革命大学政治研究院学习。1951 年夏天又被选拔到苏联留学，分配到莫斯科国立经济学院。由于考虑到祖国进入社会主义建设时期，国民经济平衡问题是亟须妥善解决的一个基本问题，学位论文选的是《论物资平衡在国民经济平衡中的作用》。1955 年毕业回国后，进入中国科学院（后为中国社会科学院）经济研究所从事研究工作，接受的第一项工作，是协助苏联专家进行为加强我国企业财务的计划管理而建立流动资金定额管理制度的调查研究。工矿企业资金定额管理制度的普遍建立，是推动我国企业实现经济核算制的重要一步。

1957 年，我国著名经济学家、老一代职业革命家孙冶方到经济研究所任所长，他特别强调和重视理论密切联系实际，致力于为我国经济建设和发展开拓一条理论联系实际的经济学研究之路。然而，这种理论联系实际的思路和做法，难免会与当时"左"的倾向相抵触，孙冶方带领经济所研究人员的理论追求，曾被作为"修正主义思潮"遭到批判。我到经济所开始的从计算与统计国民经济的各项指标来研究社会主义经济运转各种的工作，使我走上了从实际出发来研究社会主义经济的管理体制和机制的学术出发点和道路。

1958 年，经济所建立综合平衡组（即后来的宏观经济研究室），杨坚白任组长，我和董辅礽担任副组长。经过 1958—1960 年的 3 年"大跃进"，在盲目追求高速度的思想指导下，国民经济受到了严重的损害与挫折。怎样从理论上总结和认识经济发展中出现的这些问题，作为一个经济学研究者，有责任从经济学原理上来回答这些问题。1961 年到 1964 年，我曾致力于社会主义再生产问题、发展速度与比例问题、积累与消费问题和固定资产再生产等问题的研究，在长期研究马克思的再生产理论过程中，形成了一套比较完整的看法，发表了一系列文章。"文化大革命"结束后，我又思考和提出了综合平衡与经济体制的关系问题，认为传统体制不利于综合平衡，不进行经济体制改革，就不能实现经济的稳定增长。1980 年，撰写了《马克思关于社会再生产的原理及其在生活中经济中的应用》《对我国国民经济发展速度和比例关系问题的探讨》《关于速度问题和积累问题的一点看法》等文章。"文化大革命"之前，孙冶方对社会主义计划经济体制中存在的问题的思考就受到了批判，我也被划入孙冶方、张闻天反党集团的"一伙人"，受到冲击和审查。这种压抑的状态一直延续到"文化大革命"结束，作为一个经济学者，不能不在苦闷中思考祖国的未来。

我国历史性的改革开放，使我的经济学研究进入了一个新的阶段，改革中提出的一系列新问题，要求我们抓紧研究和思考，这一时期是我的思想进展较快的时期，应该说，是时代推动我在经济学探索的道路上不断前行。

二

改革开放初期，我有幸参加了一些出访考察。1982 年，我与国家计委柳随年、郑力受国务院派遣，到苏联做中苏论战以来的首次学术访问，考察其经济管理制度及其改革情况，以期寻找到一些可以借鉴的经验教训来推进我国的改革开放步伐，避免走弯路。考察回国后，我们向中央领导同志做了汇报。苏联当时的经济管理体制，虽然经过了时间不短的几次有快有慢、有进有退的改革，但进展并不大。我认为，从苏联经济体制的整体情况来看，特别是对微观经济的管理，弊病还是很多的，不能解决传统经济体制中的那些老大难问题。苏联的体制如果不进行根本的改革，继续前进就会遇到困难。所以，从整体上看，苏联经济体制不能成为我们经济体制改革的方向和模式。我们应该总结自己的经验，摸索自己的道路。我们的改革有些已经突破了苏联传统体制的做法，我们应该坚持自己的改革方向，不能像苏联那样步履蹒跚，走走停停。

中国经济体制改革，乃至整个社会主义国家的经济体制改革，在理论上要认识、在实践中要处理的基本问题，是社会主义与商品经济的关系问题，这就要求我们对现时社会主义经济的商品经济属性及其根源进行深入、科学分析，在此基础上，认识传统高度集中的计划经济体制出现僵化等弊端的根源在什么地方。改革初期，我也比较集中地思考这个经济体制改革全部理论和实践问题的基点问题，当时是围绕社会主义经济中计划与市场的关系来展开对这个问题的研究的。1979 年，我在与赵人伟合作的《社会主义经济中计划与市场的关系》一文中，论证了我们对社会主义经济中计划与市场关系的看法，认为两者既不相互排斥，也不是由外在的原因所产生的一种形式上的凑合，而是由社会主义经济的本质所决定的一种内在的有机的结合。由于这篇文章的突破性，当时中央主要领导人给予很高评价，认为是研究新问题和探索改革之路的标杆文章。1982年 9 月，我在《人民日报》上发表的《坚持正确的改革方向》一文曾较早提出削减、取消指令性计划，强化市场取向的指导性计划观点曾受到批判，但实践证明是正确的。

经济体制改革在基本方向上是要发展商品经济和市场经济，但到底要改革成一个什么目标模式呢？这是在理论上必须解决的一个重要问题。在改革开放初期就开始了对这个问题的探索，设定出一个目标模式，才能综合地协调改革的步骤，向这一目标前进。对于经济体制改革的模式分类和目标选择，开始时我试图在归纳分类的基础上进行适应我国实际和需要的选择。我曾把社会主义经济体制归纳为六类。后来，从坚持社会主义方向、坚持市场取向和坚持从国情出发这三个选择原则出发，由开始时主张"计划与市场有机结合的模式"顺理成章地发展到更为明确地主张"社会主义市场经济为目标模式"。我认为，社会主义市场经济体制是人类的一种新的创造，其特点是：（1）市场经济与公有制结合在一起，并以公有制为主体，公有制可以采取多种实现形式；（2）在收入分配上以按劳分配为主体，兼顾公平和效率，实行多种分配方式；（3）在运行机制上，实行国家宏观管理下的市场配置资源的方式，宏观管理以计划为导向，力度要比其他国家强一些。社会主义经济体制的模式，是对具体的经济体制排除了细节的一种理论抽象，它是对一种经济体制的基本规定性的概括，它的基本框架是三个主要运行原则的总和。这种意义的模式反映了一种经济体制里面最重要最根本的东西。提出这一概念的意义还在于，我们进行的经济体制改革，不是对原有体制的不完善、不合理的细节的修改补充，而是要改造原有的经济模式本身。如果对于原有体制的不合理的基本框架和主要运行原则不加触动，只是对里面的具体细节进行修改补充，那就不能叫作改革。当然，这种改造是在坚持社会主义基本经济制度的前提下进行的。

1992 年，我在党的十四大前夕发表的《关于社会主义市场经济理论的几个问题》一文中提出，市场经济是商品经济的一种高度发展了的现象形态，在资源配置上，必须明确用市场配置为主的方式来取代行政计划配置为主的方式，这是我国当时经济改革的实质所在。在配置资源的过程中，凡是市场能解决好的，就让市场去解决；市场管不了，或者管不好的就由政府用政策和计划来管。现代市场经济不仅不排斥政府干预和计划指导，而且必须借助和依靠政策和调节手段来弥补市场自身的缺陷。

对中国经济体制改革的路子到底应该怎样走这个问题，也就是改革的路径和方式选择问题，我和一些有共同认识的同志认为，应推行渐进积极的改革，要遵循渐进原则和配套原则。其依据主要有四个：一是模式转换的实质是从以半自然经济或不发达的商品经济走向基本规范的商品经济，不可能在短期内迅速形成较完善的市场体系和较健全的市场机制；二是改革是一场广泛涉及经济、政治、社会、文化的大变动，必然引起不同集团和阶层的利益再分配和权力再分配，并有赖于观念更新，这都不能急于求成；三是中国是一个大国，地区差异明显，一步走难免一刀切，必然脱离部分地区的实际；四是改革缺乏现成样板，在理论、经验和规划上都需要探索和积累，否则容易陷入主观主义。同时，在渐进求实的行进中，应当也可能做出总体设计，使各项改革整体配套，同步前进。这种思路曾被称为我国经济体制改革中的几个主要派别中的稳健改革派。

为了实现改革的稳健发展，不仅要注意改革与发展的相互依存，而且注重能为改革提供支持的良好经济环境。从这一角度，我提出了一个社会主义的"有限买方市场"概念。因为要想推进经济体制改革的步伐，非常重要的一条，就是要给它创设必不可少的外部环境，这就是买方市场，使社会生产大于社会的直接需要，使商品供给大于有支付能力的需求，从而建立一个消费者或买方的市场，是正常开展市场调节的一个前提条件。买方市场问题不单是一个商业问题，而且是国民经济综合平衡的一个战略问题，一个宏观决策的问题，一个走出一条新的发展路子的问题。

1984 年以后，我国经济发展出现了过热现象和政策性通胀势头，我和一些经济学家感到这将妨碍经济建设和改革的健康发展，提出了为改革创造相对宽松环境的理论和政策主张，认为经济体制改革的顺利进行，需要一个比较宽松的经济环境，即总供给略大于总需求的有限的买方市场的条件。与单纯以价格改革为中心或以所有制改革为关键的改革思路不同，我主张按企业—所有制改革与市场—价格改革的双向协同配套原则，稳步地、渐进地推进改革，即双向协同、稳中求进的改革思路。

在 1987 年我国理论界和宏观决策界就 1988—1995 年中期改革思路的讨论中，我主持的中国社会科学院课题组提出了以整顿经济秩序、治理通胀、有选择地深化改革的稳中求进的改革思路。接着在 1988 年年初在党的十三届二中全会上发言，后来以《正视通货膨胀问题》一文发表，强调稳定物价方针的口号不能放弃，分析通胀机理，力陈治理对策，引起广泛反响。这一思路和观点的正确性已被 1988 年后的经济过热和宏观调控成效，从反、正两方面予以证实。

党的十二大召开前后，中央提出从 1980 年到 20 世纪末 20 年内的四化建设的宏伟纲领，制定到 2000 年时我国经济发展的战略目标、战略重点和战略步骤，在经济发展问题的研究中凸显"经济发展战略"的研究。我受社科院领导的委托，负责组织进行"中国经济发展战略问题"的研究，归纳出判定经济发展质量的一些基本原则：一是经济发展的质量目标，不是要求片面地追求高速度，而是要求实现持续、稳定、协调发展；二是这个战略目标，不仅是为了经济增长，更要注意在发展生产的基础上逐步满足人民日益增长的物质文化需要；三是这个战略要求在经济发展过程中，要正确处理速度与效益、速度与结构的关系；四是在扩大再生产的方式上，要从外延为主逐步转向内涵为主，走上依靠科技进步的轨道；五是在重视物质技术基础建设的同时，要越来越重视人力特别是智力的开发；六是在坚持自力更生为主的前提下，要进一步扩大对外开放；七是在经济管理体制上，从过去过分集中的、排斥市场机制的吃大锅饭的体制，转变为以国营经济为主的多种经济形式并存、集权与分权相结合、计划与市场相结合、贯彻按劳分配和物质利益原则的新体制。我领导的研究班子一直关注着中国经济发展的形势，不断针对发展中需要解决的问题提出政策建议，对国家宏观经济决策的制定和调整发挥了一定的积极影响。

　　改革是为了发展，为了更好地发展。在改革时期，体制改革与经济发展是并行不悖的。为了在更高层面把握我国的体制改革与经济发展两大任务，为了使国民经济走上持续稳定协调发展的道路，我提出了我国经济必须实现经济体制和发展战略的"双重模式转换"。在1985年撰写的《试论我国经济的双重模式转换》等文章中，我指出，1978年年底以来，我国经济生活的深刻变化概括起来可以归结为两种模式的转换，即发展模式的转换和体制模式的转换。经济发展模式的转换就是从过去片面追求高速增长为最高目标，外延发展为主要发展方式，不平衡发展为主要发展策略，逐渐转变为以提高人民生活水平为最高目标，以内涵发展为主要发展方式，以相对平衡的发展为主要发展策略。实现发展模式转换的要旨，就是要使速度、比例、效益有一个较优的结合，保证国民经济持续、稳定、协调、高效地增长。从"双重模式转换"中可以引申出两个根本性转变的主张，即经济体制从传统的计划经济体制向社会主义市场经济体制转变和经济增长方式从粗放型向集约型转变。"双重模式转换"理论符合当代中国经济演变的实际，为两个根本性转变决策做出了先行的论证。"双重模式转换"的思想，实际上后来被党的十四届五中全会的文件采用，即"两个根本转变"的提法和论断。我深切感到，我国经济大变动中同时进行的两种模式转换，必然是密切相关、相互影响、相互制约的，不可能指望两种模式转换是短时间里可以很快完成的行动，它们是一个非常曲折复杂的、需要一个历史时期才能完成的过程。当前乃至今后一个时期，我国面临的"加快经济发展方式转变"的艰巨任务，也与"双重模式转换"和"两个根本转变"有着逻辑的一致性和历史的延续性。

我国以社会主义市场经济为方向的历史性改革，对于我国经济社会的发展具有重大的现实意义和深远的历史意义。正如邓小平所说，这场改革是一场新的革命，是一场大试验。改革取得了巨大的成就，我国经济社会的面貌发生了历史性的变革。但是，我们也必须看到，苏东剧变后，国际上新自由主义思潮甚嚣尘上，我国不可能不受到这种错误思潮的影响。

改革开放以来，我国在取得巨大成就的同时，由于受新自由主义思潮的影响，也出现了一些严重的问题，这引起了我的忧虑和思考。由于事关我国改革和发展的方向，作为一位改革开放的坚定推动者和维护人民群众根本利益的马克思主义经济学家，在我国改革和发展的关键时期，我觉得应该对一些错误的倾向提出自己的批判意见，应该坚决抵御和批判新自由主义，应该坚持社会主义市场经济改革目标、捍卫中国特色社会主义理论和实践。

2005年7月，我就当前经济学教学和研究中的一些重要问题谈了一些看法，谈话整理成文章后，以"经济学教学研究中的一些问题"为题在《高校理论比较》第9期和《经济研究》第10期发表。文章中指出了当前经济学教学与研究中西方经济学影响上升，而马克思主义经济学的指导地位削弱的问题。这实际上也是希望大家严肃地思考，中国的经济改革与发展究竟是以马克思主义经济学为指导还是以西方经济学为指导的问题。不必讳言，对这个重大问题，理论界是有不同意见的，一些人是信奉并主张新自由主义和西方主流经济学的。我主张以"马学为体，西学为用"，应该揭露和抵御新自由主义误导中国经济改革、干扰中国发展方向这个根本问题。我感到，中国的改革一旦由西方理论特别是新自由主义理论来主导，那么表面上或者还是共产党掌握政权，而实际上逐渐改变了颜色，那么对大多数人来说，这将是一个像噩梦一样的危险。整理成文章的讲话内容公开后，产生了强烈的反响，支持者有之，当然不少，反对者也有之，有人给了我一顶"反对改革"的大帽子。

社会主义市场经济改革的方向是必须坚持的。这场改革符合我国社会实际、历史发展规律和我国人民根本利益。但为了达到我们党领导我国人民进行这场历史性改革的目标，必须排除各种错误干扰。这些年，我针对一些错误思潮和倾向，发表了一些看法，主要有以下几个方面。

第一，在体制改革的方向和经济发展道路问题上，要反对市场原教旨主义，反对新自由主义的市场经济观。中国要建立的是社会主义的市场经济，而不是资本主义的市场经济。2005 年，我在《中国经济学杰出贡献奖答辞》中说，"社会主义市场经济"是一个完整的概念，是社会主义基本制度与市场经济的有机结合，是不容割裂的有机统一体。但是这些年来，我们强调市场经济，是不是相对多了一点；强调社会主义，是不是相对少了一点。在说到社会主义市场经济时，则强调它发展生产力的本质即效率优先方向，相对多了一些；而强调它的共同富裕的本质即重视社会公平方面，相对少了一点。这是不是造成目前许多社会问题的深层背景之一。在中国目前的法治不完善的环境下建立的市场经济，如果不强调社会主义，如果忽视共同富裕的方向，那建立起来的市场经济，必然是人们所称权贵市场经济，两极分化的市场经济。

第二，在公平与效率的问题上，反对把公平置于"兼顾"的次要地位。2005 年，我发表了《进一步重视社会公平问题》一文，后来又写了《把效率优先放到该讲的地方去》一篇短文，提出"效率优先，兼顾公平"要淡出，把公平置于"兼顾"的次要地位不妥，初次分配也要注重公平。党的十六届五中全会文件起草工作我因年事已高没再参加，把文章的原稿呈送给了中央，中央主要负责同志很重视，批给了起草组。但是，党的十六届五中全会报告征求意见稿当中又出现了"效率优先，兼顾公平"和"初次分配注重效率，再分配注重公平"的字样，遭到各方面很多同志的非议。我在中国社会科学院也提出了不同意见。党的十六届五中全会文件最终定稿时，勾掉了这两个提法，同时突出了"更加重视社会公平"的鲜明主张。

第三，我在2007年《红旗文稿》第24期发表了《关于分配与所有制关系若干问题的思考》一文，认为在有关改革收入分配的众多复杂的关系中，最重要的是分配制与所有制的关系。在调整收入分配关系、缩小贫富差距时，人们往往从分配领域本身着手，特别是从财政税收、转移支付等再分配领域着手，完善社会保障公共福利，改善低收入者的民生状况。这些措施是完全必要的，我们现在也开始这样做了，但是做得还很不够，还要加大力度。而且，仅仅从分配和再分配领域着手，还是远远不够的，不能从根本上扭转贫富收入差距扩大的问题。还需要从所有制结构，从财产制度上直面这一问题，需要从基本生产关系，从基本经济制度来接触这个问题。收入分配不公源于初次分配。初次分配中影响最大的核心问题是劳动与资本的关系。财产占有上的差别往往是收入差别最重大的影响要素。按照马克思主义观点，所有制决定分配制。但是，人们常常忽略这个观点。在分析我国贫富差距拉大的原因时，人们举了很多缘由，诸如城乡差距扩大、地区不平衡加剧、行业垄断、腐败、公共产品供应不均、再分配调节落后，等等，不一而足。这些缘由都能成立，也必须应对。但这些不是最主要的。造成收入分配不公的最根本原因被忽略了。所以改革收入分配制度，扭转贫富差距扩大趋势，要放在坚持共和国根本大法的角度下考虑，采取必要的政策措施，保证公有制为主体、按劳分配为主这"两个为主"的宪法原则的真正落实。

第四，社会主义市场经济是有计划的，反对否定其计划性的倾向。社会主义市场经济体制，是在国家宏观调控下，让市场在资源配置中起基础性作用，宏观调控就要包含计划调控，它本身就是广义的国家计划调控。不能因为字面上没有"有计划"，就不要计划，不发挥计划的作用了。邓小平一再讲计划和市场两手都要用，用市场化来概括我们改革的方向是有问题的。我们要建立的社会主义市场经济，不是一般的市场经济，是社会主义的。社会主义的市场经济是在基本经济制度下的一个有计划的市场经济，不是在资本主义制度下的自由市场经济。

我们要尊重市场，但却不可迷信市场。我们不迷信计划，但也不能把计划这个同样是人类发明的调节手段，弃而不用。现在我们的经济学界、理论界，甚至财经界，有些人认为我们现在搞市场化改革，计划不值得一谈。在"市场化改革"口号下迷信市场成风，计划大有成为禁区的态势下，强调一下社会主义市场经济也要加强国家对经济的干预管理和计划调节的作用，是十分必要的。这并不是如同某些人曲解的"要回到传统计划经济模式"。

第五，社会主义市场经济的发展和完善，离不开国家宏观调控、计划调节的加强和完善。当然，社会主义市场经济下的计划调节，主要不是指令性计划，而是指导性、战略性、预测性计划，但它同时必须有指导和约束作用，也就是有导向的作用。正如党的十七大报告指出的，要"发挥国家发展规划、计划、产业政策在宏观调控中的导向作用"。

第六，坚持社会主义基本经济制度，既不能搞私有化，也不能搞单一公有化。这是党的十七届四中全会提出要划清四个重要界限里面的一条。不过要弄明白，私有化和单一化这两个错误倾向，目前哪一个是主要的。应该看到，当前主要的错误倾向不是单一公有制，而是私有化。对私有化和单一公有化两种倾向各打五十大板，不中要害，实际上是把私有化错误轻轻放过。如果公有制在国民经济中的比重不断降低，降得很低，甚至趋于零，那还算什么社会主义。现在连国家统计局局长都在讲我国的经济成分一直是公降私升，国有经济比重一直不停地下降，宏观上并不存在某些人攻击的所谓

"国进民退"。基本经济制度不但要求公有制经济占主体地位，而且要求国有经济起主导作用。中央对竞争性领域的国有经济一向坚持"有进有退"、发挥其竞争力的政策，而绝不是"完全退出"竞争性领域的政策，像一些新自由主义的精英们和体制内的某些追随者喋喋不休地叫嚷的那样。私有化的主张者不仅要求国有经济完全退出竞争性领域，他们还要求国有经济退出关系国民经济命脉的重要行业和关键领域，让私营经济进入这些天然是高利的部门，让私人资本来发大财。这是不能允许的，要知道，孙中山当年还提出过节制资本的口号呢！

三

我信奉的重要人生格言是"正直的经济学人应有的良心是不能丢弃的"；我坚守的学术目标是"为劳动人民服务"；我赞赏的学风是"把前人的东西钻研好，在掌握正确方向的基础上调查研究，不能人云亦云，要有独立的思想"。我虽然已经年近 90，但只要我的人生之路还在延续，我的经济学探索之路就不会停止，我所信守的这些信念就不会放弃。从我走上经济学探索之路起，我就希望我们国家日益强大，人民生活日益富裕和幸福。我坚信，通过社会主义市场经济的成功构建，一定可以实现我的这一心愿，当然也是全国人民的心愿。

（原载《毛泽东邓小平理论研究》2012 年第 1 期）

十八大后再谈我国经济体制改革的方向

党的十八大报告为中国经济改革已经指明了方向，就是要"加快完善社会主义市场经济体制"，而不是资本主义市场经济体制；要"完善以公有制为主体多种所有制经济共同发展的基本经济制度"，而不是以私有制为主体的基本经济制度；要"完善按劳分配为主体多种分配方式并存的分配制度"，而不是以按资分配为主体的分配制度；要"完善（包括计划、财政和货币手段在内的）宏观调控体系，发挥市场在资源配置中的基础性作用"，而不是自由放任的市场经济体系。最近，党的十八届三中全会即将来临，按历史惯例将有可能研究讨论进一步经济改革问题。有一种错误的观点，对我们的改革目标进行歪曲。如果对此种错误观点不进行警惕和批判，就可能对我国下一步的改革走向产生不利的影响，对社会主义市场经济体制的完善会产生极大的危害。

这种观点的核心思想和主要主张的出发点是：中国现时仍然是一种"半统制、半市场"的体制，政府和国有经济仍然牢牢掌握国民经济的一切"制高点"，市场在资源配置中发挥基础性作用的目标远没有实现。改革开放所取得的成就完全归功于市场化的进展，改革开放中所出现的问题主要是由于政府干预过度、市场化不够。收入两极分化等社会矛盾的根源最主要的是由于政府权力过大、贪污腐败过于严重。下一步改革要从以下方面着手进行：一是破除国有经济对一些重要产业的垄断；二是削弱政府对经济的管理和干预，"市场化"是唯一解决中国经济问题、社会矛盾的灵丹妙药，是唯一实现中华民族伟大复兴的法宝。

实际上，这种观点并不是什么新东西，它就是前段时间大家批判的新自由主义、市场原教旨主义。持这种观点的人，把中国现在实行的有国家宏观调控和计划导向的社会主义市场经济看成是"半统制、半市场"的混合经济。可是，事实是，尽管市场发展还有不完善之处，现在包括一些发达国家在内的约有 97 个国家已经承认中国市场经济国家的地位，即使那些没有承认的国家也主要是基于政治考虑。据国内外许多专家学者测算，中国的市场化程度已经相当高。北京师范大学经济与资源管理研究院的"中国市场化进程"课题组撰写的《2010 中国市场经济发展报告》显示，2008 年我国市场化程度已达 76.4%[①]，生产要素市场化程度已达到 87.5%[②]，产品市场化程度已达 95.7%[③]。这样看来，总体上讲，中国现今市场化达到的程度已远非"半市场"，而是在国民经济中早已过了"大半"，体现出市场在资源配置中起着相当程度的基础性作用。至于他们所说的政府统制，实指国家的计划导向与宏观调控，也绝不是什么"半统制"，而是涵盖了经济运行必要的范围。所有这些也正是社会主义市场经济的题中之意。

持上述观点的人还认为，国有经济仍然牢牢掌握国民经济的"一切"制高点，近些年存在大规模"国进民退"。事实是，国有经济在工业经济中的比重，1998 年为 28.2%，2000 年为 23.5%，2002 年为 15.6%，2006 年为 9.7%，2008 年为 9.2%，2011 年为 7.9%。从上述数据可以看出，我国国有经济在国民经济中的比重不断下降，宏观上并不存在所谓的"国进民退"；微观上国有经济"有进有退"，但更多的是"国退民进"。一些案例中的所谓"国进民退"多半属于资源优化重组并非没有道理，事实上更多的是"国退民进"。

持这种观点的人还认为，改革开放以来所产生的经济问题、社会矛盾的根源就在于政府干预过多，收入两极分化主要是由于政府

---

① 李晓西、曾学文：《2010 中国市场经济发展报告》，北京师范大学出版社 2010 年版。
② 同上书，第 321 页。
③ 同上书，第 340 页。

权力过大、贪污腐败严重造成的。他们宣称，"2005 年中国的灰色收入规模达到 4.8 万亿元，2008 年则达到 5.4 万亿元。中国租金总额占 GDP 的比例高达 20% —30%。巨额的租金总量，自然会对中国社会中贫富分化加剧和基尼系数的居高不下产生决定性的影响"①。按照他们给出的数据，我国 2005 年的灰色收入规模，是当年财政收入 3.16 万亿元的 1.5 倍，是当年行政管理费 0.48 万亿元的 10 倍，按当年全体行政机关人员 1208 万总人数计算，每个公务员人均贪污 39.7 万元。这明显夸大了贪污的程度，给党和政府机关抹了黑。严重的贪污腐化确实是我国政治经济社会机体里的一大癌症，必须如"十八大"宣布的不论"老虎""苍蝇"都要从严惩治。而他们如此渲染行政官员贪污腐化的根本目的，则是以此掩盖过度市场化和过度私有化才是导致我国收入两极分化等社会问题的真正根源。他们栽赃政府的逻辑是，权力必然产生腐败，政府干预过多必然导致官员收入过高、百姓收入过低，因此要解决两极分化就是让政府放权、一切由市场来解决。这样的逻辑明显是错误的。政府权力大小与贪污腐化有关，但不是直接因果关系。改革开放前，我国实行高度集中的计划经济，政府的权力比现在大得多，但腐败并不严重；所有制结构偏颇于"一大二公"导致收入分配平均主义倾向的弊病，却没有出现收入两极分化趋势。现在，尽管政府对微观经济还有不少过度干预，应该削减，但政府对经济必要的管制与干预大大少于过去计划经济时期，腐败反而变本加厉，可见腐败的产生另有根源，明显与过度市场化所带来的社会道德风尚恶化有关。当然也不应忽视体制改革中不完善不成熟之处，造成权力市场化和权力寻租的机会，也为腐败的涌流提供了缝隙。

至于贫富差距的扩大和两极分化趋势的形成，实际上主要源于初次分配。初次分配中影响最大的核心问题是劳动与资本的关系。按照马克思主义观点，所有制决定了分配制，财产关系决定分配关

---

① 吴敬琏、马国川：《重启改革议程——中国经济改革二十讲》，生活·读书·新知三联书店 2013 年版。

系。财产占有上的差别，才是收入差别最大的影响因素。"收入差别最主要是拥有财富多寡造成的"，财产所有权是收入差别的第一位原因，往下依次是个人能力、教育、训练、机会和健康。30多年来我国收入差距的扩大的最根本原因，是所有制结构上和财产关系中的"公"降"私"升和化公为私，财富积累集中于少数私人。持前述错误观点的个别学者认为，资本所有者收入越来越富，劳动者收入占比降低，原因在于劳动者（如农民工）知识少技术低。要让农民工成为拥有更多知识，更多技术的劳动者，才能根本上缩小贫富差距[①]。这一论点，明显回避和掩盖所有制关系对贫富差距的决定性影响。

持前述错误观点的人主张，今后进一步改革，主要应从以下两方面着手进行：一是破除国有经济对一些重要产业的垄断；二是减少政府对经济的干预。目标就是通过"市场化、法治化、民主化"的改革，建立包容性的经济体制和宪政体制，实现"从威权发展模式到民主发展模式的转型"。说到底，他们心目中改革的理想目标模式和顶层设计，似乎就是欧美的自由市场经济模式或社会市场经济模式；他们推崇的服务于垄断资本的所谓"有限政府""中性政府"，似乎就是资本主义国家的政府；他们主张取消公有制的主体地位和打破国有经济的主导和垄断地位，似乎就是要让私有经济主导中国经济；他们宣扬抽象的"好的"市场经济，似乎就是资本主义市场经济。他们的主张一点也不令人奇怪，因为在他们的思想深处和刊发的文章中，认为法国大革命、巴黎公社、十月革命所宣传的思想给世界带来的只能是大灾难和大倒退。我们的党和政府一定要认清这种错误观点的实质，一定要警惕这种错误观点的危害，防止"资本主义市场化"的思潮干扰我们的经济改革大业。

下一步我们的经济改革的方向是什么？要回答这一问题，必须对当今的中国有一个清醒的认识和判断。今天的中国和30多年前改

---

① 吴敬琏2013年3月16日在上海中欧国际工商学院论坛讲演，2013年4月25日上海商报报道"经邦论道"改革系列讲座讲演。

革初期的中国有着明显的不同，国家的经济形势、社会矛盾、面临的国际环境都已发生巨大变化。到 20 世纪末 21 世纪初，中国已初步建立起社会主义市场经济体制，并已完善了十多年，下一步改革的任务就是按照党的十八大要求继续完善它。也就是说我们既不能回到传统计划经济体制的老路，也不能走上资本主义市场经济体制的邪路。经过三十多年的改革开放，我国市场化程度已不比有些西方国家低，不足之处需要完善，过头之处需要削减，不宜简单地宣扬"进一步市场化"，"更大程度和更大范围的市场化"，否则会带来由于过度市场化而引发种种灾难的后果。我国的所有制结构已发生深刻变化，国有经济的战线已大收缩，如果按照佐利克世行报告"2030 年的中国"所建议，继续对所剩不多的大中型国有企业进行私有股份化改革或改制，我国社会主义初级阶段以公有制为主体的基本经济制度将更难以维持。我国除广播出版等极少数行业没有对外资大规模开放外，绝大多数行业已全部开放，如果继续盲目扩大开放领域或没有限制地开放，可能给我国带来经济安全和文化安全的问题。我国的财富和收入分配不均的状况已相当严重，基尼系数大大超出国际警戒线，如果再不采取有效措施遏制收入两极分化不断扩大的趋势，则极有可能引发社会动荡，最终实现不了共同富裕的理想。

今后，我们还要搞社会主义市场取向的改革和完善，但不搞过度市场化；我们还要搞国有企业管理的改革创新，但不能搞私有股份化；我们欢迎外资、利用外资，但要对外资有所限制、不能被外资控制；我们支持竞争、反对行政垄断，但不能以反垄断为名限制国有经济的发展；我们拥护政府让利于民，发挥私营经济的活力，但并不是支持政府让利于少数富人、少数大资本所有者，继续扩大贫富差距；我们赞成市场在资源配置中起基础性作用，但并不是说要削弱国家的经济调控和计划导向的能力。

值此再度研讨进一步如何改革之际，我认为为了保证经济改革的正确方向，今后应该从以下三个方面着手进行工作：一是做优、做强、做大国有经济和集体经济，发挥国有经济的主导作用和公有经济的主体作用；二是转变政府职能，在减少对微观经济不必要的干预的同时，加强国家宏观经济调控和计划导向能力；三是着力改善民生问题，逐步解决财富和收入两极分化问题。

党的十八大报告再次强调，我们要毫不动摇巩固和发展公有制经济，推行公有制多种实现形式，推动国有资本更多投向关系国家安全和国民经济命脉的重要行业和关键领域，不断增强国有经济活力、控制力、影响力。在这里我想指出的是，在社会主义经济中，国有经济不是仅像在资本主义制度下那样，主要从事私有企业不愿意经营的部门，补充私人企业和市场机制的不足，而是为了实现国民经济的持续稳定协调发展，为了巩固和完善社会主义经济政治文化制度。因此，国有经济理应在能源、交通、通信、金融等关系国民经济命脉的重要行业和关键领域有"绝对的控制力"或"较强的控制力"。党的十八届三中全会明确指出，我国作为一个社会主义大国，国有经济的数量底线，不能以资本主义国家私有化的"国际经验"为依据。确定国有经济的比重，理应包括保障、实现和发展社会公平和社会稳定的内容，所以国家对国有经济控制力的范围要比资本主义国家大得多。还要扭转长期以来忽视集体经济的发展，研究适时启动邓小平同志"农村的改革与发展第二个飞跃"的步骤。对于非公有制经济，要继续坚持毫不动摇鼓励支持，引导其发展的政策，为了使其不越出健康发展的轨道，宜在"引导"一词的内涵中，纳入民主革命的先行者孙中山先生"节制私人资本"的要求。这对于社会主义社会中容许发展的私人资本，是一个合理的规定。

我国建立的是社会主义市场经济体制，我国的宏观经济调控能力应比一般市场经济国家强，手段也要更多一些。我们社会主义国家宏观调控下的市场经济怎样区别于资本主义国家呢？除了基本经济制度的区别外，就在于我们还有计划性这个特点，还有国家计划的指导。少数市场经济国家，如日本、韩国、法国，都曾设有企划厅之类的机构，编有零星或部门的预测性计划。英美等多数市场经济国家只有财政政策、货币政策等手段，没有采取较有效的计划手段来调控经济。但我们是以公有制经济为主体的社会主义发展中大国，要实行跨越式发展，更有效及时地调整经济结构，实现社会公平和公正，有必要也有可能在宏观调控中运用计划手段，指导国民经济有计划按比例发展。这符合马克思主义社会化生产要有计划按比例发展的真理，也是社会主义市场经济的优越性所在。经济体制改革的核心问题，不单纯是处理好"政府和市场"的关系，尊重市场价值规律；还要注意的是处理好"计划与市场"的关系，尊重有计划按比例发展规律。"有计划按比例"并不等同于传统的计划经济。"更好地发挥计划和市场两种手段的长处"，"国家计划是宏观调控的重要手段之一"，"社会主义经济从一开始就是有计划的，……不会因为提法中不出现'有计划'三个字，就发生了是不是取消了计划性的疑问"。以上这些都是邓小平、江泽民讲过的话①。党的十七大上胡锦涛也强调了"发挥国家发展规划、计划、产业政策在宏观调控中的作用"。我希望，十八届三中全会时候，我们千万不要再漏掉这些有关计划与市场关系的重要指示精神，并研究采取必要的措施以加强国家计划在宏观调控导向市场中的作用。

我们党提出到2020年要全面建成小康社会。要在剩下的7年时间里达到这一目标，我们必须加紧改善民生问题，抓紧解决财富和收入两极分化问题。要解决贫富两极分化问题，不能仅仅从分配领域本身着手。仅仅通过完善社会保障公共福利制度，调整财政税收、转移支付等政策，是难以从根本上解决这一问题的。我们需要从所有制结构、从财产制度上直面这一问题；需要从基本生产关系，从基本经济制度来接触这个问题；需要从强化公有制为主体地位来解决这个问题。这是过去历次收入分配改革政策决策中回避接触的问题，因而不能触及分配问题的根本；党的十八届三中全会应开始注意研究解决这方面的问题。同时，我们也要通过财政税收转移支付

---

① 参见《改革开放三十年重要文献选编》（上），中央文献出版社2008年版，第660、182、647页等。

政策的改革和社会保障公共福利制度的建设来改善收入分配关系，努力实现居民收入增长和经济发展同步、劳动报酬增长和劳动生产率提高同步，提高居民收入在国民收入分配中的比重，提高劳动报酬在初次分配中的比重。这样，我们才能扭转贫富差距扩大的趋势，最终实现共同富裕。

今后相当长时间内，中国经济改革的方向仍然是建立完善的社会主义市场经济体制。我们搞市场经济自然需要市场体系，需要培育多元化的市场竞争主体，需要建立一个公平竞争和法治的市场环境，但我们反对过度市场化，反对以市场化为名进行私有化，反对通过弱化分化肢解国有经济来实现竞争主体的私有化和多元化，反对建立一个不讲计划、没有国家强有力宏观调控的资本主义式的自由竞争的市场经济。

（原载《中华魂》2013 年第 6 期。副标题：警惕以"市场化为名"推行"私有化之实"的倾向）

政府和市场关系的核心是资源配置问题

党的十八届三中全会通过的《中共中央关于全面深化改革若干重大问题的决定》（以下简称《决定》）指出："经济体制改革是全面深化改革的重点，核心问题是处理好政府和市场的关系，使市场在资源配置中起决定性作用和更好发挥政府作用。"① 政府和市场是两种基本的资源配置手段，在社会主义市场经济中两者有机结合、相辅相成。政府和市场的关系也是多种多样的，如市场管理关系、宏观调控关系、财政税收关系等，其中最核心的是资源配置问题。

一

资源是指一国或一定地区内拥有的物力、财力、人力等各种物质要素的总称。分为自然资源和社会资源两大类。前者如阳光、空气、水、土地、森林、草原、动物、矿藏等；后者包括人力资源、信息资源以及经过劳动加工创造的各种物质财富。马克思认为，劳动和土地，是财富两个原始的形成要素。既指出了自然资源的客观存在，又把人（包括劳动力和技术）的因素视为财富的另一不可或缺的来源。劳动时间包括活劳动时间和物化劳动时间，都是资源的抽象。活劳动意味着人力资源，物化劳动意味着物质资源。可见，资源的来源及组成，不仅是自然资源，而且包括人类劳动的社会、经济、技术等因素，包括人力、人才、智力（信息、知识）等资源。

---

① 《中共中央关于全面深化改革若干重大问题的决定》，《人民日报》2013 年 11 月 16 日。

据此，所谓资源指的是一切可被人类开发和利用的物质、能量和信息的总称，它广泛地存在于自然界和人类社会中，是一种自然存在物或能够给人类带来财富的财富。或者说，资源就是指自然界和人类社会中一种可以用以创造物质财富和精神财富的具有一定量的积累的客观存在形态，如土地资源、矿产资源、森林资源、海洋资源、石油资源、人力资源、信息资源等。

资源配置本来是西方经济学中的概念，认为资源配置是经济社会为达到最优或最适度的境界而对其资源（包括生产要素和产品）在各部门或个体之间或者各种用途之间的配置。许多西方经济学教科书都开宗明义地将资源配置作为其学科的研究对象，研究的目的是优化资源配置，以达到收益最大化。在西方经济学家看来，在一个特定时间，资源的数量和质量会发生变化。但它们是有限的，是具有稀缺性的。稀缺性是西方经济学中的一个重要概念。法国经济学家瓦尔拉斯把经济物品定义为一切具有稀缺性的物品，英国经济学家罗宾斯用人的多种目的和实现目的的资料和手段的稀缺来定义经济学。相对于人类社会的无穷欲望而言，经济物品或生产这些物品所需要的资源就是不足的，这就是经济物品或生产这些物品所需要的资源的稀缺性。这种稀缺的相对性存在于人类社会的一切时期，因而经济学就被认为是解决这种稀缺资源的优化配置和利用的一门科学。

在西方经济学中，资源优化配置是通过市场均衡来实现的。市场上需求和供给之间的变动都要通过价格和数量来反映，这里存在着一种通过价格反映供求变动来进行资源分配的制度——均衡价格。均衡价格理论是从供给与需求相平衡来论证价格决定，从而实现资源配置的理论。资源配置正是通过供给与需求价格的变动来实现的，供给与需求平衡，资源得到合理配置。

在西方经济学理论中，市场机制对资源配置起着主要作用，市场经济通过一系列的价格和市场活动，无意识地协调着人们的经济活动。市场机制充分发挥作用的前提是"完全竞争"的存在。市场机制只有在完全竞争的驱动下，通过价格制度才能促使资源的投入产出达到一种有效的配置。强调市场机制在资源配置中的功能与作用，是古典经济学的一条主线。即使如此，以亚当·斯密为代表的古典经济学体系中，他们还分析了"看不见的手"发挥作用所需要的社会法律制度，认为政府在构建市场经济的制度基础和弥补市场失灵方面具有不可忽视的作用①。在这里应当指出，政府的作用不能仅仅局限于此，最重要的是经济职能。政府在经济建设中担负着重要的职能，主要是进行经济调节、市场监管、社会管理和公共服务，以促进社会经济发展，提高生产力水平和人民生活水平。

马克思没有直接对资源配置做出具体的定义，但从他的著作来看，他所理解的资源配置，最基本的含义是按一定比例分配社会总劳动量。马克思在《致路·库格曼（1868 年 7 月 11 日）》中指出："小孩子同样知道，要想得到和各种不同的需要量相适应的产品量，就要付出各种不同的和一定量的社会总劳动量。这种按一定比例分配社会劳动的必要性，决不可能被社会生产的一定形式所取消，而可能改变的只是它的表现方式，这是不言而喻的。自然规律是根本不能取消的。在不同的历史条件下能够发生变化的，只是这些规律借以实现的形式。"② 马克思在这里所说的社会总劳动，不仅指活劳动，而且还包括物化劳动，即通过活劳动加工的自然资源。马克思认为："劳动并不是它所生产的使用价值即物质财富的唯一源泉。"③ 从马克思主义经济学的完整体系看，社会总劳动量是社会在一定时期内所能支配的物化劳动和活劳动的总和与抽象，因而社会总劳动量的分配也包括物化劳动的分配的思想。值得注意的是，马克思所说的社会在一定时期可以用来分配的总劳动量，是暗含着"稀缺性"的，因为既然是要"按一定比例分配社会劳动"，并且依据"根本

---

① ［英］亚当·斯密：《国民财富的性质与原因的研究》下册，郭大力、王亚男译，商务印书馆 1999 年版。
② 《马克思恩格斯选集》第四卷，人民出版社 1995 年版，第 580 页。
③ 《马克思恩格斯全集》第 23 卷，人民出版社 1972 年版，第 57 页。

不能取消"的"自然规律",本身就表明社会总劳动量是"稀缺"的。正因为如此,马克思多次强调"社会劳动时间可分别用在各个特殊生产领域的份额的这个数量界限"①,并且认为这个数量界限决定着社会"不仅在每个商品上只使用必要的劳动时间,而且在社会总劳动时间中,也只把必要的比例量使用在不同类的商品上"②。同时,马克思也多次论述资源"稀缺"的含义,他说:"一种东西要成为交换对象,具有交换价值,就必须是每个人不通过交换就不能得到的,必须不是以这种最初的形式即作为共同财富的形式而出现的。稀有性就这一点来说是交换价值的要素。"③ 就是说,凡是以商品形式出现在市场上的资源都是稀缺资源,资源产品化和商品化程度反映了资源的稀缺程度。西方经济学中的资源配置理论强调资源的稀缺性,资源的优化配置是通过市场均衡来实现的。但是,西方经济学理论只停留在社会生产的一般层次上,即只是从物质资料生产和社会化商品生产的层次上研究资源配置问题。而马克思主义经济学的资源配置理论则以社会生产方式变更的历史观为基础,认为按一定比例分配社会总劳动资源的必要性,不可能被社会生产的一定方式所取消,随着不同历史条件下社会生产方式的转变,而改变其借以实现的形式。这就为不同社会经济关系下的不同资源配置实现形式,奠定了理论前提,体现了资源配置方式研究和社会生产方式研究的统一。

二

资源配置的关键,是把有限的资源配置到社会需要的众多领域、部门、企业、产品和劳务生产上去,而且使资源得到有效配置,达到消费者、企业和社会利益的最好、最大的满足,这也是社会经济

---

① 《马克思恩格斯文集》第 7 卷,人民出版社 2009 年版,第 717 页。
② 同上书,第 716 页。
③ 《马克思恩格斯全集》第 46 卷(上),人民出版社 1979 年版,第 124 页。

运行的核心问题。在社会化商品经济社会中，资源配置可以有两种基本手段，即市场和计划，相应地也就有两条经济规律在发挥作用。两种手段的配置，取决于所有制关系。在一般以私有制为主体的市场经济条件下，市场在资源配置中起决定性作用，实质上是以价值规律为主的各种经济规律共同作用来配置，具体通过市场机制的功能来实现。即使如此，西方学者也未完全否认政府包括资源配置在内的经济职能。他们勾画了自由放任的制度边界，指出政府要做守夜人并对市场进行必要的监管，容许财税收支对经济的调节，兴建必要的公共工程等。在以公有制为主体的社会主义市场经济条件下，除了价值规律在资源配置中发挥作用外，有计划按比例分配的规律也要发挥作用。在这种情况下，政府包括资源配置在内的经济职能的重要性更是毋庸置疑的了。

对于价值规律，马克思指出："商品的价值规律决定社会在它所支配的全部劳动时间中能够用多少时间去生产每一种特殊商品。"①这表明，在商品经济条件下按一定比例分配社会总劳动的"自然规律"是以价值规律为实现形式的。价值规律通过对价格运动的支配，造成了商品生产者在每一产业部门内部的竞争和在各个产业部门之间的竞争。只有通过"商品价格的波动"，商品按照"社会必要劳动时间"决定的价值进行交换才能成为现实。价值规律还从两个方面对社会总劳动的配置起调节作用，一是调节着个别企业内部的资源配置方向，二是调节着整个社会内部的资源配置比例。由此可见，价值规律对社会资源配置的调节作用同时具有双重功能，即不仅决定了社会总劳动时间在各个产业部门之间的分配比例，使各产业部门用于每一类商品生产上的劳动总量不超过必要的限度，而且也规定了决定单个商品价值量的社会必要劳动时间的量的界限，是由哪一类（最好、中等或最差）的生产条件来左右②。价格机制是价值规律实现其作用的内在机制，价格的变动引起供给和需求、生产和

---

① 《马克思恩格斯文集》第 5 卷，人民出版社 2009 年版，第 412 页。
② 宋宁：《论马克思的资源配置理论框架》，《经济研究参考》1993 年第 1 期。

消费的变动，从而引起社会资源流向发生变化，实现对资源的合理配置。

在社会主义建设初期，关于是否利用价值规律为经济建设服务的问题，是经济学界争议最大、争论时间最长的问题。在社会主义初级阶段，只要存在商品生产和商品交换，就不可能否定价值规律的作用。在 20 世纪 60 年代，毛泽东在《读苏联〈政治经济学教科书〉的谈话》中反复研究社会主义条件下的商品生产和价值规律的作用，对轻视和消灭商品经济的倾向进行了批评，强调"商品生产不能与资本主义混为一谈"①，认为生产资料也是商品，价值法则"是一个伟大的学校，只有利用它，才有可能教会我们的几千万干部和几万万人民，才有可能建设我们的社会主义和共产主义"②。毛泽东强调："现在要利用商品生产、商品交换和价值法则，作为有用的工具，为社会主义服务"。③ 这就突破了传统意义上的认识误区。

对于有计划按比例分配的规律，可以按两个层次来说明：一是按比例分配，二是有计划分配。前面所讲马克思在提出按一定比例分配社会劳动的必要性，是就社会化生产一般来说的，而不问社会生产的形式如何。但马克思提出劳动时间的有计划分配，却是针对"共同的社会生产"即以公有制为基础的生产方式来说的。马克思说："时间的节约，以及劳动时间在不同的生产部门之间有计划的分配，在共同生产的基础上仍然是首要的经济规律。这甚至在更加高得多的程度上成为规律。"④ "按比例"与"有计划"不是一个层次。"按比例"适合于"社会生产一般"，而"有计划"则仅适合于"共同生产"即"以公有制为基础的社会生产"。如果社会生产是以私有制为基础，能够以自发的价值规律来实现按比例分配社会资源，无须也不可能有计划地分配社会劳动；如果社会生产是以公有制为

---

① 《毛泽东文集》第 7 卷，人民出版社 1999 年版，第 439 页。
② 《毛泽东文集》第 8 卷，人民出版社 1999 年版，第 34 页。
③ 《毛泽东文集》第 7 卷，人民出版社 1999 年版，第 435 页。
④ 《马克思恩格斯文集》第 8 卷，人民出版社 2009 年版，第 67 页。

基础，则有计划的分配不仅成为可能，也成为社会的必要。

现在的社会主义初级阶段是公有制和私有制两种所有制并存的历史阶段，所以两种资源配置规律（市场价值规律和有计划按比例分配规律）并存，都要发挥作用。两种规律的优缺点，都需要辩证地看待。

价值规律对资源配置发挥作用，在一定时期、一定程度上能够达到资源的优化配置，能够自发地调节社会劳动在各生产部门之间的分配，适应供求关系的变化，刺激商品生产者技术的改进和劳动生产率的提高，促使商品生产者在竞争中优胜劣汰。但是，价值规律也具有自发性、盲目性和滞后性的缺点，它对经济总量的平衡、宏观经济结构的调整、生态平衡和环境保护等的调节显得无能为力，它的自发作用容易造成经济失衡和出现盲目性从而导致资源的浪费，它还会引起贫富差距的扩大和出现两极分化等现象，从而导致经济周期性波动、经济停滞乃至经济危机。在以私有制为主体的资本主义市场经济中，资产阶级企图通过不触动所有制关系的宏观调控、生产关系的某些局部调整来减缓波动或经济危机，但没有合理运用有计划按比例分配的规律，这就不能从根本上消除经济危机。

有计划按比例分配规律，能够合理地分配社会劳动，使社会劳动分配比例适应社会对商品需求的比例；能够促进国民经济各部门、社会生产各环节、各个地区之间经济协调发展；能够与价值规律互相形成一种合力，共同对有效地节约社会资源发挥作用，促进社会劳动的有效利用和社会资源的节约；能够促进经济健康增长，增加就业，稳定物价，保持国际收支平衡。但是，如果有计划按比例分配规律运用不当，主观的计划调控行为与客观按比例要求不适应，就容易产生统得过死、瞎指挥和官僚主义，还有可能造成经济缺乏活力，降低经济运行效率等。这是过去苏联和中国实行的传统计划经济曾发生的缺陷。在以公有制为主体的社会主义市场经济中，政府必须且能够借助公有制经济通过正确运用有计划按比例分配的规律，采取强有力的宏观计划调控手段，从根本上消除经济危机，熨平、矫正价值规律调节的自发性、盲目性、滞后性，防止传统计划经济体制曾经有过的缺陷，从而保证国民经济的健康发展。这是社会主义市场经济的优越性。换句话说，凯恩斯解决不了的问题，马克思能够解决。

在社会主义市场经济体制下，这两个规律综合运用得当，能够发挥出各自的优点，避免各自的缺点，这样就能够促进国民经济持续、快速、健康发展。市场价值规律和有计划按比例分配规律之间的关系，现实上表现为市场自发运行和政府自觉调控之间的关系。

有计划按比例发展就是人们自觉安排的持续、稳定、协调发展，它不等同于传统的行政指令性的计划经济，更不是某些人士贬称的"命令经济"。"有计划"不等于行政命令，主要是通过指导性、战略性、预测性的计划，用以从宏观上引导国家资源的配置和国民经济的发展，当然，也包括某些必要的指令性指标，并不排除国家计划的问责功能。改革开放后，我们革除传统计划经济的弊病，适应初级阶段的国情，建立了社会主义市场经济体制，尊重市场价值规律，但是不能丢掉公有制下有计划按比例的经济规律。在社会主义初级阶段，社会主义经济容纳市场经济，成为社会主义的市场经济，而不是什么纯粹的市场经济，或者其他性质的市场经济。这样的社会主义市场经济就不能只受一个市场价值规律的支配，而必须在市场价值规律起作用的同时，受"有计划按比例发展规律"的支配。所以，《决定》所说的"市场决定资源配置是市场经济的一般规律"，单就市场经济来说，是绝对正确的；下面接着说"健全社会主义市场经济体制必须遵循这条规律"，也是对的，但是说得不够完整。因为社会主义市场经济要遵守的不仅是市场价值规律，这不是社会主义市场经济唯一的规律。以公有制为基础的社会主义市场经济还要首先遵守有计划按比例发展规律。这就是为什么在社会主义市场经济中，计划和市场、政府和市场、自觉的调节和自发的调节、

"看得见的手"和"看不见的手"都要在资源配置中发挥重要作用的理论根据。正如习近平所说："使市场在资源配置中起决定性作用和更好发挥政府作用，二者是有机统一的，不是相互否定的，不能把二者割裂开来、对立起来，既不能用市场在资源配置中的决定性作用取代甚至否定政府作用，也不能用更好发挥政府作用取代甚至否定使市场在资源配置中起决定性作用。"①

三

习近平强调："在市场作用和政府作用的问题上，要讲辩证法、两点论，'看不见的手'和'看得见的手'都要用好，努力形成市场作用和政府作用有机统一、相互补充、相互协调、相互促进的格局，推动经济社会持续健康发展。"② 市场作用这只看不见的手和政府作用这只看得见的手都要用好，核心的问题是在资源配置上两者都要用好。在资源配置上，市场这只手主要是通过价值规律的运行和价格机制的运作来实现的；而政府作用这只手则主要通过有计划按比例规律的运行和宏观计划调控机制的运作来实现。既然在资源配置中是双重调节作用，而不是单纯的"市场决定"，那么，在资源配置的调节中，市场这只手和政府或计划这只手，怎么分工？我们认为，按照资源配置的微观层次和宏观层次，划分市场与政府或计划的功能，大体上是可以的。

在宏观层次，为保持经济总量的基本平衡，抑制通货膨胀，促进经济结构的优化，实现国民经济持续、快速、健康发展，政府应当发挥主要作用，使经济活动遵循价值规律和有计划按比例分配规律的要求，适应供求关系的变化，促进生产和需求的及时协调，从而达到资源的优化配置。政府发挥作用的主要手段是以计划为导向的宏观调控，而宏观计划调控的主要目标为经济持续稳定增长、比

---

① 《习近平谈治国理政》，外文出版社 2014 年版，第 116 页。
② 同上书，第 117 页。

例协调、充分就业、价格水平基本稳定和国际收支基本平衡。离开了政府的宏观计划调控，国民经济持续、协调、健康发展的宏观目标是不可能实现的。

在微观层次，参与市场交易活动的主体，有企业、家庭（含劳动者个人）、机构（含政府、社会组织），其中最主要的是居于市场交易中心的企业。作为市场主体的企业，以独立的商品生产者和经营者的身份，面对市场，围绕市场，依托市场，调配购入各种生产要素，组织生产，供应各种产品服务，在市场竞争的"舞台"上纵横驰骋。在此场合，资源配置似应由市场起决定性作用，政府只应起辅助监管作用。但是，微观经济活动中对宏观产生重大影响（如供需总量平衡、部门地区比例、自然资源和环境保护、社会资源的公平分配以及涉及国家安全、民生福利等）的资源配置问题，政府要加强计划调控和管理，不能让市场这只"看不见的手"盲目操纵，自发"决定"。此时，政府的辅助作用便会转化为决定性作用，运用行政、法制、经济等手段进行调节，以最终实现资源的优化配置。

微观经济活动主体企业的分类，参照中共中央、国务院于2015年9月印发的《关于深化国有企业改革的指导意见》，我国企业也可以大致分为商业类和公益类两类企业。商业类企业具有营利性质，又可分为竞争性的企业和垄断性的企业。竞争性的企业参与市场竞争，市场在这些企业的交易行为和资源配置中起决定性作用，要减少政府对其经济活动的直接干预，把政府不该管的事交给市场，让市场在所有能够发挥作用的领域都充分发挥作用，推动资源配置实现效益最大化。

在市场经济条件下，竞争必然导向垄断，而企业的垄断性行为，一般必然涉及社会公众利益甚至国家的战略利益，不能不由政府出面进行管理和调节。这里要顺便指出，我国某些学者不仅要求国有经济完全退出竞争领域，他们还要求国有经济退出关系国民经济命脉的重要行业和关键领域。他们经常把国有经济在这些领域的优势地位冠以"垄断行业""垄断企业",不分青红皂白地攻击国有企业利用政府行政权力进行垄断。应当明确,在有关国家安全和经济命脉的战略性部门及自然垄断产业,问题的关键不在于有没有垄断,而在于谁来控制。一般来说,这些特殊部门和行业,由公有制企业经营要比由私有制企业经营能更好地体现国家的战略利益和社会公众利益。当然也不排除在某些场合吸收私人资本参股,实行混合经营。

公益类的企业,具有非营利性质,如水利、环境和公共设施管理业,居民服务和其他服务业,教育,卫生、社会保障和社会福利业,文化、体育和娱乐业等,属于非营利性行业,不以营利为目的,这类企业也要实行独立的经济核算,为发展公益事业保本增殖,但有些也要依靠国家或社会补贴,不能完全按照市场竞争的原则来经营,也就不能完全依靠市场起决定作用了。这些行业和整个宏观层次的资源配置,主要依靠政府的调控,而市场起辅助作用。要发挥国家发展规划、计划、产业政策的导向作用,综合运用法律手段和经济手段,加强科学规划、政策指导和信息发布,并通过技术、环境、能耗标准及科技创新等手段规范市场准入。这就有利于解决习近平同志所说的"教育、就业、社会保障、医疗、住房、生态环境、食品药品安全、安全生产、社会治安、执法司法等关系群众切身利益的问题较多"① 的问题。

总的来说,资源配置有宏观、微观不同层次,还有许多不同类别企业的资源配置。在资源配置的微观层次,即多种资源在各个市场主体(企业、机构、家庭、个人)之间的配置,市场价值规律可以通过供求变动和竞争机制促进效率,发挥非常重要的作用,也可以说是"决定性"的作用。但是在资源配置的宏观层次,如供求总量的综合平衡、部门地区的比例结构、自然资源和环境的保护、社会资源(财产、收入)的公平分配等方面,以及涉及国家社会安全、

---

① 《习近平关于全面深化改革论述摘编》,中央文献出版社 2014 年版,第 6 页。

民生福利（住房、教育、医疗）等公益性领域的资源配置，就不能都依靠市场来调节，更不用说"决定"了。市场机制在这些宏观层次和重要领域存在很多缺陷和不足，需要国家干预、政府管理、计划调节来矫正、约束和补充市场的行为，用"看得见的手"来弥补"看不见的手"的缺陷。

（原载《毛泽东邓小平理论研究》2015 年第 11 期）

编选者手记

　　给刘国光先生编辑这本文集，对一名青年学者而言，是一件十分幸运的事情。在选编文章的过程中，我阅读了他的绝大多数文献，并在与刘老谈了一些感想之后，他才具体地提出他对这本选编文集的工作思路。他说："这本文集，不是再为我自己多编一本书，我已经 96 岁了，已经不需要这些了。编这本书，要看看能否为你们年轻人提供一点研究工作上的启发。"这本文集，本来是按文章主题分篇章的，但是到了后来，他说："想来想去，还是按照时间顺序，把该收的文章收进去就行了，让读者根据历史时间顺序，更好地去把握中国经济理论发展的脉络吧。"于是，我们就按照他的要求，又做了调整。定稿的整本文集，经过刘老过目，并由他本人做了最后的增删。

　　给刘国光先生编辑这本文集，前后花费了约六个月的时间，接到所里布置的任务后，我和他第一次接触时，他提出，要我在通读完他的著作之后再与他交谈。我们知道，刘国光先生出版、发表的各类著作数量是非常惊人的。仅仅为了阅读完这些文章，特别是计划经济时期的那些文章，花费了我很长的时间。

　　进入实际选择与编辑阶段以后，我发现编辑刘国光先生的文集，是一件非常容易的事情，因为他的著作流传很广，各种文章的检索与查阅，是十分方便的；但是，我随后又发现编辑刘国光先生的文集，是一件非常困难的事情，因为他发表的很多文章引起了当时社会的重大争议，放弃哪一篇，似乎都是一个损失，而这本文集的厚度，却是有限制的。为了解决这个问题，我只能请求刘老自己做出删减，最后形成了这本文集。

给刘国光先生编辑这本文集，对我来说，有很多方面的收获，但在这里，我想向读者们报告在过去半年时间里，我和刘老交往中如下两方面的深刻印象：

1. 刘国光是一个与时俱进的人。他特别爱上网，爱阅读网络上的新鲜故事。他是一位96岁的老人，可是他成天iPad不离手，使用微信和家人、朋友们聊天，他还爱给我转发他认为有意思的帖子。每次去他家交流前一阶段的编辑工作，他都会问我："你怎么不给我转发好看的帖子呢?"常常弄得我很汗颜。还有一次，他问我现在网上有什么好玩的，我告诉他现在网络直播、抖音等娱乐方式比较火，他的眼睛立即放出光芒，让我教他在某著名网络直播平台上注册，随后，他就让我回家，他自己玩去了。据他家的保姆说，今年春节期间，他因感染了流感而住院，住院期间，他说："光看报纸不行，我要回家，我要上网。"

2. 每次去他家，谈一会儿工作后，他总要问我最近我的研究中有什么有趣的故事。我向他报告调研工作中的一些我自己认为有趣的现象后，他总能联系不同历史阶段相关领域的政策及当时的工作情况，引导我做更深一步的分析，并给我一些建议。还有一次，他和我谈中美贸易战的谈判进展，他直接指出中国谈判工作的实质是让步，但他又指出，眼下的让步是必要的。和刘国光先生交谈，总让人忘记了他的年龄。

我向读者们报告这些信息，是想告诉大家，刘国光先生虽然96岁高龄，但他一直保持着清晰的思维状态，并且一直观察着眼前的世界，从未脱离现实。他亲自审定的这本文集，是一位世纪老人送给青年经济学者们的心灵礼物。

姚　宇

2019年1月

《经济所人文库》第一辑总目(40种)

(按作者出生年月排序)

《陶孟和集》　　《戴园晨集》

《陈翰笙集》　　《董辅礽集》

《巫宝三集》　　《吴敬琏集》

《许涤新集》　　《孙尚清集》

《梁方仲集》　　《黄范章集》

《骆耕漠集》　　《乌家培集》

《孙冶方集》　　《经君健集》

《严中平集》　　《于祖尧集》

《李文治集》　　《陈廷煊集》

《狄超白集》　　《赵人伟集》

《汤坚白集》　　《张卓元集》

《朱绍文集》　　《桂世镛集》

《顾　准集》　　《冒天启集》

《吴承明集》　　《董志凯集》

《汪敬虞集》　　《刘树成集》

《聂宝璋集》　　《吴太昌集》

《刘国光集》　　《朱　玲集》

《宓汝成集》　　《樊　纲集》

《项启源集》　　《裴长洪集》

《何建章集》　　《高培勇集》